**2025**
최신 개정 완벽대비

▶ 유튜버 전선생 전혜승

KB184317

# 맞춤형화장품
# 조제관리사
# 필기 이론서

하

유통화장품 안전관리 | 맞춤형화장품의 이해 | 세부규정 및 용어정리

최신 출제경향 완벽 반영된 합격 수험서

시험에 잘 나오는 기본 핵심이론 정리

이해하기 쉬운 도표와 각종 설명자료

각 단원별 연습문제로 이론 점검 및 시험 대비

화박사 네이버카페 실시간 카페 운영

상세한 화장품법 관련 부록 수록

실시간 법령 정보 및 수험 자료 무료 열람 가능

✎ VIP 등업 카페 닉네임 작성란

전혜승 편저

# 맞춤형화장품조제관리사의 역할이
# 중요한 위치를 차지하는 시기입니다

세계 최초로 우리나라에서 시작된 맞춤형화장품 조제관리사 제도는 2020년 3월 14일 첫시험이 시행되면서 본격적으로 화장품산업의 변화에 많은 영향을 끼치고 있습니다. 맞춤형화장품조제관리사는 식품의약품안전처에서 주관하는 공인된 국가 자격증으로 2023년 6월부터 관련학과 전공 및 별도의 경력 없이도 화장품책임판매관리자의 자격을 동시에 부여하고 있습니다.

맞춤형화장품조제관리사는 고객의 취향 및 피부타입에 맞는 화장품을 처방하는 전문 직종으로 립스틱, 쉐도우, 기초화장품, 샴푸, 향수 등 기존 화장품으로 만족하지 못했던 부분을 충족 시켜주는 새로운 시대에 걸맞은 AI 화장품으로 평가되고 있습니다.

많은 관련 업체들이 조제 자동화기기 및 피부측정기, 맞춤형화장품을 AI와 접목 시켜 개발하여 앞다투어 출시하고 있어, 맞춤형화장품은 제2의 K-BEAUTY 바람으로 전 세계에 돌풍을 일으킬 것으로 예상하고 있습니다.

맞춤형화장품조제관리사는 현장에 투입되는 전문인력으로 화장품관련업계에서는 매우 반기는 인재입니다.

여러분들의 미래에 큰 도움이 되는 자격증이 되기를 바라며 합격을 기원합니다.

저자 전혜승

# C O N T E N T S

맞춤형화장품조제관리사 이론서

# Part 1
# 유통화장품 안전관리

식품의약품안전처에서는 우수화장품 제조 및 품질관리 기준에 관한 세부사항을 정하고 있는 「우수화장품 제조 및 품질관리기준」(Cosmetic Good Manufacturing Practice, 이하 "CGMP"라 한다)을 고시로 운영하고 있다. CGMP는 품질이 보장된 화장품제조업자가 우수한 화장품을 제조, 관리, 보관 및 공급을 위한 제조 및 품질관리에 관한 기준으로서 직원, 시설·장비 및 원자재, 벌크, 완제품 등의 취급과 실시방법을 정한 것이다.

---

**CGMP 3대 요소**

① 인위적인 과오의 최소화

② 미생물오염 및 교차오염으로 인한 품질저하 방지

③ 고도의 품질관리체계 확립

---

## 제1장　정의

1. "**제조**"란 원료 물질의 칭량부터 혼합, 충전(1차포장) 등의 일련의 작업을 말한다.

2. "**품질보증**"이란 제품이 적합 판정 기준에 충족될 것이라는 신뢰를 제공하는데 필수적인 모든 계획되고 체계적인 활동을 말한다.

3. "**일탈**"이란 제조 또는 품질관리 활동 등의 미리 정하여진 우수화장품 제조 및 품질관리기준(**예** 기준서, 표준작업지침(Standard Operating Procedures) 등)을 벗어나 이루어진 행위를 말한다.

4. "**기준일탈**(out of specification)"이란 규정된 합격 판정 기준에 일치하지 않는 검사, 측정 또는 시험결과를 말한다. 기준일탈은 엄격한 절차를 마련하여 이에 따라 조사하고 문서화 하여야 한다. 즉, 일탈(Deviations)과 기준일탈(out of specification)은 정해진 기준이나 규정된 제조 또는 품질관리활동을 벗어난 것을 의미하며, 업체의 상황에 따라 혼용 또는 분리해서 사용이 가능하며, 이러한 사항들을 규정화하여 필요 시 적절한 조치 후 문서화하는 것이 중요하다.

5. "**원료**"란 벌크 제품의 제조에 투입하거나 포함되는 물질을 말한다.

6. "**원자재**"란 화장품 원료 및 자재(용기, 포장재, 표시재료, 첨부문서 등)를 말한다.

7. "**불만**"이란 제품이 규정된 적합 판정 기준을 충족시키지 못한다고 주장하는 외부 정보를 말한다.

8. "**회수**"란 판매한 제품 가운데 품질 결함이나 안전성 문제 등으로 나타난 제조번호의 제품(필요시 여타 제조번호 포함)을 제조소로 거두어들이는 활동을 말한다.

9. "**오염**"이란 제품에서 화학적, 물리적, 미생물학적 문제 또는 이들이 조합되어 나타내는 바람직하지 않은 문제의 발생을 말한다.

10. "**청소**"란 화학적인 방법, 기계적인 방법, 온도, 적용 시간과 이러한 복합된 요인에 의해 청정도를 유지하고 일반적으로 표면에서 눈에 보이는 먼지를 분리, 제거하여 외관을 유지하는 모든 작업을 말한다.

11. **"유지관리"** 란 적절한 작업 환경에서 건물과 설비가 유지되도록 이루어지는 정기적·비정기적인 지원 및 검증 작업을 말한다.

12. **"주요 설비"** 란 제조 및 품질 관련 문서에 명기된 설비로 제품의 품질에 영향을 미치는 필수적인 설비를 말한다.

13. **"검교정"** 이란 규정된 조건 하에서 측정기기나 측정 시스템에 의해 표시되는 값과 표준기기의 참값을 비교하여 이들의 오차가 허용범위 내에 있음을 확인하고, 허용범위를 벗어나는 경우 허용범위 내에 들도록 조정하는 것을 말한다.

14. **"제조번호"** 또는 **"뱃치번호"** 란 일정한 제조 단위 분에 대하여 제조관리 및 출하에 관한 모든 사항을 확인할 수 있도록 표시된 번호로서 숫자·문자·기호 또는 이들의 특정적인 조합을 말한다.

15. **"반제품"** 이란 제조공정 단계에 있는 것으로써 필요한 제조공정을 더 거쳐야 벌크 제품이 되는 것을 말한다.

16. **"벌크 제품"** 이란 충전(1차 포장) 이전의 제조 단계까지 끝낸 제품을 말한다.

17. **"제조단위"** 또는 **"뱃치"** 란 하나의 공정이나 일련의 공정으로 제조되어 균질성을 갖는 화장품의 일정한 분량을 말한다.

18. **"완제품"** 이란 출하를 위해 제품의 포장 및 첨부문서에 표시공정 등을 포함한 모든 제조공정이 완료된 화장품을 말한다.

19. **"재작업"** 이란 적합 판정 기준을 벗어난 완제품 또는 벌크 제품을 재처리하여 품질이 적합한 범위에 들어오도록 하는 작업을 말한다.

20. **"수탁자"** 는 직원, 회사 또는 조직을 대신하여 작업을 수행하는 사람, 회사 또는 외부 조직을 말한다.

21. **"공정관리"** 란 제조공정 중 적합 판정 기준의 충족을 보증하기 위하여 공정을 모니터링하거나 조정하는 모든 작업을 말한다.

22. **"감사"** 란 제조 및 품질과 관련한 결과가 계획된 사항과 일치하는지의 여부와 제조 및 품질관리가 효과적으로 실행되고 목적 달성에 적합한지 여부를 결정하기 위한 체계적이고 독립적인 조사를 말한다.

23. **"변경관리"** 란 모든 제조, 관리 및 보관된 제품이 규정된 적합 판정 기준에 일치하도록 보장하기 위하여 우수화장품 제조 및 품질관리기준이 적용되는 모든 활동을 내부 조직의 책임하에 계획하여 변경하는 것을 말한다.

24. **"내부감사"** 란 제조 및 품질과 관련한 결과가 계획된 사항과 일치하는지의 여부와 제조 및 품질관리가 효과적으로 실행되고 목적 달성에 적합한지 여부를 결정하기 위한 회사 내 자격이 있는 직원에 의해 행해지는 체계적이고 독립적인 조사를 말한다.

25. **"포장재"** 란 화장품의 포장에 사용되는 모든 재료를 말하며 운송을 위해 사용되는 외부 포장재는 제외한 것이다. 제품과 직접적으로 접촉하는지 여부에 따라 1차 또는 2차 포장재라고 말한다.

26. **"적합 판정 기준"** 이란 시험 결과의 적합 판정을 위한 수적인 제한, 범위 또는 기타 적절한 측정법을 말한다.

27. **"소모품"** 이란 청소, 위생 처리 또는 유지 작업 동안에 사용되는 물품(세척제, 윤활제 등)을 말한다.

28. **"관리"** 란 적합 판정 기준을 충족시키는 검증을 말한다.

29. **"제조소"** 란 화장품을 제조하기 위한 장소를 말하는 것으로 시험실, 보관소 등을 포함한다.

30. **"건물"** 이란 제품, 원료 및 포장재의 수령, 보관, 제조, 관리 및 출하를 위해 사용되는 물리적 장소, 건축물 및 보조 건축물을 말한다.

31. **"위생관리"** 란 대상물의 표면에 있는 바람직하지 못한 미생물 등 오염물을 감소시키기 위해 시행되는 작업을 말한다.

32. **"출하"** 란 주문 준비와 관련된 일련의 작업과 운송 수단에 적재하는 활동으로 제조소 외로 제품을 운반하는 것을 말한다.

① 제조소별로 독립된 제조부서와 품질부서를 두어야 한다.

② 조직구조는 조직과 직원의 업무가 원활히 이해될 수 있도록 규정되어야 하며, 회사의 규모와 제품의 다양성에 맞추어 적절하여야 한다.

③ 제조소에는 제조 및 품질관리 업무를 적절히 수행할 수 있는 충분한 인원을 배치하여야 한다.

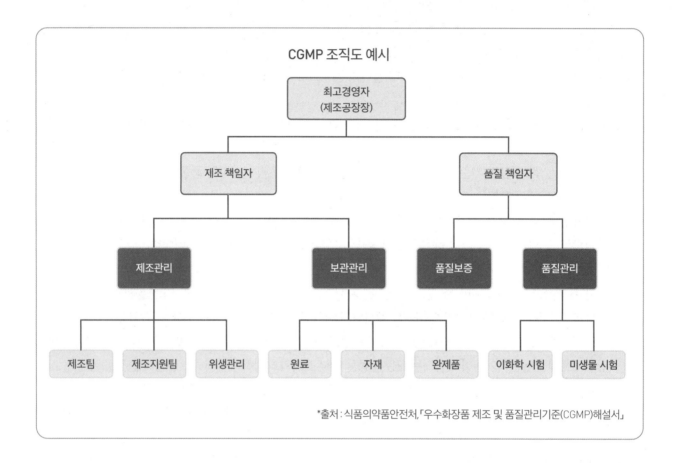

CGMP 조직도 예시

*출처 : 식품의약품안전처, 「우수화장품 제조 및 품질관리기준(CGMP)해설서」

## 1) 직원의 책임

### (1) 모든 작업원의 책임

① 조직 내에서 맡은 지위 및 역할을 인지해야 할 의무

② 문서접근 제한 및 개인위생 규정을 준수해야 할 의무

③ 자신의 업무 범위 내에서 기준을 벗어난 행위나 부적합 발생 등에 대해 보고해야 할 의무

④ 정해진 책임과 활동을 위한 교육훈련을 이수할 의무

### (2) 품질 책임자의 책임

① 품질에 관련된 모든 문서와 절차의 검토 및 승인

② 품질 검사가 규정된 절차에 따라 진행되는지의 확인

③ 일탈이 있는 경우 이의 조사 및 기록

④ 적합 판정한 원자재 및 제품의 출고 여부 결정

⑤ 부적합품이 규정된 절차대로 처리되고 있는지의 확인

⑥ 불만 처리와 제품 회수에 관한 사항의 주관

## 2) 교육훈련

① 제조 및 품질관리 업무와 관련 있는 모든 직원들에게 각자의 직무와 책임에 적합한 교육훈련이 제공될 수 있도록 연간계획을 수립하고 정기적으로 교육을 실시하여야 한다.

② 직원의 교육을 위해 교육훈련의 내용 및 평가가 포함된 교육훈련 규정을 작성하여야 하되, 필요한 경우에는 외부 전문기관에 교육을 의뢰할 수 있다.

③ 교육 종료 후에는 교육 결과를 평가하고, 일정한 수준에 미달할 경우에는 재교육을 받아야 한다.

④ 새로 채용된 직원은 업무를 적절히 수행할 수 있도록 기본 교육훈련 외에 추가 교육훈련을 받아야 하며 이와 관련한 문서화된 절차를 마련하여야 한다.

## 3) 직원의 위생

① 적절한 위생관리 기준 및 절차를 마련하고 제조소 내의 모든 직원은 이를 준수해야 한다.

② 작업소 및 보관소 내의 모든 직원은 화장품의 오염을 방지하기 위해 규정된 작업복을 착용해야 하고 음식물 등을 반입해서는 아니 된다.

③ 피부에 외상이 있거나 질병에 걸린 직원은 건강이 양호해지거나 화장품의 품질에 영향을 주지 않는다는 의사의 소견이 있기 전까지는 화장품과 직접적으로 접촉되지 않도록 격리되어야 한다.

④ 제조 구역별 접근권한이 없는 작업원 및 방문객은 가급적 제조, 관리 및 보관 구역 내에 들어가지 않도록 하고, 불가피한 경우 사전에 직원 위생에 대한 교육 및 복장 규정에 따르도록 하고, 감독하여야 한다.

> **작업장 내 직원의 소독을 위한 소독제의 종류**
> - 알코올(Alcohol)
> - 클로르헥시딘디글루코네이트(Chlorhexidinedigluconate)
> - 아이오다인과 아이오도퍼(Iodine & Iodophors)
> - 클로록시레놀(Chloroxylenol)
> - 헥사클로로펜(Hexachlorophene, HCP)
> - 4급 암모늄 화합물(Quaternary Ammonium Compounds)
> - 트리클로산(Triclosan)
> - 일반 비누

**(1) 작업복 규정**

| | |
|---|---|
| **작업모의 기준** | • 가볍고 착용감이 좋아야 함<br>• 착용이 용이하고 착용 후 머리카락 형태가 원형을 유지해야 함<br>• 착용 시 머리카락을 전체적으로 감싸줄 수 있어야 함<br>• 공기 유통이 원활하고, 분진 기타 이물 등이 나오지 않도록 함 |
| **작업화의 기준** | • 가볍고 땀의 흡수 및 방출이 용이하여야 함<br>• 제조실 근무자는 등산화 형식의 안전화 및 신발 바닥이 우레탄 코팅이 되어 있는 것 사용 |
| **작업복의 착용 방법** | • 작업실 상주자는 작업실 입실 전 탈의실에서 작업복을 착용 후 입실<br>• 작업실 상주자는 제조소 이외의 구역으로 외출, 이동 시 탈의실에서 작업복을 탈의 후 외출<br>• 임시 작업자 및 외부 방문객이 작업실로 입실 시 탈의실에서 해당 작업복을 착용 후 입실<br>• 입실자는 작업장 전용 실내화(작업화) 착용<br>• 작업장 내 출입할 모든 작업자는 작업 현장에 들어가기 전에 개인 사물함에 의복을 보관 후 깨끗한 사물함에서 작업복 착용<br>• 작업장 내로 출입한 작업자는 비치된 위생 모자를 머리카락이 밖으로 나오지 않도록 위생모자 착용 |
| **작업복의 착용 방법** | • 위생 모자를 쓴 후 2급지 작업실의 상부 작업자는 반드시 방진복을 착용하고 작업장 입실<br>• 제조실 작업자는 에어 샤워실에 들어가 양팔을 천천히 몸을 1~2회 회전시켜 청정한 공기로 에어 샤워 |
| **작업복의 관리** | • 작업복은 1인 2벌을 기준으로 지급<br>• 작업복은 주 2회 세탁을 원칙으로 하며, 하절기에는 그 횟수를 늘릴 수 있음<br>• 작업복의 청결 상태는 매일 작업 전 생산 부서 관리자 확인 |

*출처 : NCS 화장품제조학습모듈 08위생안전관리

## 01

( )란 제조 또는 품질관리 활동 등의 미리 정하여진 기준을 벗어나 이루어진 행위를 말한다.

## 02

( )(이)란 규정된 합격 판정 기준에 일치하지 않는 검사, 측정 또는 시험 결과를 말한다.

## 03

( )(이)란 적절한 작업 환경에서 건물과 설비가 유지되도록 정기적·비정기적인 지원 및 검증 작업을 말한다.

## 04

( )(이)란 규정된 조건 하에서 측정기기나 측정 시스템에 의해 표시되는 값과 표준기기의 참값을 비교하여 이들의 오차가 허용범위 내에 있음을 확인하고, 허용범위를 벗어나는 경우 허용범위 내에 들도록 조정하는 것을 말한다.

## 05

( )(이)란 충전(1차 포장) 이전의 제조 단계까지 끝낸 제품을 말한다.

## 06

( )(이)란 적합 판정 기준을 벗어난 완제품, 벌크 제품을 재처리하여 품질이 적합한 범위에 들어오도록 하는 작업을 말한다.

## 07

( )(이)란 제조 및 품질과 관련한 결과가 계획된 사항과 일치하는지의 여부와 제조 및 품질관리가 효과적으로 실행되고 목적 달성에 적합한지 여부를 결정하기 위한 회사 내 자격이 있는 직원에 의해 행해지는 체계적이고 독립적인 조사를 말한다.

## 08

( )(이)란 적합 판정 기준을 충족시키는 검증을 말한다.

## 09

( )란 주문 준비와 관련된 일련의 작업과 운송 수단에 적재하는 활동으로 제조소 외로 제품을 운반하는 것을 말한다.

## 10

**다음 서술한 직무는 누구의 책임에 해당되는가?**

품질에 관련된 모든 문서와 절차의 검토 및 승인, 품질 검사가 규정된 절차에 따라 진행되는지 확인, 일탈이 있는 경우 이의 조사 및 기록, 적합 판정한 원자재 및 제품의 출고 여부 결정, 부적합품이 규정된 절차대로 처리되고 있는지의 확인, 불만 처리와 제품 회수에 관한 사항의 주관

| 정답 | |
|---|---|
| 01 | 일탈 |
| 02 | 기준일탈 |
| 03 | 유지관리 |
| 04 | 검교정 |
| 05 | 벌크제품 |
| 06 | 재작업 |
| 07 | 내부감사 |
| 08 | 관리 |
| 09 | 출하 |
| 10 | 품질책임자 |

# 02 작업장 시설기준 및 위생관리

## 제1장 | 제조 시설 기준

### 1) 건물의 기준

① 건물은 다음과 같이 위치, 설계, 건축 및 이용되어야 한다.

ㄱ. 제품이 보호되도록 할 것

ㄴ. 청소가 용이하도록 하고 필요한 경우 위생관리 및 유지관리가 가능하도록 할 것

ㄷ. 제품, 원료 및 포장재 등의 혼동으로 발생 가능한 위험을 최소화 할 것

② 건물은 제품의 제형, 현재 상황 및 청소 등을 고려하여 설계하여야 한다.

### 2) 작업소의 기준

① 제조하는 화장품의 종류·제형에 따라 적절히 구획·구분되어 있어 교차오염 우려가 없을 것

② 바닥, 벽, 천장은 가능한 청소 또는 위생관리를 하기 쉽게 매끄러운 표면을 지니고 청결하게 유지되어야 하며 소독제 등의 부식성에 저항력이 있을 것

③ 환기가 잘 되고 청결할 것

④ 외부와 연결된 창문은 가능한 열리지 않도록 할 것, 창문이 외부 환경으로 열리는 경우, 제품의 오염을 방지하도록 적절히 차단할 것

⑤ 작업소 내의 외관 표면은 가능한 매끄럽게 설계하고, 청소, 소독제의 부식성에 저항력이 있을 것

⑥ 적절하고 깨끗한 수세실과 화장실을 마련하고 수세실과 화장실은 접근이 쉬워야 하나 생산구역과 분리되어 있을 것

⑦ 작업소 전체에 적절한 조명을 설치하고, 조명이 파손될 경우를 대비한 제품을 보호할 수 있는 처리 절차를 마련할 것

⑧ 제품의 오염을 방지하고 적절한 온도 및 습도를 유지할 수 있는 적절한 환기시설을 갖출 것

⑨ 각 제조 구역별 청소 및 위생관리 절차에 따라 효능이 입증된 세척제 및 소독제를 사용할 것

⑩ 제품의 품질에 영향을 주지 않는 소모품을 사용할 것

| 작업장 | 준수사항 |
|---|---|
| 보관구역 | • 통로는 적절하게 설계해야 함<br>• 반품 등을 포함한 보관지역에서는 물품의 입·출고에 관한 사항을 관리해야 함<br>• 통로는 사람과 물건이 이동하는 구역으로서 사람과 물건의 이동에 불편함을 초래하거나 교차 오염의 위험이 없어야 함 |

| 작업장 | 준수사항 |
|---|---|
| 보관구역 | • 정해진 보관관리 기준을 일시적으로 충족하지 못 하는 부득이한 경우, 예외적으로 위험성 평가를 통해 제품에 영향을 미치지 않는 조건에서 보관 가능함<br>• 손상된 팔레트는 수거하여 수선 또는 폐기해야 함<br>• 매일 바닥의 폐기물을 치워야 함<br>• 동물이나 해충이 침입하기 쉬운 환경은 개선해야 함<br>• 용기(저장조 등)들은 닫아서 깨끗하고 정돈된 방법으로 보관해야 함<br>• 적절한 환경 조건하에서 보관해야 함 |
| 원료취급구역 | • 원료보관소와 칭량실은 구획되어 있어야 함<br>• 엎지르거나 흘리는 것을 방지하고 즉각적으로 치우는 시스템 절차를 시행해야 함<br>• 드럼의 윗부분은 필요한 경우 이송 전 또는 칭량구역에서 개봉 전에 검사하고 깨끗하게 유지해야 함<br>• 바닥은 깨끗하고 부스러기가 없는 상태로 유지해야 함<br>• 원료 용기들은 실제로 칭량하는 원료인 경우를 제외하고는 적합하게 뚜껑을 덮어 보관해야 함<br>• 원료의 포장이 훼손된 경우에는 봉인하거나 즉시 별도의 저장조에 보관한 후에 품질상의 처분 결정을 위해 격리해야 함<br>• 선입 선출이 용이하도록 구분하여 적재하고, 상부의 물품으로 인하여 하부 물품의 변형이 생기지 않도록 방지해야 함 |
| 제조구역 | • 모든 호스는 필요시 청소하거나 위생 처리해야 함<br>• 청소 후에 호스는 완전히 비워야 하고, 건조해야 함<br>• 호스는 정해진 지역의 바닥에 닿지 않도록 정리하여 보관해야 함<br>• 모든 도구와 이동 가능한 기구는 청소 및 위생 처리 후 정해진 지역에 정돈 방법에 따라 보관해야 함<br>• 제조 구역에서 흘린 것은 신속히 청소해야 함<br>• 탱크의 바깥 면들은 정기적으로 청소해야 함<br>• 모든 배관이 사용될 수 있도록 설계해야 하며 우수한 정비 상태로 유지해야 함<br>• 표면은 청소하기 용이한 재료로 설계해야 함<br>• 페인트를 칠한 지역은 우수한 정비 상태로 유지하고, 벗겨진 칠은 보수해야 함<br>• 폐기물(예 여과지, 개스킷, 폐기 가능한 도구들, 플라스틱 봉지)은 주기적으로 버려야 하며 장기간 모아놓거나 쌓아 두어서는 안 됨<br>• 사용하지 않는 설비는 깨끗한 상태로 보관되어야 하고 오염으로부터 보호해야 함 |
| 포장구역 | • 포장 구역은 제품의 교차 오염을 방지할 수 있도록 설계해야 함<br>• 포장 구역은 설비의 팔레트, 포장 작업의 다른 재료들의 폐기물, 사용되지 않는 장치, 질서를 무너뜨리는 다른 재료가 있어서는 안 됨<br>• 구역 설계는 사용하지 않는 부품, 제품 또는 폐기물의 제거를 쉽게 할 수 있도록 함<br>• 폐기물 저장통은 필요하다면 청소 및 위생처리해야 함<br>• 사용하지 않는 기구는 깨끗하게 보관해야 함 |

| 작업장 | 준수사항 |
|---|---|
| 직원서비스와<br>준수사항 | • 화장실, 탈의실 및 손 세척 설비가 직원에게 제공되어야 하고 작업구역과 분리되어야 하며 쉽게 이용할 수 있어야 함<br>• 화장실 및 탈의실은 깨끗하게 유지하고, 적절하게 환기해야 함<br>• 편리한 손 세척 설비는 온수, 냉수, 세척제와 1회용 종이 또는 접촉하지 않는 손 건조기를 포함한 것임<br>• 음용수를 제공하기 위한 정수기는 정상적으로 작동하는 상태이어야 하고 위생적이어야 함<br>• 구내식당과 쉼터(휴게실)는 위생적이고 잘 정비된 상태로 유지해야 함 |
| 직원서비스와<br>준수사항 | • 음식물은 생산 구역과 분리된 지정된 구역에서만 보관, 취급하여야 하고, 작업장 내부로 음식물 반입을 금지해야 함<br>• 개인은 직무를 수행하기 위해 알맞은 복장 구비해야 함<br>• 개인은 개인위생 처리 규정을 준수해야 하고 건강한 습관을 유지하며 손은 모든 제품 작업 전 또는 생산 라인에서 작업하기 전에 청결히 유지해야 함<br>• 제품, 원료 또는 포장재와 직접 접촉하는 사람은 제품 안전에 영향을 확실히 미칠 수 있는 건강 상태가 되지 않도록 주의사항을 준수해야 함 |

**3) 제조 및 품질관리에 필요한 설비 등의 기준**

① 사용 목적에 적합하고, 청소가 가능하며, 필요한 경우 위생·유지 관리가 가능하여야 한다. 자동화시스템을 도입한 경우도 또한 같다.

② 사용하지 않는 연결 호스와 부속품은 청소 등 위생관리를 하며, 건조한 상태로 유지하고 먼지, 얼룩 또는 다른 오염으로부터 보호할 것

③ 설비 등은 제품의 오염을 방지하고 배수가 용이하도록 설계·설치하며, 제품 및 청소 소독제와 화학 반응을 일으키지 않을 것

④ 설비 등의 위치는 원자재나 직원의 이동으로 인하여 제품의 품질에 영향을 주지 않도록 할 것

⑤ 벌크 제품의 용기는 먼지나 수분으로부터 내용물을 보호할 수 있을 것

⑥ 제품과 설비가 오염되지 않도록 배관 및 배수관을 설치하며, 배수관은 역류하지 않아야 하고, 청결을 유지할 것

⑦ 천장 주위의 대들보, 파이프, 덕트 등은 가급적 노출되지 않도록 설계하고, 노출된 파이프는 받침대 등으로 고정하고 벽에 닿지 않게 하여 청소가 용이하도록 설계할 것

⑧ 시설 및 기구에 사용되는 소모품은 제품의 품질에 영향을 주지 않도록 할 것

① 맞춤형화장품의 혼합·소분 공간은 다른 공간과 구분 또는 구획할 것

- 구분 : 선, 그물망, 줄 등으로 충분한 간격을 두어 착오나 혼동이 일어나지 않게 되어 있는 상태
- 구획 : 동일 건물 내에서 벽, 칸막이, 에어커튼 등으로 교차오염 및 외부오염물질의 혼입이 방지될 수 있도록 되어 있는 상태
- 분리 : 별개의 건물이거나 동일 건물일 경우, 별개의 장소로 구별되어 있는 상태
- ※ 다만, 맞춤형화장품조제관리사가 아닌 기계를 사용하여 맞춤형화장품을 혼합하거나 소분하는 경우에는 구분·구획된 것으로 본다.

② 맞춤형화장품 간 혼입이나 미생물오염 등을 방지할 수 있는 시설 또는 설비 등을 확보할 것

③ 조제소는 구획하여 관리하고 수세실, 세척실은 조제소 밖에 별도로 구분하여 설치하여야 한다.

④ 맞춤형화장품의 품질유지 등을 위하여 시설 또는 설비 등에 대해 주기적으로 점검·관리 할 것

## 1) 맞춤형화장품 제조설비 및 기구

① **혼합기** : 유화분산 또는 가용화, 내용물 혼합 등을 위한 교반을 위해 사용하는 기구이다(예 균질기(호모게나이저), 아지믹서, 디스퍼, 호모믹서 등).

② **충전기** : 용기에 내용물을 채우기 위해 사용하는 기구이다(예 저점도 액체 충전기, 고점도 충전기, 분말 충전기, 튜브 충전기, 파우더 충전기 등이 있으며 충전 방식에 따라 피스톤 방식 충전기, 파우치 방식 충전기 등이 있다).

| 공정 | 설비종류 |
| --- | --- |
| 피스톤 방식 충전기 | 용량이 큰 액상 타입의 샴푸, 린스, 컨디셔너 같은 제품의 충전에 사용됨 |
| 파우치 충전기 | 견본품 등의 1회용 파우치(pouch) 포장 제품의 충전에 사용됨 |
| 파우더 충전기 | 페이스파우더 등의 파우더류 제품의 충전에 사용됨 |
| 카톤 충전기 | 박스에 테이프를 붙이는 테이핑(tapping)기 |
| 액체 충전기 | 스킨로션, 토너, 앰플 등의 액상타입 제품의 충전에 사용됨 |
| 튜브 충전기 | 폼클렌징, 선크림 등의 튜브 용기 제품의 충전에 사용됨 |

③ **색소 분산** : 오일과 왁스에 안료를 분산시키는 기구로 썬크림, 립스틱 등에 많이 사용된다(예 아지믹서, 3단롤밀).

④ **파우더 혼합기** : 파우더 제품을 혼합하는 기기로 페이스파우더, 투웨이케익 등에 사용된다(예 아토마이저, 헨셀믹서).

⑤ **계량기구** : 전자저울, 시약 스푼, 스패츌러, 일회용 스포이드 등

⑥ **그 외 기구** : 비중계, 온도계, 점도계, pH기, 메스실린더 등

- **균질기**(호모게나이저) : 터빈형의 날개를 이용하여 골고루 분산시켜 균일하게 만들어 혼합하거나 초음파를 이용하여 균질하게 혼합하기도 한다. 균질기에는 호모믹서도 포함된다.
- **호모믹서** : 터빈 형태의 날개와 그 겉을 둥근기둥으로 감싸 자전과 공전 작용을 이용한 대류현상으로 교반시킨다. 미세하고 균일한 유화 입자를 얻을 수 있다.

## 2) 화장품 공정에 따라 필요한 제조설비의 종류

| 공정 | 설비종류 |
|---|---|
| 가용화제형 | 아지 믹서(agi-mixer), 디스퍼믹서(disper mixer), 용해탱크, 여과장치 등 |
| 유화제품 | 용해 탱크, 열교환기, 호모 믹서(homo mixer), 디스퍼 믹서(disper mixer), 진공 유화 장치(vacuumemulsifying unit), 온도 기록계, 압력계, 냉각기, 여과 장치 등 |
| 파우더 혼합제품 | 리본 믹서, 헨셀 믹서(henschel mixer), 아토마이저(atomizer), 3단 롤 밀(3 roll mill) 등 |
| 색소 분산 | 아지믹서(agi-mixer), 3단롤밀(3 roll mill) 등 |
| 충전기 | 저점도액체충전기, 고점도충전기, 분말충전기, 튜브충전기, 파우더충전기 등 |
| 혼합 교반에 필요한 도구 | 스테인리스 나이프, 교반봉 혹은 실리콘주걱(헤라), 마그네틱바, 유리비커 |

- 기기는 녹이 발생하지 않는 스테인리스 STS304, 316의 재질을 사용하여야 한다.
- 화장품의 액제, 로션제, 크림제 등은 마지막 공정에서 여과장치를 거쳐 불순물을 제거하는 공정을 거쳐서 완성한다.

맞춤형화장품 혼합 및 소분에 사용되는 장비 및 도구

| 구분 | | | 세부학습 내용 |
|---|---|---|---|
| 소분 | 냉각통<br>(cooling bath) | | 내용물 및 특정성분을 냉각할 때 사용 |
| | 디스펜서<br>(dispenser) | | 내용물을 자동으로 소분해주는 기기 |
| | 디지털발란스<br>(digital balance) | | 내용물 및 원료 소분 시 무게를 측정할 때 사용 |
| | 비커<br>(beaker) | | • 유리와 플라스틱 비커 사용<br>• 내용물 및 원료를 혼합 및 소분 시 사용 |
| | 스파츌라<br>(spatula) | | 내용물 및 특정성분의 소분 시 무게를 측정하고 덜어낼 때 사용 |
| | 헤라<br>(hera) | | • 실리콘 재질의 주걱<br>• 내용물 및 특정성분을 비커에서 깨끗하게 덜어낼 때 사용 |
| 특성<br>분석 | pH미터<br>(pHmeter) | | 원료 및 내용물의 pH(산도)를 측정 |
| | 경도계<br>(rheometer) | | 액체 및 반고형제품의 유동성을 측정할 때 사용 |
| | 광학현미경<br>(microscope) | | 유화된 내용물의 유화입자의 크기를 관찰할 때 사용 |
| 특성<br>분석 | 점도계<br>(viscometer) | | 내용물 및 특정성분의 점도 측정 시 사용 |

| 구분 | 세부학습 내용 | | |
|---|---|---|---|
| | 스틱성형기<br>(stickmold) | | 립스틱 및 선스틱 등 스틱 타입 내용물을 성형할 때 사용 |
| 혼합 | 오버헤드스터러<br>(over head stirrer) | | • 아지믹서(agi-mixer), 프로펠러믹서(propellermixer), 분산기(dispermixer)라고도 함.<br>• 봉(shaft)의 끝부분에 다양한 모양의 회전 날개가 붙어 있음<br>• 내용물에 내용물을 또는 내용물에 특정성분을 혼합 및 분산 시 사용하며 점증제를 물에 분산 시 사용 |
| | 온도계<br>(themometer) | | 내용물 및 특정성분 온도를 측정할 때 사용 |
| | 핫플레이트<br>(hotplate) | | • 램히터(lab heater)라고도 함<br>• 내용물 및 특정성분 온도를 올릴 때 사용 |
| | 호모믹서<br>(homomixer) | | • 호모게나이저 또는 균질화기(homogenizer)라고도 함<br>• 터빈형의 회전날개가 원통으로 둘러싸인 형태로 내용물에 내용물을 또는 내용물에 특정성분을 혼합 및 분산 시 사용함<br>• 회전 날개의 고속 회전으로 오버헤드스터러보다 강한 에너지를 줌(일반적으로 유화할 때 사용) |

*출처 : 교수학습가이드(식품의약품안전처)

① 임펠러의 종류

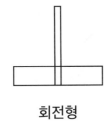

회전형

프로펠러형

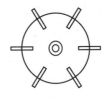

터빈형

세척은 잔류물, 먼지 등의 오염물을 제거하는 과정이며, 소독은 오염 미생물 수를 허용 기준 이하로 감소시키기 위한 위생관리 단계이다. 화장품 제조 설비의 세척과 소독은 위생관리프로그램을 운영해야 하며 문서화 된 절차에 따라 수행하고, 세척 및 소독된 장비와 기계는 오염을 방지하기 위해 건조시켜 보관해야 한다. 세척과 소독 주기를 결정한 후 담당자가 정기적으로 점검해야 하며 작업장 청소 시 공기 중의 먼지를 최소화하도록 노력해야 한다.

① 작업장은 곤충, 해충, 쥐 등을 막을 수 있는 방충 방서기를 설치하고 정기적으로 점검을 해야 하며 창문은 차광하여 야간에 빛이 밖으로 새어 나가지 않도록 조치해야 한다.

② 작업장의 바닥, 벽, 천장, 창문은 수시로 검검하여 청결을 유지해야 하며 틈이 없어야 한다.

③ 배기구 및 흡기구에는 필터를 설치하고 폐수구에는 트랩을 설치한다.

④ 세척실은 UV 램프를 사용하여 내부를 멸균하고, 기구 및 도구들은 세척 후 세척 사항을 기록한다.

⑤ 청소, 소독 시에는 틈새까지 세밀하게 관리해야 하며 물청소 후 물기를 제거하여야 한다. 청소는 위쪽에서 아래쪽으로 안쪽에서 바깥쪽으로 청소해야 한다.

⑥ 작업실 및 원료 보관실은 품질 저하를 방지하기 위하여 적절한 실내 온도를 유지해야 한다.

⑦ 작업장 내 조명등은 전등의 파손으로 인한 오염이 발생하지 않도록 조치해야 한다.

⑧ 가루 작업 시 분진이 발생하지 않도록 조치해야 한다.

▶ **곤충, 해충이나 쥐를 막을 수 있는 대책**

〈원칙〉

• 벌레가 좋아하는 것을 제거한다.
• 빛이 밖으로 새어 나가지 않게 한다.
• 조사한다.
• 구제한다.

▶ **방충 대책의 구체적인 예**

• 벽, 천장, 창문, 파이프 구멍에 틈이 없도록 한다.
• 개방할 수 있는 창문을 만들지 않는다.
• 창문은 차광하고 야간에 빛이 밖으로 새 어나가지 않게 한다.
• 배기구, 흡기구에 필터를 단다.
• 폐수구에 트랩을 단다.
• 문 하부에는 스커트를 설치한다.
• 골판지, 나무 부스러기를 방치하지 않는다(벌레의 집이 된다).
• 실내압을 외부(실외)보다 높게 한다(공기조화장치).
• 청소와 정리 정돈
• 해충, 곤충의 조사와 구제를 실시한다.

**청정도 기준**

| 청정도 등급 | 대상 시설 | 해당 작업실 | 청정공기 순환 | 구조 조건 | 관리 기준 | 작업 복장 |
|---|---|---|---|---|---|---|
| 1 | 청정도 엄격 관리 | Clean bench | 20회/hr 이상 또는 차압 관리 | Pre-filter, Med-filter, HEPA-filter, Clean bench/booth, 온도 조절 | 낙하균 : 10개/hr 또는 부유균 : 20개/㎥ | 작업복, 작업모, 작업화 |
| 2 | 화장품 내용물이 노출되는 작업실 | 제조실, 성형실, 충전실, 내용물 보관소, 원료 칭량실, 미생물 시험실 | 10회/hr 이상 또는 차압 관리 | Pre-filter, Med-filter, (필요시 HEPA-filter), 분진발생실 주변 양압, 제진 시설 | 낙하균 : 30개/hr 또는 부유균 : 200개/㎥ | 작업복, 작업모, 작업화 |
| 3 | 화장품 내용물이 노출 안 되는 곳 | 포장실 | 차압 관리 | Pre-filter 온도조절 | 갱의, 포장재의 외부 청소 후 반입 | 작업복, 작업모, 작업화 |
| 4 | 일반 작업실 (내용물 완전 폐색) | 포장재 보관소, 완제품 보관소, 관리품 보관소, 원료보관소 갱의실, 일반시험실 | 환기 장치 | 환기 (온도조절) | - | - |

*출처 : 식품의약품안전처,「우수화장품 제조 및 품질관리기준(CGMP)해설서」

**(1) 작업장 공기조절의 4대요소**

① 공기 조절이란 공기의 온도, 습도, 공중미립자, 풍량, 풍향, 기류의 전부 또는 일부를 자동으로 제어하는 것이다.

② CGMP 시설지정은 제시된 청정도 등급 이상으로 설정해야 한다.

③ 공기의 온·습도, 공중미립자, 풍량, 풍향, 기류를 일련의 도관을 사용해서 제어하는 "센트럴 방식"이 화장품에 가장 적합한 공기 조절 방식이다.

**작업장 공기조절의 4대요소**

| 번호 | 4대요소 | 대응설비 |
|---|---|---|
| 1 | 청정도 | 공기정화기 |
| 2 | 실내온도 | 열교환기 |
| 3 | 습도 | 가습기 |
| 4 | 기류 | 송풍기 |

*출처 : 식품의약품안전처,「우수화장품 제조 및 품질관리기준(CGMP)해설서」

(2) 공기 조화 장치(환기시설 계통도)

① 공기 조화 장치는 청정 등급 유지에 필수적이고 중요하므로 그 성능이 유지되고 있는지 주기적으로 점검·기록

② 화장품 제조에 사용할 수 있는 에어 필터의 종류는 다음과 같음

> **공기 조화 장치**
>
> • 어느 공기 조절 방식을 채택하더라도 에어 필터를 통하여 외기를 도입하거나, 순환시킬 필요가 있다. 가정용 방충망 정도의 필터를 설치한 흡기 팬만의 작업장에서 화장품을 제조하는 것은 재검토 되어야 한다.
> • 화장품 제조라면 적어도 중성능 필터의 설치를 권장한다. 고도의 환경 관리가 필요하면 고성능필터(HEPA필터)의 설치가 바람직하다.
> • 공기 조화 장치는 청정 등급 유지에 필수적이고 중요하므로 그 성능이 유지되고 있는지 주기적으로 점검·기록 하여야 한다.

| | 필터 |
|---|---|
| P/F(PRE Filter)<br>(세척 후 3 ~ 4회 재사용) | • Medium Filter 전처리용<br>• Media : Glass Fiber, 부직포<br>• 압력손실 : 9mmAq 이하<br>• 필터입자 : 5μm |
| M/F(MEDIUM Filter) | • Media : Glass Fiber<br>• HEPA Filter 전처리용<br>• B/D 공기정화, 산업공장 등에 사용<br>• 압력손실 : 16mmAq 이하<br>• 필터입자 : 0.5μm |
| H/F(HEPA(High Efficiency Particulate) Filter) | • 0.3μm의 분진 99.97% 제거<br>• Media : Glass Fiber<br>• 반도체공장, 병원, 의약품, 식품산업에 사용<br>• 압력손실 : 24mmAq 이하<br>• 필터입자 : 0.3μm |

*출처 : 식품의약품안전처,「우수화장품 제조 및 품질관리기준(CGMP)해설서」

| 구분 | 사진 | 특징 |
|---|---|---|
| PRE FILTER | | 1. HEPA, MEDIUM등의 전처리용<br>2. 대기 중 먼지 등 인체에 해를 미치는 미립자(10 ~ 30 μm)를 제거<br>3. 압력손실이 낮고 고효율로 Dust 포집량이 크다. |
| PRE BAG FILTER | | 4. 틀 또는 세제로 세척하여 사용가능 경제적임(재사용 2 ~ 3회)<br>5. 두께 조정과 재단이 용이하여 교환 또는 취급이 쉽다.<br>6. Bag type은 처리용량을 4배이상 높일 수 있다. |

| | | |
|---|---|---|
| MEDIUM FILTER | | 1. 포집효율 95%를 보증하는 중고성능 Filter이다.<br>2. Clean Room 정밀기계공업 등에 있어 Hepa Filter 전처리용<br>3. 공기정화, 산업공장 등에 있어 최종 Filter로 사용한다.<br>4. Frame은 P/Board or G/Steel 등으로 제작되어 견고함 |
| MEDIUM BAG FILTER | | 5. Bag type은 먼지 보유용량이 크다. 수명이 길다.<br>6. Bag type은 포집효율이 높고 압력 손실이 적다. |
| HEPA FILTER | | 1. 사용온도 최고 250℃에서 0.3$\mu$m 입자들 99.97% 이상<br>2. 포집성능을 장시간 유지할 수 있는 HEPA Filter이다.<br>3. 필름, 의약품 등의 제조 Line에 사용<br>4. 반도체, 의약품 Clean Oven에 사용 |

*출처 : 식품의약품안전처, 「우수화장품 제조 및 품질관리기준(CGMP)해설서」

(3) 차압

① 공기 조절기를 설치하면 작업장의 실압 관리, 외부와의 차압을 일정하게 유지하도록 한다.

② 청정 등급의 경우 각 등급 간의 공기의 품질이 다르므로 등급이 낮은 작업실의 공기가 높은 등급으로 흐르지 못하도록 어느 정도의 공기압 차가 있어야 한다.

③ 일반적으로는 4급지<3급지<2급지 순으로 실압을 높이고 외부의 먼지가 작업장으로 유입되지 않도록 설계한다. 작업실이 분진 발생, 악취 등 주변을 오염시킬 우려가 있을 경우에는 해당 작업실을 음압으로 관리할 수 있으며, 이 경우 적절한 오염방지대책을 마련하여야 한다.

④ 온도는 1~30℃, 습도는 80% 이하로 관리한다. 제품 특성상 온습도에 민감한 제품의 경우에는 해당 온습도를 유지할 수 있도록 관리하는 체계를 갖추도록 한다. 온습도의 설정을 정할 때는 "결로"에 신경을 써야 한다.

## 제4장 작업장의 세척 및 판정

### 1. 작업장 세정제와 소독제

세정제는 바람직하지 않은 오염물질을 제거하기 위해 사용하는 것으로 스팀 증류 및 용제, 산, 염기, 세제 등이 사용되며 환경문제와 작업자의 건강 문제로 인해 수용성 세정제가 많이 사용된다. 세정제는 안전성이 높아야 하며, 세정력이 우수하며 헹굼이 용이하고, 기구 및 장치의 재질에 부식성이 없고, 가격이 저렴해야 한다. 소독제는 제조설비 및 기구에 부착된 미생물을 사멸시키기 위해 소독을 목적으로 사용하는 화학물질로 소독제를 선택할 때는 사용농도에 독성이 없고 제품이나 설비 기구 등에 반응을 하지 않으며, 불쾌한 냄새가 남지 않아야 하고 5분 이내에도 효과를 볼 수 있는 광범위한 항균기능을 가져야 한다. 또한 미생물을 99.9% 이상 사멸시켜야 하며 사용기간 동안 활성을 유지하여 소독기능이 유지되어야 한다. 또한 누구나 쉽게 이용이 가능하고 경제적이어야 한다.

(1) 세정제의 요구조건
    ① 우수한 세정력
    ② 표면 보호
    ③ 세정 후 표면에 잔류물이 없는 건조 상태
    ④ 사용 및 계량의 편리성
    ⑤ 적절한 기포 거동
    ⑥ 인체 및 환경 안전성
    ⑦ 충분한 저장 안정성

(2) 소독제의 요구 조건
    ① 사용 기간 동안 활성을 유지해야 한다.
    ② 경제적이어야 한다.
    ③ 사용 농도에서 독성이 없어야 한다.
    ④ 제품이나 설비와 반응하지 않아야 한다.
    ⑤ 불쾌한 냄새가 남지 않아야 한다.
    ⑥ 광범위한 항균 스펙트럼을 가져야 한다.
    ⑦ 5분 이내의 짧은 처리에도 효과를 보여야 한다.
    ⑧ 소독 전에 존재하던 미생물을 최소한 99.9% 이상 사멸시켜야 한다.
    ⑨ 쉽게 이용할 수 있어야 한다.

(3) 소독제 선택 시 고려할 사항
    ① 대상 미생물의 종류와 수
    ② 항균 스펙트럼의 범위
    ③ 미생물 사멸에 필요한 작용 시간, 작용의 지속성
    ④ 물에 대한 용해성 및 사용 방법의 간편성
    ⑤ 적용 방법(분무, 침적, 걸레질 등)
    ⑥ 부식성 및 소독제의 향취
    ⑦ 적용 장치의 종류, 설치 장소 및 사용하는 표면의 상태
    ⑧ 내성균의 출현 빈도

⑨ pH, 온도, 사용하는 물리적 환경 요인의 약제에 미치는 영향

⑩ 잔류성 및 잔류하여 제품에 혼입될 가능성

⑪ 종업원의 안전성 고려

⑫ 법 규제 및 소요 비용

## 2. 세척 소독방법

세척 시 온수 또는 증기로 세척하는 것이 가장 바람직하지만, 브러시 또는 수세미 등을 사용하여 세척하여도 된다. 계면활성제를 사용하여 세척 시 세제가 잔존하지 않도록 수압을 이용하여 잘 씻어낸 후 pH 페이퍼를 이용하여 세제의 잔류를 확인하고 UV로 멸균시킨 마른 수건으로 물기를 제거한다. 잔류물 확인 시 육안판정을 기본으로 하며 흰 천 또는 검은 천의 무진포로 문질러 천 표면의 잔류물 유무를 육안으로 확인한다.

▶ **설비 세척의 원칙**
- 위험성이 없는 용제(물이 최적)로 세척한다.
- 가능한 한 세제를 사용하지 않는다.
- 증기 세척은 좋은 방법이다.
- 브러시 등으로 문질러 지우는 것을 고려한다.
- 분해할 수 있는 설비는 분해해서 세척한다.
- 세척 후는 반드시 "판정"한다.
- 판정 후의 설비는 건조·밀폐해서 보존한다.
- 세척의 유효기간을 설정한다.

### (1) 세제의 주요 구성 성분과 특성

| 주요성분 | 특성 | 대표적 성분 |
|---|---|---|
| 계면활성제 | • 비이온, 음이온, 양쪽성 계면활성제<br>• 세정제의 주요 성분<br>• 다양한 세정 기작으로 이물 제거 | 알킬벤젠설포네이트(ABS), 알칸설포네이트(SAS), 알파올레핀설포네이트(AOS), 알킬설페이트(AS), 비누(Soap), 알킬에톡시레이트(AE), 지방산알칸올아미드(FAA), 알킬베테인(AB)/알킬설포베테인(ASB) |
| 살균제 | • 미생물 살균<br>• 양이온 계면활성제 등 | 4급암모늄 화합물, 양성계면활성제, 알코올류, 산화물, 알데히드류, 페놀유도체 |
| 금속이온<br>봉쇄제 | • 세정 효과를 증가<br>• 입자 오염에 효과적 | 소듐트리포스페이트(Sodium Triphosphate), 소듐사이트레이트(Sodium Citrate), 소듐글루코네이트(Sodium Gluconate) |
| 유기폴리머 | • 세정효과를 강화<br>• 세정제 잔류성 강화 | 셀룰로오스 유도체(Cellulose derivative) |

| 주요성분 | 특성 | 대표적 성분 |
|---|---|---|
| 용제 | • 계면활성제의 세정효과 증대 | 알코올(Alcohol), 글리콜(Glycol), 벤질알코올(Benzyl Alcohol) |
| 연마제 | • 기계적 작용에 의한 세정효과 증대 | 칼슘카보네이트(Calcium Carbonate), 클레이, 석영 |
| 표백성분 | • 살균 작용<br>• 색상 개선 | 활성염소 또는 활성염소 생성 물질 |

*출처 : NCS 화장품제조학습모듈 08위생안전관리

## (2) 세정제별 작용기능

| 종류 | 작용 기능 |
|---|---|
| 알코올, 페놀, 알데하이드, 아이소프로판올, 포르말린 | 단백질 응고 또는 변경에 의한 세포 기능 장해 |
| 할로겐 화합물, 과산화수소, 과망간산칼륨, 아이오딘, 오존 | 산화에 의한 세포 기능 장해 |
| 옥시시안회수소 | 원형질 중의 단백질과 결합하여 세포 기능 장해 |
| 계면 활성제, 클로르헥사이딘 | 세포벽과 세포막 파괴에 의한 세포 기능 장해 |
| 양성 비누, 붕산, 머큐로크로뮴 등 | 효소계 저해에 의한 세포 기능 장해 |

*출처 : NCS 화장품제조학습모듈 08위생안전관리

## 1) 세척제

### ① 화학적 세척제

| 유형 | pH | 오염 제거 물질 예시 | | 장단점 |
|---|---|---|---|---|
| 무기산과 약산성 세척제 | 0.2~5.5 | 무기염, 수용성 금속 Complex | 강산 : 염산, 황산, 인산 약산(희석한 유기산) : 초산, 구연산 | 산성에 녹는 물질, 금속 산화물 제거에 효과적 독성, 환경 및 취급 문제 있을 수 있음 |
| 중성 세척제 | 5.5~8.5 | 기름때 작은 입자 | 약한 계면활성제 용액 (알코올과 같은 수용성 용매를 포함할 수 있음) | 용해나 유화에 의한 제거 낮은 독성, 부식성 |
| 약알칼리, 알칼리 세척제 | 8.5~12.5 | 기름, 지방, 입자 | 수산화암모늄, 탄산나트륨, 인산나트륨, 붕산액 | 알칼리는 비누화, 가수 분해를 촉진 |
| 부식성 알칼리 세척제 | 12.5~14 | 찌든 기름 | 수산화나트륨, 수산화칼륨, 규산나트륨 | 오염물의 가수 분해시 효과 좋음 독성 주의, 부식성 |

*출처 : NCS 화장품제조학습모듈 08위생안전관리

## 2) 소독제

### ① 물리적 소독제 : 스팀, 온수, 직열

| 종류 | 소독법 | 특징 | 단점 |
|---|---|---|---|
| 스팀 | 100℃ 물스팀 30분 이상 | 바이오 필름을 파괴하며 매우 효과적인 소독법, 용이한 사용성 | 소독 시간이 길고 에너지가 많이 소비된다. 파이프 등에 화장품이나 세제의 잔류물이 남으며 습기가 다량 발생된다. |
| 온수 | 70~80℃ 온수 2시간 이상<br>80~100℃ 온수 30분 이상 | 긴파이프를 소독할 때 스팀보다 용이하다. 부식성이 없고 매우 효과적인 소독법이다. | 많은 양의 물이 필요하고 에너지가 많이 소비되며 습기가 다량 발생된다. 소독 시간이 스팀보다 길다. |
| 직열 | 전기가열테이프를 감아서 가열한 후 다른 소독법과 병행하여 사용한다. | 다루기 어려운 설비, 파이프 소독법으로 이용된다. | 일반적으로 잘 사용하지 않는다. |

### ② 화학적 소독제 : 염소계 소독제(차아염소산나트륨, 차아염소산칼륨, 차아염소산리튬 200ppm), 양이온계 계면활성제(4급 암모늄화합물 200ppm), 페놀, 인산, 에탄올, 아이소프로판올, 과산화수소, 계면활성제 등

ㄱ. 내용물의 오염 상태, 용해도 및 특성 등에 따라 소독제 종류가 선택된다.

ㄴ. 살균 소독의 스펙트럼 범위가 광범위하고 5분 이내 신속하게 99.9% 이상 사멸이 가능해야 한다. 수용성이며 부식성이 없어야 하고, 쉽게 사용할 수 있어야 하며 독성이 없어 사용하기에 안전하고 경제적이어야 한다. 유기물 찌꺼기 및 경수 등에 대한 내성이 있어 환경에 친화적이고 안정적이어야 한다.

| 종류 | 소독법 | 특징 | 단점 | 종류 |
|---|---|---|---|---|
| 염소계 소독제 | 200ppm, 30분 | • 찬물용해, 사용 편리<br>• 단독으로 사용<br>• 우수한 효과 | • PH가 산성에서 알카리로 증가시 효과 감소<br>• 금속부식<br>• 빛, 온도에 불안정<br>• 피부보호필요 | 차아염소산나트륨,<br>차아염소산칼슘,<br>차아염소산리튬 |
| 양이온계 계면활성제 | 200ppm | • 세정작용 우수<br>• 부식성 없음<br>• 물에 용해 단독 사용가능<br>• 높은 안정성 | • 포자에 효과없음<br>• 중성, 약알카리에서 가장 효과적임<br>• 경수, 음이온 계면활성제에 의해 불활성화 됨 | 4급 암모늄 화합물 |

| 종류 | 소독법 | 특징 | 단점 | 종류 |
|---|---|---|---|---|
| 아이소프로판올, 에탄올 | 아이소프로필알코올 60~70%, 15분, 에탄올 60~95%, 15분 | • 사용용이<br>• 빠른 건조로 인해 세척 불필요<br>• 단독사용 | • 세균포자에 효과 없음<br>• 화재, 폭발 위험<br>• 피부보호필요 | 아이소프로필알코올, 에탄올 |
| 페놀 | 1:200 용액 | • 세정작용<br>• 우수한 효과<br>• 탈취작용 | • 조제하여 사용<br>• 세척필요<br>• 용액상태로 불안정(2~3시간 이내 사용)<br>• 피부보호 필요<br>• 고가 | 페놀, 염소화페놀 |
| 인산 | 제조사 자체규정 | • 스테인레스 사용시 매우 좋음<br>• 저렴한 가격<br>• 낮은 온도에서 사용<br>• 접촉시간 짧음 | • 산성 조건하에서 사용이 좋음<br>• 피부보호 필요 | 인산 용액 |
| 과산화수소 | 35% 용액의 1.5%, 30분 | • 유기물에 효과 | • 고농도 시 폭발<br>• 반응성<br>• 피부보호필요 | 안정화된 용액 사용 |

*출처 : 한국직업능력개발원, NCS모듈 화장품제조 08위생안전관리

## 3. 청소 및 세척

① 청소 : 주위의 청소와 정리 정돈을 포함한 시설·설비의 청정화 작업

② 세척 : 설비의 내부 세척화 작업

③ 절차서를 작성한다.

   ㄱ. "책임"을 명확하게 한다.

   ㄴ. 사용기구를 정해 놓는다.

   ㄷ. 구체적인 절차를 정해 놓는다(먼저 쓰레기를 제거한다. 동쪽에서 서쪽으로 위에서 아래로. 천으로 닦는 일은 3번 닦으면 교환 등).

   ㄹ. 심한 오염에 대한 대처 방법을 기재해 놓는다.

④ 판정 기준 : 구체적인 육안 판정 기준을 제시한다.

   ㄱ. 천으로 문질러 부착물로 확인한다.

   ㄴ. 린스액의 화학분석을 한다.

⑤ 세제를 사용한다면

    ㄱ. 사용하는 세제명을 정해 놓는다.

    ㄴ. 사용하는 세제명을 기록한다.

⑥ 기록을 남긴다.

    ㄱ. 사용한 기구, 세제, 날짜, 시간, 담당자명 등

⑦ "청소 결과"를 표시한다.

⑧ 천연화장품 또는 유기농화장품을 제조하는 작업장 및 제조설비는 교차오염이 발생하지 않도록 충분히 청소 및 세척되어야 한다.

⑨ 작업장과 제조설비의 세척제는 [별표 6]에 적합하여야 한다.

## 4. 작업장 및 설비기구의 청소방법

## 1) 정의

① **제조장**: 칭량 된 원료를 가지고 제조설비로 포장 전 내용물을 만드는 장소

② **벌크 보관소**: 제조 작업실에서 제조된 내용물을 보관하는 장소

③ **충전, 포장실**: 제조된 내용물을 가지고 완제품을 생산하는 장소

④ **제품 보관소**: 충전, 포장이 완료된 제품을 보관하는 장소

⑤ **포장재 보관소**: 제품충전 및 포장을 위한 포장재를 보관하는 장소

⑥ **원료 보관소**: 제조하기 위한 원료를 보관하는 장소

⑦ **공기 조절**: 공기의 온도, 습도, 공중 미립자, 풍량, 풍향, 기류의 전부 또는 일부를 자동으로 제어하는 일

⑧ **낙하균**: 각 제조장의 공기 중에 서식하면서 제품에 낙하하여 오염을 야기할 수 있는 세균 및 진균류

| 작업장 | 준수사항 |
|---|---|
| 칭량실 | • 수시 및 작업 종료 후 작업대, 바닥, 원료 용기, 칭량 기기, 벽 등 이물질이나 먼지 등을 부직포, 걸레 등 을 이용하여 청소<br>• 해당 직원 이외의 출입을 통제 |
| 제조실(제조장) | • 작업 종료 후 혹은 일과 종료 후 바닥, 벽, 작업대, 창틀 등에 묻은 이물질, 내용물 및 원료 잔류물 등을 위생 수건, 걸레 등을 이용하여 제거<br>• 일반 용수와 세제를 바닥에 흘린 후 세척 솔 등을 이용하여 닦아냄<br>• 일반 용수(필요시 위생 수건 등)를 이용하여 세제 성분이 잔존하지 않도록 깨끗이 세척한 후 물끌게, 걸레 등을 이용하여 물기를 제거<br>• 작업실 내에 설치되어 있는 배수로 및 배수구는 월 1회 락스 소독 후 내용물 잔류물, 기타 이물 등을 완전히 제거하여 깨끗이 청소<br>• 청소 후에는 작업실 내의 물기를 완전히 제거하고 배수구 뚜껑을 꼭 닫음<br>• 소독 시에는 제조 기계, 기구류 등을 완전히 밀봉하여 먼지, 이물, 소독 액제가 오염되지 않도록 함 |

| | |
|---|---|
| 벌크 보관소 | • 저장 벌크의 품질 저하를 방지하기 위하여 제품의 특성에 따라 적절한 온/습도 관리 기준을 설정하여 유지 하고 수시로 점검하여 이상발생시 해당 부서장에게 보고하고 품질관리부로 통보하여 조치 받음<br>• 벌크 보관소는 수시 및 일과 종료 후 바닥, 저장 용기, 외부 표면 등을 위생 수건 등을 이용하여 청소를 실시하고 주기적으로 대청소를 실시하여 항상 위생적으로 유지<br>• 해당 직원 이외의 출입을 통제 |
| 벌크 보관소 | • 대청소를 제외하고는 물청소를 금지하며 부득이하게 물청소를 실시하였을 경우 즉시 물기를 완전히 제거하여 유지<br>• 내용물 저장통은 항상 밀봉하여 환경균, 먼지 등에 오염되지 않도록 함 |
| 세척실 | • 저장통, 충전 기계 등의 세척 후 수시로 바닥에 잔존하는 이물질을 완전히 제거하고 세척수로 바닥을 세척<br>• 배수로에 내용물 및 세제 잔류물 등이 잔존하지 않도록 관리<br>• 청소, 배수 후에는 바닥의 물기를 완전히 제거하고 배수로 이물을 제거하고 청소를 실시 |
| 충전, 포장실 | • 바닥, 작업대 등은 수시 및 정기적으로 청소를 실시하여 공정 중 혹은 공정 간 오염을 방지<br>• 작업 중 자재, 내용물 저장통, 완제품 등의 이동 시는 먼지, 이물 등을 제거하여 설비 혹은 생산 중인 제품에 오염이 발생하지 않도록 함 |
| 원료 보관소 | • 입고 장소 및 각 저장통은 작업 후 걸레로 쓸어내고, 오염물 유출 시 물걸레로 제거<br>• 바닥, 벽면, 보관용 적재대, 저장통 주위를 청소하고 물걸레로 오염물을 제거<br>• 필요 시 연성 세제, 또는 락스를 이용하여 오염물을 제거<br>• 위험물 창고는 작업 후 빗자루를 쓸어내고, 필요시 물걸레로 오염물을 제거 |
| 원자재 및 제품 보관소 | • 작업 후 걸레로 청소한 후 바닥, 벽 등의 먼지를 제거 |
| 화장실 | • 바닥에 잔존하는 이물을 완전히 제거하고 소독제로 바닥을 세척<br>• 배수로에 내용물 및 세제 잔유물 등이 잔존하지 않도록 관리<br>• 손 세정제 및 핸드타월이 부족하지 않도록 관리<br>• 청소, 배수 후에는 바닥의 물기를 완전히 제거 |

## 2) 설비, 기구의 세척 소독

### (1) 칭량통, 스파출라 등

① 사용된 원료 칭량통을 세척실로 이송한다.

② 온수(60℃)로 칭량통 내부 잔류물을 세척한다.

③ 세척 솔을 이용하여 세제로 세척한다. 이때 사용하는 세제는 클렌징폼, 중성 세제, DWC-1000이 사용된다.

④ 다시 온수(60℃)를 사용하여 세제를 깨끗하게 제거한다.

⑤ 이후 정제수를 이용하여 칭량통 내부를 세척한다.

⑥ UV로 멸균시킨 마른 수건으로 물기를 완전히 제거한다.

⑦ 지정 대차로 이동하여 UV 등이 켜진 보관 장소에 보관한다.

**(2) 제조 설비**(믹서)

① 유화조에서 내용물 배출 후, 배출 완료를 확인한다. 설비 내 잔류량이 없음을 확인 후 세척 공정을 수행한다.

② 유화조에 세척수 투입 후 70℃까지 가온하여 교반하고, 용해조에 세척수 투입 후 80℃까지 가온하여 교반한다.

③ 가온 후 세제를 투입하여 균일하게 교반한다. 이때 사용하는 세제는 클렌징폼, 중성 세제, DWC-1000이 사용된다.

④ 유화조 배출 호스를 냉각기에 연결하여 세척수를 하수구로 배출시키고, 용해조 배출 호스는 바로 하수구로 배출한다.

⑤ 유화조, 용해조에 정제수 투입 후, 교반하여 세척한다.

⑥ 세척수 배출 후, 정제수를 분사하여 잔류물을 세척한다. 배출되는 세척수를 채취하여 이물질 및 색상 등을 통해 세척 상태를 확인한다. 세척 상태 불량 시 정제수를 투입하여 추가로 세척한다.

⑦ 유화조, 용해조 덮개 등을 조립하여 밀폐한다. 단, 배출 밸브 개방 후 배출 호스를 거치대에 설치하고 설비 상부의 Air Vent를 개방한다.

**(3) 포장 설비**(충전기, 펌프, 호스)

① 작업 완료된 포장 설비(펌프/충전기)를 세척실로 이송한다.

② 충전기를 분해하고 펌프와 함께 온수(60℃)로 세척한다.

③ 세척 솔을 이용하여 세제로 세척한 후 온수(60℃)를 사용하여 세제를 제거한다. W/O 제형의 경우 세제 세척하고, O/W 제형은 세제 세척을 생략해도 된다. 이때 사용하는 세제는 클렌징폼, 중성 세제, DWC-1000이 사용된다.

④ 충전기를 분해하고 펌프와 함께 온수(60℃)로 세척한다.

⑤ UV로 멸균시킨 마른 수건으로 물기를 완전히 제거한다.

⑥ 70% 에탄올을 기벽에 분사하고 마른 수건으로 닦는다.

⑦ 세척 소독한 저장통을 UV 등이 켜진 보관실로 이동하여 보관한다.

**(4) 필터, 여과기, 체**

① 사용된 필터, 여과기, 체를 세척실로 이송한다.

② 온수(60℃)로 세척한다.

③ 세척 솔을 이용하여 세제로 세척한 후 온수(60℃)를 사용하여 세제를 제거한다. W/O 제형의 경우 세제 세척하고, O/W 제형은 세제 세척을 생략해도 된다. 이때 사용하는 세제는 클렌징폼, 중성 세제, DWC-1000이 사용된다.

④ 정제수를 이용하여 다시 세척한다.

⑤ UV로 멸균시킨 마른 수건으로 물기를 완전히 제거한다.

⑥ 70% 에탄올을 분사하고 마른 수건으로 닦는다.

⑦ 세척 및 건조 상태를 확인한다.

⑧ 세척 소독한 기구를 UV 등이 켜진 보관실로 이동하여 보관한다.

ㄱ. 세척 후에는 세척 완료 여부를 확인할 수 있는 표시를 한다.

ㄴ. 세척이 완료된 기구들은 건조된 상태로 정해진 위치에 보관한다.

⑨ 작업장과 제조설비의 세척제는 제8장 [별표6]에 적합하여야 한다.

(5) 제조 설비·기구 세척 및 소독 주기

① 제품 변경시

② 일 일 작업 완료 후

③ 미사용 72시간 경과 후

④ 밀폐되지 않은 상태로 방치 시 오염 발생

⑤ 시스템 문제발생 시

| 일반적으로 제조 설비 기구 세척 및 소독 시 일반주방세제 0.5%, 70% 에탄올을 가장 많이 사용하고 있다. |
| --- |

| ※ 참고자료 - 제조설비·기구 세척 및 소독 관리 표준서 |
| --- |

| 적용 기계 및 기구류 | 제조, 탱크, 저장 탱크(일반 제품) |
| --- | --- |
| 세척 도구 | • 스펀지, 수세미, 솔, 스팀 세척기 |
| 세제 및 소독액 | • 일반 주방 세제(0.5%), 70% 에탄올 |
| 세척 및 소독 주기 | • 제품 변경 시 또는 작업 완료 후<br>• 설비 미사용 72시간 경과 후, 밀폐되지 않은 상태로 방치 시<br>• 오염 발생 혹은 시스템 문제 발생 시 |
| 세척 방법 | • 제조 탱크, 저장 탱크를 스팀 세척기로 깨끗이 세척한다.<br>• 상수를 탱크의 80%까지 채우고 80℃로 가온한다.<br>• 패달 25r/m, 호모 2,000r/m으로 10분간 교반 후 배출한다.<br>• 탱크 벽과 뚜껑을 스펀지와 세척제로 닦아 잔류하는 제품이 없도록 제거 후 상수로 세척한다.<br>• 정제수로 2차 세척한 후 UV로 처리한 깨끗한 수건이나 부직포 등을 이용하여 물기를 완전히 제거한다.<br>• 잔류하는 제품이 있는지 확인하고, 필요에 따라 위의 방법을 반복한다.<br>• 저장 탱크의 경우에는 두 번째와 세 번째 항은 생략한다. |

| 적용 기계 및 기구류 | 제조, 탱크, 저장 탱크 (일반 제품) |
|---|---|
| 소독 방법 | • 세척된 탱크의 내부 표면 전체에 70% 에탄올이 접촉되도록 고르게 스프레이한다.<br>• 탱크의 뚜껑을 닫고 30분간 정체해 둔다.<br>• 정제수로 헹군 후 필터 된 공기로 완전히 말린다.<br>• 뚜껑은 70% 에탄올을 적신 스펀지로 닦아 소독한 후 자연 건조하여 설비에 물이나 소독제가 잔류하지 않도록 한다.<br>• 사용하기 전까지 뚜껑을 닫아서 보관한다. |
| 점검 방법 | • 점검 책임자는 육안으로 세척 상태를 점검하고, 그 결과를 점검표에 기록한다.<br>• 품질 관리 담당자는 매 분기별로 세척 및 소독 후 마지막 헹굼수를 채취하여 미생물 유무를 시험한다. |

*출처 : NCS 화장품제조학습모듈 08위생안전관리

## 5. 천연화장품과 유기농화장품 제조 작업장

▶ **세척제에 사용가능한 원료[별표 6]**
• 과산화수소(Hydrogen peroxide/their stabilizing agents)
• 과초산(Peracetic acid)
• 락틱애씨드(Lactic acid)
• 알코올(이소프로판올 및 에탄올)
• 계면활성제(Surfactant)
  - 재생가능
  - EC50 or IC50 or LC50 > 10 mg/l
  - 혐기성 및 호기성 조건하에서 쉽고 빠르게 생분해될 것(OECD 301 > 70% in 28 days)
  - 에톡실화 계면활성제는 상기 조건에 추가하여 다음 조건을 만족하여야 함
  - 전체 계면활성제의 50% 이하일 것
• 에톡실화가 8번 이하일 것
• 유기농 화장품에 혼합되지 않을 것
• 석회장석유(Lime feldspar - milk)
• 소듐카보네이트(Sodium carbonate)
• 소듐하이드록사이드(Sodium hydroxide)
• 시트릭애씨드(Citric acid)
• 식물성 비누(Vegetable soap)
• 아세틱애씨드(Acetic acid)
• 열수와 증기(Hot water and Steam)
• 정유(Plant essential oil)
• 포타슘하이드록사이드(Potassium hydroxide)
• 무기산과 알칼리(Mineral acids and alkalis)

## 6. 유지관리

화장품 생산 시설(facilities, premises, buildings)이란 화장품을 생산하는 설비와 기기가 들어있는 건물, 작업실, 건물 내의 통로, 갱의실, 손을 씻는 시설 등을 포함하여 원료, 포장재, 완제품, 설비, 기기를 외부와 주위 환경 변화로부터 보호하는 것이다. 설비의 유지관리란 설비의 기능을 유지하기 위하여 실시하는 정기점검이다. 유지관리는 예방적 활동(Preventive activity), 유지보수(maintenance), 정기 검교정(Calibration)으로 나눌 수 있다. 예방적 활동(Preventive activity)은 주요 설비(제조 탱크, 충전 설비, 타정기 등) 및 시험 장비에 대하여 실시하며, 정기적으로 교체하여야 하는 부속품들에 대하여 연간 계획을 세워서 시정 실시(망가지고 나서 수리하는 일)를 하지 않는 것이 원칙이다.

① 건물, 시설 및 주요 설비는 정기적으로 점검하여 화장품의 제조 및 품질관리에 지장이 없도록 유지·관리·기록하여야 한다.

② 결함 발생 및 정비 중인 설비는 적절한 방법으로 표시하고, 고장 등 사용이 불가할 경우 표시하여야 한다.

③ 세척한 설비는 다음 사용 시까지 오염되지 아니하도록 관리하여야 한다.

④ 모든 제조 관련 설비는 승인된 자만이 접근·사용하여야 한다.

⑤ 제품의 품질에 영향을 줄 수 있는 검사·측정·시험 장비 및 자동화 장치는 계획을 수립하여 정기적으로 검교정 및 성능점검을 하고, 기록해야 한다.

⑥ 유지관리 작업이 제품의 품질에 영향을 주어서는 안 된다.

> **▶ 설비의 유지관리 주요사항**
> - 예방적 실시(Preventive Maintenance)가 원칙
> - 설비마다 절차서를 작성한다.
> - 계획을 가지고 실행한다(연간계획이 일반적).
> - 책임 내용을 명확하게 한다.
> - 유지하는 "기준"은 절차서에 포함
> - 점검 체크시트를 사용하면 편리
> - 점검항목 : 외관검사(더러움, 녹, 이상 소음, 이취 등), 작동점검(스위치, 연동성 등), 기능측정(회전수, 전압, 투과율, 감도 등), 청소(외부 표면, 내부), 부품교환, 개선(제품 품질에 영향을 미치지 않는 일이 확인되면 적극적으로 개선한다.)

---

**부록 CGMP 제10조 유지관리/설비별 관리방안 반드시 필독!(출제빈도 높음)**

---

## 7. 제조설비 세척 후 판정방법

제조 설비 표면의 세척 및 소독 상태는 직간접적으로 완제품의 미생물로 인한 품질에 영향을 미친다. 따라서 세척, 소독된 제조 설비는 설비별로 정해진 주기에 따라 다음 표의 표면 균 시료 채취 방법을 이용

하여 설비의 청결 상태를 확인해야 한다. Swabs와 Contact Plates 방법이 가장 일반적인 표면 균 시료 채취 방법이지만, 이 두 가지 방법은 시료 표면의 모든 미생물을 채취하지는 못한다. Rinse Water 방법은 설비의 내부 표면 미생물을 측정하는 데 사용된다.

① 육안 판정
② 닦아내기 판정(흰색 또는 검은색의 무진포로 문지른 후 확인)
③ 린스 정량법
④ 면봉 시험법
⑤ 콘텍트 플레이트법


(1) 세척 후 설비별로 다음 중 적절한 판정 방법을 선정하여 '판정'을 실시한다.

## 1) 육안 판정

① 세척 육안 판정 자격자를 선임한다.

육안 판정이 가장 간편하고 정확한 판정 방법이지만, 판정자에 따라 차이가 발생하는 단점이 있으므로 판정 자격자를 선임한다.

(가) 생산 책임자가 작업자의 교육 훈련 이력과 경험 연수를 토대로 선임한다.

(나) 새로 판정 자격자를 선임할 때는 전임자가 경험으로 얻은 노하우를 전수한다.

② 각각의 설비에 맞는 소도구를 준비한다.

판정에 필요한 손전등, 가리키는 봉, 뒤를 볼 수 있는 거울 등의 소도구를 준비한다.

③ 육안 판정의 장소는 미리 정해 놓고 판정 결과를 기록서에 기재한다.

판정 장소는 말로 표현하는 것이 아니라 그림으로 제시한다.


## 2) 닦아 내기 판정

① 닦아 내는 천의 종류를 정한다.

흰 천을 사용할지 검은 천을 사용할지는 전회 제조물의 종류에 따라 정한다. 천은 무진포(無塵布)가 바람직하다.

② 닦아 내기 판정 자격자를 선임한다.

닦아 내기 판정에도 교육 훈련과 경험 연수가 필요하므로 세척 닦아 내기 판정 자격자를 선임해 두는 것을 권장한다.

③ 흰 천이나 검은 천으로 설비 내부의 표면을 닦아 내고, 천 표면의 잔류물 유무로 세척 결과를 판정한다.

천의 크기나 닦아 내기 판정의 방법은 대상 설비에 따라 다르므로 각 회사에서 결정한다.

## 3) 린스 정량법

린스 정량법은 상대적으로 복잡한 방법이지만 수치로 결과를 확인할 수 있다. 그러나 잔존하는 불용물을 정량할 수 없으므로 신뢰도는 떨어진다.

① 린스 액을 선정하여 설비를 씻는다.

② 린스 액의 현탁도를 확인하고, 필요시 다음 중에서 적절한 방법을 선택하여 정량하고 그 결과를 기록한다.

(가) 린스 액의 최적 정량을 위하여 HPLC 법을 이용한다.

(나) 잔존물의 유무를 판정하기 위해서 박층 크로마토그래프법(TLC)에 의한 간편 정량법을 실시한다.

(다) 린스 액 중의 총 유기 탄소를 TOC 측정기로 측정한다.

(라) UV를 흡수하는 물질이 있는지 확인한다.

## 4) 표면 균 측정법(Surface Sampling Methods) 중 면봉 시험법 또는 콘택트 플레이트 법을 실시한다.

① 면봉 시험법(Swab Test)

(가) 포일로 싼 면봉과 멸균액을 고압 멸균기에 멸균시킨다. (121℃, 20분) 상품화된 제품을 구입하여 사용할 수도 있다.

(나) 검증하고자 하는 설비를 선택한다.

(다) 면봉으로 일정 크기의 면적 표면을 문지른다. (보통 24~30cm²)

(라) 검체 채취 후 검체가 묻어 있는 면봉을 적절한 희석액(멸균된 생리 식염수 또는 완충 용액)에 담가 채취된 미생물을 희석한다.

(마) 미생물이 희석된 (라)의 희석액 1mL를 취해 한천 평판 배지에 도말하거나 배지를 부어 미생물 배양 조건에 맞춰 배양한다.

② 콘택트 플레이트법

(가) 콘택트 플레이트에 직접 또는 부착된 라벨에 유성펜으로 표면 균, 채취 날짜, 검체 채취 위치, 검체 채취자에 대한 정보를 적는다.

(나) 한 손으로 콘택트 플레이트 뚜껑을 열고 다른 한 손으로 표면 균을 채취하고자 하는 위치에 배지가 고르게 접촉하도록 가볍게 눌렀다가 떼어 낸 후 뚜껑을 덮는다.

(다) 검체 채취가 완료된 콘택트 플레이트를 테이프로 봉하여 열리지 않도록 하여 오염을 방지한다.

(라) 검체 채취가 완료된 표면을 70% 에탄올로 소독과 함께 배지의 잔류물이 남지 않도록 한다.

(마) 미생물 배양 조건에 맞추어 배양한다.

(바) 배양 후 CFU 수를 측정한다.

| 방법 | 일반적인 사용 | 장점 | 단점 |
| --- | --- | --- | --- |
| Swabs | 면봉(Dacron, Calcium Alginate를 사용한 것도 있음)을 사용하여 불규칙한 표면이나 닿기 힘든 위치의 시료를 채취할 때 사용한다. | 1. 저렴하다.<br>2. 사용이 간편하다.<br>3. 불규칙한 표면에 적합하다.<br>4. 칼슘알긴산 팁은 배지에 용해될 수 있어, 수집된 모든 미생물의 검출이 가능하다.<br>5. 오염이 심한 곳에 사용할 수 있다.<br>6. 정성적 또는 정량적일 수 있다. | 1. 면봉으로부터 미생물 용출이 어려워 까다로운 미생물의 검출을 억제할 수 있다.<br>2. 샘플링 후 표면에 잔류물 또는 미생물 배지가 남을 수 있으므로 배지 잔류물을 제거해야 된다. |
| Contact Plates | Contact Plate는 변형된 페트리 접시 또는 Flexible Film 형태로 배지를 포함하고 있으며, 다양한 배지 종류가 있다. | 1. 매회 동일한 면적의 샘플링이 가능하다.<br>2. 정성적 또는 정량적일 수 있다. | 1. 비싸다.<br>2. 보관 기간이 짧다.<br>3. 불규칙한 표면에 적합하지 않다.<br>4. 미생물의 과도 증식문제가 있다.<br>5. 샘플링 후 표면에 잔류물 또는 미생물 배지가 남을 수 있으므로 배지 잔류물을 제거해야 된다. |
| Rinse Water | 멸균된 용액(예 물)을 설비의 표면에 흘려서 시료를 채취하는 방법 | 1. 제조 장치의 내부표면처럼 접근이 어려운 곳의 측정에 사용할 수 있다.<br>2. 샘플링 면적이 커질 수 있다. | 1. 정량적이지만, Biofilm의 측정이 불가능할 수도 있다.<br>2. 많은 애플리케이션에 적합하지 않다.<br>3. 상세한 조작이 필요할 수 있다.<br>4. 샘플 처리 과정이 실험결과에 영향을 미칠 수 있다. |

〈표〉표면 균 시료 채취 방법 *출처(CTFA Microbiology Guidelines(2007), section 2, Evaluation of the plant environment, p 25), 한국직업능력개발원.NCS모듈 화장품제조 08위생안전관리.

## 8. 낙하균 측정방법

Koch법이라고 하며, 오염된 작업장 공기의 부유균을 평판 한천배지 위에 일정 시간 자연 낙하시켜 배양한 후 증식된 생균수의 집락수를 측정하는 방법으로 매우 편리한 측정 방법이지만 공기 중의 전체 미생물을 측정할 수는 없다.

### 1) 재료·자료

배지(세균용, 진균용), 배양 접시, 클로람페니콜, 낙하균 측정 위치 도면

### 2) 기기(장비·공구)

인큐베이터(30~32℃, 20~25℃), 고압 증기 멸균기, 클린 벤치, 컴퓨터

## 3) 안전·유의 사항

낙하균 측정 시에는 미생물이 너무 작아 낙하하지 않는 것, 낙하된 미생물도 배양 조건(배지, 온도 등)이 맞지 않아 발육하지 않은 경우가 존재한다는 것을 염두에 두어야 하며(국립환경연구원, 2004;실내 공기 질 공정 시험 방법 도출 연구, 환경부), 일반적으로 낙하균 수와 부유 미생물 수가 반드시 일치하지는 않는다.

낙하균 측정 기록 시에 측정 장소의 입자 분포, 건물의 구조, 천장의 높이, 환기 횟수, 강도, 속도, 작업 상태와 종류, 작업의 인원수, 낙하균 측정 위치, 시험 횟수 등을 상세히 기록하면 낙하균이 많이 검출되는 경우 원인 분석에 좋은 데이터로 활용할 수 있다. (낙하균 측정 방법의 일례, blog.naver.com)

청정도가 높은 환경의 경우 낙하균으로 청정도를 평가하는 것은 적절하지 않다는 것이 최근의 추세이다.

낙하균 측정 시 현장에 있는 측정용 배지를 작업자들이 만지지 못하도록 하고, 측정 시간을 정확히 지켜 측정 오차를 없애야 한다.

## 4) 수행 순서

(1) 낙하균 측정법에 사용되는 배지 및 기구를 준비한다.

　① 배지를 준비한다.

　　(1) **세균용**: 대두 카세인 소화 한천 배지(Tryptic Soy Agar)

　　(2) **진균용**: 사부로 포도당 한천 배지(Sabouraud Dextrose Agar) 또는 포테이토 덱스트로즈 한천 배지(Potato Dextrose Agar)에 100mL당 클로람페니콜 50mg(0.05g)을 넣는다.

　② 배양 접시(내경 9cm)를 준비한다.

　③ 배양 접시에 멸균된 배지(세균용, 진균용)를 각각 부어 굳혀 낙하균 측정용 배지를 준비한다. 측정할 위치마다 2~3개씩의 세균용 배지와 진균용 배지를 준비한다.

(2) 낙하균 측정 위치 및 노출 시간을 결정한다.

　① 측정 위치를 결정한다.

　　(1) 일반적으로 작은 방을 측정하는 경우에는 [그림 1]에 표시한 바와 같이 약 5개소를 측정한다.

　　(2) 비교적 큰 방일 경우에는 측정소의 수를 증가한다. (낙하균, 부유균, 표면 균 측정 방법의 일례)

　　(3) 방 이외의 격벽 구획이 명확하지 않은 장소(복도, 통로 등)에서는 공기의 진입, 유통, 정체 등의 상태를 고려하여 전체 환경을 대표한다고 생각되는 장소를 선택한다. 이 경우 측정하려는 방의 크기와 구조에 더 유의하여야 하나, 5개소 이하로 측정하면 올바른 평가를 얻기 어렵다.

　　(4) 측정 위치는 벽에서 30cm 떨어진 곳이 좋다.

　　(5) 측정 높이는 바닥에서 측정하는 것이 원칙이지만 부득이한 경우 바닥으로부터 20~30cm 높은 위치에서 측정할 수 있다.

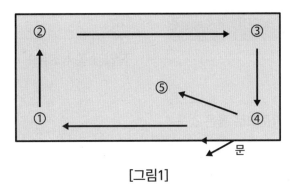

[그림1]

② 노출 시간을 결정한다.

　노출 시간은 공중 부유 미생물 수의 많고 적음에 따라 결정되며, 노출 시간이 1시간 이상이면 배지의 성능이 떨어지므로 먼저 예비 시험을 통해 적당한 노출 시간을 결정하는 것이 좋다.

　(1) 청정도가 높은 시설(예 무균실 또는 준 무균실)은 30분 이상 노출한다.

　(2) 청정도가 낮고, 오염도가 높은 시설(예 원료 보관실, 복도, 포장실, 창고)은 측정시간을 단축한다.

(3) 낙하균을 측정한다.

① 선정된 측정 위치마다 세균용 배지와 진균용 배지를 1개씩 놓고, 배양 접시의 뚜껑을 열어 배지에 낙하 균이 떨어지도록 한다.

② 위치별로 정해진 노출 시간이 지나면, 배양 접시의 뚜껑을 닫아 배양기에서 배양한다.

　(1) 일반적으로 세균용 배지는 30~35℃, 48시간, 진균용 배지는 20~25℃, 5일간 배양한다.

　(2) 배양 중에 확산 균의 증식에 의해 균 수를 측정할 수 없는 경우가 있으므로 매일 관찰하고 균 수의 변동을 기록한다. (실내 공기 질 공정 시험 방법 도출 연구, 환경부)

③ 배양 종료 후 세균 및 진균의 평판마다 집락 수를 측정하고, 사용한 배양 접시 수로 나누어 평균 집락 수를 구하고, 단위 시간당 집락 수를 산출하여 균 수로 한다.

---

**수행 Tip**

• 낙하균 측정 위치를 건물 도면에 표시하여 항상 동일한 장소에서 측정할 수 있도록 한다.

• 작업장 위생 환경을 측정하는 방법은 낙하균 측정 이외에 부유균, 부착균을 측정하는 방법이 있다.

---

**＊출처 :** ncs모듈 화학/정밀화학제품제조/생리활성화제품제조/화장품제조

## 01

화장품 제조를 위한 작업소의 기준으로 옳은 것은?

① 제조하는 화장품의 종류·제형에 따라 적절히 구분되어 있어 교차오염 우려가 없을 것
② 외부와 연결된 창문은 가능한 열리도록 할 것
③ 수세실과 화장실은 접근이 쉬워야 하니 생산구역과 분리되지 않도록 할 것
④ 제품의 품질에 영향을 주지 않는 소모품을 사용할 것

## 02

맞춤형화장품조제시 사용 가능한 혼합기에 해당하는 것을 한가지 적으시오.

## 03

청정도가 엄격관리 되어야 하는 곳의 관리 기준은 낙하균:( ㄱ )개/hr 부유균:( ㄴ )개/㎥이다.

## 04

청정도 등급 2등급에 해당 되는 작업실에는 제조실, 성형실, 내용물보관소, 원료보관소, 일반실험실 등이 있다.                    (○,×)

## 05

작업장 공기조절의 4대 요소에는 청정도, 실내온도, ( ㄱ ), ( ㄴ )가 있다.

## 06

천연화장품 및 유기농화장품 제조작업장에 사용가능한 세척제 원료로는 락틱애씨드, 석회장석유, 소듐카보네이트, 소듐하이드록사이드 등이 있다.
                                      (○,×)

## 07

다음은 천연화장품 및 유기농화장품 제조작업장에 사용가능한 세척제 원료 중 계면활성제에 대한 조건이다. 빈칸에 들어갈 알맞은 말을 쓰시오.

---

〈보기〉

① 재생가능
② EC50 or IC50 or LC50 > 10 mg/l
③ 혐기성 및 호기성 조건하에서 쉽고 빠르게 생분해 될 것(OECD 301 > 70% in 28 days)
④ 에톡실화 계면활성제는 상기 조건에 추가하여 다음조건을 만족하여야 함
 • 전체 계면활성제의 ( ㄱ )% 이하일 것
 • 에톡실화가 ( ㄴ )번 이하일 것
 • ( ㄷ ) 화장품에 혼합되지 않을 것

---

**08**

화장품 설비의 유지관리 주요사항으로 예방적 실시가 원칙이다. (○, ×)

**09**

유지관리는 예방적 활동, (    ), 정기 검교정으로 나눌 수 있다.

**10**

설비점검 항목으로는 외관검사, 작동검사, 기능측정, 청소, 부품교환 등이 있다. (○, ×)

| 정답 | |
|---|---|
| 01 | ①, ④ |
| 02 | 스파츌라, 아지믹서, 디스퍼, 호모믹서, 교반기 |
| 03 | (ㄱ) 10, (ㄴ) 20 |
| 04 | × |
| 05 | (ㄱ) 습도, (ㄴ) 기류 |
| 06 | ○ |
| 07 | (ㄱ) 50, (ㄴ) 8, (ㄷ) 유기농 |
| 08 | ○ |
| 09 | 유지보수 |
| 10 | ○ |

## 1) 맞춤형화장품 작업자 위생관리

① 혼합·소분 시 위생복 및 마스크(필요시) 착용

② 피부 외상 및 증상이 있는 직원은 건강 회복 전까지 혼합·소분 행위 금지

③ 혼합 전·후 손 소독 및 세척

## 2) 맞춤형화장품 혼합·소분 장소의 위생관리

① 맞춤형화장품 혼합·소분 장소와 판매 장소는 구분·구획하여 관리

② 적절한 환기시설 구비

③ 작업대, 바닥, 벽, 천장 및 창문 청결 유지

④ 혼합 전·후 작업자의 손 세척 및 장비 세척을 위한 세척 시설 구비

⑤ 방충·방서 대책 마련 및 정기적 점검·확인

## 3) 맞춤형화장품 혼합·소분 장비 및 도구의 위생관리

① 사용 전·후 세척 등을 통해 오염 방지

② 작업 장비 및 도구 세척 시에 사용되는 세제·세척제는 잔류하거나 표면 이상을 초래하지 않는 것을 사용

③ 세척한 작업 장비 및 도구는 잘 건조하여 다음 사용 시까지 오염 방지

④ 자외선 살균기 이용 시

　ㄱ. 충분한 자외선 노출을 위해 적당한 간격을 두고 장비 및 도구가 서로 겹치지 않게 한 층으로 보관

　ㄴ. 살균기 내 자외선램프의 청결 상태를 확인 후 사용

## 4) 맞춤형화장품 혼합·소분 장소, 장비·도구 등 위생 환경 모니터링

① 맞춤형화장품 혼합·소분 장소가 위생적으로 유지될 수 있도록 맞춤형화장품판매업자는 주기를 정하여 판매장 등의 특성에 맞도록 위생관리 할 것

② 맞춤형화장품판매업소에서는 작업자 위생, 작업환경위생, 장비·도구 관리 등 맞춤형화장품판매업소에 대한 위생 환경 모니터링 후 그 결과를 기록하고 판매업소의 위생 환경 상태를 관리 할 것

**맞춤형화장품판매장 위생점검표 예시**

| 맞춤형화장품판매장 위생점검표 | | | 점검일 | 년 월 일 |
|---|---|---|---|---|
| | | | 업소명 | |
| 항목 | 점검 내용 | | 기 록 | |
| | | | 예 | 아니오 |
| 작업자 위생 | 작업자의 건강상태는 양호한가? | | ☐ | ☐ |
| | 위생복장과 외출복장이 구분되어 있는가? | | ☐ | ☐ |
| | 작업자의 복장이 청결한가? | | ☐ | ☐ |
| | 맞춤형화장품 혼합·소분 시 마스크를 착용하였는가? | | ☐ | ☐ |
| | 맞춤형화장품 혼합·소분 전에 손을 씻는가? | | ☐ | ☐ |
| | 손소독제가 비치되어 있는가? | | ☐ | ☐ |
| | 맞춤형화장품 혼합·소분 시 위생장갑을 착용하는가? | | ☐ | ☐ |
| 작업환경 위생 | 작업장의 위생 상태는 청결한가? | 작업대 | ☐ | ☐ |
| | | 벽, 바닥 | ☐ | ☐ |
| | 쓰레기통과 그 주변을 청결하게 관리하는가? | | ☐ | ☐ |
| 장비·도구 관리 | 기기 및 도구의 상태가 청결한가? | | ☐ | ☐ |
| | 기기 및 도구는 세척 후 오염되지 않도록 잘 관리 하였는가? | | ☐ | ☐ |
| | 사용하지 않는 기기 및 도구는 먼지, 얼룩 또는 다른 오염으로 부터 보호하도록 되어 있는가? | | ☐ | ☐ |
| | 장비 및 도구는 주기적으로 점검하고 있는가? | | ☐ | ☐ |
| 특이사항 | | 개선조치 및 결과 | 조치자 | 확인 |

## 01

맞춤형 화장품 혼합·소분 장소와 판매 장소는 따로 구분하여 관리한다. (○,×)

## 02

작업소의 방충·방음 대책 마련 및 정기적 점검·확인한다. (○,×)

## 03

맞춤형화장품 혼합 후 작업자의 손 세척 및 장비 세척을 하면 된다. (○,×)

| 정답 | |
|---|---|
| 01 | ○ |
| 02 | × |
| 03 | × |

# 04 내용물 및 원료관리

1) 맞춤형화장품의 내용물 또는 원료의 입고 및 보관
• 입고 시 품질관리 여부를 확인하고 품질성적서를 구비한다.
• 원료 등은 품질에 영향을 미치지 않는 장소에서 보관한다.
• 원료 등의 사용기한을 확인한 후 관련 기록을 보관하고, 사용기한이 지난 내용물 및 원료는 폐기한다.
2) 원료는 시험결과가 적합 판정된 것만을 선입선출 방식으로 입출고를 하며 입출고 관리대장으로 관리한다.
3) 승인된 관리자가 입출고 관리를 할 수 있다.
4) 맞춤형화장품 판매내역서를 작성 보관하여 혼합·소분에 사용된 내용물 및 원료를 추적할 수 있어야 한다.
5) 원료 및 내용물의 입고, 사용, 폐기 내역 등에 대하여 기록 관리해야 한다.

## 제1장     우수화장품 제조 및 품질관리 기준(CGMP)

**1) 내용물 및 원료의 입고**

① 식품의약품안전처장이 고시한 화장품에 사용할 수 없는 원료, 화장품에 사용상의 제한이 필요한 원료, 기능성화장품의 효능·효과를 나타내는 원료는 맞춤형화장품에 사용할 수 없다.

② 기능성화장품의 효능·효과를 나타내는 원료는 내용물과 원료의 최종 혼합 제품을 기능성화장품으로 기 심사(또는 보고) 받은 경우에 한하여 기 심사(또는 보고) 받은 조합·함량 범위 내에서만 사용 가능

③ 원료의 경우 개인 맞춤형으로 추가되는 색소, 향, 기능성 원료 등이 해당되며 이를 위한 원료의 조합(혼합 원료)도 사용 가능하다.

④ 맞춤형화장품조제관리사는 보존제를 혼합할 수 없지만 원료의 품질 유지를 위해 원료에 보존제가 포함된 경우에는 예외적으로 허용한다.

⑤ 최종 혼합된 맞춤형화장품이 유통화장품 안전관리 기준에 적합한지를 사전에 확인하고, 적합한 범위 안에서 내용물 간(또는 내용물과 원료) 혼합이 가능하다.

⑥ 혼합·소분 전 사용되는 내용물 또는 원료의 품질관리가 선행되어야 하며 책임판매업자의 품질검사 성적서로 대체 가능하다.

⑦ 품질 및 안전성이 확보된 내용물 및 원료를 입고해야 하며 화장품책임판매업자가 혼합 및 소분 범위를 정하고 있는 경우에는 그 범위 내에서 혼합·소분 가능하다.

## 2) 원자재의 입출고 관리

① 제조업자는 원자재 공급자를 평가하여 선정하고, 관리·감독을 적절히 수행하여 입고관리가 철저히 이루어지도록 하여야 한다.

② 원자재의 입고 시 구매 요구서, 원자재 공급업체 성적서 및 현품이 서로 일치하여야 한다. 필요한 경우 운송 관련 자료를 추가로 확인할 수 있다.

③ 원자재 용기에 제조번호를 표시하고, 제조번호가 없는 경우에는 관리번호를 부여하여 보관하여야 한다.

④ 원자재 입고 절차 중 육안 확인 시 물품에 결함이 있을 경우 입고를 보류하고 적절한 조치를 취하여야 한다.

⑤ 입고된 원자재는 "적합", "부적합", "검사 중" 등으로 상태를 표시하여야 한다. 다만, 동일 수준의 보증이 가능한 다른 시스템이 있다면 대체할 수 있다.

⑥ 원자재 용기 및 시험기록서의 필수적인 기재 사항은 다음 각 호와 같다.

ㄱ. 원자재 공급자가 정한 제품명

ㄴ. 원자재 공급자명

ㄷ. 수령 일자

ㄹ. 공급자가 부여한 제조번호 또는 관리번호

⑦ 원자재는 시험 결과 적합판정 된 것만을 선입선출 방식으로 출고해야 하고 이를 확인할 수 있는 체계가 확립되어 있어야 한다.

## 3) 보관 관리기준

① 원자재 및 벌크 제품은 품질에 나쁜 영향을 미치지 아니하는 조건에서 보관하여야 하며 보관기간을 설정하여야 한다.

② 원자재 및 벌크 제품은 바닥과 벽에 닿지 아니하도록 보관하고, 가능한 선입선출에 의하여 출고할 수 있도록 보관하여야 한다.

③ 원자재, 시험 중인 제품 및 부적합품은 각각 구획된 장소에서 보관하여야 한다. 다만, 서로 혼동을 일으킬 우려가 없는 시스템에 의하여 보관되는 경우에는 그러하지 아니한다.

④ 설정된 보관 기한이 지나면 사용의 적절성을 결정하기 위해 재평가시스템을 확립하여야 하며 동 시스템을 통해 보관 기한이 경과한 경우 사용하지 않도록 규정하여야 한다.

> ※ 포장재의 사용기한을 확인하고 판정할 수 있다.
> ▶ **화장품 포장재의 사용기한 표기**
> • 사용기한 및 보관기간을 결정하기 위한 문서화된 시스템 확립
> • 사용기한을 준수하는 보관기간 설정
> • 보관기간 경과 시 재평가 실시 : 자체적인 재평가 시스템 확립
> • 사용기한 내에서 자체적인 재시험 기간 설정 및 준수

⑤ 보관관리에 대한 세부 요건

ㄱ. 보관 조건은 각각의 원료와 포장재의 세부 요건에 따라 적절한 방식으로 정의되어야 한다(**예** 냉장, 냉동보관).

ㄴ. 원료와 포장재가 재포장될 때, 새로운 용기에는 원래와 동일한 라벨링이 있어야 한다. 원료의 경우, 원래 용기와 같은 물질 혹은 적용할 수 있는 다른 대체 물질로 만들어진 용기를 사용하는 것이 중요하다.

ㄷ. 보관 조건은 각각의 원료와 포장재에 적합하여야 하고, 과도한 열기, 추위, 햇빛 또는 습기에 노출되어 변질되는 것을 방지할 수 있어야 한다.

ㄹ. 물질의 특징 및 특성에 맞도록 보관, 취급되어야 한다.

ㅁ. 특수한 보관 조건은 적절하게 준수, 모니터링 되어야 한다.

ㅂ. 원료와 포장재의 용기는 밀폐되어, 청소와 검사가 용이하도록 충분한 간격으로, 바닥과 떨어진 곳에 보관되어야 한다.

ㅅ. 원료와 포장재가 재포장될 경우, 원래의 용기와 동일하게 표시되어야 한다.

ㅇ. 원료 및 포장재의 관리는 허가되지 않거나, 불합격 판정을 받거나, 아니면 의심스러운 물질의 허가되지 않은 사용을 방지할 수 있어야 한다. (물리적 격리(quarantine)나 수동 컴퓨터 위치 제어 등의 방법)

ㅈ. 재고의 회전을 보증하기 위한 방법이 확립되어 있어야 한다. 따라서 특별한 경우를 제외하고, 가장 오래된 재고가 제일 먼저 불출되도록 선입선출한다.

• 재고의 신뢰성을 보증하고, 모든 중대한 모순을 조사하기 위해 주기적인 재고조사가 시행되어야 한다.

• 원료 및 포장재는 정기적으로 재고조사를 실시한다.

• 장기 재고품의 처분 및 선입선출 규칙의 확인이 목적이다.

• 중대한 위반품이 발견되었을 때는 일탈 처리를 한다.

ㅊ. 원료, 포장재의 보관 환경

• 출입제한 : 원료 및 포장재 보관소의 출입제한

• 오염방지 : 시설 대응, 동선 관리가 필요

• 방충·방서 대책

• 온도, 습도 : 필요시 설정한다.

ㅋ. 원료의 허용 가능한 보관 기한을 결정하기 위한 문서화된 시스템을 확립해야 한다. 보관 기한이 규정되어 있지 않은 원료는 품질 부문에서 적절한 보관 기한을 정할 수 있다. 이러한 시스템은 물질의 정해진 보관 기한이 지나면, 해당 물질을 재평가하여 사용 적합성을 결정하는 단계들을 포함해야 한다. 그러나 원칙적으로 원료공급처의 사용기한을 준수하여 보관 기한을 설정하여야 하며, 사용기한 내에서 자체적인 재시험 기간과 최대 보관 기한을 설정·준수해야 한다.

> **원료의 재평가**
>
> 재평가 방법을 확립해 두면 보관 기한이 지난 원료를 재평가해서 사용할 수 있다.
>
> ※ 원료의 최대 보관 기한을 설정하는 것이 바람직하다.

- 원료의 사용기한은 사용 시 확인이 가능하도록 라벨에 표시되어야 한다.
- 원료와 포장재 및 벌크 제품, 완제품, 부적합품 및 반품 등에 도난, 분실, 변질 등의 문제가 발생하지 않도록 작업자 외에 보관소의 출입을 제한하고, 관리하여야 한다.

## 4) 물의 품질

① 물의 품질 적합 기준은 사용 목적에 맞게 규정하여야 한다.

> **가) 제조설비 세척** : 정제수, 상수
> **나) 손 씻기** : 상수
> **다) 제품 용수** : 화장품 제조시 적합한 정제수

③ 물의 품질은 정기적으로 검사해야 하고 필요시 미생물학적 검사를 실시하여야 한다.

④ 물 공급 설비는 다음 각 호의 기준을 충족해야 한다.

  ㄱ. 물의 정체와 오염을 피할 수 있도록 설치될 것

  ㄴ. 물의 품질에 영향이 없을 것

  ㄷ. 살균 처리가 가능할 것

⑤ 물 품질관리 절차서는 다음과 같은 사항들을 보장해야 한다.

  ㄱ. 오염의 위험과 물의 정체(stagnation)를 예방할 수 있어야 한다.

  ㄴ. 미생물의 오염을 방지하기 위해 고안되고 적절한 주기와 방법에 따라 청결과 위생관리가 이루어지는 시스템을 통해 물을 공급해야 한다.

  ㄷ. 화학적, 물리적, 미생물학적 규격서에 대한 적합성 검증을 위한 적절한 모니터링과 시험이 필요하다.

  ㄹ. 규정된 품질의 물을 공급해야 하고, 물 처리 설비에 사용된 물질들은 물의 품질에 영향을 미쳐서는 안 된다.

- 정제수를 사용할 때는 그 품질기준을 정해 놓고 사용할 때마다 품질을 측정해서 사용한다. 수돗물과 달리 정제수 중에는 염소이온 등의 살균성분이 들어 있지 않으므로 미생물이 번식하기 쉽다. 그러므로 한 번 사용한 정제수 용기의 물을 재사용하거나 장기간 보존한 정제수를 사용해서는 안 된다.
- 일반적으로는 정제수는 상수를 이온교환수지 통을 통과시키거나 증류, 역삼투(R/O) 처리를 해서 제조한다.

- 정제수에 대한 품질검사는 원칙적으로 매일 제조 작업 실시 전에 실시하는 것이 좋다. 단, 시험 항목은 공정서, 화장품 원료규격 가이드라인의 정제수 항목 등을 참고로 하여, 각 사의 정제수 제조설비 운영 및 결과를 근거로 검사 주기를 정하여 실시할 수 있다.

**항목별 시험주기 예시**

| 매일 제조 전 | 성상(외관, 향취), pH, 총유기체탄소, 전도도 등 |
|---|---|
| 주간 | 순도시험(염화물, 황산염, 질산성산소 등), 위치별 미생물 검사 |

## 5) 제조관리

> **CGMP 4대 기준서**
> - 제품표준서
> - 제조관리기준서
> - 품질관리기준서
> - 제조위생관리기준서

① 제조 및 품질관리의 적합성을 보장하는 기본 요건들을 충족하고 있음을 보증하기 위하여 다음 각 항에 따른 제품표준서, 제조관리기준서, 품질관리기준서 및 제조위생관리기준서를 작성하고 보관하여야 한다.
② 제품표준서는 품목별로 다음 각 호의 사항이 포함되어야 한다.
ㄱ. 제품명
ㄴ. 작성 연월일
ㄷ. 효능·효과(기능성 화장품의 경우) 및 사용상의 주의사항
ㄹ. 원료명, 분량 및 제조 단위당 기준량
ㅁ. 공정별 상세 작업내용 및 제조공정흐름도
ㅂ. 작업 중 주의사항
ㅅ. 원자재·벌크·완제품의 기준 및 시험방법
ㅇ. 제조 및 품질관리에 필요한 시설 및 기기
ㅈ. 보관조건
ㅊ. 사용기한 또는 개봉 후 사용기간
ㅋ. 변경이력
ㅌ. 그 밖에 필요한 사항
③ 제조관리기준서는 다음 각 호의 사항이 포함되어야 한다.
ㄱ. 제조공정관리에 관한 사항
  - 작업소의 출입제한
  - 공정검사의 방법

• 사용하려는 원자재의 적합 판정 여부를 확인하는 방법

• 재작업 절차

ㄴ. 시설 및 기구 관리에 관한 사항

• 시설 및 주요 설비의 정기적인 점검 방법

• 장비의 검교정 및 성능점검 방법

ㄷ. 원자재 관리에 관한 사항

• 입고 시 품명, 규격, 수량 및 포장의 훼손 여부에 대한 확인 방법과 훼손되었을 경우 그 처리 방법

• 보관 장소 및 보관 방법

• 시험 결과 부적합품에 대한 처리 방법

• 취급 시의 혼동 및 오염 방지대책

• 출고 시 선입선출 및 칭량 된 용기의 표시사항

• 재고관리

ㄹ. 완제품 관리에 관한 사항

• 입·출하 시 승인판정의 확인 방법

• 보관 장소 및 보관 방법

• 출하 시의 선입선출 방법

ㅁ. 위탁제조에 관한 사항

• 원자재의 공급, 벌크 제품 또는 완제품의 운송 및 보관 방법

• 수탁자 제조기록의 평가 방법

④ 품질관리기준서는 다음 각 호의 사항이 포함되어야 한다.

ㄱ. 시험검체 채취 방법 및 채취 시의 주의사항과 채취 시의 오염방지대책

ㄴ. 시험시설 및 시험기구의 점검(장비의 검교정 및 성능점검 방법)

ㄷ. 안정성시험(해당하는 경우에 한함)”

ㄹ. 완제품 등 보관용 검체의 관리

ㅁ. 표준품 및 시약의 관리

ㅂ. 위탁시험 또는 위탁 제조하는 경우 검체의 송부 방법 및 시험 결과의 판정 방법

ㅅ. 그 밖에 필요한 사항

⑤ 제조위생관리기준서는 다음 각 호의 사항이 포함되어야 한다.

ㄱ. 작업원의 건강관리 및 건강 상태의 파악·조치 방법

ㄴ. 작업원의 수세, 소독 방법 등 위생에 관한 사항

ㄷ. 작업복장의 규격, 세탁 방법 및 착용 규정

ㄹ. 작업실 등의 청소(필요한 경우 소독을 포함한다. 이하 같다) 방법 및 청소 주기

ㅁ. 청소상태의 평가 방법

ㅂ. 제조시설의 세척 및 평가

ㅅ. 곤충, 해충이나 쥐를 막는 방법 및 점검 주기

ㅇ. 그 밖에 필요한 사항

## 6) 보관 및 출고기준

① 완제품은 적절한 조건하의 정해진 장소에서 보관하여야 하며, 주기적으로 재고 점검을 수행해야 한다.

② 완제품은 시험 결과 적합으로 판정되고 품질 책임자가 출고 승인한 것만을 출고하여야 한다.

③ 출고는 선입선출 방식으로 하되, 타당한 사유가 있는 경우에는 선입선출 방식이 아니어도 된다.

④ 출고할 제품은 원자재, 부적합품, 반품된 제품과 구획된 장소에서 보관하여야 한다. 다만 서로 혼동을 일으킬 우려가 없는 시스템에 의하여 보관되는 경우에는 그러하지 아니할 수 있다. 모든 완제품은 포장 및 유통을 위해 불출되기 전, 해당 제품이 규격서를 준수하고, 지정된 권한을 가진 자에 의해 승인된 것임을 확인하는 절차서가 수립되어야 한다. 또한 절차서는 보관, 출하, 회수 시, 완제품의 품질을 유지할 수 있도록 보장해야 한다.

---

**완제품 관리 항목**

- 보관
- 검체 채취
- 보관용 검체
- 제품 시험
- 합격·출하 판정
- 출하
- 재고 관리
- 반품

---

⑤ 완제품의 적절한 보관, 취급 및 유통을 보장하는 절차서가 수립되어야 한다. 이러한 절차서는 다음 사항을 포함해야 한다.

ㄱ. 적절한 보관 조건(예 적당한 조명, 온도, 습도, 정렬된 통로 및 보관 구역 등)

ㄴ. 불출된 완제품, 검사 중인 완제품, 불합격 판정을 받은 완제품은 각각의 상태에 따라 지정된 물리적 장소에 보관하거나 미리 정해진 자동 적재 위치에 저장되어야 한다.

- 수동 또는 전산화 시스템은 다음과 같은 특징을 가진다.
- 재질 및 제품의 관리와 보관은 쉽게 확인할 수 있는 방식으로 수행된다.
- 재질 및 제품의 수령과 철회는 적절히 허가되어야 한다.
- 유통되는 제품은 추적이 용이해야 한다.
- 달리 규정된 경우가 아니라면, 재고 회전은 선입선출 방식으로 사용 및 유통되어야 한다.

ㄷ. 파레트에 적재된 모든 재료(또는 기타 용기 형태)는 다음과 같이 표시되어야 한다.

- 명칭 또는 확인 코드
- 제조번호
- 제품의 품질을 유지하기 위해 필요할 경우, 보관 조건
- 불출 상태

⑥ 제품의 검체채취란 제품 시험용 및 보관용 검체를 채취하는 일이며, 제품 규격에 따라 충분한 수량이어야 한다.

ㄱ. 제품 검체채취는 품질관리부서가 실시하는 것이 일반적이다. 제품 시험 및 그 결과 판정은 품질관리부서의 업무다. 제품 시험을 책임지고 실시하기 위해서도 검체 채취를 품질관리부서 검체채취 담당자가 실시한다. 원재료 입고 시에 검체채취는 다른 부서에 검체 채취를 위탁하는 것도 가능하나, 제품 검체채취는 품질관리부서 검체채취 담당자가 실시한다. 불가피한 사정이 있으면 타 부서에 의뢰할 수는 있다.

검체 채취자에게는 검체 채취 절차 및 검체 채취 시의 주의사항을 교육, 훈련시켜야 한다.

> **Tip**
> - 검체 채취량에 있어서 "약"이라고 붙인 것은 기재된 양의 $\pm10\%$ 의 범위를 뜻한다.
> - 원료의 '표준품'이란 적정 조건에서 제작, 수입 및 생산되고 해당 품질 규격을 만족하여 시험검사시 비교 시험용으로 사용되는 원료를 말한다.

ㄴ. 보관용 검체를 보관하는 목적은 제품의 사용 중에 발생할지도 모르는 "재검토작업"에 대비하기 위해서다. 재검토작업은 품질상에 문제가 발생하여 재시험이 필요할 때 또는 발생한 불만에 대처하기 위하여 품질 이외의 사항에 대한 검토가 필요하게 될 때이다. 보관용 검체는 재시험이나 불만 사항의 해결을 위하여 사용한다.

▶ **완제품 보관 검체의 주요 사항**
제품을 사용기한 중에 재검토(재시험 등)할 때에 대비한다.
- 제품을 그대로 보관한다.
- 각 뱃치를 대표하는 검체를 보관한다.
- 일반적으로는 각 뱃치별로 제품 시험을 2번 실시할 수 있는 양을 보관한다.
- 제품이 가장 안정한 조건에서 보관한다.
- 사용기한까지 또는 개봉 후 사용기간을 기재하는 경우에는 제조일로부터 3년간 보관한다.

ㄷ. **제품의 입고, 보관, 출하**:제품의 입고, 보관, 출하의 일련의 흐름은 다음에 제시하였다.

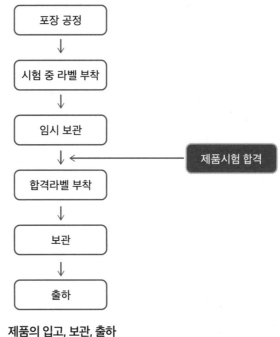

**제품의 입고, 보관, 출하**

---

> ※ 바코드 등 시험 중, 적합, 부적합 상황을 확인할 수 있는 시스템을 구축할 수도 있다.

---

ㄹ. **제품의 보관 환경**: 제품 보관 시 필요한 환경 항목을 아래에 제시하였다. 보관 온도, 습도는 제품의 안정성 시험 결과를 참고로 해서 설정하며, 안정성 시험은 화장품의 보관 조건이나 사용기한과 밀접한 관계가 있다.

> ▶**제품의 보관 환경**
> • 출입제한
> • 오염방지
>  -시설 대응, 동선 관리가 필요
> • 방충·방서 대책
> • 온도·습도·차광
>  -필요한 항목을 설정한다.
>  -안정성시험 결과, 제품표준서 등을 토대로 제품마다 설정한다.

## 7) 시험관리

① 품질관리를 위한 시험업무에 대해 문서화된 절차를 수립하고 유지하여야 한다.

② 원자재 및 완제품에 대한 적합 기준을 마련하고 제조번호별로 시험 기록을 작성·유지하여야 한다.

③ 시험 결과 적합 또는 부적합인지 분명히 기록하여야 한다.

④ 원자재 및 완제품은 적합 판정이 된 것만을 사용하거나 출고하여야 한다.

⑤ 정해진 보관 기간이 경과된 원자재 및 벌크 제품은 재평가하여 품질기준에 적합한 경우 제조에 사용할 수 있다.

⑥ 모든 시험이 적절하게 이루어졌는지 시험기록은 검토한 후 적합, 부적합, 보류를 판정하여야 한다.

⑦ 기준일탈이 된 경우는 규정에 따라 책임자에게 보고한 후 조사하여야 한다. 조사 결과는 책임자에 의해 일탈, 부적합, 보류를 명확히 판정하여야 한다.

⑧ 표준품과 주요 시약의 용기에는 다음 사항을 기재하여야 한다.

    ㄱ. 명칭

    ㄴ. 개봉일

    ㄷ. 보관조건

    ㄹ. 사용기한

    ㅁ. 역가, 제조자의 성명 또는 서명(직접 제조한 경우에 한함)

> ▶ **시험성적서**
> ※ 제조번호별로 작성한다.
> - 검체 : 명칭, 제조원, 제조번호, 식별코드 번호, 채취일, 입고일 또는 제조일, 검체량 등
> - 시험방법 : 사용 시험방법 기재(또는 시험방법이 기재되어 있는 근거 기재)
> - 데이터 : 원자료(raw data)(기록·그래프·차트·스펙트럼 등)
> - 기준 및 판정 : 판정 결과와 고찰
> - 날짜, 서명
>   - 담당자, 확인자의 서명·날인
>   - 책임자에 의한 검토·승인(기록의 정당성, 완전성, 적합성)

## 8) 검체의 채취 및 보관

### (1) 검체 채취

검체 채취란 원료, 포장재, 벌크제품, 완제품 등의 시험용 검체를 채취하는 것이다. 검체 채취는 품질 관리 과정에서 핵심적인 요소이다. 따라서 검체 채취는 자격을 갖춘 담당자(품질관리부서)에 의해 특별한 장비를 사용하는 입증된 방법에 따라 수행되어야 한다.

### (2) 제품의 검체채취

제품의 검체채취란 제품 시험용 및 보관용 검체를 채취하는 일이며, 제품규격에 따라 충분한 수량이어야 한다.

① 시험용 검체는 오염되거나 변질되지 아니하도록 채취하고, 채취한 후에는 원상태에 준하는 포장을 해야 하며, 검체가 채취되었음을 표시하여야 한다.

② 시험용 검체의 용기에는 다음 사항을 기재하여야 한다.

    ㄱ. 명칭 또는 확인 코드

    ㄴ. 제조번호 또는 제조 단위

    ㄷ. 검체채취 날짜 또는 기타 적당한 날짜

ㄹ. 가능한 경우, 검체 채취 지점(point)

③ 완제품의 보관용 검체는 적절한 보관조건 하에 지정된 구역 내에서 제조 단위별로 사용기한까지 보관하여야 한다. 다만, 개봉 후 사용기간을 기재하는 경우에는 제조일로부터 3년간 보관하여야 한다.

## 9) 폐기 처리 등

① 품질에 문제가 있거나 회수·반품된 제품의 폐기 또는 재작업 여부는 품질 책임자에 의해 승인되어야 한다.

② ①에 따라 재작업을 하는 경우에는 재작업 절차에 따라야 한다.

③ 재작업을 할 수 없거나 폐기해야 하는 제품의 폐기 처리 규정을 작성하여야 하며 폐기 대상은 따로 보관하고 규정에 따라 신속하게 폐기하여야 한다.

④ **포장재의 폐기 절차**: 기준일탈의 발생 - 기준일탈의 조사 - 기준일탈의 처리 - 폐기처분(부적합 라벨 부착 - 격리 보관 - 폐기물 수거함에 분리수거 카드 부착 - 폐기물보관소 운반 후 분리수거 확인 - 폐기물 대장기록 - 인계)

> **기준일탈**
> • 원료와 포장재, 벌크제품과 완제품이 미리 설정된 기준을 벗어나 적합 판정 기준을 만족시키지 못할 경우 "기준일탈 제품"으로 지칭한다.
> • 기준일탈이 된 완제품 또는 벌크제품은 재작업할 수 있다. 재작업이란 뱃치 전체 또는 일부에 추가 처리(한 공정 이상의 작업을 추가하는 일)를 하여 부적합품을 적합품으로 다시 가공하는 일이다.
> • 기준일탈 제품은 폐기하는 것이 가장 바람직하다. 그러나 폐기하면 큰 손해가 되므로 재작업을 고려하게 된다. 그러나 일단 부적합 제품의 재작업을 쉽게 허락할 수는 없다. 먼저 권한 소유자에 의한 원인 조사가 필요하다. 권한 소유자는 부적합 제품의 제조 책임자라고 할 수 있다. 그다음 재작업을 해도 제품 품질에 악영향을 미치지 않는 것을 예측해야 한다. 재작업 처리의 실시는 품질 책임자가 결정한다.

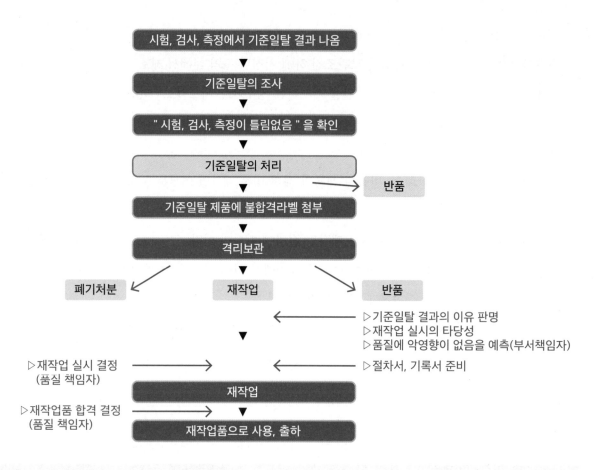

▶ **재작업의 정의 및 절차**

• 재작업(Reprocessing)의 정의 : 적합 판정 기준을 벗어난 완제품 또는 벌크제품을 재처리하여 품질이 적합한 범위에 들어오도록 하는 작업을 말한다.

• 재작업의 절차
  - 품질 책임자가 규격에 부적합이 된 원인 조사를 지시한다.
  - 재작업 전의 품질이나 재작업 공정의 적절함 등을 고려하여 제품 품질에 악영향을 미치지 않는 것을 재작업 실시 전에 예측한다.
  - 재작업 처리 실시의 결정은 품질 책임자가 실시하고 재작업의 결과에 책임을 진다.
  - 승인이 끝난 후 재작업 절차서를 준비해서 실시하고 기록서에 작성하여 남긴다.
  - 재작업 한 최종 제품 또는 벌크제품의 제조기록, 시험기록을 충분히 남긴다(통상적인 제품 시험보다 많은 시험을 실시함).
  - 제품 분석뿐만 아니라, 제품 안정성 시험을 실시하는 것이 바람직하다(경시적 안정성).
  - 품질이 확인되고 품질 책임자의 승인을 얻을 수 있을 때까지 재작업품은 다음 공정에 사용할 수 없고 출하할 수 없다.

## 10) 위탁계약

① 화장품 제조 및 품질관리에 있어 공정 또는 시험의 일부를 위탁하고자 할 때는 문서화된 절차를 수립 · 유지하여야 한다.

② 제조업무를 위탁하고자 하는 자는 제30조에 따라 식품의약품안전처장으로부터 우수화장품 제조 및 품질관리기준 적합판정을 받은 업소에 위탁 제조하는 것을 권장한다.

③ 위탁업체는 수탁업체의 계약 수행 능력을 평가하고 그 업체가 계약을 수행하는데 필요한 시설 등을 갖추고 있는지 확인해야 한다.

④ 위탁업체는 수탁업체와 문서로 계약을 체결해야 하며 정확한 작업이 이루어질 수 있도록 수탁업체에 관련 정보를 전달해야 한다.

⑤ 위탁업체는 수탁업체에 대해 계약에서 규정한 감사를 실시해야 하며 수탁업체는 이를 수용하여야 한다.

⑥ 수탁업체에서 생성한 위·수탁 관련 자료는 유지되어 위탁업체에서 이용 가능해야 한다.

제조 비용의 절감 요청, 제조 기술의 고도화, 국제 분업의 발전 등으로 인하여 위·수탁 업무는 앞으로도 증가할 것이다.

이에 따라 생산 공장의 거의 모든 과정에 대해 위탁계약이 이루어질 수 있다. 따라서 화장품의 제조, 포장에서부터 품질관리까지 위탁계약이 이루어질 수 있으며, 제조 및 품질관리에 있어 공정 또는 시험의 일부를 위탁하고자 할 때는 위탁계약에 관한 문서화된 절차를 수립·유지하여야 한다.

> **위·수탁 제조의 절차** : 위·수탁 제조는 수탁업체평가 → 기술 확립 → 계약 체결 → 기술이전 → CGMP 체제 확립 → 제조 또는 시험 개시 → 위탁업체에 의한 수탁업체 평가 및 감사 순으로 진행해 가는 것이 일반적이다.

## 11) 일탈관리

제조 또는 품질관리 중의 일탈에 대해 조사를 한 후 필요한 조치를 마련하고 일탈의 반복을 방지할 수 있는 조치가 이루어져야 한다.

> **일탈의 정의**
>
> 일탈(Deviations)이란 규정된 제조 또는 품질관리 활동 등의 기준(예 기준서, 표준작업지침(Standard Operating Procedures) 등)을 벗어나 이루어진 행위이며, 기준일탈(Out of specification)이란 어떤 원인에 의해서든 시험 결과가 정한 기준값 범위를 벗어난 경우이다. 기준일탈은 엄격한 절차를 마련하여 이에 따라 조사하고 문서화하여야 한다. 즉, 일탈(Deviations)과 기준일탈(out of specification)은 정해진 기준이나 규정된 제조 또는 품질관리 활동을 벗어난 것을 의미하며, 업체의 상황에 따라 혼용 또는 분리해서 사용이 가능하며, 이러한 사항들을 규정화 하여 필요시 적절한 조치 후 문서화하는 것이 중요하다.

일탈의 예는 아래와 같다.

## (1) 중대한 일탈

① 제조 공정상의 일탈 예

ㄱ. 제품표준서, 제조작업절차서 및 포장 작업절차서의 기재 내용과 다른 방법으로 작업이 실시되었을 경우

ㄴ. 공정관리기준에서 두드러지게 벗어나 품질 결함이 예상될 경우

ㄷ. 관리 규정에 의한 관리 항목(생산 시의 관리 대상 파라미터의 설정치 등)에 있어서 두드러지게 설정치를 벗어났을 경우

ㄹ. 생산 작업 중에 설비·기기의 고장, 정전 등의 이상이 발생하였을 경우

ㅁ. 벌크제품과 제품의 이동·보관에 있어서 보관 상태에 이상이 발생하고 품질에 영향을 미친다고 판단될 경우

② 품질검사에서 일탈 예

ㄱ. 절차서 등의 기재된 방법과 다른 시험방법을 사용했을 경우

③ 유틸리티에 관한 일탈 예

ㄱ. 작업 환경이 생산 환경 관리에 관련된 문서에 제시하는 기준치를 벗어났을 경우

(2) 중대하지 않은 일탈

① 생산 공정상의 일탈 예

ㄱ. 관리 규정에 의한 관리 항목(생산 시의 관리 대상 파라미터의 설정치 등)에 있어서 설정된 기준치로부터 벗어난 정도가 10% 이하이고 품질에 영향을 미치지 않는 것이 확인되어 있을 경우

ㄴ. 관리 규정에 의한 관리 항목(생산 시의 관리 대상 파라미터의 설정치 등)보다도 상위 설정(범위를 좁힌)의 관리 기준에 의거하여 작업이 이루어진 경우

ㄷ. 제조 공정에서 원료 투입에 있어 동일 온도 설정 하에서의 투입 순서에서 벗어났을 경우

ㄹ. 생산에 관한 시간제한을 벗어날 경우: 필요에 따라 제품 품질을 보증하기 위하여 각 생산 공정 완료에는 시간 설정이 되어 있어야 하나, 그러한 설정된 시간제한에서의 일탈에 대하여 정당한 이유에 의거한 설명이 가능할 경우

ㅁ. 합격 판정된 원료, 포장재의 사용: 사용해도 된다고 합격 판정된 원료, 포장재에 대해서는 선입선출방식으로 사용해야 하나, 이 요건에서의 일탈이 일시적이고 타당하다고 인정될 경우

ㅂ. 출하 배송 절차: 합격 판정된 오래된 제품 재고부터 차례대로 선입선출 되어야 하나, 이 요건에서의 일탈이 일시적이고 타당하다고 인정될 경우

② 품질검사에서 일탈 예

ㄱ. 검정 기한을 초과한 설비의 사용에 있어서 설비보증이 표준품 등에서 확인할 수 있는 경우

(3) 일탈의 조치

일탈의 정의, 일 처리의 순서, 제품의 처리 방법 등을 절차서에 정하여 문서화한다. 제품의 처리법 결정부터 재발 방지대책의 실행까지는 발생 부서의 책임자가 책임을 지고 실행하면 된다. 그러나 품질관리 부서에 의한 내용의 조사·승인이나 진척 상황의 확인이 필요하다. 필요에 따라 절차서 등의 문서 개정을 한다. 제품 처리와 병행하여 실시하는 일탈 원인 조사는 매우 중요하다. 원인을 모르면 재발 방지대책의 입안·실행을 할 수 없고 다음 뱃치를 개시할 수도 없다. 일탈 원인이 아무리 해도 판명되지 않는 경우에는 다시 같은 일탈이 발생하기까지 원인 규명을 미루는 방법도 있다. 하지만 재발을 발견하는데 충분한 모니터링이 필요하다.

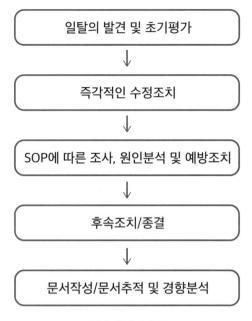

일탈 처리의 흐름

**일탈 처리의 흐름**

**일탈의 발견 및 초기 평가**

- 일탈 발견자는 해당 책임자에게 통보하고 해당 책임자는 해당 일탈이 어떤 일탈에 해당하는지를 확인한다.

**즉각적인 수정조치**

- 각 부서 책임자는 일탈에 의해 영향을 받은 모든 제품이 회사의 통제 하에 있는지를 확인한다.
- 해당책임자는 의심 가는 제품, 원료 등을 격리하고 제품 출하 담당에게 일탈 조사내용을 통보한다.

**SOP에 따른 조사, 원인분석 및 예방조치**

- 각 부서 책임자는 조사를 실시한다.
- 각 부서는 일탈이 언제, 어디서, 어떻게 발생했는지를 파악한다.
- 각 부서는 일탈의 원인을 분석하며 책임자는 가능성 있는 원인이 도출되었는지를 확인한다.
- 각 부서는 일탈의 재발 방지를 위한 필요한 조치를 도출한다.

**후속 조치/종결**

- 각 부서 책임자는 실행사항에 대한 평가에 필요한 유효성 확인 사항을 도출한다.
- 각 부서 책임자는 조사, 원인분석 및 예방조치 등에 대해 검토하고 승인한다.
- 각 부서 책임자는 예방조치를 실시한다.

**문서작성/문서추적 및 경향분석**

- 각 부서 및 QA 책임자는 관련된 문서를 검토하고 필요한 경우 지정된 절차에 따라 SOP를 보완한다.
- 각 부서 및 QA 책임자는 해당 일탈의 트래킹 로그를 관리하고 경향을 분석한다.

## 12) 불만 처리

① 불만 처리 담당자는 제품에 대한 모든 불만을 취합하고, 제기된 불만에 대해 신속하게 조사하고 그에 대한 적절한 조치를 취하여야 하며, 다음 각 호의 사항을 기록·유지하여야 한다.

ㄱ. 불만 접수연월일

ㄴ. 불만 제기자의 이름과 연락처(가능한 경우)

ㄷ. 제품명, 제조번호 등을 포함한 불만 내용

ㄹ. 불만 조사 및 추적조사 내용, 처리결과 및 향후 대책

ㅁ. 다른 제조번호의 제품에도 영향이 없는지 점검

② 불만은 제품 결함의 경향을 파악하기 위해 주기적으로 검토하여야 한다.

## 13) 제품 회수

① 제조업자는 제조한 화장품에서 「화장품법」 제7조, 제9조, 제15조, 또는 제16조 제1항을 위반하여 위해 우려가 있다는 사실을 알게 되면 지체 없이 회수에 필요한 조치를 하여야 한다.

② 다음 사항을 이행하는 회수 책임자를 두어야 한다.

ㄱ. 전체 회수과정에 대한 책임판매업자와의 조정역할

ㄴ. 결함 제품의 회수 및 관련 기록 보존

ㄷ. 소비자 안전에 영향을 주는 회수의 경우 회수가 원활히 진행될 수 있도록 필요한 조치 수행

ㄹ. 회수된 제품은 확인 후 제조소 내 격리보관 조치(필요시에 한함)

ㅁ. 회수과정의 주기적인 평가(필요시에 한함)

## 14) 변경 관리

제품의 품질에 영향을 미치는 원자재, 제조공정 등을 변경할 경우에는 이를 문서화하고 품질책임자에 의해 승인된 후 수행하여야 한다.

## 15) 내부감사

① 품질체계가 계획된 사항에 부합하는지를 주기적으로 검증하기 위하여 내부감사를 실시하여야 하고 내부감사 계획 및 실행에 관한 문서화된 절차를 수립하고 유지하여야 한다.

② 감사자는 감사 대상과는 독립적이어야 하며, 자신의 업무에 대하여 감사를 실시하여서는 아니 된다.

③ 감사 결과는 기록되어 경영책임자 및 피감사 부서의 책임자에게 공유되어야 하고 감사 중에 발견된 결함에 대하여 시정조치 하여야 한다.

④ 감사자는 시정조치에 대한 후속 감사 활동을 행하고 이를 기록하여야 한다.

- 규정 준수 감사 : 판매자 요구사항, 회사 정책 및 관련 정부 규정의 준수에 대한 평가
- 제품 감사 : 무작위로 추출한 검체를 통한 생산 설비의 가동이나 제조공정의 품질 평가
- 시스템 감사 : 제품의 생산 및 유통에 이용되는 시스템의 유효성에 대한 종합적인 평가

▶ **상기 열거된 감사의 종류는 아래의 방법으로 좀 더 세분화될 수 있다.**
- 내부 감사 : 조직의 직접적인 통제 하에 피감사 대상 부서에 대한 감사
- 외부 감사 : 도급계약자나 공급자와 같은 회사 외부의 피감사 대상 부서나 조직에 대한 감사
- 사전 감사 : 계약 체결 전, 잠재적 공급업체나 도급업체에 대한 감사
- 사후 감사 : 발주 후, 제품 생산 전 또는 생산 중에 공급업체나 도급업체 대한 감사

## 16) 문서관리

① 제조업자는 우수화장품 제조 및 품질관리, 보관 및 공급에 대한 목표와 의지를 포함한 관리방침을 문서화하며 전 작업원들이 실행하여야 한다.

② 모든 문서의 작성 및 개정·승인·배포·회수 또는 폐기 등 관리에 관한 사항이 포함된 문서관리 규정을 작성하고 유지하여야 한다.

③ 문서는 작업자가 알아보기 쉽도록 작성하여야 하며 작성된 문서에는 권한을 가진 사람의 서명과 승인 연월일이 있어야 한다.

④ 문서의 작성자·검토자 및 승인자는 서명을 등록한 후 사용하여야 한다.

⑤ 문서를 개정할 때는 개정 사유 및 개정 연월일 등을 기재하고 권한을 가진 사람의 승인을 받아야 하며 개정 번호를 지정해야 한다.

⑥ 원본 문서는 품질 부서에서 보관하여야 하며, 사본은 작업자가 접근하기 쉬운 장소에 비치·사용하여야 한다.

⑦ 문서의 인쇄본 또는 전자매체를 이용하여 안전하게 보관해야 한다.

⑧ 작업자는 작업과 동시에 문서에 기록하여야 하며 지울 수 없는 잉크로 작성하여야 한다.

⑨ 기록문서를 수정하는 경우에는 수정하려는 글자 또는 문장 위에 선을 그어 수정 전 내용을 알아볼 수 있도록하고 수정된 문서에는 수정 사유, 수정연월일 및 수정자의 서명이 있어야 한다.

⑩ 모든 기록문서는 적절한 보존기간이 규정되어야 한다.

⑪ 기록의 훼손 또는 소실에 대비하기 위해 백업파일 등 자료를 유지하여야 한다.

---

| 제2장 | 유통화장품의 안전관리 기준(화장품안전기준 등에 관한 규정 제6조) |

맞춤형화장품은 소비자에게 제공되는 '유통화장품'에 해당 하므로 그 안전성을 확보하기 위해 화장품법 제8조(화장품 안전기준 등) 및 화장품 안전기준 등에 관한 규정 제6조에 따른 유통화장품의 안전 관리기준을 준수 하여야 한다.

**1) 비의도적으로 유래된 물질의 검출허용 한도**

| 구분 | 비의도적 유래물질 | 검출허용한도(µg/g) |
|:---:|:---|:---|
| 1 | 수은 | 1µg/g 이하 |
| 2 | 카드뮴 | 5µg/g 이하 |
| 3 | 안티몬 | 10µg/g 이하 |
| 4 | 비소 | 10µg/g 이하 |
| 5 | 니켈 | 10µg/g 이하<br>눈 화장용 제품은 35µg/g 이하,<br>색조 화장용 제품은 30µg/g 이하 |
| 6 | 납 | 20µg/g 이하<br>점토를 원료로 사용한 분말제품은 50µg/g 이하 |
| 7 | 디옥산 | 100µg/g 이하 |
| 8 | 프탈레이트류(디부틸프탈레이트, 부틸벤질프탈레이트 및 디에칠헥실프탈레이트에 한함) | 총 합으로서 100µg/g 이하 |
| 9 | 메탄올 | 0.2(v/v)% 이하,<br>물휴지는 0.002%(v/v) 이하 |
| 10 | 포름알데하이드 | 2000µg/g 이하, 물휴지는 20µg/g 이하 |

\* µg = ppm

> **Tip**
> 메탄올은 사용할 수 없는 원료에 해당되지만 알콜,아이소프로필알콜의 변성제로 사용 시 5%까지 사용가능하다.

**2) 미생물 한도 기준**

① 총 호기성 생균수는 영·유아용 제품류 및 눈화장용 제품류의 경우 500개/g(mL) 이하

② 물휴지의 경우 세균 및 진균수는 각각 100개/g(mL) 이하

③ 기타 화장품의 경우 1,000개/g(mL) 이하

④ 대장균(Escherichia Coli), 녹농균(Pseudomonas aeruginosa), 황색포도상구균(Staphylococcus aureus)은 불검출

**(1) 오염의 종류**

① **1차 오염** : 제조에서 유래하는 오염(작업장의 오염, 오염된 원료 및 물, 장비의 오염, 보관 등의 문제)

② **2차 오염** : 화장품 사용 중 오염(소비자가 화장품 사용 중 발생)

(2) 미생물 특징

| 구분 | 세균 | | 진균 | |
|---|---|---|---|---|
| | 박테리아 | 효모 | 곰팡이 |
| 생육조건 | 25~37℃ | 25~30℃ | 25~30℃ |
| pH 조건 | 약산성~약알칼리 | 산성 | 산성 |
| 생육 필요영양소 | 단백질, 아미노산, 동물성 성분 | 당질, 식물성 성분 | 전분, 식물성 성분 |
| 산소 기호도 | 호기성 | 호기성, 혐기성 | 호기성 |
| 생성물질 | 탄산가스, 암모니아, 아민, 산 등 | 알콜, 산, 탄산가스 등 | 산 |
| 균 종류 | 황색포도상구균, 대장균, 녹농균 | 칸디다균(질염균) | 푸른곰팡이 |

## 3) 내용량 기준

① 제품 3개를 가지고 시험할 때 그 평균 내용량이 표기량에 대하여 97% 이상

② 화장비누의 경우 건조중량을 내용량으로 하고 수분 포함 중량과 건조중량 모두 표시해야 한다.

③ 기준치를 벗어나는 경우 6개를 더 취하여 시험할 때 9개의 평균 내용량이 97% 이상

## 4) pH 기준

① pH는 물의 산성 또는 알칼리성을 나타내는 **수소 이온 농도**의 지수이다. 중성의 pH는 7이며, pH가 7 미만은 산성, 7을 초과하는 것은 알칼리성을 나타낸다. pH의 값은 온도에 따라서 변화하기 때문에 pH는 25℃에서의 값으로 나타낸다.

② 영·유아용 제품류(영·유아용 샴푸, 린스, 인체 세정용 제품, 목욕용 제품 제외), 눈 화장용 제품류, 색조 화장용 제품류, 두발용 제품류(샴푸, 린스 제외), 면도용 제품류(세이빙 크림, 세이빙 폼 제외), 기초화 장용 제품류(클렌징 워터, 클렌징 오일, 클렌징 로션, 클렌징 크림 등 메이크업 리무버 제품 제외) 중 액, 로션, 크림 및 이와 유사한 제형의 액상 제품은 pH 기준이 **3.0 ~ 9.0**이어야 한다(다만, 물을 포함하지 않는 제품과 사용한 후 곧바로 물로 씻어 내는 제품은 제외한다).

## 5) 기능성 성분의 함량

기능성화장품은 기능성을 나타나게 하는 주원료의 함량이 「화장품법」 제4조 및 같은 법 시행규칙 제9조 또는 제10조에 따라 심사 또는 보고한 기준에 적합하여야 한다.

## 6) 유리알칼리 0.1% 이하

화장비누에 한함

**7) 퍼머넌트웨이브용 및 헤어스트레이트너 제품**

pH, 중금속, 알칼리, 산성에서 끓인 후의 환원성물질 및 이외의 환원성물질의 기준에 적합하여야 한다.

① 유통화장품 안전관리 기준 부록 참고

> 퍼머넌트웨이브용 및 헤어스트레이트너 제품은 화학성분과 열을 이용하여 모발 중의 디설파인드결합(이
> 황화결합, S-S결합)의 환원계열과 산화재결합 반응을 통해 머리에 변화를 주는 제품이다. 화학성분 및 열
> 을 이용하기 때문에 보건위생상의 사고도 발생하고 있어 이들 제품의 품질 및 안전 관리기준이 필요하다.

## 제3장   유통화장품 안전관리 시험방법

**1) 납**

① 디티존법

② 원자흡광광도법(AAS)

③ 유도결합플라즈마분광기를 이용하는 방법(ICP)

④ 유도결합플라즈마-질량분석기를 이용한 방법(ICP-MS)

**2) 니켈**

① 원자흡광광도법(AAS)

② 유도결합플라즈마분광기를 이용하는 방법(ICP)

③ 유도결합플라즈마-질량분석기를 이용한 방법(ICP-MS)

**3) 비소**

① 비색법

② 원자흡광광도법(AAS)

③ 유도결합플라즈마분광기를 이용하는 방법(ICP)

④ 유도결합플라즈마-질량분석기를 이용한 방법(ICP-MS)

**4) 수은**

① 수은 분해 장치

② 수은 분석기

**5) 안티몬**

① 원자흡광광도법(AAS)

② 유도결합플라즈마분광기를 이용하는 방법(ICP)

③ 유도결합플라즈마 - 질량분석기를 이용한 방법(ICP-MS)

## 6) 카드뮴

① 원자흡광광도법(AAS)

② 유도결합플라즈마분광기를 이용하는 방법(ICP)

③ 유도결합플라즈마 - 질량분석기를 이용한 방법(ICP-MS)

## 7) 디옥산

기체크로마토그래프법의 절대 검량선법

> 폴리에틸렌글리콜(PEG) 제조 시 에톡실화의 부산물로 소량의 1,4 - 디옥산(1,4 - dioxane)이 생성될 수 있다. 따라서 디옥산 실험방법에서 폴리에틸렌글리콜이 사용된다.

## 8) 메탄올

푹신아황산법, 기체크로마토그래프법, 기체크로마토그래프 - 질량분석기법

## 9) 포름알데하이드

액체크로마토그래프법의 절대검량선법

## 10) 프탈레이트류

기체크로마토그래프(수소염 이온화 검출기, 질량분석기 사용)

## 11) 미생물 한도

### (1) 미생물 한도 시험을 위한 검체의 전처리

검체 조작은 무균조건하에서 실시하여야 하며, 검체는 충분하게 무작위로 선별하여 그 내용물을 혼합하고 검체 제형에 따라 다음의 각 방법으로 검체를 희석, 용해, 부유 또는 현탁 시킨다.

① **액제·로션제**: 검체 1mL(g)에 변형레틴액체배지 또는 검증된 배지나 희석액 9mL를 넣어 10배 희석액을 만들고 희석이 더 필요할 때는 같은 희석액으로 조제한다.

② **크림제·오일제**: 검체 1mL(g)에 적당한 분산제 1mL를 넣어 균질화 시키고 변형레틴액체배지 또는 검증된 배지나 희석액 8mL를 넣어 10배 희석액을 만들고 희석이 더 필요할 때에는 같은 희석액으로 조제한다. 분산제만으로 균질화가 되지 않는 경우 검체에 적당량의 지용성 용매를 첨가하여 용해한 뒤 적당한 분산제 1mL를 넣어 균질화 시킨다.

③ **파우더 및 고형제**: 검체 1g에 적당한 분산제를 1mL를 넣고 충분히 균질화 시킨 후 변형레틴액체배지 또는 검증된 배지 및 희석액 8mL를 넣어 10배 희석액을 만들고 희석이 더 필요할 때에는 같은 희석액으로 조제한다. 분산제만으로 균질화가 되지 않을 경우 적당량의 지용성 용매를 첨가한 상태에서 멸균된 마쇄기를 이용하여 검체를 잘게 부수어 반죽 형태로 만든 뒤 적당한 분산제 1mL를 넣어 균질화 시킨다. 추가적으로 40℃에서 30분 동안 가온한 후 멸균한 유리구슬(5mm:5~7개, 3mm:10~15개)을 넣어 균질화 시킨다.

> • 분산제는 멸균한 폴리소르베이트 80 등을 사용할 수 있으며, 미생물의 생육에 대하여 영향이 없는 것 또는 영향이 없는 농도이어야 한다.
> • 검액 조제 시 총 호기성 생균수 시험법의 배지 성능 및 시험법 적합성 시험을 통하여 검증된 배지나 희석액 및 중화제를 사용할 수 있다.
> • 지용성 용매는 멸균한 미네랄 오일 등을 사용할 수 있으며, 미생물의 생육에 대하여 영향이 없는 것이어야 한다. 첨가량은 대상 검체 특성에 맞게 설정하여야 하며, 미생물의 생육에 대하여 영향이 없어야 한다.

(2) 총 호기성 생균수 시험법

총 호기성 생균수 시험법은 화장품 중 총 호기성 생균(세균 및 진균)수를 측정하는 시험방법이다.

**A. 세균수 시험**

> **배지**
> • 변형레틴한천배지(Modified letheen agar)
> • 대두카제인소화한천배지(Tryptic soy agar)
> • 변형레틴액체배지(Modified letheen broth)

① **한천평판도말법**: 직경 9~10cm 페트리 접시 내에 미리 굳힌 세균 시험용 배지 표면에 전처리 검액 0.1mL 이상 도말한다.

검출한계를 낮추기 위하여 3개의 평판배지에 1mL를 나누어 분주한 뒤 도말할 수 있다.

한천평판희석법을 수행할 시에는 배지는 30~35℃에서 적어도 48시간 배양한다.

② **한천평판희석법**: 검액 1mL를 같은 크기의 페트리접시에 넣고 그 위에 멸균 후 45℃로 식힌 15mL의 세균 시험용 배지를 넣어 잘 혼합한다.

검체 당 최소 2개의 평판을 준비하고 30~35℃에서 적어도 48시간 배양하는데 이때 최대 균 집락수를 갖는 평판을 사용하되 평판당 300개 이하의 균집락을 최대치로 하여 총 세균수를 측정한다.

## B. 진균수 시험

> **배지**
>
> 항생물질 첨가 포테이토 덱스트로즈 한천배지(Potato dextrose agar), 항생물질 첨가 사브로포도당한천배지 (Sabouraud dextrose agar)

'세균수 시험'에 따라 한천평판도말법 또는 한천평판희석법을 수행한다. 배지는 진균수시험용 배지를 사용하여 배양온도 20 ~ 25℃에서 적어도 5일간 배양한 후 100개 이하의 균집락이 나타나는 평판을 세어 총 진균수를 측정한다.

## C. 계수

① 희석수가 다양할 경우 최대 균집락수를 갖는 평판을 사용한다.

② 평판당 300개 이하의 CFU를 최대치로 하여 총 세균수를 측정한다.

③ 평판당 100개 이하의 CFU를 최대치로 하여 진균수를 측정한다.

### 가. 총 호기성 생균수 계수 방법 및 예시(평판도말법)

검체에 존재하는 세균 및 진균 수, CFU/g 또는 ml

① 검액 0.1ml를 각 배지에 접종한 경우

$$\overset{❶}{\{(X1+X2+\cdots+Xn)} \div n\} \times \overset{❷}{d} \overset{❸}{\div} \overset{❹}{0.1}$$

❶ X:각 배지(평판)에서 검출된 집락 수
❷ n:배지(평판)의 개수
❸ d:검액의 희석 배수
❹ 0.1:각 배지에 접종한 부피(ml)

**예시1) 10배 희석 검액 0.1ml 씩 2반복**

| 구분 | 각 배지에서 검출된 집락수 | |
|---|---|---|
| | 평판 1 | 평판 2 |
| 세균용 배지 | 66 | 58 |
| 진균용 배지 | 28 | 24 |
| 세균수(CFU/g(ml)) | $\{(66+58) \div 2\} \times 10 \div 0.1 = 6200$ | |
| 진균수(CFU/g(ml)) | $\{(28+24) \div 2\} \times 10 \div 0.1 = 2600$ | |
| 총 호기성 생균수(CFU/g(ml)) | $6200+2600=8800$ | |

② 검액 1ml를 3개 배지에 나누어 접종한 경우

$$\{(S1+S2+\cdots+Sn)\div n\}\times d$$

❶ S:3개의 배지(평판)에서 검출된 집락 수의 합
❷ n:1ml 접종의 반복수
❸ d:검액의 희석 배수

예시2) 100배 희석 검액 1ml 씩 2반복

| 구분 | 3개 배지에서 검출된 집락수 | |
|---|---|---|
| | 반복수 1 | 반복수 2 |
| 세균용 배지 | 5+3+4=12 | 5+4+7=16 |
| 진균용 배지 | 4+2+2=8 | 2+5+3=10 |
| 세균수(CFU/g(ml)) | {(12+16)÷2}×100=1400 | |
| 진균수(CFU/g(ml)) | {(8+10)÷2}×100=900 | |
| 총 호기성 생균수(CFU/g(ml)) | 1400+900=2300 | |

**나. 총 호기성 생균수 계수 방법 및 예시(평판희석법)**

검체에 존재하는 세균 및 진균 수, CFU/g 또는 ml

① 검액 1ml를 각 배지에 접종한 경우

$$\{(X1+X2+\cdots+Xn)\div n\}\times d$$

❶ X:각 배지(평판)에서 검출된 집락 수
❷ n:배지(평판)의 개수
❸ d:검액의 희석 배수

예시1) 10배 희석 검액 1ml 씩 2반복

| 구분 | 각 배지에서 검출된 집락수 | |
|---|---|---|
| | 평판 1 | 평판 2 |
| 세균용 배지 | 66 | 58 |
| 진균용 배지 | 28 | 24 |
| 세균수(CFU/g(ml)) | {(66+58)÷2}×10=620 | |
| 진균수(CFU/g(ml)) | {(28+24)÷2}×10=260 | |
| 총 호기성 생균수(CFU/g(ml)) | 620+260=880 | |

예시2) 100배 희석 검액 1ml 씩 2반복

| 구분 | 3개 배지에서 검출된 집락수 | |
|---|---|---|
| | 평판 1 | 평판 2 |
| 세균용 배지 | 8 | 11 |
| 진균용 배지 | 5 | 7 |
| 세균수(CFU/g(ml)) | $\{(8+11) \div 2\} \times 100 = 950$ | |
| 진균수(CFU/g(ml)) | $\{(5+7) \div 2\} \times 100 = 600$ | |
| 총 호기성 생균수<br>(CFU/g(ml)) | $950 + 600 = 1550$ | |

(3) 배지 성능 및 시험법 적합성시험

① 시판 배지는 배치마다 시험하며, 조제한 배지는 조제한 배치마다 시험한다.

② 검체의 유·무 하에서 총 호기성 생균수시험법에 따라 제조된 검액·대조액에 표 1.(부록 참조)에 기재된 시험균주를 각각 100cfu 이하가 되도록 접종하여 규정된 총호기성생균수시험법에 따라 배양할 때 검액에서 회수한 균 수가 대조액에서 회수한 균 수의 1/2 이상이어야 한다.

③ 검체 중 보존제 등의 항균 활성으로 인해 증식이 저해되는 경우(검액에서 회수한 균 수가 대조액에서 회수한 균 수의 1/2 미만인 경우)에는 결과의 유효성을 확보하기 위하여 총 호기성 생균 수 시험법을 변경해야 한다. 항균 활성을 중화하기 위하여 희석 및 중화제(부록 참조)를 사용할 수 있다. 또한, 시험에 사용된 배지 및 희석액 또는 시험 조작상의 무균상태를 확인하기 위하여 완충식염펩톤수(pH 7.0)를 대조로 하여 총호기성 생균수시험을 실시할 때 미생물의 성장이 나타나서는 안 된다.

- 세균배양 : 30 ~ 35℃, 48시간 이상
- 진균배양 : 20 ~ 25℃, 5일 이상

(4) 특정 세균 시험법 (특정 미생물 시험법)

화장품 안에 특정 미생물인 대장균, 녹농균, 황색포도상구균이 존재하는지 확인하는 시험으로 이러한 균은 불검출되어야 한다.

A. 대장균 시험

① 검액의 조제 및 조작

ㄱ. 검체 1g 또는 1mL을 유당 액체배지를 사용하여 10mL로 하여 30 ~ 35℃에서 24 ~ 72시간 배양한다.

ㄴ. 배양액을 가볍게 흔든 다음 백금이 등으로 취하여 맥콘키한천배지 위에 도말하고 30 ~ 35℃에서 18 ~ 24시간 배양한다.

→ 주위에 적색의 침강선띠를 갖는 적갈색의 그람음성균의 집락이 검출되지 않으면 대장균 음성으로 판정한다.

ㄷ. 위의 특정을 나타내는 집락이 검출되는 경우에는 에오신메칠렌블루한천배지에서 각각의 집락을 도말하고 30 ～ 35℃에서 18 ～ 24시간 배양한다.

ㄹ. 에오신메칠렌블루한천배지에서 금속광택을 나타내는 집락 또는 투과광선하에서 흑청색을 나타내는 집락이 검출되면 백금이 등으로 취하여 발효시험관이 든 유당 액체배지에 넣어 44.3 ～ 44.7℃의 항온수조 중에서 22 ～ 26시간 배양한다.

→ 가스발생이 나타나는 경우에는 대장균 양성으로 의심하고 동정시험으로 확인한다.

② 배지

ㄱ. 유당액체배지

ㄴ. 맥콘키한천배지

ㄷ. 에오신메칠렌블루한천배지(EMB한천배지)

## B. 녹농균 시험

① 검액의 조제 및 조작

ㄱ. 검체 1g 또는 1mL를 달아 카제인대두소화액체배지를 사용하여 10mL로 하고 30 ～ 35℃에서 24 ～ 48시간 증균 배양한다.

ㄴ. 증식이 나타나는 경우는 백금이 등으로 세트리미드한천배지 또는 엔에이씨한천배지에 도말하여 30 ～ 35℃에서 24~48시간 배양한다.

→ 미생물의 증식이 관찰되지 않는 경우 녹농균 음성으로 판정한다.

ㄷ. 그람음성간균으로 녹색 형광물질을 나타내는 집락을 확인하는 경우에는 증균배양액을 녹농균 한천배지 P 및 F에 도말하여 30 ～ 35℃에서 24 ～ 72시간 배양한다.

ㄹ. 그람음성간균으로 플루오레세인 검출용 녹농균 한천배지 F의 집락을 자외선 하에서 관찰하여 황색의 집락이 나타나고, 피오시아닌 검출용 녹농균 한천배지 P의 집락을 자외선하에서 관찰하여 청색의 집락이 검출되면 옥시다제시험을 실시한다.

→ 옥시다제 반응 양성인 경우 5～10초 이내에 보라색이 나타나고 10초 후에도 색의 변화가 없는 경우 녹농균 음성으로 판정한다. 옥시다제 반응 양성인 경우에는 녹농균 양성으로 의심하고 동정시험으로 확인한다.

② 배지

ㄱ. 카제인대두소화액체배지

ㄴ. 세트리미드한천배지(Cetrimide agar)

ㄷ. 엔에이씨한천배지(NAC agar)

ㄹ. 플루오레세인 검출용 녹농균 한천배지 F(Pseudomonas agar F for detection of fluorescein)

ㅁ. 피오시아닌 검출용 녹농균 한천배지 P(Pseudomonas agar P for detection of pyocyanin)

## C. 황색포도상구균 시험

① 검액의 조제 및 조작

ㄱ. 검체 1g 또는 1mL를 달아 카제인대두소화액체배지를 사용하여 10mL로 하고 30 ~ 35℃에서 24 ~ 48시간 증균 배양한다.

ㄴ. 증균배양액을 보겔존슨한천배지 또는 베어드파카한천배지에 이식하여 30 ~ 35℃에서 24시간 배양하여 균의 집락이 검은색이고 집락 주위에 황색 투명대가 형성되며 그람염색법에 따라 염색하여 검경한 결과 그람 양성균으로 나타나면 응고효소 시험을 실시한다.

→ 응고효소 시험 음성인 경우 황색포도상구균 음성으로 판정하고, 양성인 경우에는 황색포도상구균 양성으로 의심하고 동정시험으로 확인한다.

② 배지

ㄱ. 카제인대두소화액체배지

ㄴ. 보겔존슨한천배지(Vogel - Johnson agar)

ㄷ. 베어드파카한천배지(Baird - Parker agar)

## 12) 내용량

〔1〕 목적

화장품 제품의 용량이나 중량을 측정하는 것으로서 용량이나 중량이 표시량 이상 함유되어 있는지를 확인하는 것

① 침적 마스크(soaked mask) 또는 클렌징티슈의 내용량은 침적한 내용물(액제 또는 로션제)의 양을 시험하는 것으로 용기(포장재), 지지체, 보호필름을 제외하고 시험해야 하며, "용기, 지지체 및 보호필름"은 "용기"로 보고 시험한다.

② 용량으로 표시된 제품일 경우 비중을 측정하여 용량으로 환산한 값을 내용량으로 한다.

③ 에어로졸 제품은 용기에 충전된 분사제(액화석유가스 등)를 포함한 양을 내용량 기준으로 하여 시험한다.

〔2〕 내용량의 기준

① 제품 3개를 가지고 시험할 때 그 평균 내용량이 표기량에 대하여 97% 이상

② 97% 기준치를 벗어날 경우 6개를 더 취하여 9개의 평균 내용량이 97% 이상

③ **그 밖의 특수한 제품** : 「대한민국약전 외 일반시험법」(식품의약품안전처 고시)을 따를 것

ㄱ. **용량으로 표시된 제품**: 내용물이 들어있는 용기에 뷰렛으로부터 물을 적가하여 용기를 가득 채웠을 때의 소비량을 정확하게 측정한 다음 용기의 내용물을 완전히 제거하고 물 또는 기타 적당한 유기용매로 용기의 내부를 깨끗이 씻어 말린 다음 뷰렛으로부터 물을 적가하여 용기를 가득 채워 소비량을 정확히 측정하고 전후의 용량 차를 내용량으로 한다. 다만, 150mL 이상의 제품에 대해서는 메스실린더를 써서 측정한다.

ㄴ. **질량으로 표시된 제품**: 내용물이 들어있는 용기의 외면을 깨끗이 닦고 무게를 정밀하게 단 다음 내용물을 완전히 제거하고 물 또는 적당한 유기용매로 용기의 내부를 깨끗이 씻어 말린 다음 용기만의 무게를 정밀히 달아 전후의 무게 차를 내용량으로 한다.

> ▶ 비중×부피＝질량
> 📖 표시량이 100㎖ 인 로션 충진량의 총 질량은 몇 g인가?(비중0.9)
> 📝 100×0.9＝90g

ㄷ. **길이로 표시된 제품**(버니어 캘리퍼스): 길이를 측정하고 연필류는 연필 심지에 대하여 그 지름과 길이를 측정한다.

ㄹ. **화장비누**

- 수분 포함 중량: 상온에서 저울로 측정(g)하여 실 중량은 전체 무게에서 포장 무게를 뺀 값으로 하고, 소수점 이하 1자리까지 반올림하여 정수 자리까지 구한다.

- 건조 중량

❶ 검체를 작은 조각으로 자른 후 약 10g을 0.01g까지 측정하여 접시에 옮긴다.

❷ 검체를 103±2℃ 오븐에서 1시간 건조한다.

❸ 검체를 꺼내어 냉각시킨다.

❹ 검체를 다시 오븐에 넣고 1시간 건조한다.

❺ 접시를 꺼내어 데시케이터로 옮긴 후 실온까지 충분히 냉각시킨다.

❻ 질량을 측정하고 2회의 측정에 있어서 무게의 차이가 0.01g 이내가 될 때까지 1시간 동안의 가열, 냉각 및 측정 조작을 반복한 후 마지막 측정 결과를 기록한다.

$$\text{내용량(g)} = \text{건조 전 무게(g)} \times \frac{(100 - \text{건조감량(\%)})}{100}$$

$$\text{건조감량(\%)} = \frac{m_1 - m_2}{m_1 - m_0} \times 100 = \frac{(\text{가열전 접시와 검체무게}) - (\text{가열후 접시와 검체무게})}{(\text{가열전 접시와 검체무게}) - (\text{접시의 무게})} \times 100$$

## 13) pH 시험법

① 유통되고 있는 제품의 품질변화, 안전성 등 화장품의 품질을 확인하기 위함

② 물을 포함하지 않는 제품, 사용한 후 곧바로 물로 씻어내는 제품은 제외

③ 영·유아용 제품류, 눈 화장용 제품류, 색조 화장용 제품류, 두발용 제품류, 면도용 제품류, 기초화장용 제품류 중 액, 로션, 크림 및 이와 유사한 제형의 제품 등 : pH 기준 3.0~9.0

(1) 시험법

① 검체 약 2g 또는 2mL를 취하여 100mL 비이커에 넣고 물 30mL를 넣어 수욕상에서 가온하여 지방분을 녹이고 흔들어 섞은 다음 냉장고에서 지방분을 응결시켜 여과한다*(이때 지방층과 물층이 분리되지 않을 때는 그대로 사용한다).

② 여액을 가지고 「기능성화장품 기준 및 시험방법」(식품의약품안전처 고시) IX. 일반시험법 IX-1. 원료의 "47. pH 측정법"에 따라 시험한다(다만, 성상에 따라 투명한 액상인 경우에는 그대로 측정한다).

## 14) 유리알칼리 시험법

### (1) 에탄올법(나트륨 비누)

플라스크에 에탄올 200mL를 넣고 환류 냉각기를 연결한다. 이산화탄소를 제거하기 위하여 서서히 가열하여 5분 동안 끓인다. 냉각기에서 분리하고 약 70℃로 냉각시킨 후 페놀프탈레인 지시약 4방울을 넣어 지시약이 분홍색이 될 때까지 0.1N 수산화칼륨·에탄올 액으로 중화시킨다. 중화된 에탄올이 들어있는 플라스크에 검체 약 5.0g을 정밀하게 달아 넣고 환류 냉각기에 연결 후 완전히 용해될 때까지 서서히 끓인다. 약 70℃로 냉각시키고 에탄올을 중화시켰을 때 나타난 것과 동일한 정도의 분홍색이 나타날 때까지 0.1N 염산·에탄올 용액으로 적정한다.

### (2) 염화바륨법(모든 연성 칼륨 비누 또는 나트륨과 칼륨이 혼합된 비누)

연성 비누 약 4.0g을 정밀하게 달아 플라스크에 넣은 후 60% 에탄올 용액 200mL를 넣고 환류 하에서 10분 동안 끓인다. 중화된 염화바륨 용액 15mL를 끓는 용액에 조금씩 넣고 충분히 섞는다. 흐르는 물로 실온까지 냉각시키고 지시약 1mL를 넣은 다음 즉시 0.1N 염산 표준용액으로 녹색이 될 때까지 적정한다.

> **Tip**
> • **수산화칼륨**(KOH) : 포타슘하이드록사이드, 가성가리
> • **수산화나트륨**(NaOH) : 소듐하이드록사이드, 가성소다

## 15) 점도(Viscosity) 측정법

① 액체가 일정 방향으로 운동할 때 그 흐름에 평행한 평면의 양측에 내부 마찰력이 일어난다. 이 성질을 점성이라고 한다.

② 점성은 면의 넓이 및 그 면에 대하여 수직 방향의 속도구배에 비례한다. 그 비례정수를 절대점도라 하고 일정온도에 대하여 그 액체의 고유한 정수이다. 그 단위로서는 포아스(poise,ps) 또는 센티포아스(centi poise, cps) 를 쓴다.

③ 절대점도를 같은 온도의 그 액체의 밀도로 나눈 값을 운동점도라고 말하고 그 단위로는 스톡스 또는 센티스톡스를 쓴다.

## 16) 염모력 시험법

용법·용량 란에 기재된 비율로 섞은 염색액에 시험용 백포(KSK 0905 염색견뢰도시험용 첨부 백포, 양모)를 침적하여 25℃에서 20~30분간 방치한 다음 물로 씻어 건조할 때 시험용 백포는 효능·효과에서 표시한 색상과 거의 같은 색으로 염색된다.

## 01

맞춤형화장품조제관리사는 보존제를 혼합할 수 없으므로 원료의 품질 유지를 위해 원료에 보존제가 포함된 경우에도 예외적으로 허용하면 안 된다.

(○,×)

## 02

원료의 경우 개인 맞춤형으로 추가되는 색소, 향, 기능성 원료 등이 해당되며 이를 위한 원료의 조합은 사용가능하지 않다. (○,×)

## 03

품질 및 안정성이 확보된 내용물 또는 원료를 입고해야 하며 화장품 책임판매업자가 혼합 및 소분 범위를 정하고 있는 경우에는 그 범위내에서 혼합 소분이 가능하다. (○,×)

## 04

재평가 방법을 확립해 두면 보관 기한이 지난 원료 및 포장재를 재평가해서 사용할 수 있으며, 원료의 최대 보관 기한을 설정하는 것이 바람직하다.

(○,×)

## 05

검체 채취량에 있어서 "약"이라고 붙인 것은 기재된 양의 ±(        )% 의 범위를 뜻한다.

## 06

기준일탈이 된 경우는 규정에 따라 책임자에게 보고한 후 조사하여야 한다. 조사 결과는 책임자에의해 일탈, 부적합, (        )를 명확히 판정하여야 한다.

## 07

보관용 검체를 보관하는 목적은 제품의 사용 중에 발생할지도 모르는 재검토 작업에 대비하기 위해서다. (○,×)

## 08

기준일탈이 된 완제품 또는 벌크제품은 재작업 할 수 있다. (○,×)

## 09

완제품 보관 검체의 주요 사항으로 알맞은 것을 고르시오.

① 제품을 사용기한 중에 재검토 작업할 때를 대비한다.
② 제품을 그대로 보관한다.
③ 일반적으로는 각 뱃지 별로 제품 시험을 5번 실시할 수 있는 양을 보관한다.
④ 개봉 후 사용기간을 기재하는 경우에는 제조일로부터 2년간 검체를 보관한다.

## 10

기초화장용 제품류 중 액, 로션, 크림 및 이와 유사한 제형의 액상제품은 pH 기준이 ( )~( ) 이어야 한다.

## 11

화장비누의 유리알칼리 함량은 ( )이어야 한다.

## 12

비의도적으로 유래된 물질의 검출허용한도를 넣으시오.

- 비소 : ( ㄱ )ug/g 이하
- 수은 : ( ㄴ )ug/g 이하
- 메탄올(물휴지) : ( ㄷ )v/v 이하

## 13

제품 3가지를 가지고 시험할 때 그 평균 내용량이 표기량에 대하여 ( ) 이상이어야 한다.

| 정답 | |
|---|---|
| 01 | × |
| 02 | × |
| 03 | ○ |
| 04 | ○ |
| 05 | 10 |
| 06 | 보류 |
| 07 | ○ |
| 08 | ○ |
| 09 | ①, ② |
| 10 | 3.0~9.0 |
| 11 | 0.1% 이하 |
| 12 | (ㄱ) 10, (ㄴ) 1, (ㄷ) 0.002 |
| 13 | 97% |

# 포장재의 관리

**05**

포장은 "취급상의 위험과 외부 환경으로부터 제품을 보호하고, 제조업자·유통업자·소비자가 제품을 다루기 쉽게 해 주며, 잠재적인 구매자들에게 제품의 통일된 이미지를 심어 주기 위한" 과정이다. 제조된 벌크 제품 또는 1차 포장 제품을 원활하게 1차 포장 또는 2차 포장을 하기 위해서는 포장에 필요한 용기·포장지 등의 포장재가 생산에 차질이 없도록 적절한 시기에 적량이 공급되어야 하며, 이를 위해서는 생산 계획 또는 포장 계획에 따라 적절한 시기에 포장재가 제조되고 공급되어야 한다. 따라서 포장재 수급 담당자는 생산 계획과 포장 계획에 따라 포장에 필요한 포장재의 소요량 및 재고량을 파악한 다음, 부족분 또는 소요량에 대한 포장재 생산에 소요되는 기간 등을 파악하여 적절한 시기에 포장재가 입출고될 수 있도록 관리하여야 한다.

## 제1장 　 용어의 정의

### 1) 포장 지시서

포장 지시서란 벌크 제품을 완제품으로 만들기 위하여 거쳐야 하는 충전 및 표시 작업을 포함한 1차 포장, 2차 포장 등의 모든 포장 단계(ISO-22716)의 작업에 대한 작업 기준이 기록되어 있는 양식이다. 제품명, 포장 설비명, 포장재 리스트, 상세한 포장 공정 및 포장 생산 수량 등의 항목이 포함되어 있다.

### 2) 제조지시서

생산 계획에 따라 벌크 제품, 1차 제품 또는 2차 제품을 어느 일정 일시까지 일정 수량을 생산할 것을 지시하는 서식이다. 제품명, 생산 수량, 제조 일자, 포장 단위, 작업자, 작업상의 주의 사항 등이 기재되어 있다.

### 3) 생산계획서

다양한 경영 과정 중의 하나로 과거에 수주된 제품, 시기, 지역, 고객의 종류, 판매 실적 등을 분석하여 제품의 생산에 필요한 생산 능력을 숫자로 표시한 것이다. 생산 계획서에는 제품명, 제조 기기, 제조 기간, 생산 수단, 제품 가격, 원가 등이 포함되는 경우도 있다.

## 4) 재고관리

재고 관리란 일반적으로 재고 수량을 관리하는 것을 의미하지만, 넓은 의미로는 재고 수량을 관리하는 것만이 아니라 생산, 판매 등을 원활히 하기 위한 활동이다. 재고 관리가 잘되면 자금의 운용이 수월해지고 최적의 생산 관리를 할 수 있게 된다. 또 물품에 결점이 있을 때 공정상의 문제점을 근본적으로 제거할 수 있다. 재고 관리에는 재고 관리 방침, 재고 품목, 재고품의 구분, 재고 수량, 재고 통제, 재고 기간, 재고 방법, 재고 설비, 재고 비용, 정보 처리와의 관계, 재고 관리의 운영, 재고 관리 조직 등이 포함된다.

## 5) 자재,용기,표시재료 및 포장재료

자재는 용기, 표시 재료, 포장 재료로 구분한다. 용기란 화장품에 직접 접촉하는 초자, 튜브, 플라스틱, 캡, 분사기 등을 말하며, 1차 포장 자재 용기와 화장품에 첨부하는 스푼 등은 용기에 준한다. 표시 재료는 라벨, 설명서 등의 첨부 문서와 품명, 효능, 효과, 용법, 용량 등 관련법에 의거한 표시 사항을 기재한 개개 포장의 카턴 등을 말하며, 로트 관리에 영향이 있는 자재도 포함한다. 포장 재료는 용기 및 표시 재료에 해당되지 않는 품목으로 골판지 상자, 각 종 테이프, 케이스 등을 말한다.

| 제2장 | 포장재 형태의 종류 및 특징 |
|---|---|

| 포장재 종류 | 특징 |
|---|---|
| 저밀도 폴리에틸렌 (LDPE) | 반투명, 광택, 유연성 우수(병, 튜브, 마개, 패킹 등) |
| 고밀도 폴리에틸렌 (HDPE) | 광택이 없음, 수분 투과가 적음(화장수, 유화 제품, 린스 등의 용기, 튜브 등) |
| 폴리프로필렌 (PP) | 반투명, 광택, 내약품성 우수, 내충격성 우수, 잘 부러지지 않음(원터치캡 등) |
| 폴리스티렌 (PS) | 딱딱함, 투명, 광택, 치수 안정성 우수, 내약품성이 나쁨(콤팩트, 스틱용기, 캡 등) |
| AS 수지 | 투명, 광택, 내충격성, 내유성 우수(콤팩트, 스틱 용기 등) |
| ABS 수지 | 내충격성 양호, 금속 느낌을 주기 위한 도금 소재로 사용 |
| PVC | 투명, 성형 가공성 우수(리필용기, 샴푸용기, 린스용기 등) |
| PET | 딱딱함, 투명성 우수, 광택, 내약품성 우수(일반 기초화장품용기 등) |
| 소다 석회 유리 | 투명 유리 |
| 칼리 납 유리 | 굴절률이 매우 높음(고급 용기, 향수 용기 등) |
| 유백색 유리 | 유백색 색상 용기로 주로 사용(크림, 로션 등의 용기) |
| 알루미늄 | 가공성 우수 |
| 황동 | 금과 비슷한 색상으로 코팅용 소재로 사용 |
| 스테인리스 스틸 | 부식이 잘 되지 않음, 금속성 광택 우수 |
| 철 | 녹슬기 쉬우나 저렴함(부탄가스, 스프레이용기 등) |

*출처 : NCS 화장품 제조 학습모듈 06 포장

포장재 재질에 따른 화장품 용기의 예

| PE | HDPE | PP |
|---|---|---|
| PVC | AS | ABS |
| PETE | PET | 철 |
| 투명 유리 | 유백색 유리 | 유색 유리 |
| 황동 | 스테인리스 스틸 | 알루미늄 |

*출처 : 교수학습가이드(식품의약품안전처)

▶ **화장품 포장재의 소재별 분류 및 특징**

① 유리

• 주로 유리병의 형태로 이용됨

• 투명감이 좋고 광택이 있으며 착색이 가능하다는 점이 유리의 주요 특징임

• 유지, 유화제 등 화장품 원료에 대해 내성이 크고, 수분, 향료, 에탄올, 기체 등이 투과되지 않음

• 세정, 건조, 멸균의 조건에서도 잘 견딤

• 깨지기 쉽고 충격에 약하며 중량이 크고 운반, 운송에 불리함

• 유리에서 알칼리가 용출되어 내용물을 변색, 침전, 분리하거나 pH를 변화시키는 등 영향을 미칠 수 있음

② 플라스틱

• 플라스틱은 거의 모든 화장품 용기에 이용되고 있으며, 열가소성 수지(PET, PP, PS, PE, ABS 등)와 열경화성 수지(페놀, 멜라민, 에폭시수지 등)로 구분됨

• 가공이 용이, 자유로운 착색이 가능하고 투명성이 좋음, 가볍고 튼튼함, 전기절연성, 내수성(물을 흡수하지 않음), 단열성이 플라스틱의 장점임

- 열에 약함, 변형되기 쉬움, 표면에 흠집이 잘 생기고 오염되기 쉬움, 강도가 금속에 비해 약함, 가스나 수증기 등의 투과성이 있음, 용제에 약한 단점이 있음
- 플라스틱 내 첨가제(염료, 안료, 분산제, 안정제 등)가 내용물과 반응하거나 내용물에 용출되어 변질, 변취의 원인이 되기도 하므로, 화장품 내용물 원료에 대한 플라스틱 용기의 내성을 사전에 파악해 두어야 함

③ 금속
- 철, 스테인리스강, 놋쇠, 알루미늄, 주석 등이 해당하며, 화장품 용기의 튜브, 뚜껑, 에어로졸 용기, 립스틱 케이스 등에 사용됨
- 기계적 강도가 크고, 얇아도 충분한 강도가 있으며 충격에 강하고, 가스 등을 투과시키지 않는다는 점이 금속의 장점임
- 도금, 도장 등의 표면가공이 쉬움. 단, 녹에 대해 주의해야 하며 불투명하고 무거우며 가격이 높다는 단점이 있음

④ 종이
- 주로 포장 상자, 완충제, 종이 드럼, 포장지, 라벨 등에 이용됨
- 상자에는 통상의 접는 상자 외에 풀로 붙이는 상자, 선물 세트 등의 상자가 있음
- 포장지나 라벨의 경우, 종이 소재에 필름을 붙이는 코팅을 하며 광택을 증가시키는 것도 있음

(1) 포장재 적합성 검사

① 검체 20개를 가지고 포장재의 용량 또는 중량의 평균값을 전자저울을 이용하여 측정한다.

② 버니어 캘리퍼스를 이용하여 외관 치수를 확인한다. (바깥지름, 안지름, 깊이, 두께 등)

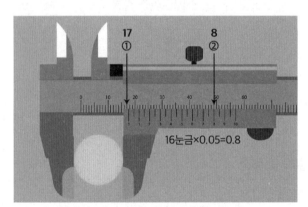

출처 : NCS화장품 제조 학습모듈 07 품질관리

> **버니어 캘리퍼스 읽는 법**
>
> - 본척(어미자) 17과 18 사이에 버니어(아들자)의 0이 위치하여 17로 읽는다.
> - 본척(어미자)과 버니어(아들자)의 눈금이 일치하는 곳인 8을 0.8로 바로 읽거나, 한 눈금이 0.05㎜ 이므로 16눈금×0.05 = 0.8로 계산하여 읽는다.
> - 두 숫자를 더하여 17+0.8 = 17.8㎜ 로 읽는다.

① 포장 작업에 관한 문서화된 절차를 수립하고 유지하여야 한다.

② 포장 작업은 다음 각 호의 사항을 포함하고 있는 포장 지시서에 의해 수행되어야 한다.

　　ㄱ. 제품명

　　ㄴ. 포장 설비명

　　ㄷ. 포장재 리스트

　　ㄹ. 상세한 포장공정

　　ㅁ. 포장 생산 수량

③ 포장 작업을 시작하기 전에 포장 작업 관련 문서의 완비 여부, 포장 설비의 청결 및 작동 여부 등을 점검하여야 한다.

　　ㄱ. **화장품 포장재의 정의** : 포장재에는 많은 재료가 포함된다. 일차 포장재, 이차 포장재, 각종 라벨, 봉함 라벨까지 포장재에 포함된다. 라벨에는 제품 제조번호 및 기타 관리번호를 기재하므로 실수 방지가 중요하여 라벨은 포장재에 포함하여 관리하는 것을 권장한다.

　　ㄴ. **용기**(병, 캔 등)**의 청결성 확보** : 포장재는 모두 중요하고 실수 방지가 필수이지만, 일차 포장재는 청결성 확보가 더 필요하다.

　　용기(병, 캔 등)의 청결성 확보에는 자사에서 세척할 경우와 용기공급업자에 의존할 경우가 있다. 자사에서 세척할 경우는 세척 방법의 확립이 필수다. 일반적으로는 절차로 확립한다. 세척 건조 방법 및 세척 확인 방법은 대상으로 하는 용기에 따라 다르다. 실제로 용기세척을 개시한 후에도 세척 방법의 유효성을 정기적으로 확인해야 한다. 용기의 청결성 확보를 용기공급업자(실제로 제조하고 있는 업자)에게 의존할 경우에는 그 용기 공급업자를 감사하고 용기 제조 방법이 신뢰할 수 있다는 것을 확인하는 일부터 시작한다. 신뢰할 수 있으면 계약을 체결한다. 용기는 매 뱃치 입고 시에 무작위 추출하여 육안 검사를 실시하여 그 기록을 남긴다. 청결한 용기를 제공할 수 있는 공급업자로부터 구입하여야 한다. 기존의 공급업자 중에서 찾거나 현재 구입처에 개선을 요청해서 청결한 용기를 입수할 수 있게 한다. 일반적으로는 절차에 따라 구입한다.

　　ㄷ. **포장 문서** : 공정이 적절히 관리되는 것을 보장하기 위해, 관련 문서들은 포장 작업의 모든 단계에서 이용할 수 있어야 한다. 포장 작업은 문서화된 공정에 따라 수행되어야 한다. 문서화된 공정은 보통 절차서, 작업지시서 또는 규격서로 존재한다. 이를 통해, 주어진 제품의 각 뱃치가 규정된 방식으로 제조되어 각 포장 작업마다 균일성을 확보하게 된다. 일반적인 포장 작업 문서는 보통 다음 사항을 포함한다.

　　　• 제품명 그리고/또는 확인 코드

　　　• 검증되고 사용되는 설비

　　　• 완제품 포장에 필요한 모든 포장재 및 벌크제품을 확인할 수 있는 개요나 체크리스트

- 라인 속도, 충전, 표시, 코딩, 상자 주입(Cartoning), 케이스 패킹 및 팔레타이징(palletizing) 등의 작업들을 확인할 수 있는 상세 기술된 포장 생산 공정
- 벌크제품 및 완제품 규격서, 시험 방법 및 검체 채취 지시서
- 포장 공정에 적용 가능한 모든 특별 주의사항 및 예방조치(즉, 건강 및 안전 정보, 보관 조건)
- 완제품이 제조되는 각 단계 및 포장 라인의 날짜 및 생산 단위
- 포장 작업 완료 후, 제조부서 책임자가 서명 및 날짜를 기재해야 한다.

포장 작업 시작 전에 작업 시작 시 확인사항('start-up') 점검을 실시하는 것이 일반적인 지침이다. 포장작업에 대한 모든 관련 서류가 이용가능하고, 모든 필수 포장재가 사용 가능하며, 설비가 적절히 위생처리 되어 사용할 준비가 완료되었음을 확인하는데 이러한 점검이 필수적이다. 포장 작업 전, 이전 작업의 재료들이 혼입될 위험을 제거하기 위하여 작업 구역/라인의 정리가 이루어져야 한다.

제조된 완제품의 각 단위/뱃치에는 추적이 가능하도록 특정한 제조번호가 부여되어야 한다. 완제품에 부여된 특정 제조번호는 벌크제품의 제조번호와 동일할 필요는 없지만, 완제품에 사용된 벌크 뱃치 및 양을 명확히 확인할 수 있는 문서가 존재해야 한다.

작업 동안, 모든 포장라인은 최소한 다음의 정보로 확인이 가능해야 한다.
- 포장라인명 또는 확인 코드
- 완제품명 또는 확인 코드
- 완제품의 뱃치 또는 제조번호

모든 완제품이 규정 요건을 만족시킨다는 것을 확인하기 위한 공정 관리가 이루어져야 한다. 중요한 속성들이 규격서에서 확인할 수 있는 요건들을 충족시킨다는 것을 검증하기 위해 평가를 실시하여야 한다. (즉, 미생물 기준, 충전중량, 미관적 충전 수준, 뚜껑/마개의 토크, 호퍼(hopper) 온도 등) 규정요건은 제품 포장에 대한 허용 범위 및 한계치(최소값–최대값)를 확인해야 한다.

## 1) 공통기재사항

| 구분 | 표시·기재 사항 |
|---|---|
| 1차 포장<br>(2차포장을<br>추가한 화장품) | 1. 화장품의 명칭<br>2. 영업자의 상호(화장품제조업자, 화장품 책임판매업자, 맞춤형 화장품판매업자)<br>3. 제조번호<br>4. 사용기한 또는 개봉 후 사용기간(개봉 후 사용기간의 경우 제조연월일 병기)<br>  • 소비자가 화장품의 1차 포장을 제거하고 사용하는 고형비누 등 총리령으로 정하는 화장품의 경우에는 표시를 생략할 수 있다. |
| 1차 포장(2차포장×)<br>2차 포장 | 1. 화장품의 명칭<br>2. 영업자의 상호 및 주소(화장품제조업자, 화장품 책임판매업자, 맞춤형 화장품판매업자)<br>3. 해당 화장품 제조에 사용된 모든 성분(인체에 무해한 소량 함유 성분 등 총리령으로 정하는 성분은 제외)<br>4. 내용물의 용량 또는 중량<br>5. 제조번호<br>6. 사용기한 또는 개봉 후 사용기간(개봉 후 사용기간의 경우 제조연월일 병기)<br>7. 가격(맞춤형화장품 만 해당)<br>8. 기능성화장품의 경우 "기능성화장품"이라는 글자 또는 기능성화장품을 나타내는 도안으로써 식품의약품안전처장이 정하는 도안<br>9. 사용할 때의 주의사항<br>10. 그 밖에 총리령으로 정하는 사항<br>  • 기능성화장품의 경우 심사받거나 보고한 효능·효과, 용법·용량<br>  • 성분명을 제품 명칭의 일부로 사용한 경우 그 성분명과 함량(방향용 제품은 제외한다)<br>  • 인체 세포·조직 배양액이 들어있는 경우 그 함량<br>  • 화장품에 천연 또는 유기농으로 표시·광고하려는 경우에는 원료의 함량<br>  • 수입 화장품인 경우에는 제조국의 명칭, 제조회사 명 및 그 소재지<br>  • 제2조 제8호부터 제11호까지(탈모, 여드름, 피부장벽, 튼살)에 해당하는 기능성화장품의 경우에는 **"질병의 예방 및 치료를 위한 의약품이 아님"**이라는 문구<br>  • 다음 각 목의 어느 하나에 해당하는 경우 법 제8조 제2항에 따라 사용기준이 지정·고시된 원료 중 보존제의 함량<br>   가. 3세 이하의 영유아용 제품류인 경우<br>   나. 4세 이상부터 13세 이하까지의 어린이가 사용할 수 있는 제품임을 특정하여 표시·광고하려는 경우<br>  • 바코드(맞춤형화장품 제외)<br>  • 화장품의 용기 또는 포장에 표시할 때 제품의 명칭, 영업자의 상호는 시각장애인을 위한 점자 표시를 병행할 수 있다. |

(1) 소용량 및 비매품의 표기법 예외조항(시행규칙제19조 1항)

    ① 내용량이 10밀리리터 이하 또는 10그램 이하인 화장품의 포장. 단, 소비자가 사용할 때 특별한 주의가 필요하다고 식품의약품안전처장이 정하여 고시하는 화장품은 제외한다.

    ② 판매의 목적이 아닌 제품의 선택 등을 위하여 미리 소비자가 시험·사용하도록 제조 또는 수입된 화장품의 포장

| 10mL(g) 이하 소용량 또는 비매품의 기재사항 |
|---|
| 〈1차 포장 또는 2차 포장 표기 내용〉 |
| 1. 화장품의 명칭 |
| 2. 화장품 책임판매업자 또는 맞춤형 화장품판매업자의 상호 |
| 3. 가격(견본품, 비매품) |
| 4. 제조번호와 사용기한 또는 개봉 후 사용기간(개봉 후 사용기간의 경우 제조연월일 병기) |

(2) 기재·표시를 생략할 수 있는 성분

    ① 제조과정 중에 제거되어 최종 제품에는 남아 있지 않은 성분

    ② 안정화제, 보존제 등 원료 자체에 들어 있는 부수 성분으로서 그 효과가 나타나게 하는 양보다 적은 양이 들어 있는 성분

    ③ 내용량이 10밀리리터 초과 50밀리리터 이하 또는 중량이 10그램 초과 50그램 이하 화장품의 포장인 경우에는 다음 각 목의 성분을 제외한 성분. 다만, 소비자가 사용할 때 특별한 주의가 필요하여 식품의약품안전처장이 정하여 고시하는 화장품( 속눈썹용 퍼머넌트웨이브제품,외음부세정제)은 제외한다.

      ㄱ. 타르색소

      ㄴ. 금박

      ㄷ. 샴푸와 린스에 들어 있는 인산염의 종류

      ㄹ. 과일산(AHA)

      ㅁ. 기능성화장품의 경우 그 효능·효과가 나타나게 하는 원료

      ㅂ. 식품의약품안전처장이 사용기준을 고시한 화장품의 원료

> **Tip**
>
> **과일산**(AHA)
>
> • 시트릭애씨드(구연산, citric acid, 감귤류)
>
> • 글라이콜릭애씨드(글리콜산, glycolic acid, 사탕수수)
>
> • 말릭애씨드(말산, malic acid, 사과산)
>
> • 락틱애씨드(젖산, lactic acid, 쉰우유)
>
> • 만델릭애씨드(만델릭산, mandelic acid, 아몬드)
>
> • 타타릭애씨드(주석산, tartaric acid, 적포도주)
>
> **아하**(AHA)
>
> 수용성 성분으로 피부 표피에 작용한다. 죽은 각질층을 유연하게 만들어 각질을 쉽게 탈락시키지만 수용성 성질로 인해 죽은 각질층 아래층이나 모공에 작용하지는 못한다.
>
> **바하**(BHA)
>
> 지용성 성분으로 피부 표피와 모공에 작용한다. 바하(BHA)는 아하(AHA)처럼 피부 각질층의 죽은 각질을 유연하게 하여 각질을 탈락시키지만, 지용성 성질로 인해 모공 속까지 스며들어 모공 속 각질과 노폐물을 제거하는 데 도움을 준다.
>
> **인산염**
>
> 인산나트륨, 소듐파스페이트(Sodium Phosphate)

(3) **화장품 사용할 때의 주의사항 표기**(2단원 참고)

(4) **화장품의 포장에 기재·표시하여야 하는 기타 사항**

　① 식품의약품안전처장이 정하는 바코드

　② 기능성화장품의 경우 심사받거나 보고한 효능·효과, 용법·용량

　③ 성분명을 제품 명칭의 일부로 사용한 경우 그 성분명과 함량(방향용 제품은 제외한다)

　④ 인체 세포·조직 배양액이 들어있는 경우 그 함량

　⑤ 화장품에 천연 또는 유기농으로 표시·광고하려는 경우에는 원료의 함량

　⑥ 수입 화장품인 경우에는 제조국의 명칭, 제조회사 명 및 그 소재지(「대외무역법」에 따른 원산지를 표시한 경우에는 제조국의 명칭을 생략할 수 있다)

　⑦ 탈모, 여드름, 피부장벽, 튼살에 해당하는 기능성화장품의 경우에는 "질병의 예방 및 치료를 위한 의약품이 아님"이라는 문구

　⑧ 영유아 또는 어린이가 사용할 수 있는 제품임을 특정하여 표시·광고하려는 경우 법 제8조제2항에 따라 사용기준이 지정·고시된 원료 중 보존제의 함량 표시

(5) 화장품의 제조에 사용된 성분의 기재·표시를 생략하려는 경우에는 다음 각 호의 어느 하나에 해당하는 방법으로 생략된 성분을 확인할 수 있도록 하여야 한다.

① 포장에 전화번호나 홈페이지 주소를 적을 것

② 모든 성분이 적힌 책자 등의 인쇄물을 판매업소에 늘 갖추어 둘 것

> **▶ 기재, 표시상의 주의사항**
> 시행규칙 제21조(기재·표시상의 주의사항) 법 제12조에 따른 화장품 포장의 기재·표시 및 화장품의 가격 표시상의 준수사항은 다음 각 호와 같다.
> 1. 한글로 읽기 쉽도록 기재·표시할 것. 다만, 한자 또는 외국어를 함께 적을 수 있고, 수출용 제품 등의 경우에는 그 수출 대상국의 언어로 적을 수 있다.
> 2. 화장품의 성분을 표시하는 경우에는 표준화된 일반명을 사용할 것

## 2) 화장품 가격의 표시

화장품을 소비자에게 직접 판매하는 자(이하 "판매자")는 그 제품의 포장에 판매하려는 가격을 일반 소비자가 알기 쉽도록 표시해야 한다. 맞춤형화장품의 가격표시는 개별 제품에 판매가격을 표시하거나, 소비자가 가장 쉽게 알아볼 수 있도록 제품명, 가격이 포함된 정보를 제시하는 방법으로 표시할 수 있다.

### (1) 정의

① **표시의무자**: 화장품을 일반 소비자에게 판매하는 자를 말한다.

② **판매가격**: 화장품을 일반 소비자에게 판매하는 실제 가격을 말한다.

### (2) 판매가격표시 대상

국내에서 제조되거나 수입되어 국내에서 판매되는 모든 화장품

### (3) 가격 표시의무자의 지정

① 화장품을 일반소비자에게 소매 점포에서 판매하는 경우 소매업자(직매장을 포함한다.)가 표시의무자가 된다. 다만, 「방문 판매 등에 관한 법률」에서 규정한 방문판매업·후원방문판매업, 「전자상거래 등에서의 소비자 보호에 관한 법률」에서 규정한 통신판매업의 경우에는 그 판매업자가, 「방문 판매 등에 관한 법률」에서 규정한 다단계판매업의 경우에는 그 판매자가 판매가격을 표시하여야 한다.

② 제1항의 표시의무자 이외의 화장품 책임판매업자, 화장품제조업자는 그 판매 가격을 표시하여서는 안 된다.

③ 판매가격표시 의무자는 매장크기와 관계없이 가격표시를 하지 아니하고 판매하거나 판매할 목적으로 진열·전시하여서는 아니 된다.

(4) 가격표시

판매가격의 표시는 일반소비자에게 판매되는 실제 거래가격을 표시하여야 한다.

① 화장품 가격의 표시 방법

ㄱ. 판매가격의 표시는 유통단계에서 쉽게 훼손되거나 지워지지 않으며 분리되지 않도록 스티커 또는 꼬리표를 표시하여야 한다.

ㄴ. 판매가격이 변경되었을 경우에는 기존의 가격표시가 보이지 않도록 변경 표시하여야 한다. 다만, 판매자가 기간을 특정하여 판매가격을 변경하기 위해 그 기간을 소비자에게 알리고, 소비자가 판매가격을 기존가격과 오인·혼동할 우려가 없도록 명확히 구분하여 표시하는 경우는 제외한다.

ㄷ. 판매가격은 개별 제품에 스티커 등을 부착하여야 한다. 다만, 개별 제품으로 구성된 종합제품으로서 분리하여 판매하지 않는 경우에는 그 종합제품에 일괄하여 표시할 수 있다.

ㄹ. 제1항부터 제3항까지의 규정에도 불구하고 판매자는 업태, 취급제품의 종류 및 내부 진열 상태 등에 따라 개별 제품에 가격을 표시하는 것이 곤란한 경우에는 소비자가 가장 쉽게 알아볼 수 있도록 제품명, 가격이 포함된 정보를 제시하는 방법으로 판매가격을 별도로 표시할 수 있다. 이 경우 화장품 개별 제품에는 판매가격을 표시하지 아니할 수 있다.

ㅁ. 판매가격의 표시는 『판매가 ○○원』 등으로 소비자가 알아보기 쉽도록 선명하게 표시하여야 한다.

ㅂ. 판매가격의 표시는 일반소비자에게 판매되는 실제 거래가격을 표시하여야 한다.

▶ 단위가격 표시 의무 품목
• 고형미용비누 : 개당 가격
• 샴푸 : 100ml당 가격
• 린스 : 100ml당 가격

▶ 표시 방법 예시
• 샴푸 내용량 : 300ml
• 판매가격 : 15,000원
• 100ml당 가격 : 5,000원

※ 단위가격 표시 의무자 : 대규모 및 준대규모 점포 내의 소매점포(전통시장 제외)

## 3) 화장품 바코드 표시

(1) 목적

국내 제조 및 수입되는 화장품에 대하여 표준바코드를 표시하게 함으로써 화장품 유통현대화의 기반을 조성하여 유통비용을 절감하고 거래의 투명성을 확보함을 목적으로 한다.

(2) 정의

① **화장품 코드** : 개개의 화장품을 식별하기 위하여 고유하게 설정된 번호로써 국가 식별코드, 제조업자 등의 식별코드, 품목 코드 및 검증번호(Check Digit)를 포함한 12 또는 13자리의 숫자를 말한다.

② **바코드**:화장품 코드를 포함한 숫자나 문자 등의 데이터를 일정한 약속에 의해 컴퓨터에 자동 입력시키기 위한 다음 각 목의 하나에 여백 및 광학적문자판독(Optical Character Recognition) 폰트의 글자로 구성되어 정보를 표현하는 수단으로서, 스캐너가 읽을 수 있도록 인쇄된 심벌(마크)을 말한다.

ㄱ. 여러 종류의 폭을 갖는 백과 흑의 평형 막대의 조합

ㄴ. 일정한 배열로 이루어져 있는 사각형 모듈 집합으로 구성된 데이터 매트릭스

(3) 표시 대상 및 의무자

① 화장품 바코드 표시 대상 품목은 국내에서 제조되거나 수입되어 국내에 유통되는 모든 화장품(기능성 화장품 포함)을 대상으로 한다.

② 내용량이 15밀리리터 이하 또는 15그램 이하인 제품의 용기 또는 포장이나 견본품, 시공품 등 비매품에 대해서는 화장품 바코드 표시를 생략할 수 있다.

③ 화장품바코드 표시는 국내에서 화장품을 유통·판매하고자 하는 화장품 책임판매업자가 한다.

④ 화장품판매업소를 통하지 않고 소비자의 가정을 직접 방문하여 판매하는 등 폐쇄된 유통경로를 이용하는 경우에는 국제표준바코드가 아닌 자체 바코드를 사용 할 수 있다.

⑤ 바코드의 인쇄 크기와 색상은 자율적으로 정할 수 있다.

(4) 바코드의 종류 및 구성 체계

① 화장품 바코드는 국제표준바코드인 GS1 체계 중 EAN-13, ITF-14, GS1-128, UPC-A 또는 GS1 Data Matrix 중 하나를 사용하여야 한다. 다만, 화장품 판매업소를 통하지 않고 소비자의 가정을 직접 방문하여 판매하는 등 폐쇄된 유통경로를 이용하는 경우에는 자체적으로 마련한 바코드를 사용할 수 있다.

▶ 바코드 예시

| 자리수 | 3 | 4~6 | 5~3 | 1 |
|---|---|---|---|---|
| 내용 | 국가식별코드 | 업체식별코드 | 품목코드 | 검증번호 |
| 부여 예 | 880 | 1234 | 12345 | 7 |

---

**제5장**　　화장품 포장의 표시기준 및 표시방법(시행규칙 별표 4)

## 1) 화장품의 명칭

다른 제품과 구별할 수 있도록 표시된 것으로서 같은 화장품 책임판매업자 또는 맞춤형 화장품판매업자의 여러 제품에서 공통으로 사용하는 명칭을 포함한다.

## 2) 영업자의 상호 및 주소

① 영업자의 주소는 등록필증 또는 신고필증에 적힌 소재지 또는 반품·교환 업무를 대표하는 소재지를 기재·표시해야 한다.

② "화장품제조업자", "화장품 책임판매업자" 또는 "맞춤형 화장품판매업자"는 각각 구분하여 기재·표시해야 한다. 다만, 화장품 제조업자, 화장품 책임판매업자 또는 맞춤형 화장품판매업자가 다른 영업을 함께 영위하고 있는 경우에는 한꺼번에 기재·표시할 수 있다.

③ 공정별로 2개 이상의 제조소에서 생산된 화장품의 경우에는 일부 공정을 수탁한 화장품제조업자의 상호 및 주소의 기재·표시를 생략할 수 있다.

④ 수입 화장품의 경우에는 추가로 기재·표시하는 제조국의 명칭, 제조회사 명 및 그 소재지를 국내 "화장품 제조업자"와 구분하여 기재·표시해야 한다.

## 3) 화장품 제조에 사용된 성분

① 글자의 크기는 5포인트 이상으로 한다.

② 화장품 제조에 사용된 함량이 많은 것부터 기재·표시한다. 다만, 1퍼센트 이하로 사용된 성분, 착향제 또는 착색제는 순서에 상관없이 기재·표시할 수 있다.

③ 혼합원료는 혼합된 개별 성분의 명칭을 기재·표시한다.

④ 색조 화장용 제품류, 눈 화장용 제품류, 두발 염색용 제품류 또는 손발톱용 제품류에서 호수별로 착색제가 다르게 사용된 경우 '± 또는 +/-'의 표시 다음에 사용된 모든 착색제 성분을 함께 기재·표시할 수 있다.

⑤ 착향제는 "향료"로 표시할 수 있다. 다만, 착향제의 구성 성분 중 식품의약품안전처장이 정하여 고시한 알레르기 유발성분이 있는 경우에는 향료로 표시할 수 없고, 해당 성분의 명칭을 기재·표시해야 한다.

⑥ 산성도(pH) 조절 목적으로 사용되는 성분은 그 성분을 표시하는 대신 중화반응에 따른 생성물로 기재·표시할 수 있고, 비누화 반응을 거치는 성분은 비누화 반응에 따른 생성물로 기재·표시할 수 있다.

⑦ 법 제10조 제1항 제3호에 따른 성분을 기재·표시할 경우 영업자의 정당한 이익을 현저히 침해할 우려가 있을 때에는 영업자는 식품의약품안전처장에게 그 근거자료를 제출해야 하고, 식품의약품안전처장이 정당한 이익을 침해할 우려가 있다고 인정하는 경우에는 "기타 성분"으로 기재·표시할 수 있다.

## 4) 내용물의 용량 또는 중량

화장품의 1차 포장 또는 2차 포장의 무게가 포함되지 않은 용량 또는 중량을 기재·표시해야 한다. 이 경우 화장비누(고체 형태의 세안용 비누를 말한다)의 경우에는 수분을 포함한 중량과 건조중량을 함께 기재·표시해야 한다.

**5) 제조번호**

사용기한(또는 개봉 후 사용기간)과 쉽게 구별되도록 기재·표시해야 하며, 개봉 후 사용기간을 표시하는 경우에는 병행 표기해야 하는 제조연월일도 각각 구별이 가능하도록 기재·표시해야 한다.

**6) 사용기한 또는 개봉 후 사용기간**

① 사용기한은 "사용기한" 또는 "까지" 등의 문자와 "연월일"을 소비자가 알기 쉽도록 기재·표시해야 한다. 다만, "연월"로 표시하는 경우 사용기한을 넘지 않는 범위에서 기재·표시해야 한다.

② 개봉 후 사용기간은 "개봉 후 사용기간"이라는 문자와 "○○월" 또는 "○○개월"을 조합하여 기재·표시하거나, 개봉 후 사용기간을 나타내는 심벌과 기간을 기재·표시할 수 있다(**예** 심벌과 기간 표시).

개봉 후 사용기간이 12개월 이내인 제품

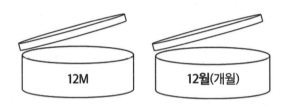

**7) 기능성화장품의 기재·표시**

① 제19조 제4항 제7호에 따른 문구는 법 제10조 제1항 제8호에 따라 기재·표시된 "기능성화장품" 글자 바로 아래에 "기능성화장품" 글자와 동일한 글자 크기 이상으로 기재·표시해야 한다.

> **해설**
>
> 탈모, 여드름, 피부장벽, 튼살 관련 기능성화장품에 "질병의 예방 및 치료를 위한 의약품이 아님"이란 문구를 기재 표시할 때는 "기능성화장품"이라는 표시 바로 아래에 동일한 글자 크기 이상으로 기재 표시해야 한다.

② 법 제10조 제1항 제8호에 따라 기능성화장품을 나타내는 도안은 다음과 같이 한다.

(1) 표시기준(로고모형)

(2) 표시방법

① 도안의 크기는 용도 및 포장재의 크기에 따라 동일 배율로 조정한다.

② 도안은 알아보기 쉽도록 인쇄 또는 각인 등의 방법으로 표시해야 한다.

## 1) 정의

① **표시** : 화장품의 용기 · 포장에 기재하는 문자, 숫자 또는 도형

② **광고** : 라디오, 텔레비전, 신문, 잡지, 음성, 음향, 영상, 인터넷, 인쇄물, 간판, 그 밖의 방법에 의하여 화장품에 대한 정보를 나타내거나 알리는 행위

## 2) 광고 및 표시 가능한 실증자료

법제14조(표시·광고 내용의 실증 등)

① 영업자 및 판매자는 자기가 행한 표시·광고 중 사실과 관련한 사항에 대해서는 이를 실증할 수 있어야 한다.

② 식품의약품안전처장은 영업자 또는 판매자가 행한 표시·광고가 제13조 제1항 제4호에 해당하는지를 판단하기 위하여 제1항에 따른 실증이 필요하다고 인정하는 경우에는 그 내용을 구체적으로 명시하여 해당 영업자 또는 판매자에게 관련 자료의 제출을 요청할 수 있다.

③ 제2항에 따라 실증자료의 제출을 요청받은 영업자 또는 판매자는 요청받은 날부터 15일 이내에 그 실증자료를 식품의약품안전처장에게 제출하여야 한다. 다만, 식품의약품안전처장은 정당한 사유가 있다고 인정하는 경우에는 그 제출 기간을 연장할 수 있다.

④ 식품의약품안전처장은 영업자 또는 판매자가 제2항에 따라 실증자료의 제출을 요청받고도 제3항에 따른 제출 기간 내에 이를 제출하지 아니한 채 계속하여 표시·광고를 하는 때에는 실증자료를 제출할 때까지 그 표시·광고 행위의 중지를 명하여야 한다.

⑤ 제2항 및 제3항에 따라 식품의약품안전처장으로부터 실증자료의 제출을 요청받아 제출한 경우에는 「표시·광고의 공정화에 관한 법률」 등 다른 법률에 따라 다른 기관이 요구하는 자료 제출을 거부할 수 있다.

⑥ 식품의약품안전처장은 제출받은 실증자료에 대하여 「표시·광고의 공정화에 관한 법률」 등 다른 법률에 따른 다른 기관의 자료요청이 있는 경우에는 특별한 사유가 없는 한 이에 응하여야 한다.

⑦ 제1항부터 제4항까지의 규정에 따른 실증의 대상, 실증자료의 범위 및 요건, 제출 방법 등에 관하여 필요한 사항은 총리령으로 정한다.

### (1) 화장품 표시 · 광고 실증에 관한규정

### A. 정의

| | |
|---|---|
| 실증자료 | 표시·광고에서 주장한 내용 중에서 사실과 관련한 사항이 진실임을 증명하기 위하여 작성된 자료 |
| 실증방법 | 표시·광고에서 주장한 내용 중 사실과 관련한 사항이 진실임을 증명하기 위해 사용되는 방법 |
| 인체 적용시험 | 화장품의 표시·광고 내용을 증명할 목적으로 해당 화장품의 효과 및 안전성을 확인하기 위하여 사람을 대상으로 실시하는 시험 또는 연구를 말한다. |

| 인체 외 시험 | 실험실의 배양접시, 인체로부터 분리한 모발 및 피부, 인공피부 등 인위적 환경에서 시험물질과 대조물질 처리 후 결과를 측정하는 것을 말한다 |
|---|---|
| 시험기관 | 시험을 실시하는데 필요한 사람, 건물, 시설 및 운영 단위를 말한다. |
| 시험계 | 시험에 이용되는 미생물과 생물학적 매체 또는 이들의 구성성분으로 이루어지는 것을 말한다. |

## B. 실증자료(제3조)

① 실증자료의 범위 및 요건

ㄱ. **시험 결과** : 인체 적용시험 자료, 인체 외 시험 자료, 같은 수준 이상의 조사 자료일 것

> **예 같은 수준이상의 조사자료** : 해당 표시·광고와 관련된 시험결과 등이 포함된 논문, 학술문헌 등

### 표시·광고에 따른 실증자료(제3조제1항 단서 관련)

| 표시·광고 표현 | 실증자료 |
|---|---|
| 여드름성 피부에 사용에 적합 | 인체 적용시험 자료 제출 |
| 항균(인체세정용 제품에 한함) | 인체 적용시험 자료 제출 |
| 피부노화 완화 | 인체 적용시험 자료 또는 인체 외 시험 자료 제출 |
| 일시적 셀룰라이트 감소 | 인체 적용시험 자료 제출 |
| 붓기, 다크서클 완화 | 인체 적용시험 자료 제출 |
| 피부 혈행 개선 | 인체 적용시험 자료 제출 |
| 콜라겐 증가, 감소 또는 활성화 | 기능성화장품에서 해당 기능을 실증한 자료 제출 |
| 효소 증가, 감소 또는 활성화 | 기능성화장품에서 해당 기능을 실증한 자료 제출 |

ㄴ. **조사결과** : 표본설정, 질문사항, 질문 방법이 그 조사의 목적이나 통계상의 방법과 일치할 것

> **예** 표본설정, 질문사항, 질문 방법이 그 조사의 목적이나 통계상의 방법과 일치하는 소비자 조사결과, 전문가집단 설문조사 등

ㄷ. **실증방법** : 실증에 사용되는 시험 또는 조사의 방법은 학술적으로 널리 알려져 있거나 관련 산업 분야에서 일반적으로 인정된 방법 등으로서 과학적이고 객관적인 방법일 것

② 실증자료의 내용은 광고에서 주장하는 내용과 직접적인 관계가 있어야 한다.

> **예 1. 실증자료에서 입증한 내용이 표시·광고에서 주장하는 내용과 관련이 없는 경우**
> 1. 효능이나 성능에 대한 표시·광고에 대하여 일반 소비자를 대상으로 한 설문조사나, 그 제품을 소비한 경험이 있는 일부 소비자를 대상으로 한 조사 결과를 제출한 경우
> 2. 해당 제품의 '여드름 개선' 효과를 표방하는 표시·광고에 대하여 해당 제품에 여드름 개선 효과가 있음을 입증하는 자료를 제출하지 아니하고 '여드름 피부 개선용 화장료 조성물' 특허자료 등을 제출하는 경우

> **예 2. 실증자료에서 입증한 내용이 표시·광고에서 주장하는 내용과 부분적으로만 상관이 있는 경우**
> 제품에 특정 성분이 들어 있지 않다는 "無(무) ○○" 광고 내용과 관련하여 제품에 특정 성분이 함유되어 있지 않다는 시험자료를 제출하지 아니하고 제조과정에 특정 성분을 첨가하지 않았다는 제조관리기록서나 원료에 관한 시험자료를 제출한 경우

## 3) 시험결과의 요건(제4조)

### (1) 공통사항

① 광고 내용과 관련이 있고 과학적이고 객관적인 방법에 의한 자료로서 신뢰성과 재현성이 확보되어야 한다.

② 국내외 대학 또는 화장품 관련 전문 연구기관(제조 및 영업 부서 등 다른 부서와 독립적인 업무를 수행하는 기업 부설 연구소 포함)에서 시험한 것으로서 기관의 장이 발급한 자료이어야 한다(예 대학병원 피부과, ○○대학교 부설 화장품 연구소, 인체시험 전문기관 등)

③ 기기와 설비에 대한 문서화된 유지관리 절차를 포함하여 표준화된 시험절차에 따라 시험한 자료이어야 한다.

④ 시험기관에서 마련한 절차에 따라 시험을 실시했다는 것을 증명하기 위해 문서화된 신뢰성 보증업무를 수행한 자료이어야 한다.

⑤ 외국의 자료는 한글 요약문(주요 사항 발췌) 및 원문을 제출할 수 있어야 한다.

### (2) 인체 적용시험 자료

**A. 인체 적용시험은 다음의 기준에 따라 실시하여야 한다.**

① 관련분야 전문의 또는 병원, 국내외 대학, 화장품 관련 전문 연구기관에서 5년 이상 화장품 인체 적용시험 분야의 시험경력을 가진 자의 지도 및 감독하에 수행·평가되어야 한다.

② 인체 적용시험은 헬싱키 선언에 근거한 윤리적 원칙에 따라 수행되어야 한다.

③ 인체 적용시험은 과학적으로 타당하여야 하며, 시험 자료는 명확하고 상세히 기술되어야 한다.

④ 인체 적용시험은 피험자에 대한 의학적 처치나 결정은 의사 또는 한의사의 책임하에 이루어져야 한다.

⑤ 인체 적용시험은 모든 피험자로부터 자발적인 시험 참가 동의(문서로 된 동의서 서식)를 받은 후 실시되어야 한다.

⑥ 피험자에게 동의를 얻기 위한 동의서 서식은 시험에 관한 모든 정보(시험의 목적, 피험자에게 예상되는 위험이나 불편, 피험자가 피해를 입었을 경우 주어질 보상이나 치료 방법, 피험자가 시험에 참여함으로써 받게 될 금전적 보상이 있는 경우 예상 금액 등)를 포함하여야 한다.

⑦ 인체 적용시험용 화장품은 안전성이 충분히 확보되어야 한다.

⑧ 인체 적용시험은 피험자의 인체 적용시험 참여 이유가 타당한지 검토·평가하는 등 피험자의 권리·안전·복지를 보호할 수 있도록 실시되어야 한다.

⑨ 인체 적용시험은 피험자의 선정 · 탈락기준을 정하고 그 기준에 따라 피험자를 선정하고 시험을 진행해야 한다.

B. 인체 적용시험의 최종시험 결과 보고서는 다음의 사항을 포함하여야 한다.
 ① 시험의 종류(시험 제목)
 ② 코드 또는 명칭에 의한 시험 물질의 식별
 ③ 화학물질명 등에 의한 대조물질의 식별(대조물질이 있는 경우에 한함)
 ④ 시험의뢰자 및 시험기관 관련 정보
  ㄱ. 시험의뢰자의 명칭과 주소
  ㄴ. 관련된 모든 시험시설 및 시험지점의 명칭과 소재지, 연락처
  ㄷ. 시험책임자 및 시험자의 성명
 ⑤ 날짜 : 시험개시 및 종료일
 ⑥ 신뢰성보증확인서 : 시험점검의 종류, 점검날짜, 점검시험단계, 점검 결과 등이 기록된 것
 ⑦ 피험자
  ㄱ. 선정 및 제외 기준
  ㄴ. 피험자 수 및 이에 대한 근거
 ⑧ 시험 방법
 ⑨ 시험 결과
 ⑩ 부작용 발생 및 조치내역
  ㄱ. 부작용 발생사례가 없으면 '부작용 없음'으로 기재
  ㄴ. 부작용 발생사례가 있으면 결과 보고서에 발생사례를 명시하고 각 사례별 치료 및 보상 등 조치내역을 간단명료하게 기재(예 '보상규약에 따라 치료 및 보상 조치하였음', '보상규약에 따라 치료 또는 보상조치 예정임' 등)

(3) 인체 외 시험 자료
 ① 인체 외 시험은 과학적으로 검증된 방법이거나 밸리데이션을 거쳐 수립된 표준작업 지침에 따라 수행돼야 한다(예 표준화된 방법에 따라 일관되게 실시할 목적으로 절차 · 수행방법 등을 상세하게 기술한 문서에 따라 시험을 수행한 경우 합리적인 실증자료로 볼 수 있음).
 ② 최종시험 결과 보고서는 다음 각 호의 사항을 포함하여야 한다.
  ㄱ. 시험의 종류(시험 제목)
  ㄴ. 코드 또는 명칭에 의한 시험 물질의 식별
  ㄷ. 화학물질명 등에 의한 대조물질의 식별
  ㄹ. 시험의뢰자 및 시험기관 관련 정보

- 시험의뢰자의 명칭과 주소
- 관련된 모든 시험, 시설 및 시험지점의 명칭과 소재지, 연락처
- 시험책임자의 성명
- 시험자의 성명, 위임받은 시험의 단계
- 최종보고서의 작성에 기여한 외부 전문가의 성명

ㅁ. 날짜 : 시험개시 및 종료일

ㅂ. 신뢰성 보증확인서 : 시험점검의 종류, 점검날짜, 점검시험단계, 점검 결과가 기록된 것

ㅅ. 시험재료와 시험방법

- 시험계 선정 사유
- 시험계의 특성(📖 종류, 계통, 공급원, 수량, 그 밖의 필요한 정보)
- 처리 방법과 그 선택 이유
- 처리용량 또는 농도, 처리 횟수, 처리 또는 적용 기간
- 시험의 순서, 모든 방법, 검사 및 관찰, 사용된 통계학적 방법을 포함하여 시험계획과 관련된 상세한 정보
- 사용 장비 및 시약

ㅇ. 시험 결과

- 시험 결과의 요약
- 시험계획서에 제시된 관련 정보 및 자료
- 통계학적 유의성 결정 및 계산과정을 포함한 결과
- 결과의 평가와 고찰, 결론
- 유해사례(부작용) 발생 및 조치내역
  - ✓ 유해사례(부작용) 등 발생사례
  - ✓ 유해사례(부작용) 발생에 따른 치료 및 보상 등 조치 내역

| 제7장 | 화장품표시 광고범위 및 준수사항 [별표 5] |

## 1) 화장품 광고의 매체 또는 수단

① 신문·방송 또는 잡지

② 전단·팸플릿·견본 또는 입장권

③ 인터넷 또는 컴퓨터통신

④ 포스터·간판·네온사인·애드벌룬 또는 전광판

⑤ 비디오물·음반·서적·간행물·영화 또는 연극

⑥ 방문 광고 또는 실연(實演)에 의한 광고

⑦ 자기 상품 외의 다른 상품의 포장

⑧ 그 밖에 ①부터 ⑦까지의 매체 또는 수단과 유사한 매체 또는 수단

> **Tip**
> - **영유아 및 어린이 화장품임을 포장에 표시하는 경우** : 무조건 안전성 자료 작성
> - **영유아가 사용할 수 있는 화장품임을 광고하는 경우** : ①~⑥ 까지의 경우 안전성 자료 작성
> - **어린이가 사용할 수 있는 화장품임을 광고하는 경우** : ①~⑤ 까지의 경우 안전성 자료 작성
>
> **영유아 및 어린이 제품의 안전성자료**
> 1. 제품 및 제조 방법에 대한 설명 자료
> 2. 화장품의 안전성 평가 자료
> 3. 제품의 효능·효과에 대한 증명 자료

## 2) 화장품 표시·광고 시 준수사항

① 의약품으로 잘못 인식할 우려가 있는 내용, 제품의 명칭 및 효능·효과 등에 대한 표시·광고를 하지 말 것

② 기능성화장품, 천연화장품 또는 유기농화장품이 아님에도 불구하고 제품의 명칭, 제조 방법, 효능·효과 등에 관하여 기능성화장품, 천연화장품 또는 유기농화장품으로 잘못 인식할 우려가 있는 표시·광고를 하지 말 것

③ 의사·치과의사·한의사·약사·의료기관 또는 그 밖의 의·약 분야의 전문가가 해당 화장품을 지정·공인·추천·지도·연구·개발 또는 사용하고 있다는 내용이나 이를 암시하는 등의 표시·광고를 하지 말 것.

다만, 법 제2조제1호부터 제3호까지의 정의(화장품, 기능성화장품, 천연화장품, 유기농화장품의 정의)에 부합되는 인체 적용 시험 결과가 관련 학회 발표 등을 통하여 공인된 경우에는 그 범위에서 관련 문헌을 인용할 수 있으며, 이 경우 인용한 문헌의 본래 뜻을 정확히 전달하여야 하고, 연구자 성명·문헌명과 발표 연월일을 분명히 밝혀야 한다.

④ 외국 제품을 국내 제품으로 또는 국내 제품을 외국 제품으로 잘못 인식할 우려가 있는 표시·광고를 하지 말 것

⑤ 외국과의 기술제휴를 하지 않고 외국과의 기술제휴 등을 표현하는 표시·광고를 하지 말 것

⑥ 경쟁상품과 비교하는 표시·광고는 비교 대상 및 기준을 분명히 밝히고 객관적으로 확인될 수 있는 사항만을 표시·광고하여야 하며, 배타성을 띤 "최고" 또는 "최상" 등의 절대적 표현의 표시·광고를 하지 말 것

⑦ 사실과 다르거나 부분적으로 사실이라고 하더라도 전체적으로 보아 소비자가 잘못 인식할 우려가 있는 표시·광고 또는 소비자를 속이거나 소비자가 속을 우려가 있는 표시·광고를 하지 말 것

⑧ 품질·효능 등에 관하여 객관적으로 확인될 수 없거나 확인되지 않았는데도 불구하고 이를 광고하거나 법 제2조 제1호에 따른 화장품의 범위를 벗어나는 표시·광고를 하지 말 것

⑨ 저속하거나 혐오감을 주는 표현·도안·사진 등을 이용하는 표시·광고를 하지 말 것

⑩ 국제적 멸종위기종의 가공품이 함유된 화장품임을 표현하거나 암시하는 표시·광고를 하지 말 것

⑪ 사실 유무와 관계없이 다른 제품을 비방하거나 비방한다고 의심이 되는 표시·광고를 하지 말 것

## 제8장 한방화장품 표시·광고

### 1) 제정 이유

한방화장품의 표시·광고 및 안전관리 기준을 제시함으로써 소비자를 보호하고 한방화장품 품질 향상을 통해 화장품 산업의 국제경쟁력 제고를 위함

### 2) 주요 내용

(1) 한방화장품의 정의

「대한약전」, 「대한약전외한약(생약)규격집」 및 「기존 한약서에 대한 잠정 규정」에 따른 기존 한약서에 수재된 생약 또는 한약재를 일정 기준 이상 제조 시 사용한 화장품

(2) 적용 범위

"한방" 또는 "한방화장품" 문구를 표시·광고하는 화장품

(3) 표시·광고 기준

① 화장품 내용량(100g 또는 100ml) 중 함유된 모든 한방성분을 원재료로 환산하여 합산한 중량이 1mg 이상인 경우에 한하여 한방화장품 표시·광고 허용(1mg=0.001g).

② 한방성분을 추출·분리 또는 정제한 경우에는 한방성분과 원재료와의 양적 관계가 이 가이드라인에 적합함을 입증할 수 있는 자료를 보관해야 함.

(4) 안전관리기준

　　① 안전성 확보를 위해 '원재료'는 「생약 등의 잔류·오염물질 기준 및 시험방법(식약청 고시)」에 적합한
　　　것을 사용토록 함

　　② 원재료 관련 품질관리업무 절차서·기록서 등의 보관 의무 부여

## 제9장 　 천연화장품 유기농화장품의 포장 표시

천연화장품 및 유기농화장품의 용기와 포장에 폴리염화비닐(Polyvinyl chloride(PVC)), 폴리스티렌폼
(Polystyrene foam)을 사용할 수 없다.

## 1) 인증표시

| 천연화장품 | 유기농화장품 |
| :---: | :---: |
|  |  |

## 2) 표시방법

　　① 도안의 크기는 용도 및 포장재의 크기에 따라 동일 배율로 조정할 것

　　② 도안은 알아보기 쉽도록 인쇄 또는 각인 등의 방법으로 표시할 것

## 제10장 　 포장재의 공간비율

| 제품의 종류 | | 기준 | |
| :---: | :---: | :---: | :---: |
| 단위제품 | 품목 | 포장공간비율 | 포장횟수 |
| 단위제품 | 인체세정용 | 15% 이하 | 2차포장 이내 |
| | 두발세정용 | 15%이하 | 2차포장 이내 |
| | 그밖에 화장품(방향용제품 포함, 향수 제외) | 10% 이하 | 2차포장 이내 |
| | 향수 | - | 2차포장 이내 |
| 종합제품 | 전품목 | 25% 이하 | 2차포장 이내 |
| 종합제품(완충받침대 사용) | 전품목 | 20% 이하 | 2차포장 이내 |

**Tip**

인체 세정용과 두발 세정용 제품의 종류에 대해 구분할 수 있어야 한다.

① "단위 제품"이란 1회 이상 포장한 최소 판매 단위의 제품을 말하고, "종합제품"이란 같은 종류 또는 다른 종류의 최소 판매 단위의 제품을 2개 이상 함께 포장한 제품을 말한다. 다만, 주 제품을 위한 전용 계량 도구나 그 구성품, 소량(30g 또는 30ml 이하)의 비매품(증정품) 및 설명서, 규격서, 메모 카드와 같은 참조용 물품은 종합제품을 구성하는 제품으로 보지 않는다.

② 제품의 특성상 1개씩 낱개로 포장한 후 여러 개를 함께 포장하는 단위 제품의 경우 낱개의 제품 포장은 포장 공간 비율 및 포장 횟수의 적용 대상인 포장으로 보지 않는다.

> 제1호 및 제2호의 제품을 「소비자기본법」에 따른 소비자에게 수송하기 위한 1회용 포장의 포장공간비율은 50% 이하, 포장 횟수는 1차 이내로 한다. 다만, 가로, 세로, 높이의 합이 50cm 이하인 포장에 대해서는 포장 공간비율에 관한 기준을 적용하지 않는다. [2022년 04월29일 공포, 공포 후 2년이 경과한 날부터 시행]

③ 제품의 제조·수입 또는 판매 과정에서의 부스러짐 방지 및 자동화를 위하여 받침 접시를 사용하는 경우에는 이를 포장 횟수에서 제외한다.

④ 종합제품의 경우 종합제품을 구성하는 각각의 단위 제품은 제품별 포장공간비율 및 포장 횟수 기준에 적합하여야 하며, 단위 제품의 포장공간비율 및 포장 횟수는 종합제품의 포장공간비율 및 포장 횟수에 산입(算入)하지 않는다.

⑤ 종합제품으로서 복합합성수지재질·폴리비닐클로라이드재질 또는 합성섬유 재질로 제조된 받침 접시 또는 포장용 완충재를 사용한 제품의 포장공간비율은 20% 이하로 한다.

⑥ 홍차·녹차 등의 경우와 같이 제품이 포장과 함께 직접 사용되는 경우에는 그 포장을 포장공간비율 및 포장 횟수 적용 대상인 포장으로 보지 않는다.

⑦ 단위 제품인 화장품의 내용물 보호 및 훼손 방지를 위해 2차 포장 외부에 덧붙인 필름(투명 필름류만 해당한다.)은 포장 횟수의 적용 대상인 포장으로 보지 않는다.

⑧ 포장공간비율의 측정 방법은 「산업표준화법」 제12조에 따른 한국산업표준(KS)인 상업포장(소비자포장)의 포장공간비율 측정 방법(KS T 1303) 또는 환경부 장관이 고시하는 간이 측정 방법에 따른다.

## 제11장 포장용기의 재사용(환경부 고시)

① 다음 각 호의 제품을 제조하는 자는 그 포장 용기를 재사용할 수 있는 제품의 생산량이 해당 제품 총 생산량에서 차지하는 비율이 다음 각 호의 구분에 따른 비율 이상이 되도록 노력하여야 한다.

ㄱ. 화장품 중 색조화장품(화장·분장)류 : 100분의 10

ㄴ. 합성수지 용기를 사용한 액체세제류·분말세제류 : 100분의 50

ㄷ. 두발용 화장품 중 샴푸·린스류:100분의 25

　② 대규모점포에서 제품을 판매하는 자는 포장 용기를 재사용할 수 있는 제품을 진열·판매하는 공간을 확대하는 등의 방법으로 포장 용기가 재사용될 수 있도록 협조하여야 한다.

## 제12장　　포장재의 등급표시

### 1) 용어의 정의

　가. "분리 불가능"이란 소비자가 별도의 도구를 사용하지 않고는 라벨, 마개 및 잡자재를 분리하기가 어렵거나, 분리하더라도 몸체에 라벨, 마개 및 잡자재의 일부가 남아있는 경우를 말한다. 다만, 다음 각 호의 경우에는 분리 불가능에 해당하지 않는다.

　　① 마개 및 잡자재를 몸체에서 완전히 분리해야만 사용할 수 있는 경우

　　②「생활화학제품 및 살생물제의 안전관리에 관한 법률」에 따른 어린이 보호 포장에 관한 안전기준의 준수와 「의약품 안전용기·포장 및 투약 계량기에 관한 규정」(식품의약품안전처 고시)에 따른 특수포장을 위해 분리 불가능한 경우

　나. **"복합재질"**이란 2개 이상의 소재·재질이 혼합되거나, 도포(코팅) 또는 첩합(라미네이션) 등의 방법으로 복합된 재질(종이 재질은 합성수지가 양면에 부착된 경우만 해당된다)을 말한다.

　다. **"첩합**(라미네이션)"이라 함은 지지체의 기능을 강화하거나 개선할 목적 또는 새로운 기능을 부가할 목적으로 2종류 이상의 필름 또는 지지체의 전부 또는 일부를 맞붙이는 것을 말한다.

　라. **"도포**(코팅)"이라 함은 금속, 직물, 종이 등의 편면 또는 양면을 공기·물·약품 등으로부터 보호하기 위하여 캘린더링·압출·담금(디핑)·분사(스프레이)·칠 등의 가공 방법에 의하여 물체의 표면을 도료, 피복하는 것을 말한다.

### 2) 평가 기준

　가. 포장재별 재질·구조 세부 기준에 따라 "재활용이 용이한 재질·구조(재활용 최우수/우수)", "재활용이 제한적으로 용이한 재질·구조(재활용 보통)", "재활용이 어려운 재질·구조(재활용 어려움)"로 구분

　나. 가목의 "재활용이 용이한 재질·구조" 등급은 세부 기준에서 "재활용이 용이한 재질·구조"의 모든 기준을 만족하고, "재활용이 어려운 재질·구조" 기준의 어느 하나에도 해당하지 않는 경우에 부여

　다. 가목의 "재활용이 어려운 재질·구조" 등급은 세부 기준에서 "재활용이 어려운 재질·구조" 어느 하나에 해당하는 경우에 부여

　라. "재활용이 용이한 재질·구조" 또는 "재활용이 어려운 재질·구조로 구분되지 아니하는 경우에는 "재활용이 제한적으로 용이한 재질·구조(재활용 보통)"으로 구분

마. PSP, 페트병의 경우 우수의 조건을 모두 충족하면서 최우수 등급의 조건까지 충족할 경우 재활용 최우수에 해당

　※ 예시 1) 페트병에서 몸체, 마개 및 잡자재가 "재활용 우수"면서 라벨이 "재활용 최우수"인 경우, 해당 포장재는 "재활용 최우수" 등급에 해당

　※ 예시 2) 페트병에서 몸체가 "재활용 보통"이면서 라벨이 "재활용 최우수"인 경우, 해당 포장재는 "재활용 보통" 등급에 해당

① 분리배출 표기 평가대상 포장재

　ㄱ. 바이알·앰플·PTP포장 제품으로서 내용량이 30밀리리터 초과 또는 30그램 초과한 제품

　ㄴ. 각 자재의 표면적이 50제곱센티미터 이상(필름 자재의 경우 100제곱센티미터 이상)인 자재

② 분리배출 표시의 적용 예외 : 등급 표시는 '재활용 어려움' 포장재만 의무적으로 표시해야 함(최우수, 우수, 보통 등급 포장재는 미표시 가능)

③ pvc 재질의 식품 포장용 랩 필름은 분리배출 표시 예외 포장재에 해당하더라도 의무적으로 등급을 표시해야 함

④ **유리병** : 무색, 갈색, 녹색 재활용 우수 등급

⑤ **PET** : 무색 재활용 우수 등급

⑥ **라벨** : 분리가 가능한 종이 및 합성수지 재질, 몸체에 직접 인쇄한 경우 재활용 우수 등급

　ㄱ. **재활용 우수** : 몸체에 직접 인쇄한 경우 또는 라벨이 없거나, 몸체와 다른 재질로서 몸체와 분리 가능하고 라벨을 분리하여 배출하도록 유도하는 문구를 기재한 경우를 말한다.

　ㄴ. **재활용 어려움** : 알루미늄 이외의 재질로서 몸체와 분리가 불가능한 것을 말한다.

　ㄷ. **재활용 보통** : 재활용 우수 또는 재활용 어려움으로 구분되지 아니한 것을 말한다.

제5조(분리배출 표시 기준 및 방법)

1. 표시 대상 제품·포장재의 표면 한 곳 이상에 인쇄 또는 각인을 하거나 라벨을 부착하는 방법으로 분리배출 표시를 하여야 한다.

2. 표시 재질을 제외한 분리배출 표시 도안의 최소 크기는 가로, 세로 각각 8mm 이상으로 한다.

3. 표시 도안의 색상은 표시 대상 제품·포장재의 전체 색채에 대비되는 색채로 하여 식별이 용이하게 하여야 하며, 제품·포장재에 컬러로 인쇄하는 경우 「재활용가능자원의 분리수거 등에 관한 지침」(환경부 훈령) 제6조 제2항에 따라 정한 품목별 분리수거 용기와 동일한 색상을 사용하도록 노력하여야 한다.

4. 분리배출 표시의 위치는 제품·포장재의 정면, 측면 또는 바코드(bar code) 상하좌우로 한다. 다만, 포장재의 형태·구조상 정면, 측면 또는 바코드(bar code) 상하좌우 표시가 불가능한 경우에는 밑면 또는 뚜껑 등에 표시할 수 있다.

5. 2개 이상의 분리된 포장재가 사용되거나 분리되는 다중포장재는 분리되는 각 부분품 또는 포장재마다 분리배출 표시를 하여야 한다. 다만, 분리되지 않고 일체를 이루는 다중포장재와 제6조 제1항 제1호부터 제3호까지에 해당하는 포장재가 포함된 다중포장재는 주요 부분 한 곳에 일괄 표시를 할 수 있으며 종이 재질의 포장재와합성수지 재질의 포장재로 일체를 이루는 다중포장재는 별도의 지정 승인 절차 없이 종이 재질의 포장재에 일괄표시를 할 수 있다.

6. 복합재질포장재는 구성 부분의 표면적, 무게 등을 고려하여 주요 재질 부분에 분리배출 표시를 하되, 그 주요 재질 명을 분리배출 표시 도안에 표시하고, 그 밖의 다른 재질 명은 일괄표시할 수 있다. 다만, 플라스틱 및 비닐류 표시 재질에 표기되지 아니한 단일재질 및 합성수지 재질이 둘 이상 복합된 재질 또는 합성수지와 그 밖의 다른 재질(종이 재질은 합성수지가 양면에 부착된 경우만 해당한다.)이 부착 등의 방법으로 혼합 사용한 복합 재질 포장재의 재질 표시는 별표 제2호의 플라스틱 또는 비닐류의 표시 재질 중 "OTHER"로 표시한다.

7. 외포장재가 밀봉된 상태로 수입되는 제품 중 내포장재에 분리배출 표시를 하는 경우 손상될 우려가 있는 제품에 대하여는 재질 명 등을 외포장재에 일괄 표시를 할 수 있다. 이 경우 외포장재 내부에 다수의 내포장재의 재질이 같은 경우 그 재질을 하나로 표시할 수 있으며, 외포장재가 종이 재질의 포장재인 경우에는 별도의 지정승인 절차 없이 일괄 표시를 할 수 있다.

8. 외포장된 상태로 수입되는 화장품의 경우 「화장품법」 제10조의 규정에 의한 용기 등의 기재 사항과 함께 분리배출 표시를 할 수 있다.

9. 분리배출 표시의 기준일은 제품의 제조일로 적용한다.


제6조(분리배출 표시의 적용예외)

① 영 제16조 제1호 다목에 해당하는 포장재의 기준은 다음 각 호와 같다.

　　1. 각 포장재의 표면적이 50제곱센티미터 미만(필름 포장재의 경우 100제곱센티미터 미만)인 포장재

　　2. 내용물의 용량이 30밀리리터 또는 30그램 이하인 포장재

　　3. 소재·구조면에서 기술적으로 인쇄, 각인 또는 라벨 부착 등의 방법으로 표시를 할 수 없는 포장재

　　4. 랩 필름(두께가 20마이크로미터 미만인 랩 필름형 포장재를 말한다)

　　5. 사후관리 서비스(A/S) 부품 등 일반 소비자를 거치지 않고 의무 생산자가 직접 회수·선별하여 배출하는 포장재

② 분리배출 표시 사업자가 식품위생법 제10조의 규정에 의하여 합성수지제의 용기·포장에 대한 재질 표시를 한 경우에는 일괄표시를 함에 있어서 구성 부분의 명칭과 재질 명을 표시하지 아니할 수 있다.

## 1) 원료-품질성적서 예시

### Certificate of Analysis

제품명 : 녹차추출물

제품코드 : 22A001

INCI NAME : Camellia sinensis leaf Extract

LOT.NO : E-CSLE-MW22A00101

제조일자/사용기한 : 2022.01.05./2024.01.04

제조업체명 : 바이오 일등회사

| 시험항목 | 시험기준 | 시험결과 | 비고 |
|---|---|---|---|
| 성상 | 연갈색의 맑은액 | 연갈색의 맑은액 | 표준품 참조 |
| 향취 | 약간의 특이취 | 약간의 특이취 | 표준품 참조 |
| pH | 4.5~6.5 | 5.1 | 화장품안전관리기준등에 관한 규정 |
| 비중(d/20/20) | 0.95~1.05 | 1.02 | 자체규정 |
| 굴절률(n20/20) | 1.310~1.990 | 1.321 | 자체규정 |
| 납 | ≤10ppm | 불검출 | 화장품안전관리기준등에 관한 규정 |
| 비소 | ≤2ppm | | 화장품안전관리기준등에 관한 규정 |
| 미생물 | | | |
| - Total bacteria count | ≤100cfu/g | 불검출 | 화장품안전관리기준등에 관한 규정 |
| - Yeast&molds | ≤10cfu/g | 불검출 | |

제조업체 주소 : 경기도 성남시 중원구 갈마치로 123

제조업체명 : 바이오일등회사
품질관리일자 : 2022.1.7
품질관리 책임자 홍길동 (인)

## 2) 내용물 - 품질성적서 예시

| | 결제 | 담당 | 확인 | 책임 |
|---|---|---|---|---|
| | | | | |

### 품 질 성 적 서

■ 벌크제품  □ 완제품

| 제품명 | | 녹차토너 | | 제조번호 | 22A001 |
|---|---|---|---|---|---|
| 제조일 | 2022.00.00 | 사용기한 | 2024.00.00 | 제조량 | 200KG |
| 시험일자 | 2022.00.00 | 채취방법 | 랜덤 | 검체채취량 | 200g |
| 시험번호 | C-22A001 | 채취일자 | 2022.00.00 | 채취장소 | 벌크보관실 |
| 시험일자 | 2022.00.00 | 내용량 | 100g | 검체채취자 | 홍순자 |

| 번호 | 시험항목 | 시험기준 | 시험결과 | 판정 | 시험자 |
|---|---|---|---|---|---|
| 1 | 성상(색상) | 투명액상(옅은노랑) | 투명액상(옅은노랑) | 적합 | 000 |
| 2 | 향취 | 표준품과 비교 | 표준품과 일치 | 적합 | 000 |
| 3 | 미생물 | 병원성 : 불검출<br>비병원성 : 100cfu/g 이하 | 불검출 | 적합 | 000 |
| 4 | PH | 4.5~5.5 | 4.72 | 적합 | 000 |
| 5 | 비중 | 1.000~1.100 | 1.032 | 적합 | 000 |
| 6 | 점도 | 800~1,600 | 980 | 적합 | 000 |
| 7 | 내용량 | 표기량의 97% 이상<br>(표시량 150g) | 150g | 적합 | 000 |
| 8 | 표시기재사항 | 표준품과 비교 | 표준품과 동일 | 적합 | 000 |

〈특이사항〉

| 판정결과 | 적 합 |
|---|---|
| 판정일자 | 2022.00.00 |
| 담당자 | (인) |

## 3) 품질관리 시설 및 기기 예시

| 번호 | 시설 및 기기명 | 수량 | 용도 |
|---|---|---|---|
| 1 | 분석용 정밀저울 | 2 | 분석용 정밀 칭량 |
| 2 | 전기건조기 | 1 | 건조감량 및 기구건조 |
| 3 | 회화로 | 1 | 강열잔분시험 |
| 4 | 전열기 | 1 | 시료용해 |
| 5 | 수욕장치 | 1 | 원료 및 제품 분석 |
| 6 | 정제수(증류수)제조장치 | 1 | |
| 7 | 실험대 | 5 | |
| 8 | 수도전 및 세척대 | 1 | |
| 9 | 환기장치 | 1 | |
| 10 | 시약장 및 유리기구장 | 3 | |
| 11 | 알코올수 측정장치 | 1 | 알코올수측정 |
| 12 | 메톡실기 정량장치 | 1 | 메톡실기 정량 |
| 13 | 비소시험장치 | 1 | 비소함량측정 |
| 14 | 비중계 | 1 | 비중측정 |
| 15 | 속실렛추출장치 | 1 | 추출 |
| 16 | 점도측정장치 | 1 | 점도측정 |
| 17 | 융점측정기 | 1 | 융점측정 |
| 18 | 응고점측정기 | 1 | 응고점측정 |
| 19 | 수은측정장치 | 1 | 수은측정 |
| 20 | 질소정량장치 | 1 | 질소정량 |
| 21 | Homomixer(Homogenizer) | 3 | 교반 |
| 22 | pH미터 | 1 | pH 측정 |
| 23 | 냉장고 | 2 | 저온저장 |
| 24 | 통풍실(유독가스배출장치) | 1 | 유독가스배출 |
| 25 | 약전체 | 1 | 분말도측정 |
| 26 | 데시게이터 | 2 | 건조 |
| 27 | 세균측정기 | 1 | 세균측정 |
| 28 | 고압증기멸균기 | 1 | 멸균 |
| 29 | 현미경 | 1 | 유화입자관찰 |
| 30 | 납시험장치 | 1 | 납함량측정 |

## 4) 제조 시설 및 기기 예시

| 번호 | 시설 및 기기명 | 규격 | 수량 | 작업장 | 용도 |
|---|---|---|---|---|---|
| 1 | 전기식 지시저울 | 200KG | 2 | 칭량실 | 원료 칭량 |
| 2 | 숙성통 | 300L | 5 | 제조실 | 내용물 저장 |
| 3 | 정제수 제조장치 | | 1 | 정제수실 | 정제수 생성 |
| 4 | 유화탱크 | 300L | 1 | 제조실 | 내용물 유화 |
| 5 | 균질혼합기(Disper Mixer) | | 1 | 제조실 | 수상 용해 |
| 6 | 여과기 | | 1 | 제조실 | 내용물 여과 |
| 7 | 스텐통 | 1,5,20L | 10 | 제조실 | 첨가제 제조 |
| 8 | 계량주걱 | | 20 | 제조실 | 원료 칭량 |
| 9 | 바가지 | | 5 | 제조실 | 원료 칭량 |
| 10 | 핫플레이트 | | 5 | 제조실 | 첨가제 용해 |
| 11 | 수상통 | | 3 | 제조실 | 수상 저장 |
| 12 | 여과망 | 300mesh | 3 | 제조실 | 내용물 여과 |
| 13 | 케이블 테스 | | 2 | 제조실 | 호스 조임 |
| 14 | 고압호스 | | 3 | 제조실 | 내용물 이송 |
| 15 | 숙성통 스티커 | | | 제조실 | 벌크 내용표기 |
| 16 | 샘플병(스티커 포함) | | | 제조실 | 벌크 품질관리 |
| 17 | 고압세척기 | | 1 | 제조실 | 기기 세척 |
| 18 | 콤프레샤 | 7HP | 2 | 충전실 | 에어 생성 |
| 19 | 에어 레규레이터 | | 1 | 충전실 | 에어 조절 |
| 20 | WK형 에어 세병기 | | 1 | 세병실 | 용기 세척 |
| 21 | WK형 진공 액체 충전기 | 100L | 1 | 충전실 | 내용물 충전 |
| 22 | WK형 소형 액체 정량 충전기 | 20L | 1 | 충전실 | 내용물 충전 |
| 23 | 콘베어+작업대 | 7,34m | 3 | 포장실 | 제품 이송 |
| 24 | 젯트프린터 | | 1 | 포장실 | Lot.No. 인쇄 |
| 25 | 밴딩머신 | | 1 | 포장실 | 박스포장 |

## 01

화장품 1차포장에 표시, 기재 사항을 적으시오.

①      ②      ③      ④

## 02

맞춤형화장품 10mL 이하 소용량 또는 비매품은 화장품의 ( ㄱ ), 맞춤형화장품판매업자의 ( ㄴ ), 가격, ( ㄷ ), 사용기한 또는 개봉후 사용기간을 1차포장 또는 2차포장에 표기 해야한다.

## 03

한글로 읽기 쉽도록 기재하고 한자 또는 외국어는 함께 적을 수 없다. 다만, 수출용 제품 등의 경우에만 그 대상국의 언어로 적을 수 있다.     (○,×)

## 04

내용량이 (　　)밀리리터 이하 또는 (　　)그램 이하인 제품의 용기 또는 포장이나 견본품, 시공품 등 비매품에 대하여는 화장품바코드 표시를 생략할 수 있다.

## 05

화장품 포장의 글자 크기는 (　　)포인트 이상으로 한다.

## 06

화장 비누의 경우 중량표기는 ( ㄱ )을 포함한 중량과 ( ㄴ )을 함께 기재해야 한다.

## 07

(　　)란 화장품의 용기·포장에 기재하는 문자, 숫자 또는 도형을 의미한다.

## 08

(　　)란 라디오, 텔레비전, 신문, 잡지, 음성, 음향, 영상, 인터넷, 인쇄물, 간판 등을 의미한다.

## 09

한방화장품 표시·광고 기준으로 화장품 내용량 100g 중 함유된 모든 한방성분을 원재료로 환산하여 합산한 중량이 (       ) 이상인 경우에 한하여 한방화장품 표시·광고 허용

## 10

천연화장품 및 유기농화장품의 용기와 포장에 (       ), 폴리스티렌폼을 사용할 수 없다.

## 11

포장재의 등급표시 평가대상포장재는 바이알·앰플·PTP포장 제품으로서 내용량이 ( ㄱ )미리리터 초과 또는 ( ㄴ )그램 초과한 제품이다.

| 정답 | |
|---|---|
| 01 | ① 화장품의 명칭, ② 영업자의 상호, ③ 제조번호, ④ 사용기한 또는 개봉 후 사용기간 |
| 02 | (ㄱ) 명칭, (ㄴ) 상호, (ㄷ) 제조번호 |
| 03 | × |
| 04 | 15 |
| 05 | 5 |
| 06 | (ㄱ) 수분, (ㄴ) 건조중량 |
| 07 | 표시 |
| 08 | 광고 |
| 09 | 1mg |
| 10 | 폴리염화비닐 |
| 11 | 30 |

# Part 2
# 맞춤형화장품의 이해

# 맞춤형화장품 개요

---

**제1장** | 맞춤형 화장품 정의

**1) 맞춤형화장품**

① 맞춤형 화장품판매업소에서 맞춤형 화장품 조제 관리사 자격증을 가진 자가 고객 개인별 피부 특성 및 색, 향 등 취향에 따라 혼합·소분한 화장품

> 소비자의 피부 상태나 선호도 등을 확인하지 아니하고 맞춤형 화장품을 미리 혼합·소분하여 보관하거나 판매하면 안된다.

③ **내용물+내용물의 혼합**: 제조 또는 수입된 화장품의 내용물에 다른 화장품의 내용물을 혼합한 화장품

④ **내용물+원료의 혼합**: 제조 또는 수입된 화장품의 내용물에 색소, 향료 등 식약처장이 정하는 원료를 추가하여 혼합한 화장품

⑤ **내용물의 소분**: 제조 또는 수입된 화장품의 내용물을 소분(小分)한 화장품(단, 화장비누(고체 형태의 세안용 비누)를 단순 소분한 화장품은 제외)

| 맞춤형화장품 | | |
|---|---|---|
| 내용물+내용물 | 내용물+원료 | 내용물을 소용량으로 소분 |

> **Tip**
> 원료와 원료를 혼합하는 것은 맞춤형 화장품이 아닌 화장품 제조에 해당된다.

---

**제2장** | 맞춤형 화장품 주요 규정

**1) 맞춤형 화장품 판매업 신고**

① 의약품 안전 나라 시스템(nedrug.mfds.go.kr) 전자민원, 방문 또는 우편 신청을 통하여 신고

② 판매업소별로 판매업소 소재지 지방식품의약품안전청장에 제출

③ 맞춤형 화장품판매업을 신고하려는 자는 총리령으로 정하는 시설기준을 갖추어야 하며, 맞춤형 화장품의 혼합·소분 등 품질·안전 관리 업무에 종사하는 자(맞춤형 화장품 조제 관리사)를 두어야 한다.

(1) 맞춤형 화장품 판매업 신고 서류

① 맞춤형 화장품 조제 관리사의 자격증 사본(2인 이상도 신고 가능)

② 맞춤형 화장품판매업 신고서(전자문서 포함)

③ 사업자등록증 사본, 법인 등기부 등본(법인 해당)

④ **건축물 관리대장**: 건축물 용도는 1종, 2종 근린생활시설, 판매시설, 업무시설에 해당해야 함

⑤ 임대차계약서(임대의 경우 해당)

⑥ 혼합, 소분 장소 및 시설 등을 확인할 수 있는 세부 평면도 및 상세 사진(시설 명세서)

※ 1개월의 범위에서 한시적으로 같은 영업을 하려는 경우에는 해당 맞춤형화장품판매업 신고서에 별지 제6호의3서식에 따른 맞춤형화장품판매업 신고필증 사본과 맞춤형화장품조제관리사 자격증 사본을 첨부하여 제출해야 한다.

▶ **맞춤형 화장품판매업 신고서 기재 사항**

1. 신고 번호 및 신고 연월일

2. 맞춤형 화장품판매업자의 성명 및 주민등록번호(법인인 경우에는 대표자의 성명 및 주민등록번호)

3. 맞춤형 화장품판매업자의 상호 및 소재지

4. 맞춤형 화장품판매업소의 상호 및 소재지

5. 맞춤형 화장품 조제 관리사의 성명, 주민등록번호 및 자격증 번호
   - 맞춤형 화장품판매업자가 맞춤형 화장품 조제 관리사 자격시험에 합격한 경우에는 판매업소 중 하나의 장소에서 업무를 수행 할 수 있다.

6. 영업의 기간(한시적으로 1개월 범위 내 영업을 하려는 경우만 해당)

## 2) 맞춤형 화장품 판매업 변경 신고

① 맞춤형 화장품판매업소 소재지 지방식품의약품안전청장에게 제출

② 의약품 안전 나라 시스템(nedrug.mfds.go.kr) 전자민원, 방문 또는 우편

③ 변경 사유가 발생한 날로부터 30일(행정 개편에 따른 소재지 변경의 경우 90일) 이내

④ 맞춤형 화장품판매업소 변경 신고가 필요한 사항(처리 기한 10일)

ㄱ. 맞춤형 화장품판매업자의 변경(상호, 소재지 변경은 대상 아님)

ㄴ. 맞춤형 화장품판매업소의 상호 또는 소재지 변경

ㄷ. 맞춤형 화장품조제관리사의 변경(처리 기한 7일)

## (1) 맞춤형화장품판매업의 변경 신고 서류

① 맞춤형 화장품판매업자의 변경(법인인 경우에는 대표자의 변경)

ㄱ. 양도·양수, 합병의 경우에는 이를 증명하는 서류

ㄴ. 상속의 경우에는 가족관계증명서

ㄷ. 맞춤형 화장품판매업 변경신고서

ㄹ. 맞춤형 화장품판매업 신고필증

ㅁ. 사업자등록증 및 법인 등기부 등본(법인에 한함)

ㅂ. (붙임)행정처분 내용 고지 확인서 - 최근 1년 이내 행정처분 사항 기재

② 맞춤형 화장품판매업소의 상호 변경(법인인 경우에는 법인의 명칭 변경)

ㄱ. 맞춤형 화장품판매업 변경신고서

ㄴ. 맞춤형 화장품판매업 신고필증

ㄷ. 사업자등록증 및 법인 등기부 등본(법인에 한함)

③ 맞춤형화장품판매업소의 소재지 변경

ㄱ. 맞춤형 화장품판매업 변경신고서

ㄴ. 맞춤형 화장품판매업 신고필증

ㄷ. 사업자등록증 및 법인 등기부 등본(법인에 한함)

ㄹ. 건축물 관리대장

ㅁ. 임대차계약서(임대의 경우)

ㅂ. 혼합, 소분 장소 및 시설 등을 확인할 수 있는 세부 평면도 및 상세 사진(권장 사항)

④ 맞춤형 화장품 조제 관리사의 변경

ㄱ. 맞춤형 화장품 조제 관리사 자격증 사본

ㄴ. 정신질환자 및 마약중독자가 아님을 증명하는 6개월 이내 의사 진단서(요구 시 제출)

ㄷ. 맞춤형 화장품판매업 변경신고서

ㄹ. 맞춤형 화장품판매업 신고필증

⑤ 맞춤형 화장판매업의 폐업 등의 신고

ㄱ. **신고 대상**: 폐업 또는 휴업, 휴업 후 영업을 재개하려는 경우

ㄴ. **신청 방법**: 의약품 안전 나라 시스템(nedrug.mfds.go.kr) 전자민원, 방문 또는 우편

- 맞춤형 화장품판매업 폐업·휴업·재개 신고서

- 맞춤형 화장품판매업 신고필증(기 신고한 신고필증)

▶ **거짓이나 그 밖의 부정적인 방법으로 등록, 변경, 신고를 한 경우**
- 1차 위반: 등록취소 또는 영업소의 폐쇄

## 3) 맞춤형 화장품 판매업자의 준수사항

① 맞춤형 화장품 판매장 시설·기구를 정기적으로 점검하여 보건위생상 위해가 없도록 관리할 것

▶ **시설을 갖추지 않은 경우**
- 1차 위반: 시정명령
- 2차 위반: 판매업무정지 1개월
- 3차 위반: 판매업무정지 3개월
- 4차 위반: 영업소 폐쇄

② 다음 각 목의 혼합·소분 안전 관리기준을 준수할 것

ㄱ. 혼합·소분 전에 혼합·소분에 사용되는 내용물 또는 원료에 대한 품질 성적서를 확인할 것

ㄴ. 혼합·소분 전에 손을 소독하거나 세정할 것. 다만, 혼합·소분 시 일회용 장갑을 착용하는 경우는 예외

ㄷ. 혼합·소분 전에 혼합·소분된 제품을 담을 포장 용기의 오염 여부를 확인할 것

ㄹ. 혼합·소분에 사용되는 장비 또는 기구 등은 사용 전에 그 위생 상태를 점검하고, 사용 후에는 오염이 없도록 세척할 것

ㅁ. 혼합·소분 전에 내용물 및 원료의 사용기한 또는 개봉 후 사용기간을 확인하고, 사용기한 또는 개봉 후 사용기간이 지난 것은 사용하지 아니할 것

- 최종 혼합·소분된 맞춤형 화장품은 「화장품법」 제8조 및 「화장품 안전기준 등에 관한 규정(식약처 고시)」 제6조에 따른 유통화장품의 안전관리 기준을 준수할 것
- 판매장에서 제공되는 맞춤형 화장품에 대한 미생물 오염관리를 철저히 할 것(예 주기적 미생물 샘플링 검사)
- 혼합·소분을 통해 조제된 맞춤형 화장품은 소비자에게 제공되는 제품으로 "유통 화장품"에 해당

▶ **맞춤형 화장품의 안전관리기준 미준수 시 행정처분**
- 1차 위반: 판매 또는 해당 품목 판매업무정지 15일
- 2차 위반: 판매 또는 해당 품목 판매업무정지 1개월
- 3차 위반: 판매 또는 해당 품목 판매업무정지 3개월
- 4차 이상 위반: 판매 또는 해당 품목 판매업무정지 6개월

③ 다음 각 목의 사항이 포함된 맞춤형 화장품 판매내역서와 원료 및 내용물의 입고, 사용, 폐기 내역 등에 대하여 기록 관리 할 것(전자문서 포함)

ㄱ. 판매내역서

- **제조번호(맞춤형 화장품의 경우 식별번호를 제조번호로 함)**
  - √ 식별번호는 맞춤형 화장품의 혼합·소분에 사용되는 내용물 또는 원료의 제조번호와 혼합·소분기록을 추적할 수 있도록 맞춤형 화장품판매업자가 숫자·문자·기호 또는 이들의 특징적인 조합으로 부여한 번호임
- **사용기한 또는 개봉 후 사용기간**
- **판매 일자 및 판매량**

  > ▶ **판매내역서 작성 보관 미준수 시 행정처분**
  > - 1차 위반 : 시정명령
  > - 2차 위반 : 판매 또는 해당 품목 판매업무정지 1개월
  > - 3차 위반 : 판매 또는 해당 품목 판매업무정지 3개월
  > - 4차 이상 위반 : 판매 또는 해당 품목 판매업무정지 6개월

ㄴ. 원료 및 내용물의 입고 내역서, 사용·폐기 내역서

- 입고 시 품질관리 여부를 확인하고 품질 성적서를 구비
- 원료 등은 품질에 영향을 미치지 않는 장소에서 보관(예 직사광선을 피할 수 있는 장소 등)
- 원료 등의 사용기한을 확인한 후 관련 기록을 보관하고, 사용기한이 지난 내용물 및 원료는 폐기

④ 맞춤형 화장품 판매 시 다음 각 목의 사항을 소비자에게 설명할 것

ㄱ. 혼합·소분에 사용된 내용물·원료의 내용 및 특성

ㄴ. 맞춤형 화장품 사용 시의 주의사항

  > ▶ **소비자에게 설명하지 않은 경우 행정처분 : 200만 원 이하의 벌금**
  > - 1차 위반 : 시정명령
  > - 2차 위반 : 판매 또는 해당 품목 판매업무정지 7일
  > - 3차 위반 : 판매 또는 해당 품목 판매업무정지 15일
  > - 4차 이상 위반 : 판매 또는 해당 품목 판매업무정지 1개월

⑤ 맞춤형 화장품 사용과 관련된 부작용 발생사례에 대해서는 지체 없이 식품의약품안전처장에게 보고할 것

- 맞춤형 화장품의 부작용 사례 보고(「화장품 안전성 정보관리 규정」에 따른 절차 준용)
- 맞춤형 화장품 사용과 관련된 중대한 유해사례 등 부작용 발생 시 그 정보를 알게 된 날로부터 15일 이내 식품의약품 안전처 홈페이지를 통해 보고하거나 우편·팩스·정보통신망 등의 방법으로 보고해야 한다.
  ① 중대한 유해사례 또는 이와 관련하여 식품의약품안전처장이 보고를 지시한 경우 : 「화장품 안전성 정보관리 규정(식약처 고시)」별지 제1호 서식
  ② 판매중지나 회수에 준하는 외국 정부의 조치 또는 이와 관련하여 식품의약품안전처장이 보고를 지시한 경우 : 「화장품 안전성 정보관리 규정(식약처 고시)」별지 제2호 서식

▶ 맞춤형화장품 사용과 관련된 부작용 발생사례에 대해서 지체 없이 식품의약품안전처장에게 보고하지 않은 경우
- 1차 위반 : 시정명령
- 2차 위반 : 판매 또는 해당 품목 판매업무정지 1개월
- 3차 위반 : 판매 또는 해당 품목 판매업무정지 3개월
- 4차 이상 위반 : 판매 또는 해당 품목 판매업무정지 6개월

▶ 소비자에게 유통 판매되는 화장품을 임의로 혼합, 소분한 경우
- 1차 위반 : 판매업무정지 15일
- 2차 위반 : 판매업무정지 1개월
- 3차 위반 : 판매업무정지 3개월
- 4차 이상 위반 : 판매업무정지 6개월

▶ 거짓이나 그 밖의 부정적인 방법으로 등록, 변경, 신고한 경우
- 1차 위반 : 등록취소 또는 영업소의 폐쇄

⑥ 맞춤형 화장품의 원료목록 및 생산실적 등을 기록·보관하여 관리할 것

> 맞춤형화장품판매업자는 맞춤형화장품의 원료목록보고를 매년 1회 보고해야 한다.

⑦ 고객 개인 정보의 보호

ㄱ. 맞춤형 화장품 판매장에서 수집된 고객의 개인정보는 개인정보보호 법령에 따라 적법하게 관리할 것

ㄴ. 맞춤형 화장품 판매장에서 판매내역서 작성 등 판매관리 등의 목적으로 고객 개인의 정보를 수집할 경우 개인정보 보호법에 따라 개인 정보 수집 및 이용목적, 수집 항목 등에 관한 사항을 안내하고 동의를 받아야 한다.

> 소비자 피부진단 데이터 등을 활용하여 연구·개발 등 목적으로 사용하고자 하는 경우, 소비자에게 별도의 사전 안내 및 동의를 받아야 한다.

ㄷ. 수집된 고객의 개인정보는 개인정보 보호법에 따라 분실, 도난, 유출, 위조, 변조 또는 훼손되지 않도록 취급하여야 한다. 아울러 이를 당해 정보 주체의 동의 없이 타 기관 또는 제3자에게 정보를 공개하여서는 아니 된다.

**4) 맞춤형 화장품 혼합에 사용되는 원료의 범위**

맞춤형 화장품의 혼합에 사용할 수 없는 원료를 다음과 같이 정하고 있으며 그 외의 원료는 혼합에 사용 가능하다.

① 「화장품 안전기준 등에 관한 규정(식약처 고시)」 [별표 1]의 '화장품에 사용할 수 없는 원료'

② 「화장품 안전기준 등에 관한 규정(식약처 고시)」 [별표 2]의 '화장품에 사용상의 제한이 필요한 원료'

③ 식약처장이 고시(「기능성화장품 기준 및 시험방법」)한 '기능성화장품의 효능·효과를 나타내는 원료'. 다만, 「화장품법」 제4조에 따라 해당 원료를 포함하여 기능성화장품에 대한 심사를 받거나 보고서를 제출한 경우 사용 가능

> ▶ 원료의 품질 유지를 위해 원료에 보존제가 포함된 경우에는 예외적으로 허용
> ▶ 원료의 경우 개인 맞춤형으로 추가되는 색소, 향, 기능성 원료 등이 해당하며 이를 위한 원료의 조합(혼합 원료)도 허용
> ▶ 기능성화장품의 효능·효과를 나타내는 원료는 내용물과 원료의 최종 혼합 제품을 기능성화장품으로 기 심사(또는 보고) 받은 경우에 한하여, 기 심사(또는 보고) 받은 조합·함량 범위 내에서만 사용 가능

**5) 맞춤형 화장품 표시·기재 사항**

맞춤형 화장품의 가격표시는 개별 제품에 판매가격을 표시하거나, 소비자가 가장 쉽게 알아볼 수 있도록 제품명, 가격이 포함된 정보를 제시하는 방법으로 표시할 수 있다.

| 구분 | 표시·기재 사항 |
|---|---|
| 맞춤형 화장품 | 〈1차포장(2차포장을 하는경우)〉<br>1. 화장품의 명칭<br>2. 영업자(화장품제조업자, 화장품 책임판매업자, 맞춤형 화장품판매업자)의 상호<br>3. 제조번호<br>4. 사용기한 또는 개봉 후 사용기간(개봉 후 사용기간의 경우 제조연월일 병기)<br><br>〈2차포장이 없는 1차포장 및 2차포장〉<br>1. 화장품의 명칭<br>2. 영업자(화장품제조업자, 화장품 책임판매업자, 맞춤형 화장품판매업자)의 상호 및 주소<br>3. 해당 화장품 제조에 사용된 모든 성분(인체에 무해한 소량 함유 성분 등 총리령으로 정하는 성분은 제외)<br>4. 내용물의 용량 또는 중량<br>5. 제조번호<br>6. 사용기한 또는 개봉 후 사용기간(개봉 후 사용기간의 경우 제조연월일 병기)<br>7. 가격 |

| 구분 | 표시·기재 사항 |
|---|---|
| 맞춤형<br>화장품 | 8. 기능성화장품의 경우 "기능성화장품"이라는 글자 또는 기능성화장품을 나타내는 도안으로서 식품의약품안전처장이 정하는 도안<br>9. 사용할 때의 주의사항<br>10. 그 밖에 총리령으로 정하는 사항<br> • 기능성화장품의 경우 심사받거나 보고한 효능·효과, 용법·용량<br> • 성분명을 제품 명칭의 일부로 사용한 경우 그 성분명과 함량(방향용 제품은 제외한다)<br> • 인체 세포·조직 배양액이 들어있는 경우 그 함량<br> • 화장품에 천연 또는 유기농으로 표시·광고하려는 경우에는 원료의 함량<br> • 제2조제8호부터 제11호까지에 해당하는 기능성화장품의 경우에는 "질병의 예방 및 치료를 위한 의약품이 아님"이라는 문구<br> • 다음 각 목의 어느 하나에 해당하는 경우 법 제8조 제2항에 따라 사용기준이 지정·고시된 원료 중 보존제의 함량<br>　가. 별표 3 제1호 가목에 따른 3세 이하의 영유아용 제품류인 경우<br>　나. 4세 이상부터 13세 이하까지의 어린이가 사용할 수 있는 제품임을 특정하여 표시·광고하려는 경우 |
| 소용량<br>또는<br>비매품 | 〈1차 포장 또는 2차 포장〉<br>1. 화장품의 명칭<br>2. 맞춤형 화장품판매업자의 상호<br>3. 가격(비매품 표시)<br>4. 제조번호와 사용기한 또는 개봉 후 사용기간(개봉 후 사용기간의 경우 제조연월일 병기) |

## 6) 맞춤형 화장품 조제 관리사 관리

① 맞춤형 화장품판매업자는 판매장마다 맞춤형 화장품 조제 관리사를 둘 것

② 맞춤형 화장품의 혼합·소분의 업무는 맞춤형 화장품 판매장에서 자격증을 가진 맞춤형 화장품 조제 관리사만이 할 수 있음

③ 맞춤형 화장품 조제 관리사의 결격사유 주의

> 제3조의5(맞춤형 화장품 조제 관리사의 결격사유)
> 다음 각 호의 어느 하나에 해당하는 자는 맞춤형 화장품 조제 관리사가 될 수 없다.
> 1. 「정신건강증진 및 정신질환자 복지서비스 지원에 관한 법률」 제3조 제1호에 따른 정신질환자. 다만, 전문의가 맞춤형 화장품 조제 관리사로서 적합하다고 인정하는 사람은 제외한다.
> 2. 피성년후견인
> 3. 「마약류 관리에 관한 법률」 제2조 제1호에 따른 마약류의 중독자
> 4. 이 법 또는 「보건범죄 단속에 관한 특별조치법」을 위반하여 금고 이상의 형을 선고받고 그 집행이 끝나지 아니하거나 그 집행을 받지 아니하기로 확정되지 아니한 자
> 5. 제3조의8에 따라 맞춤형 화장품 조제 관리사의 자격이 취소된 날부터 3년이 지나지 아니한 자

### 제3조의6(자격증 대여 등의 금지)

① 맞춤형 화장품 조제 관리사는 다른 사람에게 자기의 성명을 사용하여 맞춤형 화장품 조제 관리사 업무를 하게 하거나 자기의 맞춤형 화장품 조제 관리사 자격증을 양도 또는 대여하여서는 아니 된다.

② 누구든지 다른 사람의 맞춤형 화장품 조제 관리사 자격증을 양수하거나 대여받아 이를 사용하여서는 아니 된다.

### 제3조의7(유사 명칭의 사용금지)

맞춤형 화장품 조제 관리사가 아닌 자는 맞춤형 화장품 조제 관리사 또는 이와 유사한 명칭을 사용하지 못한다.

맞춤형 화장품 조제 관리사가 아닌 자가 해당 명칭 또는 유사 명칭 사용 시 과태료 100만 원 부과

### 제3조의8(맞춤형 화장품 조제 관리사 자격의 취소)

식품의약품안전처장은 맞춤형 화장품 조제 관리사가 다음 각 호의 어느 하나에 해당하는 경우에는 그 자격을 취소하여야 한다.

1. 거짓이나 그 밖의 부정한 방법으로 맞춤형 화장품 조제 관리사의 자격을 취득한 경우
2. 제3조의5 제1호부터 제4호까지 중 어느 하나에 해당하는 경우
3. 제3조의6 제1항을 위반하여 다른 사람에게 자기의 성명을 사용하여 맞춤형 화장품 조제 관리사 업무를 하게 하거나 맞춤형 화장품 조제 관리사 자격증을 양도 또는 대여한 경우

④ 맞춤형 화장품 판매장의 조제 관리사로 지방식품의약품안전청에 신고한 맞춤형 화장품 조제 관리사는 매년 4시간 이상, 8시간 이하의 집합교육 또는 온라인 교육을 식약처에서 정한 교육실시기관에서 이수할 것

식품의약품안전처에서 지정한 교육실시기관
- (사)대한화장품협회, (사)한국의약품수출입협회, (재)대한화장품산업연구원

## 7) 혼합·소분의 안전관리 기준(맞춤형 화장품판매업자의 준수사항에 관한 규정 제2조)

① 맞춤형 화장품판매업자는 맞춤형 화장품 조제에 사용하는 내용물 또는 원료의 혼합·소분의 범위에 대해 사전에 검토하여 최종 제품의 품질 및 안전성을 확보할 것. 다만, 화장품 책임판매업자가 혼합 또는 소분의 범위를 미리 정하고 있는 경우에는 그 범위 내에서 혼합 또는 소분할 것

② 혼합·소분에 사용되는 내용물 또는 원료가 「화장품법」 제8조의 화장품 안전기준 등에 적합한 것인지 여부를 확인하고 사용할 것

③ 혼합·소분 전에 내용물 또는 원료의 사용기한 또는 개봉 후 사용기간을 확인하고, 사용기한 또는 개봉 후 사용기간이 지난 것은 사용하지 말 것

④ 혼합·소분에 사용되는 내용물 또는 원료의 사용기한 또는 개봉 후 사용기간을 초과하여 맞춤형 화장품의 사용기한 또는 개봉 후 사용기간을 정하지 말 것. 다만 과학적 근거를 통하여 맞춤형 화장품의 안정성이 확보되는 사용기한 또는 개봉 후 사용기간을 설정한 경우에는 예외로 한다.

⑤ 맞춤형 화장품 조제에 사용하고 남은 내용물 또는 원료는 밀폐가 되는 용기에 담는 등 비의도적인 오염을 방지할 것

⑥ 소비자의 피부 유형이나 선호도 등을 확인하지 아니하고 맞춤형 화장품을 미리 혼합·소분하여 보관하지 말 것

> ▶ 최종 혼합·소분된 맞춤형 화장품은 "유통화장품"에 해당하므로 「화장품법」 제8조 및 「화장품 안전기준 등에 관한 규정」 제6조에 따른 유통화장품의 안전관리 기준을 준수해야 한다.
> - 특히, 판매장에서 제공되는 맞춤형 화장품에 대한 미생물 오염관리를 철저히 할 것
>   **예** 주기적 미생물 샘플링 검사

## 8) 맞춤형화장품(소분·리필)의 품질·안전 및 판매장 위생관리

### (1) 화장품 소분(리필) 내용물의 품질·안전관리

① 소분(리필)용 내용물의 입고관리

- 소분(리필)에 사용되는 내용물은 입고 시 다음 사항을 확인
  - 내용물 상태(변색/변취, 분리 및 성상 변화가 없을 것), 품질 성적서(시험성적서 검토 및 적합 여부 확인), 사용기한(충분한 사용기한 확보)
- 내용물의 라벨 기재 사항과 공급자(화장품 책임판매업자)로부터 제공받은 제품정보 일치 여부 확인
  **예** 내용물의 명칭, 제조번호, 전성분, 보관조건, 사용기한 등 「화장품법」 제10조에 따른 기재 사항
- 내용물 원료의 목록(전성분), 사용 시 주의사항 등 제품 고유 정보는 내용물 공급자(화장품 책임판매업자)로부터 문서화된 자료로 수령
- 리필 내용물의 입고, 사용, 폐기 내역에 대해 기록 관리

② 소분(리필)용 내용물의 보관관리

- 내용물은 품질에 영향을 최소화할 수 있는 적합한 장소(**예** 직사광선 피할 수 있는 곳, 필요시 냉장고 등)에 밀폐상태로 보관
  - 내용물의 품질 영향을 최소화할 수 있도록 실내의 바닥과 벽에 직접 닿지 않도록 보관
  - 내용물 공급자(화장품 책임판매업자)가 정한 보관조건을 준수
- 내용물의 보관 중 품질 이상 여부를 주기적으로 점검
  - 주로 육안으로 관찰하며 내용물의 층 분리, 내용물에 이물질 등 확인

③ 판매(사용) 중인 내용물의 품질·안전관리

- 보관되어 있는 내용물은 선입·선출의 원칙으로 사용(판매)
  - 개봉하지 않은 내용물의 사용기한을 고려하여 늦게 입고된 제품이더라도 먼저 사용 가능
- 소비자에게 판매하는 내용물은 가급적 동일한 제조번호에 해당하는 것을 사용
  - 다른 제조번호의 내용물을 같은 용기에 소분(리필)하는 경우, 해당 제품의 이력 추적이 가능하도록 제조번호 표시 및 관리 필요

**예** 판매내역서 비고란에 소분(리필) 판매한 내용물의 제조번호 기록

○ 판매하기 위해 개봉한 내용물은 가능한 소분 장치에 전량 충전하여 판매

○ 내용물 벌크 용기에 개봉 일자를 표시하여 소비자 정보 제공 및 판매장에서 제조 일자/개봉 일자를 제품 품질관리 요소로 활용

○ 사용기한이 지난 내용물은 더 이상 소분(리필) 판매하지 않으며 폐기

　　• 내용물 공급자(화장품 책임판매업자)를 통해서 폐기하거나, 매장에서 자체적으로 폐기 업체를 통해 처리

> ▶ **매장에서 판매하고 있는 내용물(벌크)의 품질, 안전관리 방법(예시)**
>
> ① 판매 중인 내용물은 주기를 정하여 유통화장품 안전기준 부합 여부 확인
>
> • 내용물 공급자(화장품 책임판매업자)로부터 관련 자료를 제공받아 확인
>
> 　**예** 내용물의 소분 기간 중 미생물 기준에 적합한지 등 안전기준 부합 여부를 확인할 수 있는 자료(방부력 시험자료, 미생물한도시험 결과) 등
>
> • 리필 판매장과 내용물 공급자가 설정한 시험환경 차이로 인해 결과가 다를 수 있으므로 판매장에서도 주기적으로 시험 관리할 것을 권고
>
> 　**예** 판매장 내부 환경과 취급하는 내용물을 고려하여 분기 또는 반기별로 판매 중인 내용물을 판매 용기에 직접 샘플링하여 미생물 시험 의뢰
>
> ② 검사기관
>
> • 내용물 제조업체(해당 시험시설을 갖추고 있는 경우만 해당)
>
> • 식약처 지정 검사기관(식약처 홈페이지(www.mfds.go.kr) > 정책정보 > 시험 검사기관 > 시험 검사기관 지정 현황 > '분야' 항목에 '화장품' 선택 후 검색)

## (2) 화장품 소분(리필) 판매장 위생관리

### ① 판매장 및 소분(리필) 장치 사용

○ 판매장은 내용물의 오염과 해충 등을 방지할 수 있도록 항상 청결하게 유지

○ 소분(리필)에 사용되는 장치, 기구 등은 제품의 유형, 제형 등을 고려하여 적합한 것을 사용

　　**예** 소분(리필)하는 내용물이 액상 제형인 경우 분주 장치(디스펜서) 또는 펌프 사용

　　※ 참고) 내용물 공급자로부터 기기 작동, 관리 방법 등 정보를 제공받음

○ 소분 장치나 저울 등 소분에 사용하는 기기의 매뉴얼을 마련하여 관리하고 정상 작동을 주기적으로 점검

　　• 작동법, 소모품·부속품 목록과 교체 주기, 세척 방법 등 포함

▶ 소분 장치, 기구 등은 사용 전 다음을 확인할 것

① 충진 튜브, 노즐, 펌프 등은 장치에 적합한 청소용품을 사용하여 주기적으로 세척하며, 소모품은 교체 주기에 따라 교체
  • 세척제를 사용하여 상수도로 세척하고, 에탄올(70%) 등으로 소독
② 소분장치의 위생 상태를 주기적으로 확인(**예** 샘플링한 내용물 상태를 육안으로 확인하거나, 필요 시 직접 미생물 검사 의뢰하고 부적합하다고 판단되는 경우 폐기)
③ 내용물 토출부는 소분 전·후 잔여물이 없도록 청소하고 필요 시 소독
④ 화장품 소분(리필) 장치의 펌프나 밸브에 고여 있던 내용물이 바닥으로 떨어지는 것을 방지할 수 있도록 받침용 접시, 받침통 등 비치
⑤ 내용물 벌크 용기 교체 시, 튜브는 세척·건조된 깨끗한 것으로 사용하며, 튜브와 일체형인 펌프의 경우는 세척보다는 새것으로 교체
⑥ 세척하여 재사용하는 부속품은 가능한 동일한 내용물에 적용되도록 관리

○ 장시간 소분 장치를 이용하지 않는 경우, 토출부의 내용물이 펌프나 노즐 주위에 굳어 있거나 흘러내리지 않도록 밀폐

  **예** 일회용 비닐 캡으로 토출 부위를 감싸주거나, 당일 판매 시작 전 토출구 주위에 굳거나 고여 있는 내용물을 버려줌

  ※ 참고) 내용물의 제형과 점도를 고려하여 위생이 유지되는 방법을 선택

② 리필용기 선택 및 재사용

○ 소분(리필)용 재사용 용기의 적합성 고려

  • 화장품 내용물과 용기의 구성 물질 간 상호작용을 고려하여 사용 가능한 용기의 범위(기준)를 마련하고 용기의 특성에 따라 재사용 가능 여부 판단

  **예** 펌프(노즐) 타입 용기의 펌프와 튜브는 세척이 어려운 구조로 세척 후에도 오염물이 눈에 안 띄어 재사용이 어려움

○ 판매장 전용 용기를 이용하는 경우, 내용물 공급자(화장품 책임판매업자)로부터 소분(리필) 용기와 내용물 간의 적합성 검토 결과를 제공받아 확인

○ 소비자 제공 용기를 사용하는 경우, 가급적 원래의 내용물이 담겨 있던 용기에 동일한 내용물을 리필하여 판매할 것을 권장

  • 원래의 내용물이 담겨있던 용기가 아닌 경우, 내용물 공급자(화장품 책임판매업자)로부터 해당 내용물에 적용 가능한 용기 재질 등 정보를 사전에 확인

  • 소비자 제공 용기는 제품 품질에 영향이 있을 수 있음을 소비자에게 사전에 안내

  ※ 참고) 판매내역서 비고란에 소비자 제공 용기 사용 여부를 기록

○ 재사용 용기(매장 전용 용기 또는 소비자 제공 용기)에 내용물을 리필하기 전 용기의 청결 상태 등을 확인

  • 잔여물이 남아 있는지, 완전히 건조되어 있는지, 용기에 금이 가거나 깨진 곳은 없는지 등

③ 장치관리, 기구·용기 세척 방법

  ㅇ 판매장에서 사용하는 세척 장치 및 건조 장치의 정상 작동 확인 및 주기적 점검

  ㅇ 소분(리필) 용기를 매장에서 세척 시, 제품(내용물)의 특성을 고려하여 적절한 세척 방법을 결정

    예 식품 용기 세척에 사용하는 주방세제 등

    ※ 참고) 유성 화장품 용기 세척 시, 물로 헹구는 것은 잔류물 제거에 효과가 떨어지므로 적절한 다른

         세척제를 선택

  ㅇ 소비자 제공 용기를 사용하여 리필 시, 사전에 세척하여 물기가 없도록 완전히 건조한 뒤 사용하

    여야 함을 안내

    • 소비자가 직접 자신이 가져온 용기를 세척하는 경우, 세척실 또는 세척대 근처에 세척제의 사용과

      세척방법을 별도로 안내

    • 세척실 또는 세척대를 갖추고 있는 경우, 수시로 물기를 제거하여 세척하는 공간 주변을 청결하게

      유지

  ㅇ 소비자가 매장에서 직접 소분(리필) 시 장치 이용법을 안내하고 작동순서 등을 리필 장치 근처에

    부착하여 알기 쉽게 이용할 수 있도록 제공

  ㅇ 판매장 전용 또는 소비자 제공 용기에 내용물 리필 시 제품과 용기 특성을 고려하여 필요한 경우

    판매장에서 별도로 용기를 소독하거나 UV 살균·건조 등 처리

    예 에탄올(70%) 소독, UV 살균기에 최소 OO분 이상 살균 등

    ※ 참고) 일부 플라스틱 용기는 UV 살균에 적합하지 않을 수 있음


(3) 소분(리필) 제품의 표시 등 방법

  ① 재사용 용기의 표시 방법

    ㅇ 화장품 법령의 필수 표시 기재 사항을 포함하도록 라벨스티커 제작

    ㅇ 용기 재사용 시, 기존의 기재 사항과 혼동되지 않도록 라벨스티커 제작 및 부착하고 새로 부착한

      라벨의 위치 등에 대해 소비자에게 안내

      예 기존 라벨의 기재 사항을 가릴 수 있는 크기의 스티커로 제작

      • 라벨 꼬리표(택)는 제품 사용기간 동안 분실의 가능성이 있어 바람직하지 않음

    ㅇ 용기에 부착할 표시라벨에 포함되어야 할 정보는 아래 기재 사항 참고

      • 소분(리필) 판매하는 화장품은 2차 포장이 없는 경우가 많으며, 이 경우 1차 용기에 화장품 필

        수 기재사항이 모두 표시되도록 작성

▶ **화장품 소분(리필) 제품의 라벨스티커 기재 사항**

1. 제품명
2. 영업자(화장품제조업자, 화장품 책임판매업자, 맞춤형 화장품판매업자) 상호 및 주소
3. 제조에 사용된 모든 성분(인체에 무해한 소량 함유 성분 등 일부 성분 제외)
4. 내용물의 용량 또는 중량
5. 제조번호
6. 사용기한 또는 개봉 후 사용기간(개봉 후 사용기간의 경우 제조연월일 병기)
7. 가격
8. 기능성화장품의 경우 "기능성화장품"이라는 글자 또는 기능성화장품을 나타내는 도안으로서 식품의약
   품안전처장이 정하는 도안
9. 사용할 때의 주의사항
10. 그 밖에 총리령으로 정하는 사항
    • 기능성화장품의 경우 심사받거나 보고한 효능·효과, 용법·용량
    • 성분명을 제품 명칭의 일부로 사용한 경우 그 성분명과 함량(방향용 제품 제외)
    • 인체 세포·조직 배양액이 들어있는 경우 그 함량
    • 화장품에 천연 또는 유기농으로 표시·광고하려는 경우에는 원료의 함량
    • 기능성화장품의 경우 "질병의 예방 및 치료를 위한 의약품이 아님"이라는 문구
    • 다음 어느 하나에 해당하는 경우 사용기준이 지정·고시된 원료 중 보존제 함량
      가. 별표 3 제1호 가목에 따른 3세 이하의 영유아용 제품류인 경우
      나. 4세 이상부터 13세 이하까지의 어린이가 사용할 수 있는 제품임을 특정하여 표시·광고하려는 경우

② 소분(리필) 제품 판매내역서 등 기록관리

○ 판매내역서에는 내용물의 공급자(화장품 책임판매업자), 제품명, 제조번호, 사용기한(또는 개봉
   후 사용기간), 판매 일자, 판매량 등 정보를 포함
   • 부작용 등 안전사고 대처와 특정 제품의 부작용 발생 이력을 파악하기 위해 내용물 개봉 일자,
     용기 재사용 여부, 구매자 정보 등을 상세히 기재할 것을 권고
○ 판매내역서에 포함되지 않더라도 특정 성분의 사용으로 인한 국내·외 안전 문제 발생 등을 대비
   하여 내용물별로 원료목록(전성분)에 대한 기록관리 필요

**소분(리필) 및 맞춤형 화장품 판매내역서(예시)**

| 판매내역서 | | | | | | | 년 월 일 |
|---|---|---|---|---|---|---|---|
| 판매일 | 책임판매업자 | 제품명 | 제조번호 | 사용기한 | 판매량(g) | 소분담당자 | 비고 |
| 필수기재 | 필수기재 | 필수기재 | 필수기재 | 필수기재 | 필수기재 | | 리필소분 |
| 필수기재 | | | 필수기재 | 필수기재 | 필수기재 | | 혼합·소분 |

(4) 소분(리필) 제품의 소비자 안내·설명

① 첨부문서 등 정보 제공 및 설명

○ 소비자가 구매하는 내용물에 대한 정보를 쉽게 알 수 있도록 설명하고, 부작용 시 판매장으로 연락하도록 안내

○ 내용물 공급자(화장품 책임판매업체)로부터 제공받은 내용물의 '사용 시 주의사항'을 소비자에게 설명

• 첨부문서(안내문, 디지털 방식 등)로 제공 가능

○ 판매자는 소비자 제공 용기가 깨끗하지 않거나 재사용에 적합하지 않은 구조와 재질로 판단될 경우 소비자에게 이를 알리고 리필을 거부할 수 있음

> ▶ [참고] 내용물 공급자로부터 제공받아야 하는 서류
> 1. 내용물 명칭, 제조번호, 전성분 목록, 보관조건, 사용기한, 사용 시 주의사항, 사용 방법 등 제품 정보에 관한 자료
> 2. 개봉하지 않은 내용물이 유통화장품 안전관리 기준에 적합함을 확인할 수 있는 자료(시험성적서 등)
> 3. 내용물의 소분 판매 기간 동안 방부력이 유지됨을 확인할 수 있는 시험결과
>    → 설정된 사용기한 내에서 주기를 정하여 시험한 미생물한도시험 결과, 방부력 시험 결과 등
> 4. 내용물에 적합한 용기 재질 등 정보에 관한 자료
>    → 매장 전용 용기의 경우, 내용물과의 적합성 시험 결과(반응성, 용출시험 결과 등)
>    → 소비자 제공 용기의 경우, 해당 사용 가능한 재질, 사용할 수 없는 재질 등에 관한 정보

> **Tip**
> 리필제품의 소분은 환경을 생각한 제로웨이스트 사업의 활성화로 인해 차별을 두기 위한 정책으로 일부품목에 한해 맞춤형 화장품 조제 관리사가 직접 소분하지 않고 고객 또는 일반직원이 직접 소분하여도 무방하다.

9) 맞춤형 화장품 조제 관리사 자격시험(시행규칙 제8조의5)

① 식품의약품안전처장은 매년 1회 이상 자격시험을 실시해야 한다.

② 식품의약품안전처장은 자격시험을 실시하려는 경우에는 시험일시, 시험 장소, 시험과목, 응시 방법 등이 포함된 자격시험 시행계획을 시험 실시 90일 전까지 식품의약품안전처 인터넷 홈페이지에 공고해야 한다.

③ 자격시험은 필기시험으로 실시하며, 그 시험과목은 다음 각 호의 구분에 따른다.

1. **제1과목**: 화장품 관련 법령 및 제도 등에 관한 사항

2. **제2과목**: 화장품의 제조 및 품질관리와 원료의 사용기준 등에 관한 사항

3. **제3과목**: 화장품의 유통 및 안전관리 등에 관한 사항

4. **제4과목**: 맞춤형 화장품의 특성·내용 및 관리 등에 관한 사항

④ 자격시험은 전 과목 총점의 60% 이상의 점수와 매 과목 만점의 40% 이상의 점수를 모두 득점한 사람을 합격자로 한다.

⑤ 자격시험에서 부정행위를 한 사람에 대해서는 그 시험을 정지시키거나 그 합격을 무효로 한다.

⑥ 식품의약품안전처장은 자격시험을 실시할 때마다 시험과목에 대한 전문 지식을 갖추거나 화장품에 관한 업무 경험이 풍부한 사람 중에서 시험 위원을 위촉한다. 이 경우 해당 위원에 대해서는 예산의 범위에서 수당 및 여비 등을 지급할 수 있다.

⑦ 제1항부터 제6항까지 규정한 사항 외에 자격시험의 실시 방법 및 절차 등에 필요한 세부 사항은 식품의약품안전처장이 정하여 고시한다.

### 제8조의6(맞춤형화장품조제관리사 자격증의 발급 신청 등)

① 자격시험에 합격하여 자격증을 발급받으려는 사람은 별지 제6호의 5서식의 맞춤형 화장품 조제 관리사 자격증 발급 신청서에 다음 각 호의 서류를 첨부하여 식품의약품안전처장에게 제출해야 한다.

　1.「정신건강증진 및 정신질환자 복지서비스 지원에 관한 법률」제3조 제1호에 따른 정신질환자에 해당되지 않음을 증명하는 최근 6개월 이내의 의사의 진단서 또는 단서 예외 조항인 전문의가 맞춤형 화장품 조제 관리사로서 적합하다고 인정하는 사람임을 증명하는 최근 6개월 이내의 전문의의 진단서

　2.「마약류 관리에 관한 법률」제2조 제1호에 따른 마약류의 중독자에 해당되지 않음을 증명하는 최근 6개월 이내의 의사의 진단서

② 식품의약품안전처장은 제1항에 따른 발급 신청이 그 요건을 갖춘 경우에는 별지 제6호의 6서식에 따른 맞춤형 화장품 조제 관리사 자격증을 발급해야 한다.

③ 자격증을 잃어버리거나 못 쓰게 된 경우에는 별지 제6호의 5서식의 맞춤형 화장품 조제 관리사 자격증 재발급 신청서에 다음 각 호의 구분에 따른 서류를 첨부하여 식품의약품안전처장에게 제출해야 한다.

　1. 자격증을 잃어버린 경우 : 분실 사유서

　2. 자격증을 못 쓰게 된 경우 : 자격증 원본

④ 제1항부터 제3항까지 규정한 사항 외에 자격증의 발급·재발급 등에 필요한 세부 사항은 식품의약품안전처장이 정하여 고시한다.

맞춤형 화장품 변경 및 시설 행정처분

**▶ 맞춤형 화장품판매업자의 변경 또는 상호 변경 미신고시**
- 1차 위반 : 시정명령
- 2차 위반 : 판매업무정지 5일
- 3차 위반 : 판매업무정지 15일
- 4차 이상 위반 : 판매업무정지 1개월

**▶ 맞춤형 화장품조제관리사 변경 미신고시**
- 1차 위반 : 시정명령
- 2차 위반 : 판매업무정지 5일
- 3차 위반 : 판매업무정지 15일
- 4차 이상 위반 : 판매업무정지 1개월

**▶ 맞춤형 화장품 판매업소 소재지 변경 미신고시**
- 1차 위반 : 판매업무정지 1개월
- 2차 위반 : 판매업무정지 2개월
- 3차 위반 : 판매업무정지 3개월
- 4차 이상 위반 : 판매업무정지 4개월

**▶ 맞춤형 화장품판매업의 시설을 갖추지 않은 경우**
- 1차 위반 : 시정명령
- 2차 위반 : 판매업무정지 1개월
- 3차 위반 : 판매업무정지 3개월
- 4차 이상 위반 : 영업소폐쇄

**▶ 거짓이나 그 밖의 부정적인 방법으로 등록, 변경, 신고를 한 경우**
- 1차 위반 : 등록취소 또는 영업소의 폐쇄

**▶ 법제3조의3(맞춤형화장품판매업자의 결격사유)에 해당하는 경우**
- 1차 위반 : 등록취소

맞춤형 화장품의 혼합, 소분 안전 관리기준 미준수 시 행정처분

▶ 맞춤형 화장품 판매장 시설, 기구를 정기적으로 점검하여 보건위생상의 위해가 없도록 관리 안 한 경우 및 혼합, 소분, 안전 관리기준 미준수 시
- 1차 위반 : 판매 또는 해당 품목 판매업무정지 15일
- 2차 위반 : 판매 또는 해당 품목 판매업무정지 1개월
- 3차 위반 : 판매 또는 해당 품목 판매업무정지 3개월
- 4차 이상 위반 : 판매 또는 해당 품목 판매업무정지 6개월

▶ 판매내역서 작성 보관 미준수 시
- 1차 위반 : 시정명령
- 2차 위반 : 판매 또는 해당 품목 판매업무정지 1개월
- 3차 위반 : 판매 또는 해당 품목 판매업무정지 3개월
- 4차 이상 위반 : 판매 또는 해당 품목 판매업무정지 6개월

▶ 혼합 · 소분에 사용된 내용물 · 원료의 내용 및 특성 및 맞춤형 화장품 사용 시의 주의사항을 소비자에게 설명하지 않은 경우 행정처분 : 200만 원 이하의 벌금
- 1차 위반 : 시정명령
- 2차 위반 : 판매 또는 해당 품목 판매업무정지 7일
- 3차 위반 : 판매 또는 해당 품목 판매업무정지 15일
- 4차 이상 위반 : 판매 또는 해당 품목 판매업무정지 1개월

▶ 맞춤형화장품 사용과 관련된 부작용 발생사례에 대해서 지체 없이 식품의약품안전처장에게 보고하지 않은 경우
- 1차 위반 : 시정명령
- 2차 위반 : 판매 또는 해당 품목 판매업무정지 1개월
- 3차 위반 : 판매 또는 해당 품목 판매업무정지 3개월
- 4차 이상 위반 : 판매 또는 해당 품목 판매업무정지 6개월

▶ 소비자에게 유통 판매되는 화장품을 임의로 혼합, 소분한 경우
- 1차 위반 : 판매업무정지 15일
- 2차 위반 : 판매업무정지 1개월
- 3차 위반 : 판매업무정지 3개월
- 4차 이상 위반 : 판매업무정지 6개월

## 01

맞춤형화장품은 소비자의 선호도나 피부상태를 확인하기 전 미리 혼합·소분하여 판매해도 된다.

(○, ×)

## 02

맞춤형 화장품은 소비자에게 판매되는 화장품 완제품을 소분하여 판매할 수 있다. (○, ×)

## 03

맞춤형 화장품판매업자의 준수사항으로 혼합·소분 전 사용되는 내용물 또는 원료의 (    )가 선행되어야 한다.

## 04

**맞춤형화장품의 안전관리기준 미준수 시 행정처분에 관해 서술하시오.**

① **1차 위반**: 판매 또는 해당 품목 판매업무정지 15일
② **2차 위반**: 판매 또는 해당 품목 판매업무정지 1개월
③ **3차 위반**: 판매 또는 해당 품목 판매업무정지 3개월
④ **4차 이상 위반**: (                              )

## 05

맞춤형 화장품 판매 시 소비자에게 설명할 사항으로는 혼합·소분에 사용된 내용물·원료의 내용 및 특성, (    )이다.

## 06

맞춤형 화장품의 혼합·소분의 업무는 맞춤형 화장품판매장에서 자격증을 가진 (    )만이 할 수 있다.

## 07

판매내역서에 반드시 기재해야 하는 사항을 적으시오.

,             ,

| 정답 | |
|---|---|
| 01 | × |
| 02 | × |
| 03 | 품질관리 |
| 04 | 판매 또는 해당 품목 판매업무정지 6개월 |
| 05 | 맞춤형 화장품 사용할 때의 주의사항 |
| 06 | 맞춤형 화장품조제관리사 |
| 07 | 제조번호, 사용기한 또는 개봉 후 사용기간, 판매 일자 및 판매량 |

# 02 피부 및 모발 생리구조

## 제1장 피부의 생리구조

### 1) 형태학적 피부 표면구조

① **피부 소구**: 피부 표면의 얇은 줄 사이의 움푹한 곳

② **피부 소릉**: 피부 표면의 약간 올라온 곳

③ **피부 결**: 피부 소구와 소릉에 의해 형성된 그물 모양의 표면으로 소구와 소릉의 높이가 차이가 날수록 피부가 거친 편에 속한다.

④ **모공**: 피부 소구가 서로 교차하는 곳에 있는 모구멍

⑤ **한공**: 피부 소릉의 땀구멍

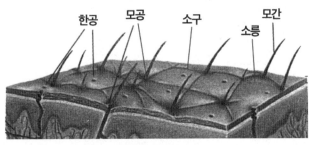

피부표면구조

### 2) 조직학적 피부구조

피부는 신체를 외부 환경으로부터 보호하고 외부환경과 신체의 경계에 있는 피부 표면을 덮고 있는 기관이다. 피부 조직은 상피조직인 표피, 결제 조직인 진피, 피하조직의 구조로 구성되어 있다.

#### (1) 표피(epidermis)

표피는 살아 있는 세포로 구성된 말피기층(유극층, 기저층) 부분과 죽은 세포로 구성된 각질층으로 이루어져 있다. 표피는 주로 각질형성세포(Keratinocyte)로 이루어져 있으며 그 외에 멜라닌 형성세포(Melanocyte), 랑게르한스 세포(Langerhans cell), 머켈 세포(Merkel cell)가 존재한다. 표피는 기저층-유극층-과립층-투명층-각질층으로 각화되며 모두 각질을 형성하는 과정에 관여하므로 각질형성세포라고 하며 교소체(Desmosome, 데스모좀)에 의해 서로 결합하고 있다. 표피의 두께는 가장 얇은 눈꺼풀(0.04mm)에서 약 1.6mm의 두께인 손바닥의 표피처럼 다양한 두께가 존재한다.

## A. 각질 형성 세포(Keratinocyte, 케라티노사이트)

① 각질 형성 세포는 표피의 약 95% 정도를 차지하며 표피는 각질층, 과립층, 유극층, 기저층의 구조로 이루어져 있으며 손바닥과 발바닥 부위에는 각질층과 과립층 사이에 투명층이 존재한다.

> ▶ **표피의 분화** :
> (1) 세포 분열 → (2) 유극세포에서 피부장벽 단백질의 합성과 정비 → (3) 과립세포에서의 자기분해 →
> (4) 각질세포에서의 재구축으로 4단계에 걸쳐서 일어나며 분화의 마지막 단계에서 각질층이 형성된다. 이
> 와 같은 과정을 각화(Keratinization) 과정이라고 하고, 표피에서 각질세포 분화 과정은 피부의 건강과 기
> 능을 유지하는 데 중요한 역할을 한다.

② 각질 형성 세포는 약 28일 주기로 수백만 개씩 매일 새로운 세포가 형성되고 떨어져 나간다. 노화된 피부에서는 각질 형성 세포의 기능 저하로 인해 각질층이 탈락되는데 더 많은 시간이 걸리므로 각질층이 점점 두꺼워진다. 따라서 각질형성세포의 기능 저하는 잔주름과 피부 거칠어짐의 원인이 된다.

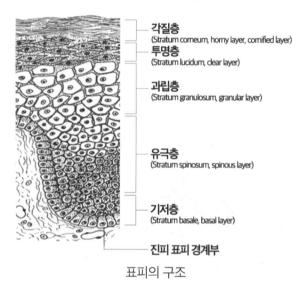

표피의 구조

ㄱ. **각질층** : 각질층은 20~25개의 층의 죽은 세포로 구성되어있으며 케라틴(50%), 지질, 천연보습인 자를 함유하고 있다. 각질층의 모양은 피부 표면에 가까울수록 길고 얇은 모양이며 각질층에는 천연 보습인자(NMF)가 있어 피부의 기본 수분량을 함유하고 있으며 수분함유 상태에 따라 각질 층의 두께가 다르다. 일반적으로 각질층의 수분량은 나이가 젊은 사람인 경우 함량이 높고 나이 가 들수록 각질층의 수분함량은 감소한다.

> **Tip**
> 케라틴 – 피부 최외각 표면을 구성하는 주요 성분은 거친 섬유성 단백질인 케라틴이고, 털과 손톱에도 이 성분이 포함되어 있다.

ㄴ. **투명층** : 투명층은 빛을 차단하는 작고 투명한 세포로 구성되어 있다. 주로 손바닥, 발바닥의 두꺼 운 각질층 바로 밑에 존재하며, 2~3층의 편평한 세포로 되어 있다. 투명층에는 엘라이딘(Eleidin) 이라는 반유동성 물질이 함유되어 있어 투명하게 보이며 피부가 윤기 있게 해준다.

ㄷ. **과립층** : 케라틴 단백질이 뭉쳐져 작은 과립(케라토히알린 : keratohyalin) 모양의 세포로 이루어져 있으며 핵이 없는 2~5층으로 구성되어 이물질이나 물의 침투에 대한 방어막 역할과 피부 내부로 부터의 수분이 증발되는 것을 막아 준다. 과립층은 피부의 퇴화가 시작되는 층에 해당된다.

ㄹ. **유극층** : 표피의 대부분을 차지하는 층으로 세포를 가시모양으로 서로 연결되어 있어서 "가시층" 이라고도 한다. 유극층은 세포분열이 활발하지는 않지만, 표피를 다칠 경우 손상된 피부를 복구 할 수 있다. 유극층의 세포에는 세포핵이 있어 세포를 만들어 낼 수 있으며 유극층과 기저층을 합 쳐 말피기층(Stratummalpighi)이라고 한다. 말피기층은 각화 과정의 시작과 진행에 큰 역할을 하 며 유극층에는 랑게르한스 세포가 존재한다.

- 랑게르한스 세포 : 대부분 유극층에 존재하며 피부의 면역에 관계한다. 이 세포는 외부에서 들어온 이물질인 항원을 면역 담당 세포인 림프구로 전달해주는 역할을 한다.

ㅁ. **기저층** : 표피 중 가장 깊은 곳에 위치하고 있는 기저층은 단층으로 진피와 접하고 있으며 서로 물 결 모양의 경계를 이루고 있다. 기저층의 세포는 타원형의 핵을 가진 살아 있는 세포로서 활발한 세포 분열을 통하여 새로운 세포를 생성한다. 멜라닌 형성세포에 있는 타원형의 납작한 멜라노좀 (Melanosome)이라는 소기관에서 멜라닌 색소가 형성되고 피부의 색상을 결정한다. 케라틴을 만 드는 각질형성세포는 기저층에서 생성되어 멜라노좀과 함께 각질층으로 이동하여 탈락한다.

- **머켈 세포(Merkel cell)** : 기저층에 위치하고 있으며 신경섬유의 말단과 연결되어 피부에서 촉각을 감지하는 역할을 하여 촉각세포라고 한다.
- **멜라닌 형성세포(Melanocyte, 멜라노사이트)** : 멜라닌 형성세포(melanocyte)는 기저층에서 형성 되어 대부분의 표피의 기저층에 존재하며 세포의 약 5%를 차지하고 있다. 멜라닌 형성세포는 긴 수지상 돌기를 가진 가늘고 길쭉한 형태로, 각질 형성세포 사이에 뻗어있어, 멜라닌 형성세포 내의 멜라노좀(melanosome)에서 만들어진 멜라닌이 세포 돌기를 통하여 각질 형성세포로 전달된다. 멜라닌(melanin) 세포는 여러 동물의 피부나 눈 등의 조직에 존재하는 색소 세포이다. 일정량 이 상의 자외선을 차단하는 기능이 있어서 피부를 보호하고, 피부의 체온을 유지해주며 멜라닌의 양 에 의해서 피부색이 결정된다.
멜라닌 형성세포의 수는 인종에 따라 차이가 없고 멜라닌 색소의 양에 의해 피부색이 결정된다.
멜라닌은 기저층의 세포가 자외선에 의해 손상되는 것을 막아주며 멜라닌이 함유된 각질 형성세 포는 각질층으로 이동하여 탈락되어 떨어져 나간다. 각질형성세포는 멜라닌 형성세포보다 4배에 서 10배 정도 많은 비율로 존재한다.

① 티로시나제 관련 단백질 - 1(tyrosinase related protein 1, TRP-1)

② 티로시나제 관련 단백질 - 2(tyrosinase related protein 2, TRP-2)

③ 프로테아제 활성 수용체 2(protease-activated receptor 2, PAR-2)

④ 프로테아제 활성 수용체 3(protease-activated receptor 3, PAR-3)

⑤ 액틴(actin)

- 멜라닌 생성과정(melangenesis)을 살펴보면 멜라닌 형성세포(melanocyte) 내의 소기관인 멜라노좀(melanosome)에서 멜라닌이 합성 저장되며 멜라닌의 합성은 멜라노사이트 내에서 티로신(tyrosin)이라는 아미노산이 도파(DOPA)로, 다시 산화하여 도파퀴논(DOPA-quinone)이 생성되는 단계에서 티로시나아제(tyrosinase)라는 산화효소가 구리이온과 결합하여 활성에 관여한다. 이때 티로시나제 관련 단백질-1 (tyrosinase related protein 1, TRP-1), 티로시나제 관련 단백질-2(tyrosinase related protein 2, TRP-2) 등이 멜라닌 형성에 도움을 주는 주요 단백질 효소이다.

- 자외선은 멜라닌 합성에 가장 큰 영향을 주지만 뇌하수체에서 분비되는 멜라닌세포자극호르몬(Melan Stimulatin Hormone, MSH)과 그 외에 여러 가지 호르몬도 멜라닌 합성에 영향을 준다.

## B. 멜라닌 색소 침착 방지

① 자외선 차단 - 자외선 차단 제품 사용

② 티로시나제 활성 작용억제 - 코직산은 누룩에서 발견된 감마피론계 화합물로 금속이온을 불활성화 시키는 작용을 한다. 티로시나제 내부의 구리이온을 제거하여 티로시나제가 산소와 결합하여 티로신을 도파, 도파퀴논으로 산화시키는 효소작용을 억제하여 멜라닌 생성을 방지한다.

코직산, 알부틴, 닥나무추출물, 알파-비사보롤, 유용성 감초추출물 등 사용

③ 티로신 효소작용 억제 및 도파의 산화 억제 - 비타민C 유도체 등의 항산화제 사용

에칠아스코빌에텔, 아스코빌글루코사이드, 아스코빌테트라이소팔미테이트, 마그네슘아스코빌포스페이트 등 사용

④ (PAR)-2, (PAR)-3 방지 - 콩단백질 분자 STI, BBI에 의해 방지된다.

⑤ 멜라닌 형성세포에 독성물질 사용 : 하이드로퀴논(hydroquinone)은 멜라노좀을 분해시켜 멜라닌세포를 사멸시킨다. 따라서 백반증의 부작용이 있으며 화장품에서는 사용할 수 없는 원료이다.

⑥ 각질세포의 박리로 멜라닌 생성 억제 : 각질이 탈락되면 동시에 멜라닌도 탈락이 된다. 각질 탈락 속도가 빨라지면 각질 형성세포의 세포분열주기가 빨라져 멜라닌 과립의 전달이 충분히 이뤄지기 않아 불안정한 상태에서 각질 형성세포가 위로 올라간다. 각질제거 성분들은 AHA, BHA, 레티놀(retinol) 등이 있다.

⑦ 멜라닌의 이동을 억제 : 나이아신아마이드는 멜라닌이 각질 형성세포로 이동하는 것을 차단한다.

## C. 피부색을 결정하는 색소

피부색을 결정하는 색소는 멜라닌(melanin), 헤모글로빈(hemoglobin), 카로틴(carotene, 카로틴)이 있다.

① 멜라닌은 멜라노좀에서 합성되어 티로신(tyrosine)이라는 아미노산이 '티로시나아제(tyrosinase)' 효소 작용에 의해 변화하면서 '유멜라닌'과 '페오멜라닌'이 생성된다. 흑갈색을 띠는 유멜라닌(eumelanin)과 붉은색이나 황색을 띠는 페오멜라닌(pheomelanin)은 피부색을 결정하는 인자에 해당된다.

  ㄱ. 멜라닌색소는 기저층에서 멜라닌 형성세포(melanocyte, 멜라노사이트)에 의해 멜라노좀에서 합성·생성되며 피부, 모발, 눈 등에 주로 분포하며 갈색 또는 흑색을 띠는 색소이다. 인종에 따라 멜라닌 형성세포의 수적인 차이는 없으나 멜라닌 생성 양의 차이와 합성된 멜라닌색소의 종류에 따라 차이가 난다.

  ㄴ. 멜라닌은 인체를 자외선으로부터 보호하지만, 과다하게 생성되면 기미, 주근깨, 노인성 반점, 흑색증 등의 색소침착과 피부노화, 피부암 등을 일으킬 수 있다.

② 헤모글로빈은 적혈구에 있는 단백질 색소로, 산소와 결합하여 운반하는 역할을 한다. 헤모글로빈은 산소와 결합하여 붉은색을 나타내어 혈액이 붉게 보이는 것이고, 산소와 결합하지 못하면 푸른색을 나타낸다.

③ 카로틴은 비타민 A의 전구물질로 피부에 황색을 띠게 하며 황인종에게 많이 분포한다.

**피부색을 결정하는 색소**

| 구분 | 색상 | 분포 | 분포부위 |
|---|---|---|---|
| 멜라닌 | 흑색 | 기저층 | 기저층 전체 |
| 헤모글로빈 | 적색 | 진피 혈관 | 안면, 목, 생식기, 유두 등 |
| 카로틴 | 황색 | 피하조직 | 피하조직 전체 |

<참고[1]>
- 멜라닌 형성세포 내의 멜라노좀이 멜라닌으로 가득 차게 되면 멜라닌을 주변의 각질 형성세포로 전달하기 위해서 멜라노좀은 표피층으로 길게 뻗어나간 수상돌기로 이동한다.
- 멜라노좀은 물질이동에 관여하는 세포골격 단백질인 미세소관(microtubule)을 통해 멜라닌 형성세포의 수상돌기 부분으로 이동하게 되며, 이 과정에는 키네신(kinesin)과 디네인(dynein) 단백질이 관여한다. 키네신은 멜라노좀을 수상돌기 방향으로 이동시키며, 디네인은 세포 안쪽으로 이동시키는 작용을 한다. 키네신에 의해 수상돌기 부분으로 이동한 멜라노좀은 연결 단백질의 한 종류인 Rab27A와 결합한 후 액틴필라멘트(actin filament)에 부착된 미오신-Va(Myosin-Va)로 전달되어 세포 밖으로 배출되며, 배출된 멜라노좀은 각질 형성세포로 전달된다. 프로테아제 활성 수용체 중 Par-3(protease-activated receptor 3)은 멜라노사이트와 각질 형성세포 사이에서 멜라닌 합성과 피부 색소 침착을 촉진하는 데 관여하고, Par-2(protease-activated receptor 2)는 멜라닌이 각질 형성세포로 운반될 때 멜라닌을 합성하고 각질세포로 이동을 촉진하여 색소침착을 조절하여 피부를 보호하며, 자외선에 노출된 부분을 검게 침착시킨다. 햇볕에 노출 시 검게 타거나 주근깨, 기미가 생기게 되는 이유이다. 나이아신아마이드는 이러한 멜라노좀 전달 과정을 억제하는 효능을 가지고 있어 색소침착을 감소시키는 미백화장품 원료로 사용되고 있다.

---

1  출처:윤영민, 배승희, 안성관, 최용범, 안규중, and 안인숙. "자외선(Ultraviolet)이 피부 및 피부세포 내 신호전달체계에 미치는 영향." 대한피부미용학회지 11.3(2013) 417-426

(2) 진피

진피는 표피와 피하 지방층 사이에 위치하며 피부의 90% 이상을 차지한다. 교원섬유, 탄력섬유 등 섬유 단백질과 기질로 구성되어 있다. 혈관계, 신경계, 림프계 등이 복잡하게 얽혀 있고 표피에 영양분을 공급하여 표피를 지지하고 피부의 다른 조직을 유지하고 보호해준다.

① 진피의 구조

ㄱ. **유두층**(Papillary layer) : 유두층은 진피가 표피 방향으로 둥글게 물결모양으로 돌출되어 있는 부분이다. 이러한 부분은 노화로 인해 점점 편평해진다. 유두층은 미세한 교원질과 섬유 사이의 빈 공간으로 이루어져 있으며 세포 성분과 기질 성분이 많다. 유두층에는 모세혈관, 신경종말이 분포되어 있는데 이는 혈관분포가 없는 표피로 영양소와 산소들을 이동시키거나 신경을 전달하는 역할을 한다.

ㄴ. **망상층**(Reticular layer) : 망상진피는 주로 콜라겐 섬유와 탄력섬유 등의 기질 단백질들로 그물모양으로 결합되어 있어서 탄력적인 성질이 있다. 그 외 히아루론산, 콘드로이친 황산 등이 기질로 구성되어 있다. 망상층에는 랑거선, 혈관, 림프관, 신경총, 땀샘 등이 분포한다.

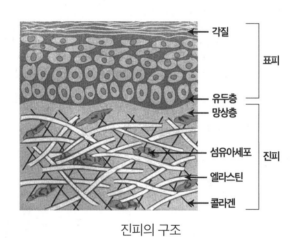

진피의 구조

② 진피의 구성 성분

ㄱ. **교원섬유**(콜라겐 : Collagen) : 진피 성분의 90%를 차지하고 있는 단백질로 피부의 결합조직을 구성하는 주요성분이다. 교원질 분자는 섬유아세포에서 만들어지며 교원섬유와 탄력섬유가 그물모양으로 서로 짜여 있어 피부에 탄력성과 신축성을 부여한다.

ㄴ. **탄력섬유**(엘라스틴 : Elastin) : 진피에 분포된 섬유질로 교원섬유와 같이 섬유아세포에서 만들어지며 진피에 있는 섬유 성분 가운데에는 비교적 적은 부분을 차지하고 있다. 탄력성이 강하여 피부의 파열을 방지하는 스프링 역할을 하며 피부 탄력을 결정짓는 중요한 요소이다.

ㄷ. **기질**(무코다당류 : Mucopolysaccharide) : 진피의 결합 섬유 사이를 채우고 있는 당단백질의 기질로 대부분 히아루론산과 콘드로이친 황산 등으로 이루어져 있다. 이들은 친수성 다당체로 물에 녹아 끈적한 액체 상태로 존재하며 쉽게 마르거나 얼지 않는다.

- 섬유아세포(Fibroblast): 타원형의 핵을 가지며 편평하고 길쭉한 모양의 세포질은 미토콘드리아·골지체·중심체·소지방체 등을 포함한다. 교원 섬유, 탄력섬유를 합성하며 세포간질의 기질인 다당류 생산에도 관여한다. 피브로넥틴(Fibronectin), 피브릴린(Fibrillin), 프로테오글리칸(Proteoglycans, PG), 글리코사미노글루칸(Glycosaminoglycan, GAG, 기질탄수화물) 등은 섬유아세포에 의해 생성된다.
- 대식세포(macrophage), 비만세포(mast cell)

✓ 진피에는 섬유아세포 외에 대식세포와 비만세포가 존재한다.

✓ 비만세포는 동물 결합조직에 널리 분포하며 염증반응에 중요한 역할을 담당한다. 히스타민과 세로토닌, 헤파린 등을 생성하는 백혈구의 일종이다. 혈액 응고 저지, 혈관의 투과성, 혈압 조절 기능과 알레르기 반응에도 관여한다.

✓ 대식세포는 면역을 담당하는 백혈구의 한 유형으로 세포 찌꺼기 및 미생물, 암세포, 비정상적인 단백질 등을 소화·분해하는 식작용(phagocytosis)이 있다. 대식세포의 세포질에는 리소좀이 있으며, 파고좀과 융합해 효소를 방출하여 이물을 소화하는 식작용을 한다.

## (3) 피하조직(Subcutaneous tissue)

① 전신 피부의 밑과 근육, 뼈 사이에 위치하고 지방을 함유하고 있으며 진피 아래층을 말한다.

② 피하지방은 피부의 가장 깊은 층으로 진피의 섬유세포가 엉성하게 결합되어 형성된 망상조직으로 그 사이사이에 벌집 모양으로 지방세포가 분포한다.

③ 진피보다 더 두꺼운 층이며, 수분을 조절하고 탄력성을 유지하여 외부의 충격이나 압력에 대해 내부 조직을 보호하고 영양을 저장하는 기능을 하며 몸을 따뜻하게 보호한다. 피하지방은 아랫배, 허벅지, 엉덩이, 팔뚝에 많이 분포하며 두께에 따라 비만의 정도가 결정된다.

**피하지방층의 지방세포**
- 피하지방층은 진피에서 내려온 섬유가 엉성하게 결합되어 형성된 망상조직으로 그 사이사이에 벌집 모양으로 많은 수의 지방세포들이 자리 잡고 있다.
- 이 지방세포들은 피하지방을 생산하여 몸을 따뜻하게 보호하고 수분을 조절하는 기능과 함께 탄력성을 유지하여 외부의 충격으로부터 몸을 보호하는 기능을 한다.

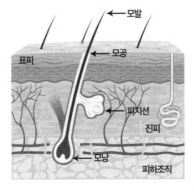

피부의 단면

(4) 피부의 부속기관

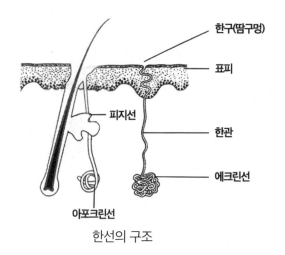

한선의 구조

① **한선(Sweat Gland)**: 한선은 땀샘이라고 하며 땀을 만들어 분비하는 기능을 한다. 한선에는 크기와 기능에 따라 소한선과 대한선으로 나눌 수 있다.

　ㄱ. **소한선(에크린한선 : Eccrine Sweat Gland)**: 입술, 음부 등을 제외한 인체의 피부 대부분에 분포하며 특히 손바닥, 발바닥, 이마 등에 많이 분포되어 있다. 아포크린한선(대한선)과는 달리 상피(上皮) 자체가 변화하여 분비물에 섞이는 일은 없고 땀의 액체만을 분비하며 체온 조절 및 노폐물을 배출한다. 소한선의 땀은 무색무취로 분비시에 체내에서 염분을 빠져나오게 하며 필요 이상으로 분비 시 탈진상태에 이른다. 열에 의한 온열성 발한, 긴장에 의한 정신성 발한, 미각 자극에 의한 미각성 발한 등이 있다.

　ㄴ. **대한선(아포크린한선 : Apocrine Sweat Gland)**: 대한선은 겨드랑이, 배꼽 주변, 사타구니, 젖꼭지 등 특정한 피부 부위에만 분포한다. 아포크린 한선이 사람의 체온 조절에 기여하는 바는 적다. 직접 피부 표면으로 연결되지 않고 모낭과 연결되어 피부 표면으로 배출되며 진피의 깊숙한 곳에서 시작되므로 단백질이 많고 특유의 냄새를 가지고 있다. 사춘기가 지나면 대한선이 커지고 분비 기능이 시작되어 갱년기에 위축된다. 액취증의 경우에는 대한선에서 분비한 땀이 세균에 의해 부패하여 생기는 것이다.

> **땀의 구성성분**
> 물(99%), 나트륨, 염소, 칼륨, 질소, 젖산, 요소 등

② **피지선(Sebaceous Gland, 기름샘)**: 피지선 또는 피지샘은 진피의 망상층에 있는 분비선으로 모낭이 없는 손바닥, 발바닥 등을 제외한 신체의 대부분에 분포되어 있으며 얼굴, 두피, 가슴 등에 많이 분포한다. 모낭 옆에 연결되어 있으며 모공을 통해 피지를 분비하며 체내의 독성물질을 함께 배설하는 기능이 있다. 피지는 성인을 기준으로 하루 1~2g 정도 분비되며, 세안 및 세정으로 인해 피지막이 손상된 후 약 2시간 정도의 시간이 지나면 다시 정상화가 된다.

　ㄱ. 피지의 분비량은 성별, 인종, 연령, 온도, 마찰, 성호르몬 등에 따라 다르게 나타난다.

ㄴ. 남성 호르몬인 안드로겐(androgen)으로 인해, 일반적으로 남성은 여성보다 피지의 분비량이 많은 편이다. 안드로겐은 피지분비를 촉진시키고, 에스트로겐(estrogen)은 피지분비를 억제시키는 기능이 있다. 호르몬의 영향으로 인해 청소년기에 가장 많은 피지가 분비되다가 나이가 들면 점점 감소한다.

ㄷ. 피지선은 대부분 모낭에 연결되어 있지만 모낭과 상관없는 독립 피지선이 있다. 독립 피지선은 입술, 구강점막, 눈, 성기, 유두, 귀두 등에 분포하며, 피지 분비량이 적어 쉽게 건조해진다.

ㄹ. 피지는 피부에 보호막을 형성하여 수분 증발 억제, 살균작용, 유화작용, 흡수 조절작용, 비타민D 생성작용을 하며, 피부와 모발에 광택과 유연성을 부여한다.

> **피지 구성성분**
> - 트리글리세라이드(triglyceride) 43%
> - 왁스 에스터(wax ester) 25%
> - 지방산(fatty acid) 16%
> - 스쿠알렌(squalene) 12%
> - 스테롤(sterol) 1%
> - 스테롤 에스터(sterol ester) 1%

## 3) 피부의 기능

성인의 피부 무게는 약 5kg 이상으로 전체 몸무게의 약 15% 차지하며, 피부는 평균 표면적이 약 2㎡로 가장 큰 신체 기관 중 하나임

① **보호기능** : 피부의 가장 바깥층인 각질층과 지질은 외부 자극으로부터 내부를 보호하는 기능을 한다. 물리적자극, 화학적자극, 세균, 자외선 등에 대한 보호 기능을 한다.

② **체온 조절작용** : 피부 체온은 주로 모세혈관과 한선에 의해서 조절된다. 모세혈관을 수축 또는 확장하여 체온 조절을 하고, 한선에서 땀을 분비하여 체온 조절을 한다.

③ **감각기능** : 피부는 인체에 있는 감각기능들을 이용하여 위험으로부터 신체를 보호한다.

④ **흡수 작용** : 표피나 모낭의 피지선을 통해 체내로 흡수한다.

⑤ **비타민D 형성 작용** : 뼈와 치아 발달에 필수적인 비타민D는 일광 중 자외선B(최적 파장 295~300nm) 조사에 의해 표피 내에서 만들어진다.

비타민D는 음식물에서 섭취할 수 있지만, 소화계 세포에서 합성된 콜레스테롤(dehydrocholesterol, 디하이드로콜레스테롤)로부터 생성된다. 콜레스테롤은 분자구조 내에 극성기와 비극성기를 동시에 가지고 있어 피부의 수분 증발을 조절한다. 콜레스테롤은 혈액을 통해 피부에 전달되면 자외선B에 노출되어 비타민D로 전환된다.

> **Tip(시험출제)**
> 세포간지질의 주성분 중 비타민D 성분으로 전환되는 것은 콜레스테롤이다.

⑥ **표정 작용**: 얼굴에 있는 표정근육의 작용에 의해 의사나 감정을 나타내는 것을 말한다. 감정에 따라 홍조, 창백, 털의 역립 등이 피부에 나타난다.

⑦ **재생 작용**: 피부는 상처가 나면 곧 원래의 모양으로 되돌아가려는 성질로 인해 세포가 재생되는데 이러한 기능을 말한다.

⑧ **면역 작용**: 피부 표피에는 면역 반응에 관여하는 세포들이 있어 면역 반응을 통해서 생체 방어기전에 관여한다.

⑨ **각화(Keratinization) 작용**: 28일 주기로 표피의 과립층에서 각화가 시작되어 각질층에서 탈피된다.

⑩ **분비/배설 작용**: 피지와 땀을 배출하여 노폐물을 분비한다.


## 4) 피부 호흡

피부는 신체의 건강을 유지하기 위해 산소의 흡수, 이산화탄소의 방출을 이용하여 에너지를 생산하는 과정을 피부 호흡이라고 한다. 피부 호흡은 폐호흡과 비교 시 상대적으로 매우 적은 양이며 산소와 이산화탄소의 대부분은 혈액에서 흡수되며 나머지는 공기로부터 직접 얻는다.


## 5) 피부의 pH

피부 표면의 산성막은 천연 방어 기능을 가지며, 가프론산, 카프린산, 프로피온산 등의 지방산과 피부 표피 세포들로 만들어진다. 이 산성막은 피부를 외부의 손상으로부터 보호하는 역할을 한다.

피부는 주로 케라틴이라는 단백질로 구성되어 있는데 케라틴 단백질은 pH 3.7~4.5에서 응고가 일어나며 피부는 탄력성이 없어진다. 피부의 pH 측정은 표피의 각질층에서 측정하여 판단한다. 피부의 pH는 피부의 상태에 따라 변할 수 있다. 정상적인 피부의 pH는 약산성이지만 아토피성 피부는 약알칼리성을 나타내기도 한다. 정상 피부의 pH는 4.5~5.5, 모발은 3.8~4.2이다.


## 6) 피부의 장벽

### (1) 피부장벽

① 피부의 가장 바깥쪽에 존재하는 각질층의 표피를 말한다.

② 표피는 기저층의 줄기세포(keratinocyte stem cell)에서 유래한 각질 형성세포가 유극층, 과립층, 각질층 으로 이동하면서 죽은 각질세포(corneocyte)로 분화하여 최종적으로 피부장벽(skin barrier)을 형성한다.

③ 각질층은 외부 물질의 침입을 막는 피부장벽의 역할을 한다.

④ **각질층의 기능**: 외부 방어 및 피부 보습 유지

⑤ 각질층의 pH는 4.5~5.5 정도의 약산성이다.

⑥ 각질층의 이상은 피부장벽 기능의 약화를 초래하여 외부 방어가 약화되고 다양한 피부 질환 및 피부 노화를 유발할 수 있다.

▶ 피부장벽 파괴/생성 과정

피부장벽 파괴→표피 상층 세포의 층판과립이 즉시 방출됨→콜레스테롤과 지방산의 합성 촉진→세라마이드의 합성, 표피의 DNA 합성→피부장벽 회복 및 표피 비후

**(2) 천연보습인자**(NMF : Natural Moisturizing Factor)

① 피부의 수분 유지는 건강한 피부를 유지하기 위한 기본 조건으로 천연보습인자, 세포간지질, 피지 성분 등이 수분 증발을 막아 피부 수분밸런스를 유지 시킨다.

② 천연 보습인자는 피부 내에 존재하는 피지의 친수성 부분을 의미하며 피부의 수분량을 조절하여 피부건조를 방지하는 중요한 역할을 한다. 천연 보습인자는 습도가 낮은 상황에서도 수분을 유지하려는 능력이 뛰어나다. 각질층은 약 10%~20%의 수분이 함유되어있으나 10% 이하의 수분량인 건성피부나 아토피, 건선 등의 경우 이런 천연보습인자가 감소되어 각질층이 두꺼워지고 피부가 거칠어지며 피부노화를 촉진시킨다. 주요 구성 물질은 아미노산(40%), 피롤리돈 카프본산염(12%), 젖산염(12%), 요소, 염소, 나트륨, 칼륨, 칼슘, 암모니아, 인산염 등이 있다.

---

**Tip**

천연보습인자를 구성하는 수용성의 아미노산(amino acid)은 필라그린(fillaggrin)이 상층으로 이동함에 따라서 각질층 내의 단백분해효소 [아미노펩티데이스(aminopeptidase), 카복시펩티데이스(carboxypeptidase)]에 의해 분해된 것으로 피부의 보습에 중요한 역할을 한다.

필라그린은 각질세포의 케라틴 섬유(Keratin fibers)에 결합하는 필라멘트 접착 단백질로 알려져 있으며 필라그린이 부족하면 각질세포 간의 결합이 약해져 피부가 건조해지고 알레르기를 유발 시킬 수 있다. 필라그린에서 단백분해 되어 아미노산이 생성되므로 필라그린은 건성피부, 아토피 피부 등의 문제의 해결 방안으로 높은 관심을 받고 있다.

프로필라그린(Pro-Fillaggrin) → 필라그린(Fillaggrin) → 아미노산(Amino Acid)

---

**(3) 표피 지질**(세포간지질 : Intercelluler lipid)

표피 지질은 각질 세포의 사이사이를 메워주는 역할을 하는 성분으로서 이러한 지질 성분의 함량 변화
는 피부를 건조하게 하는 원인 중 하나이다. 지질은 세포와 세포 사이를 더 단단하게 결합하고 수분 손
실을 막기 위해 라멜라(lamella)구조를 이루고 있다. 표피 지질구성 성분은 세라마이드(50%), 자유지방
산(30%), 콜레스테롤(15%), 콜레스테릴 에스테르 등으로 구성되어 있어서 피부장벽 기능을 회복하고
유지하는데 중요한 역할을 한다. 정상적인 지질층의 구성은 각질세포의 정상적인 분열, 분화와 밀접한
관계가 있다.

① **세라마이드** : 세포간지질 성분 중 가장 많이 구성하고 있는 물질로 피부장벽을 튼튼하게 하기 위해 도
움을 주는 물질로 사용된다.

② **콜레스테롤** : 세포간지질을 구성하는 성분 중 주요 성분으로 스테로이드 호르몬, 담즙산, 비타민D의
합성 전구체로 사용된다.

③ **지방산**(자유지방산) : 1개의 카르복실기를 가지는 카르복실산으로 세포 내에 흡수되어 에너지원으로
사용된다.

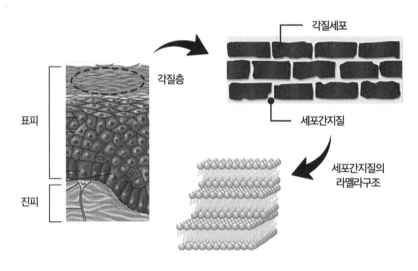

세포간지질의 라멜라구조

**(4) 교소체**(Desmosome, 데스모좀)

교소체는 층판소체의 내부물질로서 각질 형성세포 사이를 연결하는 단백질 구조이다. 효소에 의해 분
해되어 각질세포의 탈락에 중요한 역할을 하지만, 교소체의 분해가 원활하지 못하면 각질세포의 탈락
이 정상적이지 못하여 피부에 쌓이게 되고 수분이 소실되고 단단하고 두꺼운 각질층을 형성하게 된다.

> **Tip**
>
> 과립층에 존재하는 지질 과립인 층판소체(Odland body, lamellar body, 층판과립소체)는 각질층으로 이동하여
> 세라마이드, 콜레스테롤, 지방산 등으로 이루어진 세포간지질이 되어 수분손실을 방지하는 장벽 역할을 한다. 과
> 립층에 있는 단백질과립인 케라토하이알린과립은 프로필라그린을 포함하고 있으며, 프로필라그린은 과립층에
> 서 단백질 과립 형태로 존재하다가 각질형성세포의 최종 분화 과정에서 **필라그린**으로 분해된다.

**7) 피부의 보습**

① **각질층의 보습** : 천연보호막(피지막), 천연보습인자, 세포간지질

② **진피층의 보습** : 진피층의 결합섬유인 교원섬유(Collagen fiber)와 탄력섬유(Elastin fiber)가 그물모양으로 잘 짜여져 있고 그 결합섬유 사이의 기질인 무코다당체가 수분보유력이 좋아야 한다. 대표구성 성분은 히알루론산으로 자기 무게의 수백 배에 해당하는 수분을 보유 할 수 있다. 이러한 진피의 기질이 만들어낸 수분은 자유수(Free water)와 달리 강하게 결합하여 마르거나 얼지 않는 성질을 가지고 있으며 이를 결합수(Bound water)라고 한다.

**8) 피부의 노화**

> **피부의 3대 유해요인** : 자외선, 피부건조, 산화

**(1) 내인성 요인 : 자연 노화**

① 표피의 노화

ㄱ. 기저층에서 세포분열의 능력이 저하된다. 세포의 각화 작용은 28일 주기로 이루어지지만 노화가 시작되면 주기가 길어지면서 각질층이 두꺼워지고 피부가 건조해진다.

ㄴ. 각질형성세포의 기능 저하는 죽은 세포를 더욱 늘어나게 하여 잔주름과 피부 거칠어짐의 원인이 된다.

ㄷ. 각질층의 세포 크기가 균일해진다.

ㄹ. 멜라노좀 생산이 불완전하고 균일하게 분산된다.

ㅁ. 멜라닌 세포 수가 감소하여 자외선에 대한 방어기능이 떨어진다.

ㅂ. 멜라닌 생성 세포의 능력이 저하되어 흰머리가 생기고 모낭의 재생력도 떨어져 머리숱이 감소한다.

ㅅ. 각질세포의 크기는 커지고 두께는 얇아져서 물리적인 자극에 대한 저항력이 감소한다.

ㅇ. 히스타민의 분비가 감소하여 알레르기 반응은 줄어든다.

② 진피의 노화

ㄱ. 세포기질 성분 중 기질 금속 단백질 분해 효소인 MMP 활성이 증가하고, 단백질 섬유의 합성이 줄어들어 교원섬유(Collagen)와 탄력섬유(Elastin)의 기능이 떨어진다.

ㄴ. 기질 탄수화물(Glycosaminoglycan)이 감소하여 진피 두께가 감소한다.

ㄷ. 탄력과 수분함유량이 줄어들어 피부는 가늘고 얇게 늘어져 주름이 생긴다.

ㄹ. 무코다당류가 감소한다.

ㅁ. 망상층이 얇아진다.

ㅂ. 혈관이 약해지고 모세혈관 확장이 나타나며 쉽게 멍이 든다.

ㅅ. 피하지방세포가 감소한다.

ㅇ. 한선의 수가 감소하여 열에 대한 방어기능이 저하되어 일사병에 노출이 잘된다.

▶ MMP(기질금속단백질분해효소, matrixmetalloprotease)

효소 전구체인 아연 금속이온을 이용하여 기질의 단백질인 교원섬유와 탄력섬유를 분해하는 효소이다. 섬유아세포의 단백질 합성보다 더 많은 양의 단백질을 분해 하는 경우에는 노화를 촉진시킨다. 최근 아연의 과다 섭취는 MMP의 활성을 촉진시켜 노화를 가속화 시킬 수 있다는 논문이 발표되기도 하였다. MMP효소에는 콜라게나아제, 젤라티나아제, 스트로멜라이신, 매트릴라이신 등이 있다.

(2) 외인성 요인 : 광노화, 환경적 요인

① 광 노출로 인해 콜라겐이 손상되어 탄력이 감소하고 색소침착이 생긴다.

② 과도한 자외선 노출은 홍반을 동반하고 피부암을 일으킬 수 있다.

③ 비정상적인 혈관이 확장되고 면역계에 이상이 온다.

④ 멜라노좀 생산이 비정상적인 증가 또는 감소로 색소침착의 형태가 변한다.

(3) 피부노화의 결과

① 진피의 무코다당류의 감소로 인한 수분 손실의 증가

② 피지 생성의 감소로 수분손실 및 자외선 차단 저하

③ 기저세포의 세포 생성이 감소하고 각화주기의 증가로 각질층이 두꺼워지고 피부가 거칠어진다.

④ 멜라닌 세포 수의 감소로 자외선 방어력 저하 및 색소침착 발생

⑤ 콜라겐과 엘라스틴의 감소로 피부의 탄력 저하

| 요인 | 광노화 | 내인성노화(자연노화) |
| --- | --- | --- |
| 건조 | 증가 | 증가 |
| 주름 | 증가 | 증가 |
| 각질층 | 증가 | 증가 |
| 표피 | 증가 | 증가 또는 감소 |
| 랑게르한스 | 감소(내인성보다 더 감소) | 감소 |
| 멜라닌 형성세포 | 증가 또는 감소 | 감소 |
| 진피 | 증가 | 감소 |
| 교원섬유 | 증가 | 감소 |
| 탄력섬유 | 이상 증식 | 감소 |
| 진피기질 | 증가 | 감소 |
| 혈관확장 | 증가 | 감소 |
| 비만세포 | 증가 | 감소 |

모발은 크게 모근부와 모간부로 구분되며, 모근부는 피부 속에 박혀 있는 부분으로 모낭으로 둘러싸여 있다. 기저층의 모모세포는 모발의 기원이 되는 세포로 세포 분열에 의해 증식되고, 증식된 세포는 서서히 각화 되면서 위쪽 모공 부위로 올라간 후 모발 세포층만 남게 된다.

모발의 구조는 모발의 바깥쪽부터 모소피, 모피질, 모수질로 구성된다.

| 모발의 구조 | 구성 |
|---|---|
| 모근부(Hair root) | • 모구부(hair bulb)<br>• 모유두(hair papilla)<br>• 내모근초(inner root sheath)와 외모근초(outer root sheath)<br>• 모모세포(germinalmatrix) |
| 모간부(Hair shaft) | • 모소피(cuticle)<br>　-에피큐티클(epicuticle)<br>　-엑소큐티클(exocuticle)<br>　-엔도큐티클(endoicuticle)<br>• 모피질(cortex)<br>• 모수질(medulla) |

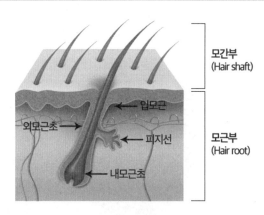

모발의 구조

(1) 모근부(Hair root)의 구조

① **모구부**(hair bulb) : 모근부 아랫부분의 둥근 모양의 모구는 모발을 생장시키는 중요한 역할을 한다. 모구부는 진피의 결합 조직(connective tissue)에 있으며 움푹 패인 부분에는 모유두가 있다.

② **모유두**(hair papilla) : 모근의 제일 아랫부분에 있는 모유두는 모세혈관에 둘러싸여 있어 산소와 영양분을 공급받아 두발을 성장시키는 작용을 한다. 모세혈관을 통해 영양분을 받아 모모 세포는 세포분열하고, 분열된 세포(cell division)가 각화하면서 두발을 만든다.

③ **내모근초**(inner root sheath)**와 외모근초**(outer root sheath)

ㄱ. 내모근초와 외모근초는 모구부에서 세포분열에 의해 생성된다.

ㄴ. 내모근초는 내측의 모낭으로서 외피에 접하고 있는 표피의 각질층인 초표피(sheath cuticle)와 과립층의 헉슬리층(huxley's layer), 유극층의 헨레층(henle's layer)으로 구성되고 외모근초는 표피층의 가장 안쪽인 기저층에 접하고 있다.

ㄷ. 내모근초와 외모근초는 모구부에서 생성된 두발을 완전히 각화가 될 때까지 보호하고, 표피에서 탈락할 때까지 보호하는 역할을 하고 있다.

ㄹ. 모발성장이 모유두와 분리되어 휴지기가 되면 외모근초는 입모근의 1/3 지점까지 위로 밀려 올라간다. 내모근초는 두발을 표피까지 밀어 보낸 후에는 비듬이 되어 두피에서 탈락된다.

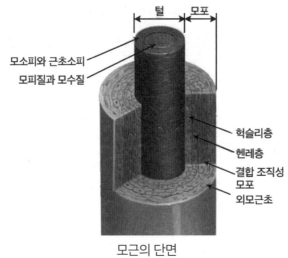

모근의 단면

④ **모모 세포**(germinalmatrix) : 모모 세포는 모유두 조직 내에서 모낭 밑에 있는 모세 혈관으로부터 영양분을 공급받아 분열 · 증식하여 두발을 형성한다.

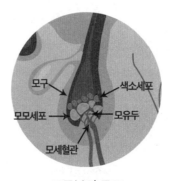

모근부의 구조

(2) 모간부(Hair shaft)의 구조

① **모소피**(Cuticle, 모표피) : 모발의 가장 바깥쪽 부분에 위치한 핵이 없는 편평세포로 모발 전체의 10~15%를 차지한다. 물고기의 비늘처럼 사이사이 겹쳐 놓은 것과 같은 구조로 친유성의 성격이 강하고 모피질을 보호하는 큐티클층(Cuticle layer)이다. 모소피는 단단한 케라틴으로 만들어져 마찰에 약하고 자극에 의해 쉽게 부러지는 성질이 있다.

▶ 모소피의 구조
- **최외표피(epicuticle, 에피큐티클)** : 모소피의 가장 바깥층이며 두께가 약 100Å 정도의 얇은 막으로, 수증기는 통과하고 물은 통과하지 못하는 크기이다. 시스틴 함량이 많은 케라틴 단백질로 인해 물리적인 자극에 약해서 딱딱하고 부서지기 쉽다. 단백질 용해성의 물질에 대한 저항성이 가장 강한 성질을 나타낸다. (Å : 옴스트롬은 전자현미경으로 본 길이의 단위 $10^{-10} = \frac{1}{10^{10}}$).

- **외표피(exocuticle, 엑소큐티클)** : 2황화결합($-S-S-$)이 많은 비결정질의 케라틴층으로 단백질 용해성의 물질에 대한 저항성은 강하지만 시스틴결합을 절단하는 물질에는 약해서 퍼머넌트 웨이브의 작용을 받기 쉽다.

- **내표피(endoicuticle, 엔도큐티클)** : 모소피의 가장 안쪽에 있는 친수성의 내표피는 시스틴 함량이 적고 알칼리성에 약하다. 내표피는 접착력이 있는 세포막복합체(CMC, cellmembrane complex)로 인접한 모표피를 밀착시키는 기능을 한다.

② **모피질(Cortex)** : 케라틴으로 된 피질세포(케라틴)와 세포 간충질로 구성되어 있으며 모발의 85%~90% 차지한다. 친수성의 성격이 강하며 퍼머와 염색제가 작용하는 부분이며 모발의 색상을 결정하는 멜라닌 색소를 함유하고 있다. 간충질은 외부의 자극에 의해 유출되면 모발손상이 된다.

③ **모수질(Medulla)** : 모발 직경이 0.09mm 이상의 굵고 튼튼한 모발에서 주로 발견되며 모발 중심부에 구멍이 많은 형태의 세포가 축 방향으로 죽은 세포들이 줄지어 존재한다. 성분과 기능은 알려져 있지 않지만 연모에는 모수질이 존재하지 않는다. 일반적으로 모수질이 많은 굵은 두발은 웨이브 펌이 잘 된다고 알려져 있다. 모축에 따라 연속 또는 불연속으로 존재하는 공간의 틈은 탈수화의 과정에서 수축하여 두발에 따라 크기가 작은 공동을 남긴다. 이 공동은 한랭지 서식의 동물의 털에는 약 50%를 차지하며 공기를 함유하고 있어 보온의 역할을 한다.

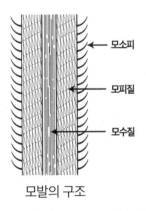

모소피

모피질

모수질

모발의 구조

---

**모발관련 제품의 특징**
- 암모니아는 모표피(모소피)의 시스틴을 손상시켜 염료와 과산화수소가 모피질 속으로 잘 스며들 수 있도록 하는 역할을 한다.
- 과산화수소는 모피질 속의 멜라닌 색소를 파괴하여 머리카락의 색을 없애주는 탈색의 역할을 한다.
- 염모제는 보호층인 모소피를 침투하여 멜라닌 색소를 탈색하고 다른 염료의 색상으로 염색한다. 염색약을 두발에 도포한 후 시간을 두는 것은 멜라닌 색소의 파괴와 다른 염료가 자리를 잡을 수 있는 충분한 시간을 주기 위해서이다.

## 9) 모발의 성장주기

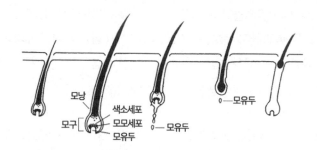

초기성장기 → 성장기 → 퇴행기 → 휴지기 → 탈모

모발의 성장주기

### (1) 성장기(anagen stage)

성장기는 모유두의 세포분열이 매우 왕성하게 진행되어 모발이 빠르게 성장하는 시기이다. 성장기의 기간은 약 3~6년이며, 전체 모발 주기의 80~90%가 이 시기에 속한다. 성장기의 모발은 한달에 약 1~1.5cm 자라지만 영양상태, 호르몬분비, 계절, 연령, 유전인자 등 개인에 따라서 달라질 수 있다.

### (2) 퇴행기(퇴화기,catagen stage)

성장기를 거친 모발이 차츰 퇴화기를 맞아 성장이 느려져 결국 더 이상 모발이 자라지 않는다. 퇴행기는 약 2~3주이며 전체 모발주기의 약 1%에 해당된다. 퇴행기에는 모유두와 모구부가 분리되기 시작하고 모낭이 위축되어 모근은 위쪽으로 밀려 올라가게 되고 결국 세포 분열을 멈추게 된다.

### (3) 휴지기(telogen stage)

휴지기에는 모낭과 모유두가 완전히 분리되고 모낭도 더욱더 위축되어 모근은 위쪽으로 더 밀려 올라가 모발이 빠지게 된다. 휴지기의 기간은 약 2~3개월이며, 이 기간 동안 모유두는 쉬게 된다. 이 휴지기에 해당하는 모발의 수는 전체 모발의 약 10%에 해당되며 휴지기에 들어선 후 약 3~4개월은 두피에 머무르다가 차츰 자연스럽게 빠지게 된다. 휴지기 상태의 모발이 약 20% 이상이 되어 탈모 되는 수가 많아질 때는 그 원인을 파악해서 더 이상 탈모가 진행되지 않도록 두피 및 모발 관리를 해야 한다.

### (4) 탈모기

탈모는 새로 성장하는 모발의 수보다 빠지는 모발의 수가 더 많아지는 현상으로 모발의 수가 점점 줄어드는 것을 말한다. 정상적인 자연탈모의 경우 하루에 약 50~100개의 모발이 빠지지만, 그 이상의 숫자가 빠지는 경우에는 이상 탈모 증상으로 보아야 한다. 이 경우 모모 세포의 생장활동이 중지 되고 성장기는 짧아지고 휴지기가 길어진다. 남성호르몬의 이상, 스트레스, 피지분지, 염증, 잦은 퍼머 또는 염색으로 인해 탈모가 발생하기도 한다. 탈모에 도움이 되는 기능성 성분은 덱스판테놀, 비오틴, L-멘톨, 징크피리치온, 징크피리치온액50%, 살리실릭애씨드, 나이아신아마이드 등이 있다.

(5) 발생기

모유두가 새로운 모발을 만들기 위해 세포 분열이 다시 시작되고 새로운 모발이 성장하게 되면 휴지기에 남아 있던 모발은 빠지게 된다. 이와 같이 모발은 성장기, 퇴화기, 휴지기, 발생기를 약 10~15회 반복한 후 모유두는 완전히 퇴화하게 된다.

## 1) 두피의 구조

① 두피는 피부의 일부분이며 혈관, 모낭, 피지선이 많이 분포되어 있다.

② 진피층에는 모세혈관이 많이 분포되어 있어 두부 외상에 의한 출혈이 발생하며, 머리카락을 통해 감각을 느낄 수 있도록 조밀하게 신경이 분포되어 있다.

③ 두피의 구성

　ㄱ. **외피**: 동맥, 정맥, 신경들이 분포

　ㄴ. **두개피**: 두개골을 둘러싼 근육과 연결된 신경조직

　ㄷ. **두개피하조직**: 얇고 지방층이 없음

## 2) 두피의 기능

① **보호기능**: 일반적인 피부의 기능과 마찬가지로 두피의 멜라닌 색소는 햇빛으로부터 두피를 보호한다. pH 약산성으로 외부 감염으로부터 보호하고 수분을 유지하며 또한 외부 충격으로부터 두피 내부를 보호하는 역할을 한다.

② **호흡기능**: 인체는 폐와 피부를 통해 호흡을 한다. 각질이나 노폐물이 두피의 모공을 막아 피부의 호흡을 방해 할 수 있다.

③ **분비와 배설 기능**: 땀을 배출하여 노폐물을 배설하며, 피지를 분비하여 수분 증발을 막아 수분을 유지한다.

④ **체온 유지 기능**: 땀 배출 및 두피 모공의 수축과 이완을 통해 체온을 유지하고, 모세혈관의 혈류량을 조절하여 체온을 조절한다. 일반적인 피부의 기능과 유사하다.

조갑은 피부 아래에 있는 조모에서 분화된 표피세포에서 생성되며 손가락과 발가락 끝을 보호하는 손톱과 발톱을 의미하며 케라틴(Keratin) 단백질로 이루어져 있다. 개인에 따라 차이는 있으나 약 0.1mm 정도 매일 자란다.

노화된 조갑을 앞으로 밀어내고 새로운 조갑을 생산하는데 이때 완전한 조갑이 되기 전에 케라틴화가 되지 않은 반달 부분으로 주위와 구분되도록 보이는 부분이 조반월(Nail lunula) 이다. 조갑은 내적인 요인 또는 외적인 요인으로 인해 빈번하게 이상 증상이 나타나 조병(爪病)에 걸리기도 한다.

## 1) 조갑의구조

| 명칭 | 내용 |
|------|------|
| 조체(Nail body) | 피부 밖으로 나와 있는 손발톱으로 여러 겹의 층으로 이루어져 있다. |
| 조곽(Nail wall) | 조벽이라고도 하며 조체(손발톱)를 둘러싼 피부 |
| 조모(Nail matrix) | 조근에 분포하며 세포분열을 하여 손톱과 발톱을 생산한다. |
| 조근(Nail root) | 손발톱의 뿌리부분으로 피부 밑에 있으며 손발톱이 자라기 시작하는 곳 |
| 조반월(Nail lunula) | 케라틴화가 되지 않은 완전한 손톱이 되기 전의 반달부분 |
| 조소피(Cuticle) | 손발톱의 각질 |
| 조상(Nail bed) | 손톱을 받치고 있는 아래 부분의 피부로서 혈관 및 신경조직이 있어 손톱이 자라도록 영양 및 수분을 공급한다. |
| 조상연(Perionychium, 페리오니키움) | 손톱 전체를 둘러싼 피부 |
| 상조피(Eponyclium, 에포니키움) | 손톱 테두리에 있는 가는 선의 피부 |
| 하조피(Hyponychium, 하이포니키움) | 프리엣지 부분의 피부 |

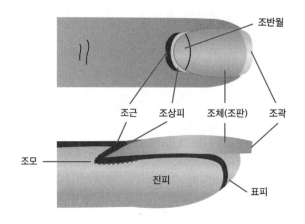

조갑의 구조

## 2) 조갑의 기능

① 손끝과 발끝을 보호하는 기능

② 물건을 잡도록 손끝, 발끝의 받침대 기능

③ 장식의 기능

④ 방어 및 공격의 기능

## 3) 조병의 종류

① **조갑박렬증**(조갑층상분열증) : 조갑의 껍질이 양파처럼 벗겨지는 증상으로 손톱을 받치고 있는 조상 (Nail bed)부분에서 수분을 제대로 공급받지 못하거나 네일제품, 계면활성제의 빈번한 사용으로 인해 탈수, 탈지작용이 발생하여 나타난다.

② **조갑주위염** : 손발톱 주위의 피부 또는 조갑이 박테리아에 감염되어 나타나는 염증 증상으로 소독되지 않은 네일 기구를 사용하여 빈번하게 발생되기도 한다.

③ **조갑박리증** : 손톱이 조상(Nail bed)에서 떨어져 빠지는 증세

④ **시형조 조갑** : 조갑의 표면이 숟가락 모양으로 들어가는 증세로서, 빈혈 또는 습진, 바이러스 등의 균으로 인해 일어난다.

⑤ **조갑백선** : 백선균의 감염으로 인해 손톱의 표면이 울퉁불퉁해지는 증세

---

| 제4장 | 피부 및 모발 상태 분석 |
| --- | --- |

## 1) 피부타입

일반적으로 피부타입은 건성, 중성, 지성, 복합성의 4가지로 분류하며 더 세분화된 피부타입으로 민감성 피부와 여드름성피부를 추가하기도 한다.

### (1) 중성피부(Normal Skin)

정상적인 피부 상태로 피지선과 한선의 활동이 정상적이다. 피부결의 입자가 섬세하고 매끄러우며 피부의 탄력이 좋고 피부가 촉촉하며 피부의 저항력이 좋아 윤기가 흐른다. 환경적인 요인이나 건강상의 문제로 약건성 또는 약지성으로 변하지만, 문제의 요인을 제거하면 다시 정상피부로 금방 복귀한다.

### (2) 건성피부(Dry Skin)

건성피부는 피지선과 한선의 기능이 떨어져 수분이 결핍되거나 유분이 결핍된 피부를 말한다.
피부의 탄력이 없고 윤이 없으며 갈라지고 튼 곳이 많다. 세안 후 피부 당김이 심하고 각질과 잔주름 쉽게 생겨 노화의 속도가 빨리 진행된다.

(3) 복합성피부

비정상적인 피지의 분비로 인해 지성과 건성의 피부 유형이 존재한다. 피지가 많이 분비되는 부분은 모공이 커지고 여드름을 동반하기도 한다. 반면 입 주변과 눈 주변, 볼 등에 피지의 분비가 적고 수분함량이 적어 각질이 생기거나 잔주름이 생기기도 한다. 이러한 경우 화장품을 부위별로 다르게 두 가지를 선택하여 사용하는 것이 좋다.

(4) 민감성피부

민감성피부는 비정상적인 피부로 환경이나 건강상태로 인해 일시적으로 나타나기도 한다. 하지만 계절이 바뀌는 환절기나 바람, 햇빛 등에 노출되어 피부가 손상되어 수포 및 알레르기 반응이 나타나고 색소침착까지 발생하여 지성피부의 민감성피부 또는 건성피부의 민감성피부로 바뀌어 피부노화가 빨리 진행되기도 한다.

(5) 지성피부(Oily Skin)

① 피부의 피지량이 많아 피지막이 두꺼워져 피부의 저항력이 약해져 세균에 의한 구진, 면포, 농포를 동반하는 경우가 있다. 대부분 남성호르몬의 영향으로 남성피부에 많이 나타난다.
② 한선의 기능이 감소하여 수분량이 부족하여 건성지루(Seborrhoea Sicca) 피부를 동반하기도 한다. 내분비계의 비정상적인 활동이 원인이 되기도 하지만 스트레스, 피로 등의 원인으로 나타나기도 한다.

(6) 여드름성 피부(Acne Skin)

여드름은 사춘기 때 호르몬의 영향으로 일시적으로 발생할 수 있지만 성인이 되어 피지 분비량이 많아 피지막이 형성되고 이러한 피지막과 각질이 모공을 막아 여드름균이 증식되어 염증으로 발전한다. 여드름의 요인으로는 유전성, 스트레스, 불면증, 지루성 피부, 내분비계의 이상으로 인한 호르몬의 과다분비, 각화과정의 빠른 주기, 각질세포의 응집력으로 인한 각질층의 두께가 두꺼워져 발생한다. 여드름성 피부는 오일이 함유된 화장품 사용을 피해야 하며 살리실릭애씨드, 비타민A 유도체, 과일산, 탄닌, 감초추출물, 로즈마리추출물, 인삼, 잘비아추출물, 레조시놀, 하이퍼리신 등의 성분이 함유된 화장품을 추천한다.

▶ **염증의 국소증상**

로마의 출판 편집자 켈수스는 《의학에 대하여》(De Medicina)에서 통증, 홍반, 부종, 발열을 염증의 4대 요소라 칭하였다. 후대의 갈레노스, 시든햄, 피르호 등이 염증 발생 후 기능 상실에 대해 언급하였다.

- 홍반(Redness, 발적)
- 발열(Heat)
- 부종(Swelling)
- 통증(Pain)
- 기능 상실(functio laesa, 기능 저하)

① 국소 증상은 염증 부위의 혈관 이완, 모세혈관의 투과성 증가, 혈류 증가로 인해 발생한다.

② 혈액의 흐름이 염증 부위 쪽으로 증가하여 홍반, 발열 증세가 생긴다.

③ 혈관 투과성이 증가하여 조직에 체액이 축적되어 부종이 생긴다.

④ 신경 말단을 자극하는 히스타민과 브래디키닌이 방출되어 통증을 느낀다.

⑤ 복합적인 요인으로 인한 염증 부위의 기능 상실이 발생한다.

## 2) 피부 타입 검사법

### (1) 피부 수분 측정법

① **경피수분손실량**(Transepidermal WaterLoss, TEWL) : 각질층을 통해서 대기 중으로 빠져나가는 수분의 양을 의미한다. 즉 피부로부터 증발 및 발산하는 수분량을 측정함으로써 피부장벽의 상태를 알 수 있다. 피부장벽기능(skin barrier function)의 이상은 과도한 수분량의 손실로 피부의 건조를 유발할 수 있다. 건조한 피부나 손상된 피부는 정상인에 비해 높은 값을 나타낸다.

② **근적외분광분석법** : 근적외분광분석기를 사용하여 근적외선을 피부에 조사하였을 때 나타나는 확산 반사를 이용하여 피부수분상태를 측정하는 방법으로, 피부의 수분측정에 사용된다.

③ **전기전도도, 정전용량** : 피부의 전기적 성질(전기전도도, 정전용량) 등을 이용하여 각질층 수화를 평가한다. 대부분 피부 수분 측정기는 피부의 전기적 성질을 측정하는 전기전도도 장비이다. 피부를 부도체로 보고 수분이 많이 함유될수록 전기가 잘 통하는 성질을 응용한 장비로 전도도를 측정한다.

### (2) 피부 유분 측정법

ㄱ. 카트리지필름이나 유분을 흡수할 수 있는 재질의 합성재료를 사용하여 그 투명도에 따라 피부에 존재하는 유분의 상태를 정량평가 하는 방법을 이용한다. 이 결과를 이용하여 지성피부를 판별할 수 있다.

ㄴ. 생체 전기저항 분석법(BIA) : 미세한 교류 전류를 흘려보냈을 때, 체내에 지방이 많을수록 전기 저항이 크다는 원리에 기초한 신체 구성 측정법이다. (체 성분 분석을 위해 쓰임)

(3) 그 외 피부측정 방법

| 항목 | 측정방법 |
| --- | --- |
| 피부수분 | 전기전도도기 |
| 피부유분 | 카트리지필름, 흡묵지 |
| 탄력도 | 피부에 음압을 가한 후 상태복원정도 측정(탄력측정기) |
| 주름 | Replica 분석법, 피부표면형태측정 |
| 피부표면 | 현미경과 비젼프로그램을 이용하여 주름, 각질, 모공크기, 색소침착 등 측정 |
| 피부색 | 피부의 색상측정 |
| 멜라닌 | 멜라닌의 양을 측정 |
| 색소침착 | 피부색소측정기, UV광을 이용한 측정기 |
| 홍반 | 헤모글로빈 측정 |
| pH | 피부의 산성도 측정 |
| 피부보습도 분석 | 경피수분손실량(TEWL) 측정, 피부장벽기능평가, 각질수분량 측정 |
| 두피상태 | 비듬, 피지, 모근상태 등을 현미경을 통해 확인 |

## 3) 모발의 손상

모발은 딱딱한 경단백질인 케라틴으로 구성되어 있고, 물리적 화학적 자극에 강하다.

① 물리적 요인에 의한 손상

ㄱ. 마찰에 의한 손상 : 브러싱, 타월 드라이, 잘못된 샴푸잉

ㄴ. 열기구에 의한 손상 : 드라이어, 아이론

ㄷ. 미용 도구에 의한 손상 : 가위, 레이저날

② 화학적 요인에 의한 손상 : 염색, 펌

③ 생리적 요인에 의한 손상 : 남성호르몬인 안드로겐의 과잉 분비, 출산, 피임약 복용, 스트레스

④ 환경적 요인에 의한 손상 : 과도한 자외선 노출

▶ **모발의 손상도를 측정하는 방법**

① 감상적인 진단 : 감상적인 진단은 진단자의 주관을 배제하기 위해 노력하여 정확하고 객관적인 방법으로 진단해야 한다.

• 문진법 : 고객과 질의응답을 통해 판단하는 방법, 생활환경, 스트레스, 식습관 등

• 견진법 : 육안 또는 전문 기기인 스코프를 통한 두피 관찰법, 각질의 정도, 두피의 색, 피지, 홍반, 염증 등 관찰

• 촉진법 : 두피의 두께, 각질 상태, 피지량 등을 손으로 만져서 관찰하는 방법

② 절단강도와 신장률의 측정 : 모발 강도 신장률 계를 이용하여 측정한다. 클립으로 모발을 고정시키고 클립을 좌우로 움직여 모발을 당긴 후 모발이 끊어지면 기계의 표시판에 강도와 신장률의 수치가 표시된다.

③ 물에 의한 제2차 팽윤도의 측정 : 건강한 모발은 모발 중량의 25~30%의 수분을 흡수하여 포화상태가 되지만, 손상된 모발은 수분을 흡수하는 포화량이 더욱더 증가한다. 모발을 물에 침전시킨 후 모발 내부에 흡수된수분의 중량(팽윤도)을 측정함으로써 모발의 손상도를 확인할 수 있다.

④ 알칼리 용해도의 측정 : 수산화나트륨 0.4% 수용액에 건강한 모발을 약 30분 동안 담근 후 미온수로 헹궈 무게를 측정하면 중량이 약 3% 정도 감소하게 된다. 손상된 모발은 알칼리에 대한 저항력이 낮아 용해되는 정도가 높고 중량이 감소하는 결과를 나타낸다.

⑤ 아미노산 분석에 의한 측정 : 모발을 가수분해하여 아미노산 조성의 변화를 분석하여 측정한다. 손상모는 시스틴의 함유량이 감소하고 시스테인산이 증가하여 손상도를 측정할 수 있다.

## 4) 탈모 비듬 증상

### (1) 탈모의 증상과 종류

① **남성형 탈모증** : 남성 호르몬인 테스토스테론은 모낭에 존재하는 5-alpha-reductase(5-알파환원효소)라는 효소가 작용하여, 디하이드로테스토스테론(DHT)으로 전환된다. 남성형 탈모증은 남성호르몬인 디히드로테스토스테론(DHT, Dihydrotestosterone)호르몬의 영향으로 모발이 점점 얇아지면서 빠지는 대머리 증상을 말한다.

② **여성 탈모증** : 여성의 경우 부신에서 남성호르몬이 분비되고 난소에서도 모발에 영향을 미치는 호르몬을 분비하여 모낭세포의 반응으로 인해 나타나는 탈모증세이다. 부신이나 난소의 비정상 과다 분비나 남성호르몬 작용이 있는 약물 복용이 탈모의 원인이 되는 경우도 있다.

③ **원형 탈모증** : 스트레스, 알레르기, 자가면역성 요인 등으로 모낭에 염증을 유발하여 원형으로 탈모가 일어나는 탈모증이다. 남녀노소 누구에게나 나타날 수 있는 현대인의 고민 증세이다.

④ 기타 지루성 탈모증, 산후 휴지기 탈모증, 노인성 탈모증 등이 있다.

### (2) 탈모의 원인

① **유전** : 탈모 유전자는 우성 유전을 하는 것으로 알려져 있어 대머리 유전자가 많으면 무조건 탈모가 진행된다. 아버지, 어머니 쪽 모두 유전될 수 있으며 어머니 쪽 유전자가 좀 더 중요한 의미를 가진다. 유전으로 인한 탈모는 M형, O형의 형태로 탈모가 진행된다.

② **호르몬**: 모발과 관계있는 호르몬은 뇌하수체, 갑상선, 부신피질, 난소, 고환에서 분비되는 호르몬이다. 그 중 남성호르몬에 의한 탈모가 대부분을 차지한다.

③ **스트레스**: 스트레스로 인해 자율신경의 부조화로 모발의 성장기가 짧아지고 모발이 쉽게 탈락이 되는 증세로, 과도한 스트레스로 인한 탈모로 고민하는 현대인이 늘어나고 있다.

④ **식생활 습관**: 동물성 지방의 과다 섭취는 혈중 콜레스테롤을 증가시켜 모근의 영양공급을 악화시켜 탈모를 일으킬 수 있다. 또한 다이어트로 인해 단백질, 미네랄 등이 결핍된 경우 탈모가 발생하기도 한다.

⑤ **모발 공해**: 파마, 드라이, 염색, 대기오염 등으로 인해 모발 및 두피가 손상되어 탈모가 진행되기도 한다.

⑥ **기타**: 지루성 두피염, 건선, 아토피와 같은 피부질환 또는 항암 치료, 방사선 치료, 염증성 질환 등에 의해 탈모가 나타날 수 있다.

## (3) 비듬

① 비듬은 두피 표면에서 자연히 탈락되는 각질과 피지, 먼지가 묻어서 생긴 때의 일종으로 다양한 원인으로 인해 비듬이 과다 발생하기도 한다. 모발 모근부(Hair root)의 내모근초는 모발을 표피까지 운송하는 역할을 다한 후에는 비듬이 되어 두피에서 떨어진다.

② 비듬은 두피 피지선의 피지 과다 분비, 호르몬의 불균형, 두피 세포의 과다 증식, 스트레스, 다이어트, 염색약 등으로 인한 두피 손상 등으로 인해 비듬 발생이 증가하거나 말라쎄지아라는 진균류의 분비물이 표피층을 자극하여 비듬이 발생하기도 한다.

③ 대부분 비듬으로 인해 가려움증이 동반되고, 증상이 심해지면 구진성 발진이나, 심한 가려움과 뾰루지를 동반하는 지루성 피부염의 증상이 발생하여 귀 주변 및 이마 주변까지 나타나기도 한다.

④ 이러한 비듬으로 인해 탈모증세로 이어지는 경우가 대부분이므로 항상 두피를 청결히 하고 계면활성제, 염색약, 퍼머넌트웨이브제와 같은 물질의 두피 자극을 줄여야 한다.

## 01

표피는 안쪽에서부터 ( ㄱ )층-( ㄴ )층-( ㄷ )층-( ㄹ )층-( ㅁ )층으로 이루어져 있다.

## 02

각질층은 빛을 차단하는 작고 투명한 세포로 구성되어 있다.  (O,×)

## 03

말피기층은 각화과정의 시작과 진행에 큰 역할을 하며 유극층에는 면역에 관여하는 (      ) 세포가 존재한다.

## 04

피부색을 결정하는 색소에는 멜라닌, (      ), 카로틴이 있다.

## 05

(      )는 표피와 피하지방층 사이에 위치하며 피부의 90% 이상을 차지한다. 교원 섬유, 탄력 섬유 등 섬유 단백질로 구성되어 있다.

## 06

진피의 구성성분으로는 ( ㄱ )섬유, ( ㄴ )섬유, ( ㄷ )이 있다.

## 07

(      )는 피부 내에 존재하는 피지의 친수성 부분을 의미하며 피부의 수분량을 조절하여 피부건조를 방지하는 역할을 한다.

## 08

모발의 구조는 모발의 바깥쪽부터 모소피, 모피질, (      )로 구성된다.

## 09

모근부에 위치한 내모근초는 내측의 두발 주머니로서 외피에 접하고 있는 표피의 각질층인 ( ㄱ )와 과립층의 ( ㄴ )층, 유극층의 ( ㄷ )으로 구성되어 있으며 두발을 표피까지 운송하여 역할을 다한 후에는 ( ㄹ )이 되어 두피에서 떨어진다.

## 10

( )는 모소피의 가장 바깥층이며 두께 100Å 정도의 얇은 막으로, 수증기는 통하지만 물은 통과하지 못하는 구조로 딱딱하고 부서지기 쉽기 때문에 물리적인 자극에 약하다.

## 11

**모발의 성장주기를 나타낸 것이다. 빈칸에 알맞은 용어를 적으시오.**

성장기-퇴행기-( )-탈모

## 12

탈모에 도움이 되는 기능성 성분은 덱스판테놀, ( ), L-멘톨, 징크피리치온 등이 있다.

| 정답 | |
|---|---|
| 01 | (ㄱ) 기저, (ㄴ) 유극, (ㄷ) 과립, (ㄹ) 투명, (ㅁ) 각질 |
| 02 | × |
| 03 | 랑게르한스 |
| 04 | 헤모글로빈 |
| 05 | 진피 |
| 06 | (ㄱ) 교원, (ㄴ) 탄력, (ㄷ) 기질 |
| 07 | 천연보습인자 |
| 08 | 모수질 |
| 09 | (ㄱ) 초표피, (ㄴ) 헉슬리, (ㄷ) 헨레, (ㄹ) 비듬 |
| 10 | 에피큐티클 |
| 11 | 휴지기 |
| 12 | 비오틴 |

# 관능평가방법과 절차

## 제1장 화장품 관능검사

화장품의 관능검사란 화장품의 적합한 관능 품질(안정성, 사용성)을 확보하기 위하여 외관 및 색상 검사, 향취검사, 사용감 검사 등을 수행하는 능력이다. 관능평가는 여러 가지 품질을 인간의 오감(시각, 청각, 미각, 후각, 촉각)에 의하여 평가하는 제품검사를 의미하며, 인간의 기호를 측정할 수 있다는 점이 관능검사의 중요한 특징이다.

• 관능검사는 목적에 따라 분석형 관능검사과 기호형 관능검사로 나뉜다.

• 분석형 관능검사는 인간의 감각을 기기로 간주하여 검사가 실시되며 표준품 및 제품규격서와 비교하여 적합 유무를 객관적으로 판정하고 기록 관리하여 품질관리에 이용된다.

• 기호형 관능검사는 인간의 기호도를 주관적인 견해인 좋고 싫음을 평가한 것을 기록 관리한 후 종합적으로 시장 조사한 내용을 바탕으로 제품개발 등에 이용된다.

① **성상 및 색상**: 표준품을 선정한 후, 내용물의 흐름성 및 색을 육안으로 확인한다. 색조의 경우 직접 발라서 색상을 확인하거나 슬라이드 글라스에 눌러서 백색 또는 흑색의 배경을 사용하여 대조한다. 형광을 관찰할 때는 흑색의 배경을 사용한다.

   ㄱ. **유액, 로션, 크림 등 유화 제품**: 표준견본과 대조하여 내용물의 사용감, 점성 및 내용물의 색이 유백색인지 육안으로 확인

   ㄴ. **파운데이션, 립스틱 등 색조 제품**: 표준견본, 내용물을 각각 슬라이드 글라스(slideglass)에 도포 후 슬라이드 글라스로 눌러서 대조되는 색상을 육안으로 확인 또는 손등 등 실제 사용 부위인 얼굴이나 입술 등에 발라서 색상을 확인한다.

② **향취**: 표준품을 선정하여 100mL 비이커에 1g의 내용물을 담아 코를 대고 향취를 맡거나 피부에 직접 도포 또는 시향지를 이용하여 향취를 맡은 후 대조한다.

③ **사용감**: 표준품을 선정한 후, 내용물을 직접 피부에 도포하여 문지른 후의 느낌을 촉각을 이용하여 나타낸 후 표준품과 대조한다(예 무거움, 가벼움, 촉촉함 등).

④ 소비자 패널과 전문가 패널에 의한 품평이 있으며, 전문가에 의한 평가는 대표적으로 인체적용시험이 있다.

| 기호성 관능평가 종류 | 평가방법 |
|---|---|
| 소비자에 의한 평가 | • **맹검 사용시험**(Blind use test) : 제품의 정보를 제공하지 않는 제품 사용시험<br>• 비맹검 사용시험(Concept use test) : 제품의 정보를 제공하고 제품에 대한 인식 및 효능이 일치하는지를 조사하는 시험 |
| 전문가 패널에 의한 평가 | 품평 |
| 정확한 관능기준을 가지고 교육을 받은 전문가 패널의 도움을 얻어 실시하는 평가 | • 의사의 감독하에서 실시하는 시험<br>• 그 외 전문가(준의료진, 미용사 등) 관리하에 실시하는 평가 |

## 제2장 　　관능평가에 사용되는 표준품

① **제품 표준견본** : 완제품의 개별포장에 관한 표준(화장품의 완제품 표준)

② **벌크제품 표준견본** : 성상, 냄새, 사용감에 관한 표준

③ **라벨 부착 위치견본** : 완제품의 라벨 부착위치에 관한 표준

④ **충진 위치견본** : 내용물을 제품용기에 충진할 때의 액면위치에 관한 표준

⑤ **색소원료 표준견본** : 색소의 색조에 관한 표준

⑥ **원료 표준견본** : 원료의 색상, 성상, 냄새 등에 관한 표준

⑦ **향료 표준견본** : 향, 색상, 성상 등에 관한 표준

⑧ **용기·포장재 표준견본** : 용기·포장재의 검사에 관한 표준

⑨ **용기·포장재 한도견본** : 용기·포장재 외관검사에 사용하는 합격품 한도를 나타내는 표준

### 관능용어에 따른 물리화학적평가법

| 구분 | 관능용어 | 물리화학적평가법 |
|---|---|---|
| 물리적요소 | 촉촉함 / 보송보송함<br>뽀드득함 / 매끄러움<br>보들보들함<br>부드러움 / 딱딱함<br>빠르게 스며듦 / 느리게 스며듦<br>가볍게 발림 / 빡빡하게 발림 | 마찰감 테스터<br>점탄성 측정(리오미터) |
| | 피부가 탄력이 있음<br>피부가 부드러워짐 | 유연성 측정 |
| | 끈적임 / 끈적이지 않음 | 핸디압축 시험법 |
| 광학적요소 | 투명감이 있음 / 매트함<br>윤기가 있음 / 윤기가 없음 | 변색분광측정계(고니오스펙트럼포토미터)<br>광택계(Glossmeter) |
| | 화장 지속력이 좋음 / 화장이 지워짐<br>균일하게 도포할 수 있음 / 뭉침, 번짐 | 색채측정(분광측색계를 통한 명도측정)<br>확대비디오관찰(비디오마이크로스코프) |
| | 번들거림 / 번들거리지 않음 | 광택계(Glossmeter) |

## 01

( ) 관능검사는 인간의 감각을 기기로 간주하여 검사가 실시되며 표준품 및 제품규격서와 비교하여 적합 유무를 객관적으로 판정하고 기록 관리하여 품질관리에 이용된다.

## 02

다음 중 관능평가에 사용되는 표준품이 아닌 것은?

① 제품 표준견본
② 내용물 표준견본
③ 충진 위치견본
④ 원료 표준견본
⑤ 용기·포장재 한도견본

## 03

관능 용어 중 '투명감이 있다, 매트하다, 윤기가 있다, 윤기가 없다'는 것을 평가하기 위한 물리화학적 평가법은?

① 변색분광측정계
② 핸디압축 시험법
③ 유연성측정
④ 색채측정
⑤ 확대비디오관찰

## 04

소비자에게 화장품의 정보를 제공하지 않고 제품을 사용하도록 하여 시험하는 소비자의 기호형에 의한 관능평가 방법은 무엇인가?

## 05

관능시험 중 ( ) 사용시험이란 소비자의 판단에 영향을 미칠 수 있는 제품의 정보를 제공하지 않는 사용시험을 말한다.

| 정답 | |
|---|---|
| 01 | 분석형 |
| 02 | ② |
| 03 | ① |
| 04 | 맹검사용시험(맹검법) |
| 05 | 맹검 |

# 제품상담

## 제1장     맞춤형 화장품 주의점

① 맞춤형 화장품 판매업을 신고한 후 영업이 가능하다.

② 맞춤형 화장품의 혼합 및 소분은 맞춤형 화장품 조제 관리사가 직접 조제해야 한다.

③ 맞춤형 화장품은 배합금지 원료와 사용제한 원료를 사용할 수 없다.

④ 맞춤형 화장품은 반드시 고객 상담 후 화장품을 혼합 소분하여야 한다.

⑤ 각 매장별 맞춤형 화장품 조제 관리사는 반드시 두어야 한다.

## 제2장     맞춤형 화장품의 상담법

① 피부 측정기를 통해 피부 상태를 측정하거나 문진 등을 하여 정확한 피부 상태를 측정한 후 고객에게 조언을 하여 고객의 선호도에 따른 맞춤형 화장품을 조제한다.

② 고객이 선호하는 성분이나 제제의 형태를 결정하여 조제한다.

③ 고객의 알레르기, 부작용 등의 여부 파악을 위해 반드시 전성분에 대한 설명과 사용법 주의사항을 설명해야 한다.

> **Tip**
>
> 시험에서는 제품상담에 대한 비중이 상당히 높게 출제가 되고 있다. 2단원의 화장품 원료의 특징에 따른 내용을 조합하여 상담하는 내용이 종종 출제된다.
>
> 화장품 원료의 지용성, 수용성 여부 및 자외선차단제의 백탁 원료, 알레르기 유발물질, 기능성 성분의 특징 등이 종합적으로 함께 상담 내용으로 출제되므로 2단원의 원료 특징을 잘 파악하여야 한다.

▶ **자외선 관련제품 상담시 SPF 계산법:**

자외선에 노출되면 5분 후부터 홍반이 생성되는 민감한 피부를 가진 A씨는 오후 4시간 동안 야외활동을 해야 한다.

$(4 \times 60) \div 5 = 48$

※ 결론: SPF48 이상의 자외선차단 제품을 조제해야 한다.

> **Tip**
>
> "자외선차단지수(Sun Protection Factor, SPF)": UVB를 차단하는 제품의 차단효과를 나타내는 지수로서 자외선차단제품을 도포하여 얻은 최소홍반량을 자외선차단제품을 도포하지 않고 얻은 최소홍반량으로 나눈 값이다.

## 1) 정의

① **홍반**：붉은 반점

② **부종**：부어오름

③ **인설생성**：각질이 은백색의 비늘처럼 피부 표면에 과다 발생

④ **자통**：찌르는 듯한 느낌

⑤ **뻣뻣함**：굳는 느낌

⑥ **가려움**：소양감

⑦ **작열감**：타는 듯한 느낌 또는 화끈거림

⑧ **따끔거림**：쏘는 듯한 느낌

⑨ **접촉성피부염**：피부자극에 의한 일시적 피부염

⑩ **구진**：작은 발진

⑪ **발적**：피부가 급격하게 붉어짐

## 2) 피부의 부작용

민감성피부는 기능성화장품에 함유된 기능성물질에 대한 피부 자극도가 매우 높다.

아토피, 여드름 등 피부질환에 의한 민감성피부, 아기 피부, 스트레스, 월경, 과격한 운동, 환절기 등으로 인해 일시적으로 피부가 발적하여 민감해지면 기능성 성분에 대한 자극이 발생할 수 있다. 또한 특정물질로 인한 알레르기반응이나 피부염들을 일으키는 부작용이 발생하기도 한다.

① **원발성 접촉피부염**：화장품, 비누, 세정제 등에 사용된 물질이나 완제품의 알칼리성과 산성 성질로 인해 원발성 접촉피부염의 원인이 된다. 이러한 물질에 노출되면 주부습진, 기저귀발진 및 다양한 피부병으로 발생한다.

② **피부 감작성 피부염**(알레르기[1]성 접촉 피부염)：어떤 물질에 대한 반복적인 지연성 접촉 과민반응으로 이전의 노출에 의해 활성화된 면역체계에 의한 알레르기성 반응이다. 즉, 피부에 바르는 화장품, 의약품 등에 반복적으로 접촉하여 홍반, 부종 등 알레르기성 피부 과민 반응을 나타내는 습진의 2차 반응이다.

> ▶ **피부 감작성 원인 물질**
> 착향제의 알레르기 유발성분, 화장품성분의 사용 시 주의사항 위반

---

[1] 알레르기(allergy, 알러지)：1906년 프랑스 학자인 폰 피케르가 처음 사용하였으며, 대부분의 사람들이 어떤 외부물질에 대해 아무런 반응을 나타내지 않지만 면역기전 이상으로 인해 일부 사람들이 보통 사람보다 더 과민 반응을 나타낼 때 발생하는 증상

③ 광 과민성 피부 질환

| 광질환 종류 | 특징 | 원인 |
|---|---|---|
| 광 알레르기 | • 약물복용 또는 국소도포 후 발생<br>• 접촉성 피부염과 유사<br>• 홍반, 습진, 인설 발생 | 자외선A |
| 광독성 피부염 | • 광과민성 물질에 노출 후 태양광선에 노출 시 일시적으로 발생<br>• 색소침착 발생 | 자외선B, 가시광선 |
| 다형 광 발진 | • 노출 후 수시간 또는 수개월 후 발병하여 수개월 지속된다.<br>• 구진, 홍반, 출혈, 습진 등 여러 형태로 발병하나 한 사람에한 가지 병변만 나타난다. | 자외선A, 자외선B, 가시광선 |
| 일광 두드러기 | 태양광에 노출된지 짧은 시간에 소양증, 홍반 등이 나타나고두통 및 현기증이 발생한다. | 자외선A, 자외선B, 가시광선 |

> **광첩포시험(Photopatch Test)**
> 광 과민성 물질로 의심되는 물질을 양쪽에 첩포한 후 48시간 뒤에 제거하고 한쪽에만 자외선을 조사한 후 48시간 뒤에 피부의 반응을 판정한다. 양쪽 모두 양성반응이면 접촉 피부염, 조사한 부위만 양성반응이면 광 알레르기로 판정한다.

## 3) 피부색소의 이상현상

### A. 색소증가

① **주근깨(Freckle, 작란반)** : 주근깨는 주로 얼굴, 목, 어깨, 손등, 팔목 부위 등 햇빛에 노출이 잘되는 부위에 발생하거나 또는 선천성 과색소 침착증으로 나타나기도 한다. 5mm 내외의 작은 크기로 피부가 희거나 햇빛에 약한 피부에 주로 발생되며, 햇빛이 강한 여름에 색깔이 짙어지고 겨울에는 옅어진다. 멜라닌 세포수는 정상피부와 큰 차이가 없지만 색소 침착을 일으킨 멜라닌 세포는 강한 도파 양성반응(DOPA positive)을 하고 멜라닌 합성이 왕성하여 멜라노좀을 다량 함유하고 있다.

② **기미(Melasma)** : 기미는 과색소 침착성 질환으로 주로 중년 여성이나 임신기간, 폐경기에 주로 발생한다. 기미는 암갈색, 검적색으로 다양한 크기의 색소반이 얼굴 및 햇빛에 노출된 부위 등에 주로 나타난다. 기미는 흔한 질환이지만 정확한 원인은 알려져 있지 않으며 일광노출 시 악화 요인으로 보고 있다. 건강한 남성에게서도 나타나기도 하며 난소종양, 내분비질환, 스트레스 및 화장품의 부작용으로 인해 발생하기도 한다.

③ **점(흑자, Lentigo)** : 과량으로 색소가 침착된 색소반으로 선천적인 요인과 후천적인 요인으로 발생한다.

ㄱ. **단순성 흑자** : 표피의 기저층에서 멜라닌 세포가 이상 증식되어 멜라닌 침착이 증가하여 발생한다. 일반적으로 갈색 또는 검정색의 짙은 반점으로 신체 어느 부위든 생길 수 있으며 자연적으로 사라지지 않는다.

ㄴ. **일광성 흑자**: 햇빛에 노출된 부위에 표피의 멜라닌 세포 수가 증가하여 진피와 표피 사이에 멜라닌 세포가 응집되어 발생한 갈색 반점으로 크기와 수가 점점 증가하는 경향을 보인다.

- 일반적으로 햇빛에 의해 발생한 "점"이라고 표현한다.

ㄷ. **악성 흑자**: 이명은 악성 흑색종(malignant melanoma)으로 멜라닌 세포의 악성 변화에 의해 유발되는 희귀 피부질환으로 눈, 귀, 위장관, 입과 생식기의 점막에서도 발생할 수 있다. 피부암 중에서는 가장 위험한 형태의 암이다.

④ **노인성 흑자**(노인성 반점, 노인성 색소반): 노년기에 접어들면 안면, 손등 등 햇빛에 노출되는 부위에 다발적으로 발생하고 있는 담갈색, 또는 흑갈색의 반점이다. 기저층의 멜라닌 증가와 피부의 노화에 의한 것으로 알려져 있다.

## B. 색소결손

① **백색증**(Albinism): 백색증은 멜라닌 색소의 결핍으로 나타나는 선천성질환이다. 멜라닌 세포의 수는 정상이지만 멜라닌 합성에 관여하는 티로시나제 효소의 기능이 저하되어 불안정한 멜라닌을 생산한다. 이로 인해 색소로서의 역할을 하지 못하여 자외선에 대한 방어력이 약하고 쉽게 일광 화상을 입는다.

② **백반증**(Vitiligo, 후천성 색소 결핍): 멜라닌 세포의 수가 감소하거나 소실되어 발생하는 질환이다. 표피에 멜라닌 색소가 결핍되어 나타나는 원형 또는 부정형의 백색 반점이 생긴다. 이러한 백반점 부위는 땀이나 피부온도가 증가하여 체온조절의 기능·역할을 하지 못한다. 또한 출혈이 발생하면 지혈되는 시간이 많이 걸린다.

---

**제4장** **고객관리**

① 문제 발생 시 대응하기 위한 표준작업지침서(SOP, Standard Operating Procedure)를 작성하고 시행한다. 고객관리, 불만 접수 및 고객 응대, 유해사례 발생 등의 문제 발생 시 SOP에 따라 대응한다.

▶ **표준작업지침서(SOP) 작성 요령**
표준작업지침서는 특정 업무를 수행하는 자가 표준화된 방법에 따라 일관되게 실시하도록 할 목적으로 해당 절차서 및 수행 방법 등을 상세하게 기술한 "표준작업"에 대한 문서를 말한다. SOP는 품질관리(Quality Control)가 필요한 모든 업무에 필요한 절차서이다.

② 고객관리는 개인정보 보호법에 따라 보호 관리되어야 한다(1단원 참고).
③ 소비자와의 분쟁 시 공정거래 위원회가 고시한 '소비자분쟁해결기준'에 따라 교환, 환급, 배상 등을 한다.

| 화장품 | | |
|---|---|---|
| **분쟁유형** | **해결기준** | **비고** |
| 1) 이물혼입 | • 제품교환 또는 구입가 환급 | • 치료비 지급 : 피부과 전문의의 진단 및 처방에 의한 질환 치료 목적의 경우로 함(단, 화장품과의 인과관계가 있어야 하며, 자의로 행한 성형·미용관리 목적으로 인한 경우에는 지급하지 아니함). |
| 2) 함량부적합 | • 제품교환 또는 구입가 환급 | |
| 3) 변질·부패 | • 제품교환 또는 구입가 환급 | |
| 4) 유효기간 경과 | • 제품교환 또는 구입가 환급 | |
| 5) 용량부족 | • 제품교환 또는 구입가 환급 | |
| 6) 품질·성능·기능불량 | • 제품교환 또는 구입가 환급 | |
| **분쟁유형** | **해결기준** | **비고** |
| 7) 용기 불량으로 인한 피해사고 | • 치료비, 경비 및 일실소득 배상 | • 일실소득 : 피해로 인하여 소득 상실이 발생한 것이 입증된 때에 한하며, 금액을 입증할 수 없는 경우 노임단가를 기준으로 힘. |
| 8) 부작용 | • 치료비, 경비 및 일실소득 배상 | |

## 01

각 매장에는 1명 이상의 맞춤형화장품조제관리를
둘 수 있다.                                    (O,×)

## 02

(      )는 특정업무를 수행하는 자가 표준화된 방
법에 따라 일관되게 실시하도록 할 목적으로 해당
절차서 및 수행 방법 등을 상세하게 기술한 "표준작
업"에 대한 문서를 말한다.

| 정답 | |
| --- | --- |
| 01 | O |
| 02 | 표준작업지침서(SOP, Standard Operating Procedure) |

# MEMO

# Part 3
# 부록

### 제1조(목적)

이 규정은 「화장품법」제5조 및 같은 법 시행규칙 제11조에 따라 화장품책임판매업자가 수입화장품의 품질검사를 면제받기 위하여 수입화장품의 제조업자에 대한 현지실사를 신청할 때에 필요한 신청절차·제출서류 및 평가방법, 인정취소와 관련하여 필요한 세부사항 등을 규정하여 수입화장품 품질관리업무에 적정을 기함을 목적으로 한다.

### 제2조(실사신청)

수입화장품의 품질검사 면제를 받고자 하는 화장품책임판매업자는 별지 제1호 서식에 따른 수입화장품 제조업자 현지실사 신청서를 식품의약품안전처장(이하 "처장"이라 한다)에게 제출하여야 한다. 이미 발급된 수입화장품 제조업자 현지실사 평가인정서에 대하여 변경사항이 있는 경우에도 또한 같다.

### 제3조(제출서류)

화장품책임판매업자는 제2조에 따른 실사를 신청하는 때에는 다음 각호의 서류를 첨부하여 제출하여야 한다.

1. 제조업소의 현황(「우수화장품 제조 및 품질관리기준」(식품의약품안전처 고시) 별표 2의 우수화장품 제조 및 품질관리기준 실시상황 평가표에 따라 작성한다)

2. 우수화장품 제조 및 품질관리기준 실시상황 자체평가표(「우수화장품 제조 및 품질관리기준」(식품의약품안전처 고시) 별표 2의 우수화장품 제조 및 품질관리기준 실시상황 평가표에 따라 작성한다)

3. 화장품 제조 및 품질관리기준 운영조직

    1) 화장품 제조 및 품질관리기준 조직 및 운영현황

    2) 품질관리부서 책임자의 이력서

    3) 화장품 제조 및 품질관리기준 교육규정과 실시 현황

4. 제조소의 시설내역

    1) 제조소의 평면도(각 작업소, 시험실, 보관소, 그 밖에 제조공정에 필요한 부대시설의 명칭과 출입문 및 복도 등을 표시한 1/100실측 평면도면)

    2) 환기시설 계통도

    3) 용수처리계통도

    4) 제조시설 및 기구내역(시설 및 기구명, 규격, 수량 등의 표시)

    5) 시험시설 및 기구내역(시설 및 기구명, 규격, 수량 등의 표시)

5. 제조관리현황

    1) 제조관리기준서 및 각종 규정목록

    2) 위·수탁제조 시 위·수탁 제조계약서 및 관리현황

    3) 작업소의 구분 및 출입에 관한 규정

    4) 작업소의 청소·소독방법과 관리현황

    5) 방충·방서관리 규정 및 실시현황

6. 품질관리현황

   1) 품질관리 시설 및 기구에 대한 교정 등 관리규정과 실시현황

   2) 제조용수관리 규정 및 시험실시 사례

   3) 품질관리 기기 및 기구에 대한 점검규정 및 기기대장

   4) 위·수탁시험 시 위·수탁시험 계약서 및 관리현황

## 제4조(현지실사 및 평가방법)

① 처장은 제2조에 따른 수입화장품 제조업자 현지실사 신청을 받은 때에는 신청일부터 6개월 이내에 관련공무원 및 전문가로 하여금 현지실사팀을 구성하여 수입화장품 제조업자에 대한 현지실사를 실시한다.

② 제1항에 따른 현지실사의 평가는 「우수화장품 제조 및 품질관리기준」(식품의약품안전처 고시) 제30조에 따른 평가방법을 준용한다.

③ 처장은 화장품책임판매업자에게 현지실사 일자, 평가자 명단 등을 현지실사일 전에 미리 알려주어야 한다.

## 제5조(평가인정서 발급 등)

① 처장은 제4조에 따라 실시한 수입화장품 제조업자에 대한 현지실사 결과 수입화장품 제조업자의 품질관리 기준이 「우수화장품 제조 및 품질관리기준」(식품의약품안전처 고시)보다 동등이상이라고 평가받은 화장품책임판매업자에게 별지 제2호 서식에 따른 평가인정서를 발급한다.

② 제1항에 따라 평가인정서를 발급받은 화장품책임판매업자는 품질검사를 면제받고, 제조국 화장품제조업자의 품질검사 시험성적서로 품질관리기록서를 갈음한다.

## 제6조(경비부담)

제2조부터 제4조까지의 규정에 따라 수입화장품 제조업자 현지실사 및 판정 등에 필요한 제반 소요비용은 수익자 부담원칙에 따라 화장품책임판매업자가 부담하여야 한다.

## 제7조(사후관리)

① 처장은 제4조에 따른 평가인정을 받은 수입화장품 제조업자에 대하여 필요시 사후관리를 할 수 있다.

② 처장은 제1항에 따른 사후관리 결과 부적합하다고 인정된 업소에 대하여는 일정한 기간을 정하여 보완하도록 할 수 있다.

## 제7조의2(현지실사 평가 인정 취소 절차 등)

① 처장은 제7조제2항에 따른 보완요청을 받은 화장품책임판매업자가 이를 이행하지 않는 경우에는 1회에 한하여 재보완을 요청할 수 있다.

② 처장은 제1항에 따라 재보완을 요청받은 화장품책임판매업자가 재보완을 완료하도록 요청한 기일까지 이를 이행하지 않는 경우에는 시행규칙 제11조제8호의2에 따라 현지실사 평가 인정을 취소하여야 하며, 즉시 해당 화장품책임판매업자에게 취소 사실을 통보하여야 한다.

③ 제2항에 따라 현지실사 평가 인정이 취소된 화장품책임판매업자는 통보받은 다음날부터 수입되는 화장품에 대하여 시행규칙 제11조제5호 본문에 따른 제조번호별 품질검사를 실시하여야 한다.

## 제8조(재검토기한)

처장은 「훈령·예규 등의 발령 및 관리에 관한 규정」에 따라 이 고시에 대하여 2016년 1월 1일 기준으로 매 3년이 되는 시점(매 3년째의 12월 31까지를 말한다)마다 그 타당성을 검토하여 개선 등의 조치를 하여야 한다.

[별표 1] 독성시험법

### 1. 단회투여독성시험

가. 실험 동물 : 랫드 또는 마우스

나. 동물수 : 1군당 5마리 이상

다. 투여경로 : 경구 또는 비경구 투여

라. 용량 단계 : 독성을 파악하기에 적절한 용량단계를 설정한다(만약, 2,000mg/kg 이상의 용량에서 시험물질과 관련된 사망이 나타나지 않는다면 용량단계를 설정할 필요는 없다).

마. 투여 회수 : 1회

바. 관찰
- 독성증상의 종류, 정도, 발현, 추이 및 가역성을 관찰하고 기록한다.
- 관찰기간은 일반적으로 14일로 한다.
- 관찰기간 중 사망례 및 관찰기간 종료 시 생존례는 전부 부검하고, 기관과 조직에 대하여도 필요에 따라 병리조직학적 검사를 행한다.

### 2. 1차피부자극시험

가. Draize방법을 원칙으로 한다.

나. 시험 동물 : 백색 토끼 또는 기니픽

다. 동물수 : 3마리 이상

라. 피부 : 털을 제거한 건강한 피부

마. 투여면적 및 용량 : 피부 1차 자극성을 적절하게 평가 시 얻어질 수 있는 면적 및 용량

바. 투여농도 및 용량 : 피부 1차 자극성을 평가하기에 적정한 농도와 용량을 설정한다. 단일농도 투여 시에는 0.5ml(액체) 또는 0.5g(고체)를 투여량으로 한다.

사. 투여 방법 : 24시간 개방 또는 폐쇄첩포

아. 투여 후 처치 : 무처치하지만 필요에 따라서 세정 등의 조작을 행해도 좋다.

자. 관찰 : 투여 후 24, 48, 72시간의 투여부위의 육안관찰을 행한다.

차. 시험결과의 평가 : 피부 1차 자극성을 적절하게 평가 시 얻어지는 채점법으로 결정한다.

### 3. 안점막자극 또는 기타점막자극시험

가. Draize방법을 원칙으로 한다.

나. 시험동물 : 백색 토끼

다. 동물수 : 세척군 및 비세척군당 3마리 이상

라. 투여 농도 및 용량 : 안점막자극성을 평가하기에 적정한 농도를 설정하며, 투여 용량은 0.1ml(액체) 또는 0.1g(고체)한다.

마. 투여 방법 : 한쪽눈의 하안검을 안구로부터 당겨서 결막낭내에 투여하고 상하안검을 약 1초간 서로 맞춘다. 다른쪽 눈을 미처치 그대로 두어 무처치 대조안으로 한다.

바. 관찰 : 약물 투여 후 1, 24, 48, 72시간 후에 눈을 관찰

사. 기타 대표적인 시험방법은 다음과 같은 방법이 있다.

  (1) LVET(Low Volume Eye Irritation Test) 법

  (2) Oral Mucosal Irritation test 법

  (3) Rabbit/Rat Vaginal Mucosal Irritation test 법

  (4) Rabbit Penilemucosal Irritation test 법

## 4. 피부감작성시험

가. 일반적으로 Maximization Test을 사용하지만 적절하다고 판단되는 다른 시험법을 사용할 수 있다.

나. 시험동물 : 기니픽

다. 동물수 : 원칙적으로 1군당 5마리 이상

라. 시험군 : 시험물질감작군, 양성대조감작군, 대조군을 둔다.

마. 시험실시요령 : Adjuvant는 사용하는 시험법 및 adjuvant 사용하지 않는 시험법이 있으나 제1단계로서 Adjuvant를 사용하는 사용법 가운데 1가지를 선택해서 행하고, 만약 양성소견이 얻어진 경우에는 제2단계로서 Adjuvant를 사용하지 않는 시험방법을 추가해서 실시하는 것이 바람직하다.

바. 시험결과의 평가 : 동물의 피부반응을 시험법에 의거한 판정기준에 따라 평가한다.

사. 대표적인 시험방법은 다음과 같은 방법이 있다.

(1) Adjuvant를 사용하는 시험법

  • Adjuvant and Patch Test

  • Freund's Complete Adjuvant Test

  • Maximization Test

  • Optimization Test

  • Split Adjuvant Test

(2) Adjuvant를 사용하지 않는 시험법

  • Buehler Test

  • Draize Test

  • Open Epicutaneous Test

## 5. 광독성시험

가. 일반적으로 기니픽을 사용하는 시험법을 사용한다.

다. 시험동물 : 각 시험법에 정한 바에 따른다.

라. 동물수 : 원칙적으로 1군당 5마리 이상

마. 시험군 : 원칙적으로 시험물질투여군 및 적절한 대조군을 둔다.

바. 광원 : UV-A 영역의 램프 단독, 혹은 UV-A와 UV-B 영역의 각 램프를 겸용해서 사용한다.

사. 시험실시요령 : 자항의 시험방법 중에서 적절하다고 판단되는 방법을 사용한다.

아. 시험결과의 평가 : 동물의 피부반응을 각각의 시험법에 의거한 판정기준에 따라 평가한다.

자. 대표적인 방법으로 다음과 같은 방법이 있다.

  (1) Ison법

  (2) Ljunggren법

  (3) Morikawa법

  (4) Sams법

  (5) Stott법

## 6. 광감작성시험

가. 일반적으로 기니픽을 사용하는 시험법을 사용한다.

다. 시험동물：각 시험법에 정한 바에 따른다.

라. 동물수：원칙적으로 1군당 5마리 이상

마. 시험군：원칙적으로 시험물질투여군 및 적절한 대조군을 둔다.

바. 광원：UV-A 영역의 램프 단독, 혹은 UV-A와 UV-B 영역의 각 램프를 겸용해서 사용한다.

사. 시험실시요령：자항의 시험방법 중에서 적절하다고 판단되는 방법을 사용한다. 시험물질의 감작유도를 증가시키기 위해 adjuvant를 사용할 수 있다.

아. 시험결과의 평가：동물의 피부반응을 각각의 시험법에 의거한 판정기준에 따라 평가한다.

자. 대표적인 방법으로 다음과 같은 방법이 있다.

   (1) Adjuvant and Strip 법

   (2) Harber 법

   (3) Horio 법

   (4) Jordan 법

   (5) Kochever 법

   (6) Maurer 법

   (7) Morikawa 법

   (8) Vinson 법

## 7. 인체사용시험

   (1) 인체 첩포 시험：피부과 전문의 또는 연구소 및 병원, 기타 관련기관에서 5년 이상 해당시험 경력을 가진 자의 지도하에 수행되어야 한다.

     (가) 대상：30명 이상

     (나) 투여 농도 및 용량：원료에 따라서 사용시 농도를 고려해서 여러 단계의 농도와 용량을 설정하여 실시하는데, 완제품의 경우는 제품자체를 사용하여도 된다.

     (다) 첩부 부위：사람의 상등부(정중선의 부분은 제외)또는 전완부등 인체사용시험을 평가하기에 적정한 부위를 폐쇄첩포한다.

     (라) 관찰：원칙적으로 첩포 24시간 후에 patch를 제거하고 제거에 의한 일과성의 홍반의 소실을 기다려 관찰·판정한다.

     (마) 시험결과 및 평가：홍반, 부종 등의 정도를 피부과 전문의 또는 이와 동등한 자가 판정하고 평가한다.

   (2) 인체 누적첩포시험：대표적인 방법으로 다음과 같은 방법이 있다.

     (가) Shelanski and Shelanski 법

     (나) Draize 법 (Jordanmodification)

     (다) Kilgman의 Maximization 법

## 8. 유전독성시험

가. 박테리아를 이용한 복귀돌연변이시험

   (1) 시험균주：아래 2 균주를 사용한다.

     • Salmonella typhimurium TA98(또는 TA1537)

     • TA100(또는 TA1535) (상기 균주 외의 균주를 사용할 경우：사유를 명기한다)

   (2) 용량단계：5단계 이상을 설정하며 매 용량마다 2매 이상의 플레이트를 사용한다.

   (3) 최고용량：

1) 비독성 시험물질은 원칙적으로 5mg/plate 또는 5㎕/plate 농도.

2) 세포독성 시험물질은 복귀돌연변이체의 수 감소, 기본 성장균층의 무형성 또는 감소를 나타내는 세포독성 농도.

(4) S9mix를 첨가한 대사활성화법을 병행하여 수행한다.

(5) 대조군 : 대사활성계의 유, 무에 관계없이 동시에 실시한 균주-특이적 양성 및 음성 대조물질을 포함한다.

(6) 결과의 판정 : 대사활성계 존재 유, 무에 관계없이 최소 1개 균주에서 평판 당 복귀된 집락수에 있어서 1개 이상의 농도에서 재현성 있는 증가를 나타낼 때 양성으로 판정한다.

나. 포유류 배양세포를 이용한 체외 염색체이상시험

(1) 시험세포주 : 사람 또는 포유동물의 초대 또는 계대배양세포를 사용한다.

(2) 용량단계 : 3단계 이상을 설정한다.

(3) 최고용량

1) 비독성 시험물질은 5㎕/ml, 5mg/ml 또는 10mM 상당의 농도.

2) 세포독성 시험물질은 집약적 세포 단층의 정도, 세포 수 또는 유사분열 지표에서의 50% 이상의 감소를 나타내는 농도.

(4) S9mix를 첨가한 대사활성화법을 병행하여 수행한다.

(5) 염색체 표본은 시험물질 처리후 적절한 시기에 제작한다.

(6) 염색체이상의 검색은 농도당 100개의 분열중기상에 대하여 염색체의 구조이상 및 숫적이상을 가진 세포의 출현빈도를 구한다.

(7) 대조군 : 대사활성계의 유, 무에 관계없이 적합한 양성과 음성대조군들을 포함한다. 양성대조군은 알려진 염색체이상 유발 물질을 사용해야 한다.

(8) 결과의 판정 : 염색체이상을 가진 분열중기상의 수가 통계학적으로 유의성 있게 용량 의존적으로 증가하거나, 하나 이상의 용량단계에서 재현성 있게 양성반응을 나타낼 경우를 양성으로 한다.

다. 설치류 조혈세포를 이용한 체내 소핵 시험

(1) 시험동물 : 마우스나 랫드를 사용한다.

일반적으로 1군당 성숙한 수컷 5마리를 사용하며 물질의 특성에 따라 암컷을 사용할 수 있다.

(2) 용량단계 : 3단계 이상으로 한다.

(3) 최고용량

1) 더 높은 처리용량이 치사를 예상하게 하는 독성의 징후를 나타내는 용량.

2) 또는 골수 혹은 말초혈액에서 전체 적혈구 가운데 미성숙 적혈구의 비율 감소를 나타내는 용량 시험물질의 특성에 따라 선정한다.

(4) 투여경로 : 복강투여 또는 기타 적용경로로 한다.

(5) 투여회수 : 1회 투여를 원칙으로 하며 필요에 따라 24시간 간격으로 2회 이상 연속 투여한다.

(6) 대조군은 병행실시한 양성과 음성 대조군을 포함한다.

(7) 시험물질 투여 후 적절한 시기에 골수도말표본을 만든다. 개체당 1,000개의 다염성적혈구에서 소핵의 출현빈도를 계수한다. 동시에 전적혈구에 대한 다염성적혈구의 출현빈도를 구한다.

(8) 결과의 판정 : 소핵을 가진 다염성적혈구의 수가 통계학적으로 유의성 있게 용량 의존적으로 증가하거나, 하나 이상의 용량단계에서 재현성 있게 양성반응을 나타낼 경우를 양성으로 한다.

## [별표 2] 기준 및 시험방법 작성요령

① 일반적으로 다음 각호의 사항에 유의하여 작성한다.

1. 기준 및 시험방법의 기재형식, 용어, 단위, 기호 등은 원칙적으로 「기능성화장품 기준 및 시험방법」(식품의약품안전처 고시)에 따른다.

2. 기준 및 시험방법에 기재할 항목은 원칙적으로 다음과 같으며, 원료 및 제형에 따라 불필요한 항목은 생략할 수 있다.

| 번호 | 기재항목 | 원료 | 제제 |
|---|---|---|---|
| 1 | 명칭 | ○ | × |
| 2 | 구조식 또는 시성식 | △ | × |
| 3 | 분자식 및 분자량 | ○ | × |
| 4 | 기원 | △ | △ |
| 5 | 함량기준 | ○ | ○ |
| 6 | 성상 | ○ | ○ |
| 7 | 확인시험 | ○ | ○ |
| 8 | 시성치 | △ | △ |
| 9 | 순도시험 | ○ | △ |
| 10 | 건조감량, 강열감량 또는 수분 | ○ | △ |
| 11 | 강열잔분, 회분 또는 산불용성회분 | △ | × |
| 12 | 기능성 시험 | △ | △ |
| 13 | 기타 시험 | △ | △ |
| 14 | 정량법(제제는 함량시험) | ○ | ○ |
| 15 | 표준품 및 시약·시액 | △ | △ |

※ 주의 : ○ 원칙적으로 기재, △ 필요에 따라 기재, × 원칙적으로는 기재할 필요가 없음

3. 시험방법의 기재 : 기준 및 시험방법에는 「기능성화장품 기준 및 시험방법」(식품의약품안전처 고시)의 통칙, 일반시험법, 표준품, 시약·시액 등에 따르는 것을 원칙으로 하고 아래 "시험방법 기재의 생략" 경우 이외의 시험방법은 상세하게 기재한다.

4. 시험방법 기재의 생략 : 식품의약품안전처 고시(예 「기능성화장품 기준 및 시험방법」, 「화장품 안전기준 등에 관한 규정」 등), 「의약품의 품목허가·신고·심사규정」(식품의약품안전처 고시) 별표 1의2의 공정서 및 의약품집에 수재된 시험방법의 전부 또는 그 일부의 기재를 생략할 수 있다. 다만, 식품의약품안전처 고시 및 공정서는 최신판을 말하며 최신판에서 삭제된 품목은 그 직전판까지를 인정한다.

5. 「기능성화장품 기준 및 시험방법」(식품의약품안전처 고시) 및 공정서에 수재되지 아니한 시약·시액, 기구, 기기, 표준품, 상용표준품 또는 정량용원료를 사용하는 경우, 시약·시액은 순도, 농도 및 그 제조방법을, 기구는 그 형태 등을 표시하고 그 사용법을 기재하며, 표준품, 상용표준품 또는 정량용원료(이하 "표준품"이라 한다)는 규격 등을 기재한다.

② 기준 및 시험방법의 작성요령은 다음 각 호와 같다.

1. 원료성분의 기재항목 작성요령 : 다음의 기재형식에 따라 각목의 기준 및 시험방법을 설정한다.

가. 명칭 : 원칙적으로 일반명칭을 기재하며 원료성분 및 그 분량난의 명칭과 일치되도록 하고 될 수 있는 대로 영명, 화학명, 별명 등도 기재한다.

나. 구조식 또는 시성식 : 「기능성화장품 기준 및 시험방법」(식품의약품안전처 고시)의 구조식 또는 시성식의 표기방법에 따른다.

다. 분자식 및 분자량 : 「기능성화장품 기준 및 시험방법」(식품의약품안전처 고시)의 분자식 및 분자량의 표기 방법에 따른다.

라. 기원 : 합성성분으로 화학구조가 결정되어 있는 것은 기원을 기재할 필요가 없으며, 천연추출물, 효소 등은 그 원료성분의 기원을 기재한다. 다만, 고분자화합물 등 그 구조가 유사한 2가지 이상의 화합물을 함유하고 있어 분리·정제가 곤란하거나 그 조작이 불필요한 것은 그 비율을 기재한다.

마. 함량기준

 (1) 원칙적으로 함량은 백분율(%)로 표시하고 ( )안에 분자식을 기재한다. 다만, 함량을 백분율(%)로 표시하기가 부적당한 것은 역가 또는 질소 함량 그 외의 적당한 방법으로 표시하며, 함량을 표시할 수 없는 것은 그 화학적 순물질의 함량으로 표시할 수 있다.

 (2) 불안정한 원료성분인 경우는 그 분해물의 안전성에 관한 정보에 따라 기준치의 폭을 설정한다.

 (3) 함량기준 설정이 불가능한 이유가 명백한 때에는 생략할 수 있다. 다만, 그 이유를 구체적으로 기재한다.

바. 성상 : 색, 형상, 냄새, 맛, 용해성 등을 구체적으로 기재한다.

사. 확인시험

 (1) 원료성분을 확인할 수 있는 화학적시험방법을 기재한다. 다만, 자외부, 가시부 및 적외부흡수스펙트럼 측정법 또는 크로마토그래프법으로도 기재할 수 있다.

 (2) 확인시험 이외의 시험항목으로도 원료성분의 확인이 가능한 경우에는 이를 확인시험으로 설정할 수 있다. 예를 들면 정량법으로 특이성이 높은 크로마토그래프법을 사용하는 경우에는 중복되는 내용을 기재하지 않고 이를 인용할 수 있다.

아. 시성치

 (1) 원료성분의 본질 및 순도를 나타내기 위하여 필요한 항목을 설정한다.

 (2) 시성치란 검화가, 굴절률, 비선광도, 비점, 비중, 산가, 수산기가, 알코올수, 에스텔가, 요오드가, 융점, 응고점, 점도, pH, 흡광도 등 물리·화학적 방법으로 측정되는 정수를 말한다.

 (3) 시성치의 측정은 「기능성화장품 기준 및 시험방법」(식품의약품안전처 고시) [별표 10] 일반시험법에 따르고, 그 이외의 경우에는 시험방법을 기재한다.

자. 순도 시험

 (1) 색, 냄새, 용해상태, 액성, 산, 알칼리, 염화물, 황산염, 중금속, 비소, 황산에 대한 정색물, 동, 석, 수은, 아연, 알루미늄, 철, 알칼리토류금속, 일반이물, 유연물질 및 분해생성물, 잔류용매 중 필요한 항목을 설정한다. 이 경우 일반 이물이란 제조공정으로부터 혼입, 잔류, 생성 또는 첨가될 수 있는 불순물을 말한다.

 (2) 용해상태는 그 원료 성분의 순도를 파악할 수 있는 경우에 설정한다.

차. 건조감량, 강열감량 또는 수분 : 「기능성화장품 기준 및 시험방법」(식품의약품안전처 고시) [별표 10] 일반 시험법의 각 해당 시험법에 따라 설정한다.

카. 강열잔분 : 「기능성화장품 기준 및 시험방법」(식품의약품안전처 고시) [별표 10] 일반시험법의 Ⅰ. 원료 3. 강열잔분시험법에 따라 설정한다.

타. 기능성시험 : 필요한 경우 원료에 대한 기능성 시험방법 등을 설정한다.

파. 기타 시험 : 위의 시험항목 이외에 품질평가 및 안전성·유효성 확보와 직접 관련이 되는 시험항목이 있는 경우에 설정한다.

하. 정량법 : 정량법은 그 물질의 함량, 함유단위 등을 물리적 또는 화학적 방법에 의하여 측정하는 시험법으로 정확도, 정밀도 및 특이성이 높은 시험법을 설정한다. 다만, 순도시험항에서 혼재물의 한도가 규제되어 있는 경우에는 특이성이 낮은 시험법이라도 인정한다.

거. 표준품 및 시약·시액

(1) 「기능성화장품 기준 및 시험방법」(식품의약품안전처 고시)에 수재되지 아니한 표준품은 사용목적에 맞는 규격을 설정하며, 「기능성화장품 기준 및 시험방법」(식품의약품안전처 고시) 또는 「의약품의 품목허가·신고·심사규정」(식품의약품안전처 고시) 별표1의2의 공정서 및 의약품집에 수재되지 아니한 시약·시액은 그 조제법을 기재한다.

(2) 표준품은 필요에 따라 정제법(해당 원료성분 이외의 물질로 구입하기 어려운 경우에는 제조방법을 포함한다.)을 기재한다.

(3) 정량용 표준품은 원칙적으로 순도시험에 따라 불순물을 규제한 절대량을 측정할 수 있는 시험방법으로 함량을 측정한다.

(4) 표준품의 함량은 99.0% 이상으로 한다. 다만 99.0% 이상인 것을 얻을 수 없는 경우에는 정량법에 따라 환산하여 보정한다.

2. 제제의 기재항목 작성요령 : 다음의 기재형식에 따라 각 목의 기준 및 시험방법을 설정한다.

가. 제형 : 형상 및 제형 등에 대해서 기재한다.

나. 확인시험 : 원칙적으로 모든 주성분에 대하여 주로 화학적시험을 중심으로 하여 기재하며, 자외부·가시부·적외부흡수스펙트럼측정법, 크로마토그래프법 등을 기재할 수 있다. 다만, 확인시험 설정이 불가능한 이유가 명백할 때에는 생략할 수 있으며 이 경우 그 이유를 구체적으로 기재한다.

다. 시성치 : 원료성분의 시성치 항목 중 제제의 품질평가, 안정성 및 안전성·유효성과 직접 관련이 있는 항목을 설정한다(예 pH).

라. 순도시험

(1) 제제 중에 혼재할 가능성이 있는 유연물질(원료, 중간체, 부생성물, 분해생성물), 시약, 촉매, 무기염, 용매 등 필요한 항목을 설정한다.

(2) 제제화 과정 또는 보존 중에 변화가 예상되는 경우에는 필요에 따라 설정한다.

마. 기능성시험 : 필요한 경우 자외선차단제 함량시험 대체시험법, 미백측정법, 주름개선효과 측정법, 염모력 시험법 등을 설정한다.

바. 함량시험

(1) 다른 배합 성분의 영향을 받지 않는 특이성이 있고 정확도 및 정밀도가 높은 시험 방법을 설정한다.

(2) 정량하고자 하는 성분이 2성분 이상일 때에는 중요한 것부터 순서대로 기재한다.

사. 기타 시험 : 「화장품 안전기준 등에 관한 규정」(식품의약품안전처 고시)에 따른다.

아. 표준품 및 시약·시액 : 원료성분의 기재항목 작성요령의 해당 항에 따른다.

3. 기준

가. 함량 기준 : 원료성분 및 제제의 함량 또는 역가의 기준은 표시량 또는 표시역가에 대하여 다음 각 사항에 해당하는 함량을 함유한다. 다만, 제조국 또는 원개발국에서 허가된 기준이 있거나 타당한 근거가 있는 경우에는 따로 설정할 수 있다.

(1) 원료성분 : 95.0% 이상

(2) 제제 : 90.0% 이상. 다만, 화장품법 시행규칙 제2조제7호의 화장품 중 치오글리콜산은 90.0 ~ 110.0%로 한다.

(3) 기타 주성분의 함량시험이 불가능하거나 필요하지 않아 함량기준을 설정할 수 없는 경우에는 기능성시험으로 대체할 수 있다.

나. 기타시험기준 : 품질관리에 필요한 기준은 다음과 같다. 다만, 근거가 있는 경우에는 따로 설정할 수 있다. 근거자료가 없어 자가시험성적으로 기준을 설정할 경우 3롯트당 3회 이상 시험한 시험성적의 평균값(이하 "실측치"라 한다.)에 대하여 기준을 정할 수 있다.

(1) pH : 원칙적으로 실측치에 대하여 ±1.0으로 한다.

(2) 〈삭 제〉

(3) 〈삭 제〉

(4) 염모력시험 : 효능·효과에 기재된 색상으로 한다.

## [별표 3] 자외선 차단효과 측정방법 및 기준
## 제1장 통칙

1. 이 기준은 「화장품법」 제4조의 규정에 의하여 피부를 곱게 태워주거나 자외선으로부터 피부를 보호하는데 도움을 주는 기능성화장품의 자외선차단지수와 자외선A차단효과의 측정방법 및 기준을 정한 것이다.

2. (자외선의 분류)

자외선은 200 ~ 290nm의 파장을 가진 자외선C(이하 UVC라 한다)와 290 ~ 320nm의 파장을 가진 자외선B(이하 UVB라 한다) 및 320 ~ 400nm의 파장을 가진 자외선A(이하 UVA라 한다)로 나눈다.

3. (용어의 정의)

이 기준에서 사용하는 용어의 정의는 다음과 같다.

   가. "자외선차단지수(Sun Protection Factor, SPF)"라 함은 UVB를 차단하는 제품의 차단효과를 나타내는 지수로서 자외선차단제품을 도포하여 얻은 최소홍반량을 자외선차단제품을 도포하지 않고 얻은 최소홍반량으로 나눈 값이다.

   나. "최소홍반량 (Minimum Erythema Dose, MED)"이라 함은 UVB를 사람의 피부에 조사한 후 16 ~ 24시간의 범위내에, 조사영역의 전 영역에 홍반을 나타낼 수 있는 최소한의 자외선 조사량을 말한다.

   다. "최소지속형즉시흑화량(Minimal Persistent Pigment darkening Dose, MPPD )"이라 함은 UVA를 사람의 피부에 조사한 후 2 ~ 24시간의 범위 내에, 조사영역의 전 영역에 희미한 흑화가 인식되는 최소 자외선 조사량을 말한다.

   라. "자외선A차단지수(Protection Factor of UVA, PFA)"라 함은 UVA를 차단하는 제품의 차단효과를 나타내는 지수로 자외선A차단제품을 도포하여 얻은 최소지속형즉시흑화량을 자외선A차단제품을 도포하지 않고 얻은 최소지속형즉시흑화량으로 나눈 값이다.

   마. 자외선A 차단등급(Protectiongrade of UVA)"이라 함은 UVA 차단효과의 정도를 나타내며 약칭은 피·에이(PA)라 한다.

## 제2장 자외선차단지수(SPF) 측정방법

4. (피험자 선정)

피험자는 [부표 1]의 피험자 선정기준에 따라 제품 당 10명 이상을 선정한다.

5. (시험부위)

시험은 피험자의 등에 한다. 시험부위는 피부손상, 과도한 털, 또는 색조에 특별히 차이가 있는 부분을 피하여 선택하여야 하고, 깨끗하고 마른 상태이어야 한다.

6. (시험 전 최소홍반량 측정)

피험자의 피부유형은 [부표 1]의 설문을 통하여 조사하고, 이를 바탕으로 예상되는 최소홍반량을 결정한다. 피험자의 등에 시험부위를 구획한 후 피험자가 편안한 자세를 취하도록 하여 자외선을 조사한다. 자외선을 조사하는 동안에 피험자가 움직이지 않도록 한다. 조사가 끝난 후 16 ~ 24시간 범위 내의 일정시간에 피험자의 홍반상태를 판정한다. 홍반은 충분히 밝은 광원 하에서 두 명 이상의 숙련된 사람이 판정한다. 전면에 홍반이 나타난 부위에 조사한 UVB의 광량 중 최소량을 최소홍반량으로 한다.

7. (제품 무도포 및 도포부위의 최소홍반량 측정)

피험자의 등에 무도포 부위, 표준시료 도포부위와 제품 도포부위를 구획한다. 손가락에 고무재질의 골무를 끼고 표준시료와 제품을 해당량만큼 도포한다. 상온에서 15분간 방치하여 건조한 다음 제품 무도포부위의 최소홍반량 측정과 동일하게 측정한다. 홍반 판정은 제품 무도포부위의 최소홍반량 측정과 같은 날에 동일인이 판정한다.

## 8. (광원 선정)

광원은 다음 사항을 충족하는 인공광원을 사용하며, 아래의 조건이 항상 만족되도록 유지, 점검한다.

가. 태양광과 유사한 연속적인 방사스펙트럼을 갖고, 특정피크를 나타내지 않는 제논 아크 램프(Xenon arc lamp)를 장착한 인공태양광조사기(solar simulator) 또는 이와 유사한 광원을 사용한다.

나. 이때 290㎚ 이하의 파장은 적절한 필터를 이용하여 제거한다.

다. 광원은 시험시간 동안 일정한 광량을 유지해야 한다.

## 9. (표준시료)

낮은 자외선차단지수(SPF20 미만)의 표준시료는 [부표 2]의 표준시료를 사용하고, 그 자외선차단지수는 4.47± 1.28이다. 높은 자외선차단지수(SPF20 이상)의 표준시료는 [부표 3]의 표준시료를 사용하고, 그 자외선 차단지수는 15.5±3.0이다.

## 10. (제품 도포량)

도포량은 2.0mg/㎠ 으로 한다.

## 11. (제품 도포면적 및 조사부위의 구획)

제품 도포면적을 24㎠ 이상으로 하여 0.5cm² 이상의 면적을 갖는 5개 이상의 조사부위를 구획한다. 구획방법의 예는 아래 그림과 같다.

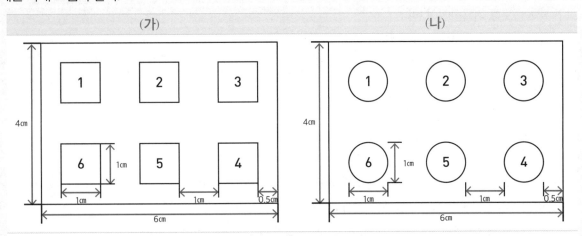

(가로 6㎝ × 세로 4㎝ = 24㎠)

## 12. (광량증가)

각 조사부위의 광량은 최소홍반이 예상되는 부위가 중간(예 3 또는 4위치)이 되도록 조절하고 그에 따라 등비적(예상 자외선차단지수(SPF)가 20미만인 경우 25% 이하, 20 이상 30 미만인 경우 15% 이하, 30 이상인 경우 10% 이하) 간격으로 광량을 증가시킨다. 예를 들어, 예상 자외선차단지수(SPF)가 25인 제품의 경우 최소 홍반이 예상되는 광량이 X라면 순차적으로 15%씩 광량을 증가시켜 0.76X, 0.87X, 1.00X, 1.15X, 1.32X, 1.52X가 되도록 광량을 증가시킨다.

## 13. (자외선차단지수 계산)

자외선차단지수(SPF)는 제품 무도포부위의 최소홍반량(MEDu)과 제품 도포부위의 최소홍반량(MEDp)를 구하고 다음 계산식에 따라 각 피험자의 자외선차단지수(SPFi)를 계산하여 그 산술평균값으로 한다. 자외선차단지수의 95% 신뢰구간은 자외선차단지수(SPF)의 ±20% 이내이어야 한다. 다만 이 조건에 적합하지 않으면 표본수를 늘리거나 시험조건을 재설정하여 다시 시험한다.

- 각 피험자의 자외선 차단지수(SPFi)= $\dfrac{\text{제품 도포 부위의 최소 홍반량(MEDp)}}{\text{제품 무도포 부위의 최소 홍반량(MEDu)}}$

- 자외선 차단지수(SPF)= $\dfrac{\sum SPFi}{n}$ (n : 표본수)

- 95% 신뢰구간 = (SPF - C) ~ (SPF + C)

- $C = t값 \times \dfrac{S}{\sqrt{n}}$ (S : 표준편차, t 값 : 자유도)

| 표. t 값 | | | | | | | | | | |
|---|---|---|---|---|---|---|---|---|---|---|
| n | 10 | 11 | 12 | 13 | 14 | 15 | 16 | 17 | 18 | 19 | 20 |
| t 값 | 2.262 | 2.228 | 2.201 | 2.179 | 2.160 | 2.145 | 2.131 | 2.120 | 2.110 | 2.101 | 2.093 |

14. (자외선차단지수 표시방법)

자외선차단화장품의 자외선차단지수(SPF)는 자외선차단지수 계산 방법에 따라 얻어진 자외선차단지수(SPF) 값의 소수점이하는 버리고 정수로 표시한다(**예** SPF30).

## 제3장 내수성 자외선차단지수 (SPF) 측정방법

### 1. 시험조건

가. 시험은 시험에 영향을 줄 수 있는 직사광선을 차단할 수 있는 실내에서 이루어져야 한다.

나. 욕조가 있는 실내와 물의 온도를 기록하여야 한다.

다. 실내 습도를 기록하여야 한다.

라. 물은 다음 사항을 만족하여야 한다.

　1) 수도법 수질기준에 적합하여야 한다.

　2) 물의 온도는 23 ~ 32℃이어야 한다.

마. 욕조는 다음 사항을 만족하는 크기이어야 한다.

　1) 피험자의 시험부위가 완전히 물에 잠길 수 있어야 한다.

　2) 피험자의 등이 욕조 벽에 닿지 않으며 편하게 앉을 수 있어야 한다.

　3) 물의 순환이나 공기의 분출 시 직접 피험자의 등에 닿지 않아야 한다.

　4) 피험자의 적당한 움직임에 방해를 주지 않아야 한다.

바. 물의 순환 또는 공기 분출 : 물의 순환이나 공기 분출을 통하여 전단력을 부여하여야 한다.

### 2. 시험방법 : 시험 예시 - [부표 4]

내수성 시험방법에 따른 자외선차단지수 및 내수성 자외선차단지수는 동일 실험실에서 동일 피험자를 대상으로 동일 기기를 사용하여 동일한 시험조건에서 측정되어야 한다.

가. [별표 3] 자외선 차단효과 측정방법 및 기준의 제2장 자외선차단지수(SPF) 측정방법에 따라 시험한다. 다만, 제품 도포 후 건조 및 침수방법은 아래와 같다.

나. 제품 도포 후 건조 : 제품을 도포한 후 제품에 기재된 건조시간만큼 자연 상태에서 건조한다. 따로, 건조 시간이 제품에 명기되어 있지 않는 경우에는 최소 15분 이상 자연 상태에서 건조한다.

다. 침수방법은 다음과 같이 실시한다. 다만, 입수할 때 제품의 도포부위가 물에 완전히 잠기도록 하고, 피험자의 등이 욕조 벽에 닿지 않으며 편하게 앉을 수 있어야 한다. 또한, 물의 순환이나 공기의 분출 시 직접 피험자의 등에 닿지 않아야 한다.

　1) 내수성 제품

　㉮ 20분간 입수한다.

　㉯ 20분간 물 밖에 나와 쉰다. 이때 자연 건조되도록 하고 제품의 도포부위에 타월사용은 금지한다.

　㉰ 20분간 입수한다.

　㉱ 물 밖에 나와 완전히 마를 때까지 15분 이상 자연 건조한다.

2) 지속내수성 제품

㉮ 20분간 입수한다.

㉯ 20분간 물 밖에 나와 쉰다. 이때 자연 건조되도록 하고 제품의 도포부위에 타월사용은 금지한다.

㉰ 20분간 입수한다.

㉱ 20분간 물 밖에 나와 쉰다. 이때 자연 건조되도록 하고 제품의 도포부위에 타월사용은 금지한다.

㉲ 20분간 입수한다.

㉳ 20분간 물 밖에 나와 쉰다. 이때 자연 건조되도록 하고 제품의 도포부위에 타월사용은 금지한다.

㉴ 20분간 입수한다.

㉵ 물 밖에 나와 완전히 마를 때까지 15분 이상 자연 건조한다.

라. 이후 [별표 3] 자외선 차단효과 측정방법 및 기준의 제2장 자외선차단지수(SPF) 측정방법에 따라 최소홍반량 측정시험을 실시한다.

마. 계산

1) 제2장 자외선차단지수(SPF) 측정방법의 자외선차단지수 계산에 따라 자외선차단지수 및 내수성 자외선차단지수를 구한다.

2) 피험자 내수성 비(%)

• 피험자 내수성 비(%) = $\dfrac{(SPF_{내} - 1)}{(SPF - 1)} \times 100$

• SPF내 : 각 피험자의 내수성 자외선차단지수

• SPF : 각 피험자의 자외선차단지수

3) 평균 내수성비 : 평균 내수성비는 피험자 개개의 내수성비의 평균이다.

4) 내수성비 신뢰구간 : 평균 내수성비 신뢰구간은 편 방향 95% 신뢰 구간으로 표시하며 계산은 다음과 같다.

• 내수성비 신뢰구간 (%) = 평균 내수성비(%) $- \left( t값 \times \dfrac{S}{\sqrt{n}} \right)$ (S : 표준편차, n : 피시험자 수, t 값 : 자유도)

| 표. t 값 | | | | | | | | | | | |
|---|---|---|---|---|---|---|---|---|---|---|---|
| n | 10 | 11 | 12 | 13 | 14 | 15 | 16 | 17 | 18 | 19 | 20 |
| t 값 | 1.833 | 1.812 | 1.796 | 1.782 | 1.771 | 1.761 | 1.753 | 1.746 | 1.740 | 1.734 | 1.729 |

바. 시험의 적합성 및 판정

1) 시험의 적합성 : 자외선차단지수의 95% 신뢰구간은 자외선차단지수(SPF)의 ±20% 이내이어야 한다. 다만 이 조건에 적합하지 않으면 표본수를 늘리거나 시험조건을 재설정하여 다시 시험한다.

2) 판정 : 내수성비 신뢰구간이 50% 이상일 때 내수성을 표방할 수 있다.

**3. 내수성자외선차단지수 표시방법** : 내수성, 지속 내수성

### 제4장 자외선A차단지수 측정방법

**1. (피험자 선정)**

피험자는 [부표 5]의 피험자 선정기준에 따라 제품 당 10명 이상을 선정한다.

**2. (시험부위)**

시험은 피험자의 등에 한다. 시험부위는 피부손상, 과도한 털, 또는 색조에 특별히 차이가 있는 부분을 피하여 선택하여야 하고, 깨끗하고 마른 상태이어야 한다.

**3. (시험 전 최소지속형즉시흑화량 측정)**

피험자의 피부유형은 [부표 1]의 설문을 통하여 조사하고, 피험자의 등에 시험부위를 구획한 후 피험자가 편안

한 자세를 취하도록 하여 자외선을 조사한다. 자외선을 조사하는 동안에 피험자가 움직이지 않도록 한다. 조사가 끝난 후 2 ~ 24시간 범위 내의 일정 시간에 피험자의 흑화상태를 판정한다. 충분히 밝은 광원 하에서 두 명이상의 숙련된 사람이 판정한다. 전면에 흑화가 나타난 부위에 조사한 자외선A의 광량중 최소량을 최소지속형즉시흑화량으로 한다.

### 4. (제품 무도포 및 도포부위의 최소지속형즉시흑화량 측정)

피험자 등에 표준시료 도포부위와 제품 도포부위를 구획한다. 손가락에 고무재질의 골무를 끼고 표준시료 및 제품을 해당 량만큼 도포한다. 상온에서 15분간 방치하여 건조한 다음 제품 무도포부위의 최소지속형즉시흑화량(MPPD) 측정과 동일하게 측정한다. 판정은 제품 무도포부위의 최소지속형즉시흑화량 측정과 같은 날에 동일인이 판정한다.

### 5. (광원의 선정)

광원은 다음 사항을 충족하는 인공광원을 사용하며, 아래의 조건이 항상 만족되도록 유지, 점검한다.

　　가. UVA 범위에서 자외선은 태양광과 유사한 연속적인 스펙트럼을 가져야 한다. 또, UVA I(340 ~ 400nm)와 UVA II(320 ~ 340nm)의 비율은 태양광의 비율(자외선A II/ 총 자외선A = 8 ~ 20%)과 유사해야 한다.

　　나. 과도한 썬번(sun burn)을 피하기 위하여 파장 320nm 이하의 자외선은 적절한 필터를 이용하여 제거한다.

### 6. (표준시료의 선정)

[부표 6] 자외선A차단지수의 낮은 표준시료(S1)는 제품의 자외선A차단지수가 12 미만일 것으로 예상될 때만 사용하고, 그 자외선A차단지수는 4.4±0.6이다. [부표 7] 자외선A차단지수의 높은 표준시료(S2)는 제품의 자외선A차단지수에 대한 모든 예상 수치에서 사용할 수 있으며, 그 자외선A차단지수는 12.7±2.0이다.

### 7. (제품 도포량)

도포량은 2mg/㎠으로 한다.

### 8. (제품 도포면적 및 조사부위의 구획)

제품 도포면적을 24㎠ 이상으로 하여 0.5㎠ 이상의 면적을 갖는 5개 이상의 조사부위를 구획한다. 구획방법은 자외선차단지수 측정방법과 같다.

### 9. (광량증가)

각 조사부위의 광량은 최소지속형즉시흑화가 예상되는 부위가 중간(예 3 또는 4위치)이 되도록 조절하고 그에 따라 등비적 간격으로 광량을 증가시킨다. 증가 비율은 최대 25%로 한다. 예를 들어, 최소지속형즉시흑화가 예상되는 광량이 X라면 순차적으로 25%씩 광량을 증가시켜 0.64X, 0.80X, 1.00X, 1.25X, 1.56X, 1.95X가 되도록 광량을 증가시킨다.

### 10. (자외선A차단지수 계산)

자외선A차단지수(PFA)는 제품 무도포부위의 최소지속형즉시흑화량(MPPDu)과 제품 도포부위의 최소지속형즉시흑화량(MPPDp)을 구하고, 다음 계산식에 따라 각 피험자의 자외선A차단지수(PFAi)를 계산하여 그 산술평균값으로 한다. 이때 자외선A차단지수의 95% 신뢰구간은 자외선A차단지수(PFA) 값의 ±17% 이내이어야 한다. 다만, 이 조건에 적합하지 않으면 표본수를 늘리거나 시험조건을 재설정하여 다시 시험한다.

- 각 피험자의 자외선 A차단지수(PFAi) = $\dfrac{\text{제품 도포 부위의 최소 지속형 즉시 흑화량(MPPDp)}}{\text{제품 무도포 부위의 최소 지속형 즉시 흑화량(MPPDu)}}$

- 자외선 차단지수(SPF) = $\dfrac{\sum \text{PFA}_i}{n}$ (n : 표본수)

- 95% 신뢰구간 = (PFA-C) ~ (PFA+C)

- C = t값 × $\dfrac{S}{\sqrt{n}}$ (S : 표준편차, t값 : 자유도)

## 11. (자외선A차단등급 표시방법)

자외선차단화장품의 자외선A차단지수는 자외선A차단지수 계산 방법에 따라 얻어진 자외선A차단지수(PFA) 값의 소수점이하는 버리고 정수로 표시한다. 그 값이 2이상이면 다음 표와 같이 자외선A차단등급을 표시한다. 표시기재는 자외선차단지수와 병행하여 표시할 수 있다(예 SPF30, PA+).

| 표. 자외선A차단등급 분류 | | |
| --- | --- | --- |
| 자외선A차단지수(PFA) | 자외선A차단등급(PA) | 자외선A차단효과 |
| 2이상 4미만 | PA+ | 낮음 |
| 4이상 8미만 | PA++ | 보통 |
| 8이상 16미만 | PA+++ | 높음 |
| 16이상 | PA++++ | 매우 높음 |

**자료제출이 생략되는 기능성화장품의 종류(제6조제3항 관련)**

4. 모발의 색상을 변화(탈염·탈색 포함)시키는 기능을 가진 제품의 성분 및 함량(제형은 분말제, 액제, 크림제, 로션제, 에어로졸제, 겔제에 한하며, 제품의 효능·효과는 다음 중 어느 하나로 제한함)

　(1) 염모제 : 모발의 염모(색상) **예** 모발의 염모(노랑색)

　(2) 탈색·탈염제 : 모발의 탈색

　(3) 염모제의 산화제

　(4) 염모제의 산화제 또는 탈색제·탈염제의 산화제

　(5) 염모제의 산화보조제

　(6) 염모제의 산화보조제 또는 탈색제·탈염제의 산화보조제

**(용법·용량은 품목에 따라 다음과 같이 제한함)**

　(1) 3제형 산화염모제 : 제1제 ○g(mL)에 대하여 제2제 ○g(mL)와 제3제 ○g(mL)의 비율로 (필요한 경우 혼합순서를 기재한다) 사용 직전에 잘 섞은 후 모발에 균등히 바른다. ○분 후에 미지근한 물로 잘 헹군 후 비누나 샴푸로 깨끗이 씻고 마지막에 따뜻한 물로 충분히 헹군다. 용량은 모발의 양에 따라 적절히 증감한다.

　(2) 2제형 산화염모제 : 제1제 ○g(mL)에 대하여 제2제 ○g(mL)의 비율로 사용 직전에 잘 섞은 후 모발에 균등히 바른다. (단, 일체형 에어로졸제*의 경우에는 "(사용 직전에 충분히 흔들어) 제1제 ○g(mL)에 대하여 제2제 ○g(mL)의 비율로 섞여 나오는 내용물을 적당량 취해 모발에 균등히 바른다"로 한다) ○분 후에 미지근한 물로 잘 헹군 후 비누나 샴푸로 깨끗이 씻고 마지막에 따뜻한 물로 충분히 헹군다. 용량은 모발의 양에 따라 적절히 증감한다.

　　• 일체형 에어로졸제 : 1품목으로 신청하는 2제형 산화염모제 또는 2제형 탈색·탈염제 중 제1제와 제2제가 칸막이로 나뉘어져 있는 일체형 용기에 서로 섞이지 않게 각각 분리·충전되어 있다가 사용 시 하나의 배출구(노즐)로 배출되면서 기계적(자동)으로 섞이는 제품

　(3) 2제형 비산화염모제 : 먼저 제1제를 필요한 양만큼 취하여 (탈지면에 묻혀) 모발에 충분히 반복하여 바른 다음 가볍게 비벼준다. 자연 상태에서 ○분 후 염색이 조금 되어갈 때 제2제를 (필요시, 잘 흔들어 섞어) 충분한 양을 취해 반복해서 균등히 바르고 때때로 빗질을 해준다. 제2제를 바른 후 ○분 후에 미지근한 물로 잘 헹군 후 비누나 샴푸로 깨끗이 씻고 마지막에 따뜻한 물로 충분히 헹군다. 용량은 모발의 양에 따라 적절히 증감한다.

　(4) 3제형 탈색·탈염제 : 제1제 ○g(mL)에 대하여 제2제 ○g(mL)와 제3제 ○g(mL)의 비율로 (필요한 경우 혼합순서를 기재한다) 사용 직전에 잘 섞은 후 모발에 균등히 바른다. ○분 후에 미지근한 물로 잘 헹군 후 비누나 샴푸로 깨끗이 씻고 마지막에 따뜻한 물로 충분히 헹군다. 용량은 모발의 양에 따라 적절히 증감한다.

　(5) 2제형 탈색·탈염제 : 제1제 ○g(mL)에 대하여 제2제 ○g(mL)의 비율로 사용 직전에 잘 섞은 후 모발에 균등히 바른다. (단, 일체형 에어로졸제의 경우에는 "사용 직전에 충분히 흔들어 제1제 ○g(mL)에 대하여 제2제 ○g(mL)의 비율로 섞여 나오는 내용물을 적당량 취해 모발에 균등히 바른다"로 한다) ○분 후에 미지근한 물로 잘 헹군 후 비누나 샴푸로 깨끗이 씻는다. 용량은 모발의 양에 따라 적절히 증감한다.

　(6) 1제형(분말제, 액제 등) 신청의 경우

　　① "이 제품 ○g을 두발에 바른다. 약 ○분 후 미지근한 물로 잘 헹군 후 비누나 샴푸로 깨끗이 씻는다" 또는 "이 제품 ○g을 물 ○mL에 용해하고 두발에 바른다. 약 ○분 후 미지근한 물로 잘 헹군 후 비누나 샴푸로 깨끗이 씻는다"

　　② 1제형 산화염모제, 1제형 비산화염모제, 1제형 탈색·탈염제는 1제형(분말제, 액제 등)의 예에 따라 기재한다.

(7) 분리 신청의 경우

　① 산화염모제의 경우 : 이 제품과 산화제(H2O2 ○w/w% 함유)를 ○ : ○의 비율로 혼합하고 두발에 바른다.
　　약 ○분 후 미지근한 물로 잘 헹군 후 비누나 샴푸로 깨끗이 씻는다. 1인 1회분의 사용량 ○ ~ ○g(mL)

　② 탈색·탈염제의 경우 : 이 제품과 산화제(H2O2 ○w/w% 함유)를 ○ : ○의 비율로 혼합하고 두발에 바른다.
　　약 ○분 후 미지근한 물로 잘 헹군 후 비누나 샴푸로 깨끗이 씻는다. 1인 1회분의 사용량 ○ ~ ○g(mL)

　③ 산화염모제의 산화제인 경우 : 염모제의 산화제로서 사용한다.

　④ 탈색·탈염제의 산화제인 경우 : 탈색·탈염제의 산화제로서 사용한다.

　⑤ 산화염모제, 탈색·탈염제의 산화제인 경우 : 염모제, 탈색·탈염제의 산화제로서 사용한다.

　⑥ 산화염모제의 산화보조제인 경우 : 염모제의 산화보조제로서 사용한다.

　⑦ 탈색·탈염제의 산화보조제인 경우 : 탈색·탈염제의 산화보조제로서 사용한다.

　⑧ 산화염모제, 탈색·탈염제의 산화보조제인 경우 : 염모제, 탈색·탈염제의 산화보조제로서 사용한다.

| 구분 | 성분명 | 사용할 때 농도 상한(%) |
|---|---|---|
| I | p-니트로-o-페닐렌디아민 | 1.5 |
| | 니트로-p-페닐렌디아민 | 3.0 |
| | 2-메칠-5-히드록시에칠아미노페놀 | 0.5 |
| | 2-아미노-4-니트로페놀 | 2.5 |
| | 2-아미노-5-니트로페놀 | 1.5 |
| | 2-아미노-3-히드록시피리딘 | 1.0 |
| | 5-아미노-o-크레솔 | 1.0 |
| | m-아미노페놀 | 2.0 |
| | o-아미노페놀 | 3.0 |
| | p-아미노페놀 | 0.9 |
| | 염산 2,4-디아미노페녹시에탄올 | 0.5 |
| | 염산 톨루엔-2,5-디아민 | 3.2 |
| | 염산 m-페닐렌디아민 | 0.5 |
| | 염산 p-페닐렌디아민 | 3.3 |
| | 염산 히드록시프로필비스(N-히드록시에칠-p-페닐렌디아민) | 0.4 |
| | 톨루엔-2,5-디아민 | 2.0 |
| | m-페닐렌디아민 | 1.0 |
| | p-페닐렌디아민 | 2.0 |
| | N-페닐-p-페닐렌디아민 | 2.0 |
| | 피크라민산 | 0.6 |
| | 황산 p-니트로-o-페닐렌디아민 | 2.0 |
| | 황산 p-메칠아미노페놀 | 0.68 |

| 구분 | | 성분명 | 사용할 때 농도 상한(%) |
|---|---|---|---|
| I | | 황산 5-아미노-o-크레솔 | 4.5 |
| | | 황산m-아미노페놀 | 2.0 |
| | | 황산 o-아미노페놀 | 3.0 |
| | | 황산 p-아미노페놀 | 1.3 |
| | | 황산 톨루엔-2,5-디아민 | 3.6 |
| | | 황산m-페닐렌디아민 | 3.0 |
| | | 황산 p-페닐렌디아민 | 3.8 |
| | | 황산 N,N-비스(2-히드록시에칠)-p-페닐렌디아민 | 2.9 |
| | | 2,6-디아미노피리딘 | 0.15 |
| | | 염산 2,4-디아미노페놀 | 0.5 |
| | | 1,5-디히드록시나프탈렌 | 0.5 |
| | | 피크라민산 나트륨 | 0.6 |
| | | 황산 2-아미노-5-니트로페놀 | 1.5 |
| | | 황산 o-클로로-p-페닐렌디아민 | 1.5 |
| | | 황산 1-히드록시에칠-4,5-디아미노피라졸 | 3.0 |
| | | 히드록시벤조모르포린 | 1.0 |
| | | 6-히드록시인돌 | 0.5 |
| II | | $\alpha$-나프톨 | 2.0 |
| | | 레조시놀 | 2.0 |
| | | 2-메칠레조시놀 | 0.5 |
| | | 몰식자산 | 4.0 |
| | | 카테콜 | 1.5 |
| | | 피로갈롤 | 2.0 |
| III | A | 과붕산나트륨<br>과붕산나트륨일수화물<br>과산화수소수<br>과탄산나트륨 | |
| | B | 강암모니아수<br>모노에탄올아민<br>수산화나트륨 | |
| IV | | 과황산암모늄<br>과황산칼륨<br>과황산나트륨 | |

| 구분 | | 성분명 | 사용할 때 농도 상한(%) |
|---|---|---|---|
| V | A | 황산철 | |
| | B | 피로갈롤 | |

※ Ⅰ란에 있는 유효성분 중 염이 다른 동일 성분은 1종만을 배합한다.

※ 유효성분 중 사용 시 농도상한이 같은 표에 설정되어 있는 것은 제품 중의 최대배합량이 사용 시 농도로 환산하여 같은 농도상한을 초과하지 않아야 한다.

※ Ⅰ란에 기재된 유효성분을 2종 이상 배합하는 경우에는 각 성분의 사용 시 농도(%)의 합계치가 5.0%를 넘지 않아야 한다.

※ ⅢA란에 기재된 것 중 과산화수소수는 과산화수소로서 제품 중 농도가 12.0% 이하이어야 한다.

※ 제품에 따른 유효성분의 사용구분은 아래와 같다.

(1) 산화염모제

　① 2제형 1품목 신청의 경우 : Ⅰ란 및 ⅢA란에 기재된 유효성분을 각각 1종 이상 배합하고 필요에 따라 같은 표 Ⅱ란 및 Ⅳ란에 기재된 유효성분을 배합한다.

　② 1제형 (분말제, 액제 등) 신청의 경우 : Ⅰ란에 기재된 유효성분을 1종류 이상 배합하고 필요에 따라 같은 표 Ⅱ란, ⅢA란 및 Ⅳ란에 기재된 유효성분을 배합할 수 있다.

　③ 2제형 제1제 분리신청의 경우 : Ⅰ란에 기재된 유효성분을 1종류 이상 배합하고 필요에 따라 같은 표 Ⅱ란 및 Ⅳ란에 기재된 유효성분을 배합할 수 있다.

(2) 비산화염모제 : VA란 및 VB란에 기재된 유효성분을 각각 1종 이상 배합하고 필요에 따라 같은 표 ⅢB란에 기재된 유효성분을 배합한다.

(3) 탈색·탈염제

　① 2제형 1품목 신청, 1제형 신청의 경우 : ⅢA란에 기재된 유효성분을 1종류 이상 배합하고 필요에 따라서 같은 표 ⅢB란 및 Ⅳ란에 기재된 유효성분을 배합한다.

　② 2제형 제1제 분리신청의 경우 : ⅢA란, ⅢB란 또는 Ⅳ란에 기재된 유효성분을 1종류 이상 배합한다.

(4) 산화염모제의 산화제 또는 탈색·탈염제의 산화제 : ⅢA란에 기재된 유효성분을 1종류 이상 배합하고 필요에 따라 같은 표 Ⅳ란에 기재된 유효성분을 배합한다.

(5) 산화염모제의 산화보조제 또는 탈색·탈염제의 산화보조제 : Ⅳ란에 기재된 유효성분을 1종류 이상 배합한다.

| 효능·효과 | | 신청 방식 | 제형 | | Ⅰ란 | Ⅱ란 | Ⅲ란 A | Ⅲ란 B | Ⅳ란 | Ⅴ란 A | Ⅴ란 B |
|---|---|---|---|---|---|---|---|---|---|---|---|
| 염모제 | 산화염모 | 1품목 신청 | 1제형(1) | | o | (o) | o | | (o) | | |
| | | | 1제형(2) | | o | (o) | | | | | |
| | | | 2제형 | 제1제 | o | (o) | | | (o) | | |
| | | | | 제2제 | | | o | | | | |
| | | | 3제형 | 제1제 | o | (o) | | | (o) | | |
| | | | | 제2제 | | | o | | | | |
| | | | | 제3제 | | | | | (o) | | |
| | | 분리신청 | 2제형 | | o | (o) | | | (o) | | |

| 효능·효과 | | 신청 방식 | 제형 | | I란 | II란 | III란 A | III란 B | IV란 | V란 A | V란 B |
|---|---|---|---|---|---|---|---|---|---|---|---|
| 염모제 | 비산화염모 | 1품목 신청 | 1제형 | | | | | | | o | o |
| | | | 2제형 | 제1제 | | | | (o) | | | |
| | | | | 제2제 | | | | | | o | o |
| 탈색·탈염제 | | 1품목 신청 | 1제형 (1) | | | | o | o | (o) | | |
| | | | 1제형 (2) | | | | o | | (o) | | |
| | | | 2제형 (1) | 제1제 | | | | o | (o) | | |
| | | | | 제2제 | | | o | | (o) | | |
| | | | 2제형 (2) | 제1제 | | | | | o | | |
| | | | | 제2제 | | | o | | | | |
| | | | 3제형 | 제1제 | | | | o | (o) | | |
| | | | | 제2제 | | | o | | (o) | | |
| | | | | 제3제 | | | | | (o) | | |
| | | 분리신청 | 2제형 (1) | 제1제 | | | | o | (o) | | |
| | | | 2제형 (2) | 제1제 | | | o | (o) | | | |
| | | | 2제형 (3) | 제1제 | | | | | o | | |
| 산화염모제의 산화제로 사용 | | 분리신청 | | | | | o | | (o) | | |
| 탈색·탈염제의 산화제로 사용 | | | | | | | o | | (o) | | |
| 산화염모제, 탈색·탈염제의 산화제로 사용 | | | | | | | o | | (o) | | |
| 산화염모제의 산화보조제로 사용 | | | | | | | | | o | | |
| 탈색·탈염제의 산화보조제로서 사용 | | | | | | | | | o | | |
| 산화염모제, 탈색·탈염제의 산화보조제로 사용 | | | | | | | | | o | | |

※ O : 반드시 배합해야 할 유효성분

※ (O) : 필요에 따라 배합하는 유효성분

※ 다만, 3제형 산화염모제 및 3제형 탈색·탈염제의 경우에는 제3제가 희석제 등으로 구성되어 유효성분을 포함하지 않을 수 있다.

※ 다만, 2제형 산화염모제에서 제2제의 유효성분인 ⅢA란의 성분이 제1제에 배합되고 제2제가 희석제 등으로 구성되어 유효성분을 포함하지 않는 경우에도 제2제를 1개 품목으로 신청할 수 있다.

⑧ 퍼머넌트웨이브용 및 헤어스트레이트너 제품은 다음 각 호의 기준에 적합하여야 한다.

1. 치오글라이콜릭애씨드 또는 그 염류를 주성분으로 하는 냉2욕식 퍼머넌트웨이브용 제품 치오글라이콜릭애씨드 또는 그 염류를 주성분으로 하는 냉2욕식 헤어스트레이트너용 제품

※ 이 제품은 실온에서 사용하는 것으로서 치오글라이콜릭애씨드 또는 그 염류를 주성분으로 하는 제1제 및 산화제를 함유하는 제2제로 구성된다.

　가. 제1제: 이 제품은 치오글라이콜릭애씨드 또는 그 염류를 주성분으로 하고, 불휘발성 무기알칼리의 총량이 치오글라이콜릭애씨드의 대응량 이하인 액제이다. 단, 산성에서 끓인 후의 환원성 물질의 함량이 7.0%를 초과하는 경우에는 초과분에 대하여 디치오디글라이콜릭애씨드 또는 그 염류를 디치오디글라이콜릭애씨드로서 같은량 이상 배합하여야 한다. 이 제품에는 품질을 유지하거나 유용성을 높이기 위하여 적당한 알칼리제, 침투제, 습윤제, 착색제, 유화제, 향료 등을 첨가할 수 있다.

　　1) pH: 4.5 ~ 9.6

　　2) 알칼리: 0.1N염산의 소비량은 검체 1mL에 대하여 7.0mL 이하

　　3) 산성에서 끓인 후의 환원성 물질(치오글라이콜릭애씨드): 산성에서 끓인 후의 환원성 물질의 함량(치오글라이콜릭애씨드로서)이 2.0 ~ 11.0%

　　4) 산성에서 끓인 후의 환원성 물질 이외의 환원성 물질(아황산염, 황화물 등): 검체 1mL 중의 산성에서 끓인 후의 환원성 물질 이외의 환원성 물질에 대한 0.1N 요오드액의 소비량이 0.6mL 이하

　　5) 환원후의 환원성 물질(디치오디글라이콜릭애씨드): 환원후의 환원성 물질의 함량은 4.0% 이하

　　6) 중금속: 20μg/g 이하

　　7) 비소: 5μg/g 이하

　　8) 철: 2μg/g 이하

　나. 제2제

　　1) 브롬산나트륨 함유제제: 브롬산나트륨에 그 품질을 유지하거나 유용성을 높이기 위하여 적당한 용해제, 침투제, 습윤제, 착색제, 유화제, 향료 등을 첨가한 것이다.

　　　가) 용해상태: 명확한 불용성이물이 없을 것

　　　나) pH: 4.0 ~ 10.5

　　　다) 중금속: 20μg/g 이하

　　　라) 산화력: 1인 1회 분량의 산화력이 3.5 이상

　　2) 과산화수소수 함유제제: 과산화수소수 또는 과산화수소수에 그 품질을 유지하거나 유용성을 높이기 위하여 적당한 침투제, 안정제, 습윤제, 착색제, 유화제, 향료 등을 첨가한 것이다.

　　　가) pH: 2.5 ~ 4.5

　　　나) 중금속: 20μg/g 이하

　　　다) 산화력: 1인 1회 분량의 산화력이 0.8 ~ 3.0

2. 치오글라이콜릭애씨드 또는 그 염류를 주성분으로 하는 가온2욕식 퍼머넌트웨이브용 제품

　치오글라이콜릭애씨드 또는 그 염류를 주성분으로 하는 가온2욕식 헤어스트레이트너 제품

　치오글라이콜릭애씨드 또는 그 염류를 주성분으로 하는 고온정발용 열기구를 사용하는 가온2욕식 헤어스트레이트너 제품

※ 이 제품은 사용할 때 약 60℃ 이하로 가온조작하여 사용하는 것으로서 치오글라이콜릭애씨드 또는 그 염류를 주성분으로 하는 제1제 및 산화제를 함유하는 제2제로 구성된다.

가. 제1제 : 이 제품은 치오글라이콜릭애씨드 또는 그 염류를 주성분으로 하고 불휘발성 무기알칼리의 총량이 치오글라이콜릭애씨드의 대응량 이하인 액제이다. 이 제품에는 품질을 유지하거나 유용성을 높이기 위하여 적당한 알칼리제, 침투제, 습윤제, 착색제, 유화제, 향료 등을 첨가할 수 있다.

　　1) pH : 4.5 ~ 9.3

　　2) 알칼리 : 0.1N 염산의 소비량은 검체 1mL에 대하여 5mL 이하

　　3) 산성에서 끓인 후의 환원성 물질(치오글라이콜릭애씨드) : 1.0 ~ 5.0%

　　4) 산성에서 끓인 후의 환원성 물질 이외의 환원성 물질(아황산, 황화물 등) : 검체 1mL 중의 산성에서 끓인 후의 환원성 물질 이외의 환원성 물질에 대한 0.1N 요오드액의 소비량은 0.6mL 이하

　　5) 환원 후의 환원성 물질(디치오디글라이콜릭애씨드) : 4.0% 이하

　　6) 중금속 : 20$\mu$g/g 이하

　　7) 비소 : 5$\mu$g/g 이하

　　8) 철 : 2$\mu$g/g 이하

나. 제2제 기준 : 1. 치오글라이콜릭애씨드 또는 그 염류를 주성분으로 하는 냉2욕식 퍼머넌트웨이브용 제품 나. 제2제의 기준에 따른다.

3. 치오글라이콜릭애씨드 또는 그 염류를 주성분으로 하는 냉1욕식 퍼머넌트웨이브용 제품 : 이 제품은 실온에서 사용하는 것으로서 치오글라이콜릭애씨드 또는 그 염류를 주성분으로 하고 불휘발성 무기알칼리의 총량이 치오글라이콜릭애씨드의 대응량 이하인 액제이다. 이 제품에는 품질을 유지하거나 유용성을 높이기 위하여 적당한 알칼리제, 침투제, 습윤제, 착색제, 유화제, 향료 등을 첨가할 수 있다.

　　1) pH : 9.4 ~ 9.6

　　2) 알칼리 : 0.1N 염산의 소비량은 검체 1mL에 대하여 3.5 ~ 4.6mL

　　3) 산성에서 끓인 후의 환원성 물질(치오글라이콜릭애씨드) : 3.0 ~ 3.3%

　　4) 산성에서 끓인 후의 환원성 물질 이외의 환원성 물질(아황산염, 황화물 등) : 검체 1mL 중인 산성에서 끓인 후의 환원성 물질 이외의 환원성 물질에 대한 0.1N 요오드액의 소비량은 0.6mL 이하

　　5) 환원 후의 환원성 물질(디치오디글라이콜릭애씨드) : 0.5% 이하

　　6) 중금속 : 20$\mu$g/g 이하

　　7) 비소 : 5$\mu$g/g 이하

　　8) 철 : 2$\mu$g/g 이하

4. 치오글라이콜릭애씨드 또는 그 염류를 주성분으로 하는 제1제 사용시 조제하는 발열2욕식 퍼머넌트웨이브용 제품

※ 이 제품은 치오글라이콜릭애씨드 또는 그 염류를 주성분으로 하는 제1제의 1과 제1제의 1중의 치오글라이콜릭애씨드 또는 그 염류의 대응량 이하의 과산화수소를 함유한 제1제의 2, 과산화수소를 산화제로 함유하는 제2제로 구성되며, 사용시 제1제의 1 및 제1제의 2를 혼합하면 약 40℃로 발열되어 사용하는 것이다.

가. 제1제의 1 : 이 제품은 치오글라이콜릭애씨드 또는 그 염류를 주성분으로 하는 액제로서 이 제품에는 품질을 유지하거나 유용성을 높이기 위하여 적당한 알칼리제, 침투제, 습윤제, 착색제, 유화제, 향료 등을 첨가할 수 있다.

　　1) pH : 4.5 ~ 9.5

　　2) 알칼리 : 0.1N 염산의 소비량은 검체 1mL에 대하여 10mL 이하

　　3) 산성에서 끓인 후의 환원성 물질(치오글라이콜릭애씨드) : 8.0 ~ 19.0%

　　4) 산성에서 끓인 후의 환원성 물질 이외의 환원성 물질(아황산염, 황화물 등) : 검체 1mL 중의 산성에서 끓인 후의 환원성 물질 이외의 환원성 물질에 대한 0.1N 요오드액의 소비량은 0.8mL 이하

5) 환원 후의 환원성 물질(디치오디글라이콜릭애씨드) : 0.5% 이하

6) 중금속 : 20㎍/g 이하

7) 비소 : 5㎍/g 이하

8) 철 : 2㎍/g 이하

나. 제1제의 2 : 이 제품은 제1제의 1중에 함유된 치오글라이콜릭애씨드 또는 그 염류의 대응량 이하의 과산화수소를 함유한 액제로서 이 제품에는 품질을 유지하거나 유용성을 높이기 위하여 적당한 침투제, pH조정제, 안정제, 습윤제, 착색제, 유화제, 향료 등을 첨가할 수 있다.

1) pH : 2.5 ~ 4.5

2) 중금속 : 20㎍/g 이하

3) 과산화수소 : 2.7 ~ 3.0%

다. 제1제의 1 및 제1제의 2의 혼합물 : 이 제품은 제1제의 1 및 제1제의 2를 용량비 3 : 1로 혼합한 액제로서 치오글라이콜릭애씨드 또는 그 염류를 주성분으로 하고 불휘발성 무기알칼리의 총량이 치오글라이콜릭애씨드의 대응량 이하인 것이다.

1) pH : 4.5 ~ 9.4

2) 알칼리 : 0.1N 염산의 소비량은 검체 1mL에 대하여 7mL 이하

3) 산성에서 끓인 후의 환원성 물질(치오글라이콜릭애씨드) : 2.0 ~ 11.0%

4) 산성에서 끓인 후의 환원성물질 이외의 환원성 물질(아황산염, 황화물 등) : 산성에서 끓인 후의 환원성 물질 이외의 환원성 물질에 대한 0.1N 요오드액의 소비량은 0.6mL 이하

5) 환원 후의 환원성 물질(디치오디글라이콜릭애씨드) : 3.2 ~ 4.0%

6) 온도상승 : 온도의 차는 14℃ ~ 20℃

라. 제2제 : 1. 치오글라이콜릭애씨드 또는 그 염류를 주성분으로 하는 냉2욕식 퍼머넌트웨이브용 제품 나. 제2제의 기준에 따른다.

5. 시스테인, 시스테인염류 또는 아세틸시스테인을 주성분으로 하는 냉2욕식 퍼머넌트웨이브용 제품

※ 이 제품은 실온에서 사용하는 것으로서 시스테인, 시스테인염류 또는 아세틸시스테인을 주성분으로 하는 제1제 및 산화제를 함유하는 제2제로 구성된다.

가. 제1제 : 이 제품은 시스테인, 시스테인염류 또는 아세틸시스테인을 주성분으로 하고 불휘발성 무기알칼리를 함유하지 않은 액제이다. 이 제품에는 품질을 유지하거나 유용성을 높이기 위하여 적당한 알칼리제, 침투제, 습윤제, 착색제, 유화제, 향료 등을 첨가할 수 있다.

1) pH : 8.0 ~ 9.5

2) 알칼리 : 0.1N 염산의 소비량은 검체 1mL에 대하여 12mL 이하

3) 시스테인 : 3.0 ~ 7.5%

4) 환원후의 환원성물질(시스틴) : 0.65% 이하

5) 중금속 : 20㎍/g 이하

6) 비소 : 5㎍/g 이하

7) 철 : 2㎍/g 이하

나. 제2제 기준 : 1. 치오글라이콜릭애씨드 또는 그 염류를 주성분으로 하는 냉2욕식 퍼머넌트웨이브용 제품 나. 제2제의 기준에 따른다.

6. 시스테인, 시스테인염류 또는 아세틸시스테인을 주성분으로 하는 가온 2욕식 퍼머넌트웨이브용 제품

※ 이 제품은 사용 시 약 60℃ 이하로 가온조작하여 사용하는 것으로서 시스테인, 시스테인염류, 또는 아세틸시스테인을 주성분으로 하는 제1제 및 산화제를 함유하는 제2제로 구성된다.

가. 제1제 : 이 제품은 시스테인, 시스테인염류, 또는 아세틸시스테인을 주성분으로 하고 불휘발성 무기알칼리를 함유하지 않는 액제로서 이 제품에는 품질을 유지하거나 유용성을 높이기 위해서 적당한 알칼리제, 침투제, 습윤제, 착색제, 유화제, 향료 등을 첨가할 수 있다.

1) pH : 4.0 ~ 9.5

2) 알칼리 : 0.1N염산의 소비량은 검체 1mL에 대하여 9mL 이하

3) 시스테인 : 1.5 ~ 5.5%

4) 환원후의 환원성물질(시스틴) : 0.65% 이하

5) 중금속 : 20$\mu$g/g 이하

6) 비소 : 5$\mu$g/g 이하

7) 철 : 2$\mu$g/g 이하

나. 제2제 기준 : 1. 치오글라이콜릭애씨드 또는 그 염류를 주성분으로 하는 냉2욕식 퍼머넌트웨이브용 제품 나. 제2제의 기준에 따른다.

1. pH 시험, 산, 알칼리

퍼머넌트웨이브용 및 헤어스트레이트너 제품의 산 또는 알칼리를 측정하는 시험으로 산성 물질 또는 알칼리성 물질이 단독 또는 다른 성분과 함께 피부나 모발에 특유의 기능을 발휘하므로 이런 제품의 특성을 확인하는데 유용하다. 주성분이 치오글라이콜릭애씨드(염) 및 시스테인의 웨이브효과는 알칼리성에서는 강하고 산성에서는 약하나, 알칼리성이 강하게 되면 모발에 손상이 크게 되며 피부에 대한 1차 자극도 커지게 되므로 pH 및 알칼리 함유량의 상한이 정해져 있다. 더불어 불순물이 섞여있을 경우, 산 또는 알칼리의 작용을 방해할 수 있으므로 품질 및 안전성을 간단하게 확인할 수 있는 방법이다.

2. 산성에서 끓인 후의 환원성물질(치오글라이콜릭애씨드)

환원제인 치오글라이콜릭애씨드의 함유량을 측정하는 시험법으로 실질적인 함량시험 기준이다.

3. 시스테인

환원제인 시스테인의 함유량을 측정하는 시험법으로서 실질적인 함량시험 기준이다.

4. 산성에서 끓인 후의 환원성 물질 이외의 환원성 물질(아황산, 황화물 등)

환원제로서 사용되는 아황산염, 황화물 등이 얼마만큼 사용되고 있는지의 양을 측정하는 것이다.

5. 환원 후의 환원성물질(디치오디글라이콜릭애씨드)

치오글라이콜릭애씨드를 주성분으로 하는 제품이 시중 유통 중에 산화여부를 확인하기 위하여 실시한다. 산화가 되면 치오글라이콜릭애씨드 2분자가 결합되어 디치오디글라이콜릭애씨드로 변화되므로 그 양을 측정함으로써 산화정도를 확인할 수 있다. 치오글라이콜릭애씨드가 산화되어 디치오디글라이콜릭애씨드가 되면 효력이 떨어진다.

6. 환원 후의 환원성 물질(시스틴)

시스테인을 주성분으로 하는 제품이 시중 유통 중에 산화여부를 확인하기 위하여 실시한다. 산화가 되면 시스테인 2분자가 이황화 결합(디설파인결합)되어 시스틴으로 변화되므로 그 양을 측정함으로써 산화정도를 확인할 수 있다. 시스테인이 산화되어 시스틴이 되면 효력이 떨어진다.

7. 철

반응기 등 제조공정상 들어 갈 수 있는 철 성분에 대한 한도 시험이다. 철 성분은 제품 구성성분에 촉매작용을 하여 안정도 및 물성을 변화시킨다. 그러므로 유효성에 영향을 미쳐 품질을 떨어뜨릴 수 있으므로 철의 함유량을 규정한다.

8. 산화력

제2제인 산화제의 산화능력을 알아보는 것으로서, 산화력 시험방법 중 계산식에서 0.278은 0.1N 치오황산나트

룜의 소비량을 제품 1인 1회 분량의 브롬산나트륨g수로 나타낸 것으로, 이것을 산화력으로 한다

▶ 퍼머넌트웨이브용 및 헤어스트레이트너 제품

◎ 국내에서 판매되는 퍼머넌트웨이브용 및 헤어스트레이트너 제품은 기준에 따라 주성분의 종류, 그 함량 및 시험방법이 정해져 있으며 9개로 나뉘고 대부분 2제식으로 구성된다. pH, 알칼리도, 주성분 분량을 고려하여 퍼머액량, 처리온도 및 처리시간을 적절하게 조정하는 것이 필요하다.

 • 치오글리콜산염 및 시스테인의 웨이브 효과는 알칼리성에서는 강하고 산성에서는 약하다. 알칼리성이 강하게 되면 모발의 손상이 크게 되고 피부에 대한 자극도 크기 때문에 최근 산성 퍼머도 개발되고 있다.
 • 제1제 : 환원제로서 치오글리콜산 또는 시스테인이 주성분으로 사용되며, 제1제는 강한 알칼리성을 띄는 것이 있으므로 사용할 때 주의가 필요하다. 오남용의 경우 자극성피부염 또는 모발손상의 원인이 될 수 있다.
 • 제2제 : 브롬산염계의 산화제로서 주로 브롬산 나트륨을 사용하고 있다.

◎ 작용기전 : 모발 중의 디설파이드결합(SS결합)의 환원개열과 산화 재결합
 • 모발에 치올류를 함유한 제1제를 적용하여 SS결합을 환원개열(모발연화)시킨 다음 산화제를 함유한 제2제를 적용하여 산화제와 결합시켜 고정한다.

Ⅰ. 일반화장품

## 1. 납

다음 시험법중 적당한 방법에 따라 시험한다.

가) 디티존법

① 검액의 조제 : 다음 제1법 또는 제2법에 따른다.

- 제1법 : 검체 1.0g을 자제도가니에 취하고(검체에 수분이 함유되어 있을 경우에는 수욕상에서 증발건조한 다) 약 500℃에서 2 ~ 3시간 회화한다. 회분에 묽은염산 및 묽은질산 각 10mL씩을 넣고 수욕상에서 30분 간 가온한 다음 상징액을 유리여과기(G4)로 여과하고 잔류물을 묽은염산 및 물 적당량으로 씻어 씻은 액을 여액에 합하여 전량을 50mL로 한다.

- 제2법 : 검체 1.0g을 취하여 300mL 분해플라스크에 넣고 황산 5mL 및 질산 10mL를 넣고 흰 연기가 발생할 때까지 조용히 가열한다. 식힌 다음 질산 5mL씩을 추가하고 흰 연기가 발생할 때까지 가열하여 내용물이 무색 ~ 엷은 황색이 될 때까지 이 조작을 반복하여 분해가 끝나면 포화수산암모늄용액 5mL를 넣고 다시 가열하여 질산을 제거한다. 분해물을 50mL 용량플라스크에 옮기고 물 적당량으로 분해플라스크를 씻어 넣고 물을 넣어 전체량을 50mL로 한다.

② 시험조작 : 위의 검액으로 「기능성화장품 기준 및 시험방법」(식품의약품안전처 고시) 일반시험법 1. 원료의 "7. 납시험법"에 따라 시험한다. 비교액에는 납표준액 2.0mL를 넣는다.

나) 원자흡광광도법

① 검액의 조제 : 검체 약 0.5g을 정밀하게 달아 석영 또는 테트라플루오로메탄제의 극초단파분해용 용기의 기벽에 닿지 않도록 조심하여 넣는다. 검체를 분해하기 위하여 질산 7mL, 염산 2mL 및 황산 1mL을 넣고 뚜껑을 닫은 다음 용기를 극초단파분해 장치에 장착하고 다음 조작조건에 따라 무색 ~ 엷은 황색이 될 때까지 분해한다. 상온으로 식힌 다음 조심하여 뚜껑을 열고 분해물을 25mL 용량플라스크에 옮기고 물 적당량으로 용기 및 뚜껑을 씻어 넣고 물을 넣어 전체량을 25mL로 하여 검액으로 한다. 침전물이 있을 경우 여과하여 사용한다. 따로 질산 7mL, 염산 2mL 및 황산 1mL를 가지고 검액과 동일하게 조작하여 공시험액으로 한다. 다만, 필요에 따라 검체를 분해하기 위하여 사용되는 산의 종류 및 양과 극초단파분해 조건을 바꿀 수 있다.

〈조작조건〉

- 최대파워 : 1000W

- 최고온도 : 200℃

- 분해시간 : 약 35분

위 검액 및 공시험액 또는 디티존법의 검액의 조제와 같은 방법으로 만든 검액 및 공시험액 각 25mL를 취하여 각각에 구연산암모늄용액(1→4) 10mL 및 브롬치몰블루시액 2방울을 넣어 액의 색이 황색에서 녹색이 될 때까지 암모니아시액을 넣는다. 여기에 황산암모늄용액(2→5) 10mL 및 물을 넣어 100mL로 하고 디에칠디치오카르바민산나트륨용액(1→20) 10mL를 넣어 섞고 몇 분간 방치한 다음 메칠이소부틸케톤 20.0mL를 넣어 세게 흔들어 섞어 조용히 둔다. 메칠이소부틸케톤층을 여취하고 필요하면 여과하여 검액으로 한다.

② 표준액의 조제 : 따로 납표준액(10μg/mL) 0.5mL, 1.0mL 및 2.0mL를 각각 취하여 구연산암모늄용액 (1→4) 10mL 및 브롬치몰블루시액 2방울을 넣고 이하 위의 검액과 같이 조작하여 검량선용 표준액으로 한다.

③ 조작 : 각각의 표준액을 다음의 조작조건에 따라 원자흡광광도기에 주입하여 얻은 납의 검량선을 가지고 검액 중 납의 양을 측정한다.

〈조작조건〉

• 사용가스 : 가연성가스(아세칠렌 또는 수소), 지연성가스(공기)

• 램 프 : 납중공음극램프

• 파 장 : 283.3nm

다) 유도결합플라즈마분광기를 이용하는 방법

① 검액의 조제 : 검체 약 0.2g을 정밀하게 달아 석영 또는 테트라플루오로메탄제의 극초단파분해용 용기의 기벽에 닿지 않도록 조심하여 넣는다. 검체를 분해하기 위하여 질산 7mL, 염산 2mL 및 황산 1mL을 넣고 뚜껑을 닫은 다음 용기를 극초단파분해 장치에 장착하고 다음 조작조건에 따라 무색 ~ 엷은 황색이 될 때까지 분해한다. 상온으로 식힌 다음 조심하여 뚜껑을 열고 분해물을 50mL 용량플라스크에 옮기고 물 적당량으로 용기 및 뚜껑을 씻어 넣고 물을 넣어 전체량을 50mL로 하여 검액으로 한다. 침전물이 있을 경우 여과하여 사용한다. 따로 질산 7mL, 염산 2mL 및 황산 1mL를 가지고 검액과 동일하게 조작하여 공시험 액으로 한다. 다만, 필요에 따라 검체를 분해하기 위하여 사용되는 산의 종류 및 양과 극초단파분해 조건 을 바꿀 수 있다.

〈조작조건〉

• 최대파워 : 1000W

• 최고온도 : 200℃

• 분해시간 : 약 35분

② 표준액의 조제 : 납 표준원액(1000μg/mL)에 0.5% 질산을 넣어 농도가 다른 3가지 이상의 검량선용 표준액 을 만든다. 이 표준액의 농도는 액 1mL당 납 0.01 ~ 0.2μg 범위 내로 한다.

③ 시험조작 : 각각의 표준액을 다음의 조작조건에 따라 유도결합플라즈마분광기(ICP spectrometer)에 주입 하여 얻은 납의 검량선을 가지고 검액 중 납의 양을 측정한다.

〈조작조건〉

• 파장 : 220.353nm(방해성분이 함유된 경우 납의 다른 특성파장을 선택할 수 있다)

• 플라즈마가스 : 아르곤(99.99 v/v% 이상)

라) 유도결합플라즈마 - 질량분석기를 이용한 방법

① 검액의 조제 : 검체 약 0.2g을 정밀하게 달아 테플론제의 극초단파분해용 용기의 기벽에 닿지 않도록 조심 하여 넣는다. 검체를 분해하기 위하여 질산 7mL, 불화수소산 2mL를 넣고 뚜껑을 닫은 다음 용기를 극초 단파분해 장치에 장착하고 다음 조작 조건 1에 따라 무색 ~ 엷은 황색이 될 때까지 분해한다. 상온으로 식 힌 다음 조심하여 뚜껑을 열어 희석시킨 붕산(5→100) 20mL를 넣고 뚜껑을 닫은 다음 용기를 극초단파분 해 장치에 장착하고 다음 조작 조건 2에 따라 불소를 불활성화 시킨다. 다만, 기기의 검액 도입부 등에 석 영대신 테플론재질을 사용하는 경우에 한해 불소 불활성화 조작은 생략할 수 있다. 상온으로 식힌 다음 조 심하여 뚜껑을 열고 분해물을 100mL 용량플라스크에 옮기고 증류수 적당량으로 용기 및 뚜껑을 씻어 넣 고 증류수를 넣어 100mL로 한다. 침전물이 있을 경우 여과하여 사용한다. 이를 증류수로 5배 희석하여 검 액으로 한다. 따로 질산 7mL, 불화수소산 2mL를 가지고 검액과 동일하게 조작하여 공시험액으로 한다.

다만, 필요하면 검체를 분해하기 위하여 사용되는 산의 종류 및 양과 극초단파분해 조건을 바꿀 수 있다.

| 〈조작조건1〉 | 〈조작조건2〉 |
|---|---|
| • 최대파워 : 1000W | • 최대파워 : 1000W |
| • 최고온도 : 200℃ | • 최고온도 : 180℃ |
| • 분해시간 : 약 20분 | • 분해시간 : 약 10분 |

② 표준액의 조제 : 납 표준원액(1000µg/mL)에 희석시킨 질산(2→100)을 넣어 농도가 다른 3가지 이상의 검량선용 표준액을 만든다. 이 표준액의 농도는 액 1mL당 납 1 ~ 20ng 범위를 포함하게 한다.

③ 시험조작 : 각각의 표준액을 다음의 조작조건에 따라 유도결합플라즈마 – 질량분석기(ICP-MS)에 주입하여 얻은 납의 검량선을 가지고 검액 중 납의 양을 측정한다.

〈조작조건〉
• 원자량 : 206, 207, 208(간섭현상이 없는 범위에서 선택하여 검출)
• 플라즈마기체 : 아르곤(99.99 v/v% 이상)

## 2. 니켈

① 검액의 조제 : 검체 약 0.2g을 정밀하게 달아 테플론제의 극초단파분해용 용기의 기벽에 닿지 않도록 조심하여 넣는다. 검체를 분해하기 위하여 질산 7mL, 불화수소산 2mL를 넣고 뚜껑을 닫은 다음 용기를 극초단파분해 장치에 장착하고 조작조건 1에 따라 무색 ~ 엷은 황색이 될 때까지 분해한다. 상온으로 식힌 다음 조심하여 뚜껑을 열어 희석시킨 붕산 (5→100) 20mL를 넣고 뚜껑을 닫은 다음 용기를 극초단파분해 장치에 장착하고 조작조건 2에 따라 불소를 불활성화 시킨다. 다만, 기기의 검액 도입부 등에 석영 대신 테플론재질을 사용하는 경우에 한해 불소 불활성화 조작은 생략할 수 있다. 상온으로 식힌 다음 조심하여 뚜껑을 열고 분해물을 100mL 용량플라스크에 옮기고 물 적당량으로 용기 및 뚜껑을 씻어 넣고 물을 넣어 100mL로 한다. 침전물이 있을 경우 여과하여 사용한다. 이액을 물로 5배 희석하여 검액으로 한다. 따로 질산 7mL, 불화수소산 2mL를 가지고 검액과 동일하게 조작하여 공시험액으로 한다. 다만, 필요하면 검체를 분해하기 위하여 사용되는 산의 종류 및 양과 극초단파분해 조건을 바꿀 수 있다.

| 〈조작조건1〉 | 〈조작조건2〉 |
|---|---|
| • 최대파워 : 1000W | • 최대파워 : 1000W |
| • 최고온도 : 200℃ | • 최고온도 : 180℃ |
| • 분해시간 : 약 20분 | • 분해시간 : 약 10분 |

② 표준액의 조제 : 니켈 표준원액(1000µg/mL)에 희석시킨 질산(2→100)을 넣어 농도가 다른 3가지 이상의 검량선용 표준액을 만든다. 표준액의 농도는 1mL당 니켈 1 ~ 20ng 범위를 포함하게 한다.

③ 조작 : 각각의 표준액을 다음의 조작조건에 따라 유도결합플라즈마 – 질량분석기(ICP-MS)에 주입하여 얻은 니켈의 검량선을 가지고 검액 중 니켈의 양을 측정한다.

〈조작조건〉
• 원자량 : 60(간섭현상이 없는 범위에서 선택하여 검출)
• 플라즈마기체 : 아르곤(99.99 v/v% 이상)

④ 검출시험 범위에서 충분한 정량한계, 검량선의 직선성 및 회수율이 확보되는 경우 유도결합플라즈마 – 질량분석기(ICP-MS) 대신 유도결합플라즈마분광기(ICP) 또는 원자흡광분광기(AAS)를 사용하여 측정할 수 있다.

## 3. 비소

다음 시험법중 적당한 방법에 따라 시험한다.

가) 비색법 : 검체 1.0g을 달아 「기능성화장품 기준 및 시험방법」(식품의약품안전처 고시) 일반시험법 1. 원료의 "15. 비소시험법" 중 제3법에 따라 검액을 만들고 장치 A를 쓰는 방법에 따라 시험한다.

나) 원자흡광광도법

① 검액의 조제 : 검체 약 0.2g을 정밀하게 달아 석영 또는 테트라플루오로메탄제의 극초단파분해용 용기의 기벽에 닿지 않도록 조심하여 넣는다. 검체를 분해하기 위하여 질산 7mL, 염산 2mL 및 황산 1mL을 넣고 뚜껑을 닫은 다음 용기를 극초단파 분해 장치에 장착하고 다음 조작조건에 따라 무색 ~ 엷은 황색이 될 때까지 분해한다. 상온으로 식힌 다음 조심하여 뚜껑을 열고 분해물을 50mL 용량플라스크에 옮기고 물 적당량으로 용기 및 뚜껑을 씻어 넣고 물을 넣어 전체량을 50mL로 하여 검액으로 한다. 침전물이 있을 경우 여과하여 사용한다. 따로 질산 7mL, 염산 2mL 및 황산 1mL를 가지고 검액과 동일하게 조작하여 공시험액으로 한다. 다만, 필요에 따라 검체를 분해하기 위하여 사용되는 산의 종류 및 양과 극초단파의 분해조건을 바꿀 수 있다.

〈조작조건〉

• 최대파워 : 1000W

• 최고온도 : 200℃

• 분해시간 : 약 35분

② 표준액의 조제 : 비소 표준원액(1000μg/mL)에 0.5% 질산을 넣어 농도가 다른 3가지 이상의 검량선용 표준액을 만든다. 이 표준액의 농도는 액 1mL당 비소 0.01 ~ 0.2μg 범위 내로 한다.

③ 시험조작 : 각각의 표준액을 다음의 조작조건에 따라 수소화물발생장치 및 가열흡수셀을 사용하여 원자흡광광도기에 주입하고 여기서 얻은 비소의 검량선을 가지고 검액 중 비소의 양을 측정한다.

〈조작조건〉

• 사용가스 : 가연성가스(아세칠렌 또는 수소), 지연성가스(공기)

• 램프 : 비소중공음극램프 또는 무전극방전램프

• 파장 : 193.7nm

다) 유도결합플라즈마분광기를 이용한 방법

① 검액 및 표준액의 조제 : 원자흡광광도법의 표준액 및 검액의 조제와 같은 방법으로 만든 액을 검액 및 표준액으로 한다.

② 시험조작 : 각각의 표준액을 다음의 조작조건에 따라 유도결합플라즈마분광기(ICP spectrometer)에 주입하여 얻은 비소의 검량선을 가지고 검액 중 비소의 양을 측정한다.

〈조작조건〉

• 파장 : 193.759nm(방해성분이 함유된 경우 비소의 다른 특성파장을 선택할 수 있다)

• 플라즈마가스 : 아르곤(99.99 v/v% 이상)

라) 유도결합플라즈마 – 질량분석기를 이용한 방법

① 검액의 조제 : 검체 약 0.2g을 정밀하게 달아 테플론제의 극초단파분해용 용기의 기벽에 닿지 않도록 조심하여 넣는다. 검체를 분해하기 위하여 질산 7mL, 불화수소산 2mL를 넣고 뚜껑을 닫은 다음 용기를 극초단파분해 장치에 장착하고 다음 조작 조건 1에 따라 무색 ~ 엷은 황색이 될 때까지 분해한다. 상온으로 식힌 다음 조심하여 뚜껑을 열어 희석시킨 붕산(5→100) 20mL를 넣고 뚜껑을 닫은 다음 용기를 극초단파분해 장치에 장착하고 다음 조작 조건 2에 따라 불소를 불활성화 시킨다. 다만, 기기의 검액 도입부 등에 석영대신 테플론재질을 사용하는 경우에 한해 불소 불활성화 조작은 생략할 수 있다. 최종 분해물을 100mL

용량플라스크에 옮기고 증류수 적당량으로 용기 및 뚜껑을 씻어 넣고 증류수을 넣어 100mL로 한다. 침전물이 있을 경우 여과하여 사용한다. 이를 증류수로 5배 희석하여 검액으로 한다. 따로 질산 7mL, 불화수소산 2mL를 가지고 검액과 동일하게 조작하여 공시험액으로 한다. 다만, 필요하면 검체를 분해하기 위하여 사용되는 산의 종류 및 양과 극초단파분해 조건을 바꿀 수 있다.

| 〈조작조건1〉 | 〈조작조건2〉 |
|---|---|
| • 최대파워 : 1000W | • 최대파워 : 1000W |
| • 최고온도 : 200℃ | • 최고온도 : 180℃ |
| • 분해시간 : 약 20분 | • 분해시간 : 약 10분 |

② 표준액의 조제 : 비소 표준원액(1000㎍/mL)에 희석시킨 질산(2→100)을 넣어 농도가 다른 3가지 이상의 검량선용 표준액을 만든다. 이 표준액의 농도는 액 1mL당 비소 1 ~ 4ng 범위를 포함하게 한다.

③ 시험조작 : 각각의 표준액을 다음의 조작조건에 따라 유도결합플라즈마-질량분석기(ICP-MS)에 주입하여 얻은 비소의 검량선을 가지고 검액 중 비소의 양을 측정한다.

〈조작조건〉
• 원자량 : 75(40Ar35Cl+의 간섭을 방지하기 위한 장치를 사용할 수 있음)
• 플라즈마기체 : 아르곤(99.99 v/v% 이상)

### 4. 수은

가) 수은분해장치를 이용한 방법

① 검액의 조제 : 검체 1.0g을 정밀히 달아 그림 1과 같은 수은분해장치의 플라스크에 넣고 유리구 수개를 넣어 장치에 연결하고 냉각기에 찬물을 통과시키면서 적가깔대기를 통하여 질산 10mL를 넣는다. 다음에 적가깔대기의 콕크를 잠그고 반응콕크를 열어주면서 서서히 가열한다. 아질산가스의 발생이 거의 없어지고 엷은 황색으로 되었을 때 가열을 중지하고 식힌다. 이때 냉각기와 흡수관의 접촉을 열어놓고 흡수관의 희석시킨 황산(1→100)이 장치 안에 역류되지 않도록 한다. 식힌 다음 황산 5mL를 넣고 다시 서서히 가열한다. 이때 반응콕크를 잠가주면서 가열하여 산의 농도를 농축시키면 분해가 촉진된다. 분해가 잘 되지 않으면 질산 및 황산을 같은 방법으로 반복하여 넣으면서 가열한다. 액이 무색 또는 엷은 황색이 될 때까지 가열하고 식힌다. 이때 냉각기와 흡수관의 접촉을 열어놓고 흡수관의 희석시킨 황산(1→100)이 장치안에 역류되지 않도록 한다. 식힌 다음 과망간산칼륨가루 소량을 넣고 가열한다. 가열하는 동안 과망간산칼륨의 색이 탈색되지 않을 때까지 소량씩 넣어 가열한다. 다시 식힌 다음 적가깔대기를 통하여 과산화수소시액을 넣으면서 탈색시키고 10% 요소용액 10mL를 넣고 적가깔대기의 콕크를 잠근다. 이때 장치안이 급히 냉각되므로 흡수관 안의 희석시킨 황산(1→100)이 장치 안으로 역류한다. 역류가 끝난 다음 천천히 가열하면서 아질산가스를 완전히 날려 보내고 식혀서 100mL 용량플라스크에 옮기고 뜨거운 희석시킨 황산(1→100)소량으로 장치의 내부를 잘 씻어 씻은 액을 100mL 메스플라스크에 합하고 식힌 다음 물을 넣어 정확히 100mL로 하여 검액으로 한다.

② 공시험액의 조제 : 검체는 사용하지 않고 검액의 조제와 같은 방법으로 조작하여 공시험액으로 한다.

③ 표준액의 조제 : 염화제이수은을 데시케이타(실리카 겔)에서 6시간 건조하여 그 13.5mg을 정밀하게 달아 묽은 질산 10mL 및 물을 넣어 녹여 정확하게 1L로 한다. 이 용액 10mL를 정확하게 취하여 묽은 질산 10mL 및 물을 넣어 정확하게 1L로 하여 표준액으로 한다. 쓸 때 조제한다. 이 표준액 1mL는 수은(Hg) 0.1 ㎍을 함유한다.

④ 조작법(환원기화법) : 검액 및 공시험액을 시험용 유리병에 옮기고 5% 과망간산칼륨용액 수적을 넣어 주면

서 탈색이 되면 추가하여 1분간 방치한 다음 1.5% 염산히드록실아민용액으로 탈색시킨다. 따로 수은표준액 10mL를 정확하게 취하여 물을 넣어 100mL로 하여 시험용 유리병에 옮기고 5% 과망간산칼륨용액 수적을 넣어 흔들어 주면서 탈색이 되면 추가하여 1분간 방치한 다음 50% 황산 2mL 및 3.5% 질산 2mL를 넣고 1.5% 염산히드록실아민용액으로 탈색시킨다. 위의 전처리가 끝난 표준액, 검액 및 공시험액에 1% 염화제일석 0.5N 황산용액 10mL씩을 넣어 곧 그림 2와 같은 원자흡광광도계의 순환펌프에 연결하여 수은증기를 건조관 및 흡수셀(cell)안에 순환시켜 파장 253.7nm에서 기록계의 지시가 급속히 상승하여 일정한 값을 나타낼 때의 흡광도를 측정할 때 검액의 흡광도는 표준액의 흡광도보다 적어야 한다.

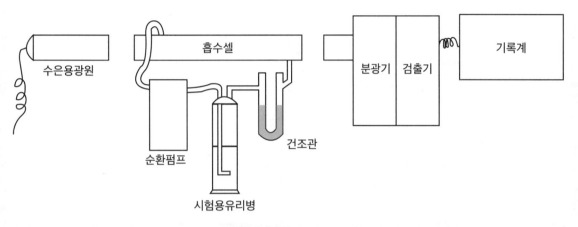

환원기화법의 장치의 예

나) 수은분석기를 이용한 방법

① 검액의 조제 : 검체 약 50mg을 정밀하게 달아 검액으로 한다.

② 표준액의 조제 : 수은표준액을 0.001%L-시스테인 용액으로 적당하게 희석하여 0.1, 1, 10μg/mL로 하여 표준액으로 한다.

③ 조작법 : 검액 및 표준액을 가지고 수은분석기로 측정한다. 따로 공시험을 하며 필요하면 첨가제를 넣을 수 있다.

※ 0.001%L-시스테인 용액 : L-시스테인 10mg을 달아 질산 2mL를 넣은 다음 물을 넣어 1000mL로 한다. 이 액을 냉암소에 보관한다.

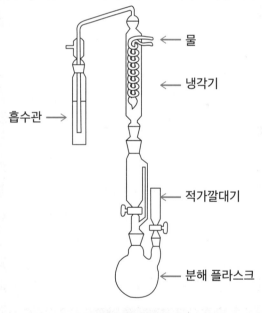

수은분해장치의 예

## 5. 안티몬

① 검액의 조제 : 검체 약 0.2g을 정밀하게 달아 테플론제의 극초단파분해용 용기의 기벽에 닿지 않도록 조심하여 넣는다. 검체를 분해하기 위하여 질산 7mL, 불화수소산 2mL를 넣고 뚜껑을 닫은 다음 용기를 극초단파분해 장치에 장착하고 조작조건 1에 따라 무색 ~ 엷은 황색이 될 때까지 분해한다. 상온으로 식힌 다음 조심하여 뚜껑을 열어 희석시킨 붕산 (5→100) 20mL를 넣고 뚜껑을 닫은 다음 용기를 극초단파분해 장치에 장착하고 조작조건 2에 따라 불소를 불활성화 시킨다. 다만, 기기의 검액 도입부 등에 석영대신 테플론재질을 사용하는 경우에 한해 불소 불활성화 조작은 생략할 수 있다. 상온으로 식힌 다음 조심하여 뚜껑을 열고 분해물을

100mL 용량플라스크에 옮기고 물 적당량으로 용기 및 뚜껑을 씻어 넣고 물을 넣어 100mL로 한다. 침전물이 있을 경우 여과하여 사용한다. 이액을 물로 5배 희석하여 검액으로 한다. 따로 질산 7mL, 불화수소산 2mL를 가지고 검액과 동일하게 조작하여 공시험액으로 한다. 다만, 필요하면 검체를 분해하기 위하여 사용되는 산의 종류 및 양과 극초단파분해 조건을 바꿀 수 있다.

| 〈조작조건1〉 | 〈조작조건2〉 |
|---|---|
| • 최대파워 : 1000W | • 최대파워 : 1000W |
| • 최고온도 : 200℃ | • 최고온도 : 180℃ |
| • 분해시간 : 약 20분 | • 분해시간 : 약 10분 |

② 표준액의 조제 : 안티몬 표준원액(1000μg/mL)에 희석시킨 질산 (2→100)을 넣어 농도가 다른 3가지 이상의 검량선용 표준액을 만든다. 표준액의 농도는 1mL당 안티몬 1 ~ 20ng 범위를 포함하게 한다.

③ 조작 : 각각의 표준액을 다음의 조작조건에 따라 유도결합플라즈마-질량분석기(ICP-MS)에 주입하여 얻은 안티몬의 검량선을 가지고 검액 중 안티몬의 양을 측정한다.

〈조작조건〉
   • 원자량 : 121, 123(간섭현상이 없는 범위에서 선택하여 검출)
   • 플라즈마기체 : 아르곤(99.99 v/v% 이상)

④ 검출시험 범위에서 충분한 정량한계, 검량선의 직선성 및 회수율이 확보되는 경우 유도결합플라즈마-질량분석기(ICP-MS) 대신 유도결합플라즈마분광기(ICP) 또는 원자흡광분광기(AAS)를 사용하여 측정할 수 있다.

## 6. 카드뮴

① 검액의 조제 : 검체 약 0.2g을 정밀하게 달아 테플론제의 극초단파분해용 용기의 기벽에 닿지 않도록 조심하여 넣는다. 검체를 분해하기 위하여 질산 7mL, 불화수소산 2mL를 넣고 뚜껑을 닫은 다음 용기를 극초단파분해 장치에 장착하고 조작조건 1에 따라 무색 ~ 엷은 황색이 될 때까지 분해한다. 상온으로 식힌 다음 조심하여 뚜껑을 열어 희석시킨 붕산(5→100) 20mL를 넣고 뚜껑을 닫은 다음 용기를 극초단파분해 장치에 장착하고 조작조건 2에 따라 불소를 불활성화 시킨다. 다만, 기기의 검액 도입부 등에 석영 대신 테플론재질을 사용하는 경우에 한해 불소 불활성화 조작은 생략할 수 있다. 상온으로 식힌 다음 조심하여 뚜껑을 열고 분해물을 100mL 용량플라스크에 옮기고 물 적당량으로 용기 및 뚜껑을 씻어 넣고 물을 넣어 100mL로 한다. 침전물이 있을 경우 여과하여 사용한다. 이액을 물로 5배 희석하여 검액으로 한다. 따로 질산 7mL, 불화수소산 2mL를 가지고 검액과 동일하게 조작하여 공시험액으로 한다. 다만, 필요하면 검체를 분해하기 위하여 사용되는 산의 종류 및 양과 극초단파분해 조건을 바꿀 수 있다.

② 표준액의 조제 : 카드뮴 표준원액(1000μg/mL)에 희석시킨 질산 (2→100)을 넣어 농도가 다른 3가지 이상의 검량선용 표준액을 만든다. 표준액의 농도는 1mL당 카드뮴 1 ~ 20ng 범위를 포함하게 한다.

③ 조작 : 각각의 표준액을 다음의 조작조건에 따라 유도결합플라즈마-질량분석기(ICP-MS)에 주입하여 얻은 카드뮴의 검량선을 가지고 검액 중 카드뮴의 양을 측정한다.

| 〈조작조건1〉 | 〈조작조건2〉 |
|---|---|
| • 최대파워 : 1000W | • 최대파워 : 1000W |
| • 최고온도 : 200℃ | • 최고온도 : 180℃ |
| • 분해시간 : 약 20분 | • 분해시간 : 약 10분 |

〈조작조건〉
   • 원자량 : 110, 111, 112(간섭현상이 없는 범위에서 선택하여 검출)

- 플라즈마기체 : 아르곤(99.99 v/v% 이상)

④ 검출시험 범위에서 충분한 정량한계, 검량선의 직선성 및 회수율이 확보되는 경우 유도결합플라즈마-질량 분석기(ICP-MS) 대신 유도결합플라즈마분광기(ICP) 또는 원자흡광분광기(AAS)를 사용하여 측정할 수 있다.

## 7. 디옥산

검체 약 1.0g을 정밀하게 달아 20% 황산나트륨용액 1.0mL를 넣고 잘 흔들어 섞어 검액으로 한다. 따로 1,4-디옥산 표준품을 물로 희석하여 0.0125, 0.025, 0.05, 0.1, 0.2, 0.4, 0.8mg/mL의 액으로 한 다음, 각 액 50μL씩을 취하여 각각에 폴리에틸렌글리콜 400 1.0g 및 20% 황산나트륨용액 1.0mL를 넣고 잘 흔들어 섞은 액을 표준액으로 한다. 검액 및 표준액을 가지고 다음 조건으로 기체크로마토그래프법의 절대검량선법에 따라 시험한다. 필요하면 표준액의 검량선 범위 내에서 검체 채취량 또는 희석배수를 조정할 수 있다.

〈조작조건〉

- 검출기 : 질량분석기
  - 인터페이스온도 : 240℃
  - 이온소스온도 : 230℃
  - 스캔범위 : 40 ~ 200amu
  - 질량분석기모드 : 선택이온모드(88, 58, 43)
- 헤드스페이스
  - 주입량(루프) : 1mL
  - 바이알 평형온도 : 95℃
  - 루프온도 : 110℃
  - 주입라인온도 : 120℃
  - 바이알 퍼지압력 : 20psi
  - 바이알 평형시간 : 30분
  - 바이알 퍼지시간 : 0.5분
  - 루프 채움시간 : 0.3분
  - 루프 평형시간 : 0.05분
  - 주입시간 : 1분
- 칼럼 : 안지름 약 0.32mm, 길이 약 60m인 관에 기체크로마토그래프용 폴리에칠렌왁스를 실란처리한 500μm 의 기체크로마토그래프용 규조토에 피복한 것을 충전한다.
  - 칼럼온도 : 처음 2분간 50℃로 유지하고 160℃까지 1분에 10℃씩 상승시킨다.
  - 운반기체 : 헬륨
  - 유량 : 1,4-디옥산의 유지시간이 약 10분이 되도록 조정한다.
  - 스플리트비 : 약 1 : 10

폴리에틸렌글라이콜의 제조시 에톡실화의 부산물로 소량의 1,4-디옥산이 생성될 수 있다는 의견과 관련하여 현재의 화장품 제조기술로 제거할 수 있으며, 우리나라를 포함한 중국 등 다른 국가에서도 화장품에 잔류하는 디옥산의 한도를 정하여 관리하고 있습니다. 미국에서는 FDA에서 1970년대 후반부터 화장품의 1,4-디옥산 농도를 주기적으로 모니터링했으며, 화장품 완제품에서 발견된 1,4-디옥산은 평균 50ppm이 었으며, 2008년 조사에서는 샘플 중 80%에서 1,4-디옥산이 검출되지 않았으며, 약 6%에서 1-5ppm, 6%

에서 5-10ppm, 8% 정도에서 10-12ppm이 검출되었으며 가장 높은 수치로 검출된 제품은 11.6ppm에 불과했습니다. 하지만 폴리에틸렌글라이콜 함유 제품의 경우 디옥산 검사는 필수적으로 검사를 하고 있습니다.

## 8. 메탄올

이하 메탄올 시험법에 사용하는 에탄올은 메탄올이 함유되지 않은 것을 확인하고 사용한다.

가) 푹신아황산법 : 검체 10mL를 취해 포화염화나트륨용액 10mL를 넣어 충분히 흔들어 섞고, 대한민국약전 알코올수측정법에 따라 증류하여 유액 12mL를 얻는다. 이 유액이 백탁이 될 때까지 탄산칼륨을 넣어 분리한 알코올분에 정제수를 넣어 50mL로 하여 검액으로 한다. 따로 0.1% 메탄올 1.0mL에 에탄올 0.25mL를 넣고 정제수를 가해 5.0mL로 하여 표준액으로 한다. 표준액 및 검액 5mL를 가지고 「기능성화장품 기준 및 시험방법」(식품의약품안전처 고시) 일반시험법 1. 원료 "9. 메탄올 및 아세톤시험법" 중 메탄올항에 따라 시험한다.

나) 기체크로마토그래프법

1) 물휴지 외 제품

① 증류법 : 검체 약 10mL를 정확하게 취해 증류플라스크에 넣고 물 10mL, 염화나트륨 2g, 실리콘유 1 방울 및 에탄올 10mL를 넣어 초음파로 균질화한 후 증류하여 유액 15mL를 얻는다.

이 액에 에탄올을 넣어 50mL로 한 후 여과하여 검액으로 한다.

따로 메탄올 1.0mL를 정확하게 취해 에탄올을 넣어 정확하게 500mL로 하고 이 액 1.25mL, 2.5mL, 5mL, 10mL, 20mL를 정확하게 취해 에탄올을 넣어 50mL로 하여 각각의 표준액으로 한다.

② 희석법 : 검체 약 10mL를 정확하게 취해 에탄올 10mL를 넣어 초음파로 균질화 하고 에탄올을 넣어 50mL로 한 후 여과하여 검액으로 한다.

따로 메탄올 1.0mL를 정확하게 취하여 에탄올을 넣어 정확하게 500mL로 하고 이 액 1.25mL, 2.5mL, 5mL, 10mL, 20mL를 정확하게 취해 에탄올을 넣어 50mL로 하여 각각의 표준액으로 한다.

③ 기체크로마토그래프 분석 : 검체에 따라 증류법 또는 희석법을 선택하여 전처리한 후 각각의 표준액과 검액을 가지고 아래 조작조건에 따라 시험한다.

〈조작조건〉

• 검출기 : 수소염이온화검출기(FID)

• 칼럼 : 안지름 약 0.32mm, 길이 약 60m인 용융실리카 모세관 내부에 기체크로마토그래프용 폴리에칠렌글리콜 왁스를 0.5μm의 두께로 코팅한다.

• 칼럼 온도 : 50℃에서 5분 동안 유지한 다음 150℃까지 매분 10℃씩 상승시킨 후 150℃에서 2분 동안 유지한다.

• 검출기 온도 : 240℃

• 시료주입부 온도 : 200℃

• 운반기체 및 유량 : 질소 1.0mL/분

2) 물휴지 : 검체 적당량을 압착하여 용액을 분리하고 이 액 약 3mL를 정확하게 취해 검액으로 한다. 따로 메탄올 표준품 0.5mL를 정확하게 취해 물을 넣어 정확하게 500mL로 한다. 이 액 0.3mL, 0.5mL, 1mL, 2mL, 4mL를 정확하게 취하여 물을 넣어 100mL로 하여 각각의 표준액으로 한다. 각각의 표준액과 검액을 가지고 기체크로마토그래프-헤드스페이스법으로 다음 조작조건에 따라 시험한다.

〈조작조건〉

• 기체크로마토그래프는 '1) 물휴지 외 제품' 조작조건과 동일하게 조작한다. 다만, 스플리트비는 1 : 10으로

한다.
- 헤드스페이스 장치
  - 바이알 용량 : 20mL
  - 주입량(루프) : 1mL
  - 바이알 평형 온도 : 70℃
  - 루프 온도 : 80℃
  - 주입라인 온도 : 90℃
  - 바이알 평형 시간 : 10분
  - 바이알 퍼지 시간 : 0.5분
  - 루프 채움 시간 : 0.5분
  - 루프 평형 시간 : 0.1분
  - 주입 시간 : 0.5분

다) 기체크로마토그래프 – 질량분석기법 : 검체(물휴지는 검체 적당량을 압착하여 용액을 분리하여 사용) 약 1mL을 정확하게 취하여 물을 넣어 정확하게 100mL로 하여 검액으로 한다. 따로 메탄올 표준품 약 0.1mL를 정확하게 취해 물을 넣어 정확하게 100mL로 하여 표준원액(1000μL/L)으로 한다. 이 액 0.3mL, 0.5mL, 1mL, 2mL, 4mL를 정확하게 취하여 물을 넣어 정확하게 100mL로 하여 각각의 표준액으로 한다. 각각의 표준액과 검액 약 3mL를 정확하게 취해 헤드스페이스용 바이알에 넣고 기체크로마토그래프 – 헤드스페이스법으로 다음 조작조건에 따라 시험한다. 필요하면 표준액의 검량선 범위 내에서 검체 채취량 또는 희석배수는 조정할 수 있다.

〈조작조건〉
- 검출기 : 질량분석기
  - 인터페이스 온도 : 230℃
  - 이온소스 온도 : 230℃
  - 스캔범위 : 30 ~ 200amu
  - 질량분석기모드 : 선택이온모드(31, 32)
- 헤드스페이스 장치
  - 주입량(루프) : 1mL
  - 바이알 평형 온도 : 90℃
  - 루프 온도 : 130℃
  - 주입라인 온도 : 120℃
  - 바이알 퍼지압력 : 20psi
  - 바이알 평형 시간 : 30분
  - 바이알 퍼지 시간 : 0.5분
  - 루프 채움 시간 : 0.3분
  - 루프 평형 시간 : 0.05분
  - 주입 시간 : 1분
- 칼럼 : 안지름 약 0.32mm, 길이 약 60m인 용융실리카 모세관 내부에 기체크로마토그래프용 폴리에칠렌글리콜 왁스를 0.5μm의 두께로 코팅한다.
- 칼럼 온도 : 50℃에서 10분 동안 유지한 다음 230℃까지 매분 15℃씩 상승시킨 다음 230℃에서 3분간 유지한다.

- 운반 기체 및 유량: 헬륨, 1.5mL/분
- 분리비(split ratio): 약 1:10

## 9. 포름알데하이드

검체 약 1.0g을 정밀하게 달아 초산·초산나트륨완충액주1)을 넣어 20mL로 하고 1시간 진탕 추출한 다음 여과 한다. 여액 1mL를 정확하게 취하여 물을 넣어 200mL로 하고, 이 액 100mL를 취하여 초산·초산나트륨완충액 주1) 4mL를 넣은 다음 균질하게 섞고 6mol/L 염산 또는 6mol/L 수산화나트륨용액을 넣어 pH를 5.0으로 조정 한다. 이 액에 2,4-디니트로페닐히드라진시액주2) 6.0mL를 넣고 40℃에서 1시간 진탕한 다음, 디클로로메탄 20mL로 3회 추출하고 디클로로메탄 층을 무수황산나트륨 5.0g을 놓은 탈지면을 써서 여과한다. 이 여액을 감 압에서 가온하여 증발 건고한 다음 잔류물에 아세토니트릴 5.0mL를 넣어 녹인 액을 검액으로 한다. 따로 포름 알데하이드 표준품을 물로 희석하여 0.05, 0.1, 0.2, 0.5, 1, 2μg/mL의 액을 만든 다음, 각 액 100mL를 취하여 검 액과 같은 방법으로 전처리하여 표준액으로 한다. 검액 및 표준액 각 10μL씩을 가지고 다음 조건으로 액체크로 마토그래프법의 절대검량선법에 따라 시험한다. 필요하면 표준액의 검량선 범위 내에서 검체 채취량 또는 검체 희석배수를 조정할 수 있다.

〈조작조건〉
- 검출기: 자외부흡광광도계(측정파장 355nm)
- 칼럼: 안지름 약 4.6mm, 길이 약 25cm인 스테인레스강관에 5μm의 액체크로마토그래프용옥타데실실릴화 한 실리카겔을 충전한다.
- 이동상: 0.01mol/L염산·아세토니트릴혼합액 (40:60)
- 유량: 1.5mL/분
- 주1) 초산·초산나트륨완충액: 5mol/L 초산나트륨액 60mL에 5mol/L 초산 40mL를 넣어 균질하게 섞은 다음, 6mol/L 염산 또는 6mol/L 수산화나트륨용액을 넣어 pH를 5.0으로 조정한다.
- 주2) 2,4-디니트로페닐하이드라진시액: 2,4-디니트로페닐하이드라진 약 0.3g을 정밀하게 달아 아세토니 트릴을 넣어 녹여 100mL로 한다.

## 10. 프탈레이트류(디부틸프탈레이트, 부틸벤질프탈레이트 및 디에칠헥실프탈레이트)

다음 시험법 중 적당한 방법에 따라 시험한다.

가) 기체크로마토그래프-수소염이온화검출기를 이용한 방법: 검체 약 1.0g을 정밀하게 달아 헥산·아세톤 혼합 액 (8:2)을 넣어 정확하게 10mL로 하고 초음파로 충분히 분산시킨 다음 원심 분리한다. 그 상등액 5.0mL를 정확하게 취하여 내부표준액주) 4.0mL를 넣고 헥산·아세톤 혼합액 (8:2)을 넣어 10.0mL로 하여 검액으로 한다. 따로 디부틸프탈레이트, 부틸벤질프탈레이트, 디에칠헥실프탈레이트 표준품을 정밀하게 달아 헥산· 아세톤 혼합액 (8:2)을 넣어 녹여 희석하고 그 일정량을 취하여 내부표준액 4.0mL를 넣고 헥산·아세톤 혼 합액 (8:2)을 넣어 10.0mL로 하여 0.1, 0.5, 1.0, 5.0, 10.0, 25.0μg/mL로 하여 표준액으로 한다. 검액 및 표준액 각 1μL씩을 가지고 다음 조건으로 기체크로마토그래프법 내부표준법에 따라 시험한다. 필요한 경우 표준액 의 검량선 범위 내에서 검체 채취량 또는 희석배수를 조정할 수 있다.

〈조작조건〉
- 검출기: 수소염이온화검출기(FID)
- 칼럼: 안지름 약 0.25mm, 길이 약 30m인 용융실리카관의 내관에 14% 시아노프로필페닐-86% 메틸폴리 실록산으로 0.25μm 두께로 피복한다.
- 칼럼온도: 150℃에서 2분 동안 유지한 다음 260℃까지 매분 10℃씩 상승시킨 다음 15분 동안 이 온도를 유 지한다.

- 검체도입부온도 : 250℃
- 검출기온도 : 280℃
- 운반기체 : 질소
- 유 량 : 1mL/분
- 스플리트비 : 약 1 : 10

※ 주의) 내부표준액 : 벤질벤조에이트 표준품 약 10mg을 정밀하게 달아 헥산·아세톤 혼합액 (8 : 2)을 넣어 정확하게 1000mL로 한다.

나) 기체크로마토그래프 - 질량분석기를 이용한 방법 : 검체 약 1.0g을 정밀하게 달아 헥산·아세톤 혼합액 (8 : 2)을 넣어 정확하게 10mL로 하고 초음파로 충분히 분산시킨 다음 원심 분리한다. 그 상등액 5.0mL를 정확하게 취하여 내부표준액주) 1.0mL를 넣고 헥산·아세톤 혼합액 (8 : 2)을 넣어 10.0mL로 하여 검액으로 한다. 따로 디부틸프탈레이트, 부틸벤질프탈레이트, 디에칠헥실프탈레이트 표준품을 정밀하게 달아 헥산·아세톤 혼합액 (8 : 2)을 넣어 녹여 희석하고 그 일정량을 취하여 내부표준액 1.0mL를 넣고 헥산·아세톤 혼합액 (8 : 2)을 넣어 10.0mL로 하여 0.1, 0.25, 0.5, 1.0, 2.5, 5.0㎍/mL로 하여 표준액으로 한다. 검액 및 표준액 각 1μL씩을 가지고 다음 조건으로 기체크로마토그래프법 내부표준법에 따라 시험한다. 필요한 경우 표준액의 검량선 범위 내에서 검체 채취량 또는 희석배수를 조정할 수 있다.

〈조작조건〉
- 검출기 : 질량분석기
  - 인터페이스온도 : 300℃
  - 이온소스온도 : 230℃
  - 스캔범위 : 40 ~ 300amu
  - 질량분석기모드 : 선택이온모드

| 성분명 | 선택이온 |
|---|---|
| 디부틸프탈레이트 | 149, 205, 223 |
| 부틸벤질프탈레이트 | 91, 149, 206 |
| 디에칠헥실프탈레이트 | 149, 167, 279 |
| 내부표준물질(플루오란센 - d10) | 92, 106, 212 |

- 칼럼 : 안지름 약 0.25mm, 길이 약 30m인 용융실리카관의 내관에 5% 페닐 - 95% 디메틸폴리실록산으로 0.25μm 두께로 피복한다.
- 칼럼온도 : 110℃에서 0.5분 동안 유지한 다음 300℃까지 매분 20℃씩 상승시킨 다음 3분 동안 이 온도를 유지한다.
- 검체도입부온도 : 280℃
- 운반기체 : 헬륨
- 유 량 : 1mL/분
- 스플리트비 : 스플릿리스

※ 주의) 내부표준액 : 플루오란센 - d10 표준품 약 10mg을 정밀하게 달아 헥산·아세톤 혼합액 (8 : 2)을 넣어 정확하게 1000mL로 한다.

## 11. 미생물 한도

일반적으로 다음의 시험법을 사용한다. 다만, 본 시험법 외에도 미생물 검출을 위한 자동화 장비와 미생물 동정 기기 및 키트 등을 사용할 수도 있다.

1) 검체의 전처리 : 검체조작은 무균조건하에서 실시하여야 하며, 검체는 충분하게 무작위로 선별하여 그 내용물을 혼합하고 검체 제형에 따라 다음의 각 방법으로 검체를 희석, 용해, 부유 또는 현탁시킨다. 아래에 기재한 어느 방법도 만족할 수 없을 때에는 적절한 다른 방법을 확립한다.

가) 액제·로션제 : 검체 1mL(g)에 변형레틴액체배지 또는 검증된 배지나 희석액 9mL를 넣어 10배 희석액을 만들고 희석이 더 필요할 때에는 같은 희석액으로 조제한다.

나) 크림제·오일제 : 검체 1mL(g)에 적당한 분산제 1mL를 넣어 균질화 시키고 변형레틴액체배지 또는 검증된 배지나 희석액 8mL를 넣어 10배 희석액을 만들고 희석이 더 필요할 때에는 같은 희석액으로 조제한다. 분산제만으로 균질화가 되지 않는 경우 검체에 적당량의 지용성 용매를 첨가하여 용해한 뒤 적당한 분산제 1mL를 넣어 균질화 시킨다.

다) 파우더 및 고형제 : 검체 1g에 적당한 분산제를 1mL를 넣고 충분히 균질화 시킨 후 변형레틴액체배지 또는 검증된 배지 및 희석액 8mL를 넣어 10배 희석액을 만들고 희석이 더 필요할 때에는 같은 희석액으로 조제한다. 분산제만으로 균질화가 되지 않을 경우 적당량의 지용성 용매를 첨가한 상태에서 멸균된 마쇄기를 이용하여 검체를 잘게 부수어 반죽 형태로 만든 뒤 적당한 분산제 1mL를 넣어 균질화 시킨다. 추가적으로 40℃에서 30분 동안 가온한 후 멸균한 유리구슬(5mm : 5 ~ 7개, 3mm : 10 ~ 15개)을 넣어 균질화 시킨다.

※ 주의1) 분산제는 멸균한 폴리소르베이트 80 등을 사용할 수 있으며, 미생물의 생육에 대하여 영향이 없는 것 또는 영향이 없는 농도이어야 한다.

※ 주의2) 검액 조제시 총 호기성 생균수 시험법의 배지성능 및 시험법 적합성 시험을 통하여 검증된 배지나 희석액 및 중화제를 사용할 수 있다.

※주의3) 지용성 용매는 멸균한 미네랄 오일 등을 사용할 수 있으며, 미생물의 생육에 대하여 영향이 없는 것이어야 한다. 첨가량은 대상 검체 특성에 맞게 설정하여야 하며, 미생물의 생육에 대하여 영향이 없어야 한다.

2) 총 호기성 생균수 시험법 : 총 호기성 생균수 시험법은 화장품 중 총 호기성 생균(세균 및 진균)수를 측정하는 시험방법이다.

가) 검액의 조제

1)항에 따라 검액을 조제한다.

나) 배지 : 총 호기성 세균수시험은 변형레틴한천배지 또는 대두카제인소화한천배지를 사용하고 진균수시험은 항생물질 첨가 포테이토 덱스트로즈 한천배지 또는 항생물질 첨가 사브로포도당한천배지를 사용한다. 위의 배지 이외에 배지성능 및 시험법 적합성 시험을 통하여 검증된 다른 미생물 검출용 배지도 사용할 수 있고, 세균의 혼입이 없다고 예상된 때나 세균의 혼입이 있어도 눈으로 판별이 가능하면 항생물질을 첨가하지 않을 수 있다.

▶변형레틴액체배지(Modified letheen broth)

| | |
|---|---|
| • 육제펩톤 | 20.0g |
| • 카제인의 판크레아틴 소화물 | 5.0g |
| • 효모엑스 | 2.0g |
| • 육엑스 | 5.0g |
| • 염화나트륨 | 5.0g |
| • 폴리소르베이트 80 | 5.0g |
| • 레시틴 | 0.7g |

- 아황산수소나트륨      0.1g
- 정제수      1000mL

※ 이상을 달아 정제수에 녹여 1L로 하고 멸균후의 pH가 7.2±0.2가 되도록 조정하고 121℃에서 15분간 고압멸균 한다.

▶변형레틴한천배지(Modified letheen agar)
- 프로테오즈 펩톤      10.0g
- 카제인의 판크레아틱소화물      10.0g
- 효모엑스      2.0g
- 육엑스      3.0g
- 염화나트륨      5.0g
- 포도당      1.0g
- 폴리소르베이트 80      7.0g
- 레시틴      1.0g
- 아황산수소나트륨      0.1g
- 한천      20.0g
- 정제수      1000mL

※ 이상을 달아 정제수에 녹여 1L로 하고 멸균후의 pH가 7.2±0.2가 되도록 조정하고 121℃에서 15분간 고압멸균 한다.

▶대두카제인소화한천배지(Tryptic soy agar)
- 카제인제 펩톤      15.0g
- 대두제 펩톤      5.0g
- 염화나트륨      5.0g
- 한천      15.0g
- 정제수      1000mL

※ 이상을 달아 정제수에 녹여 1L로 하고 멸균후의 pH가 7.2±0.1이 되도록 조정하고 121℃에서 15분간 고압멸균 한다.

▶항생물질첨가 포테이토덱스트로즈한천배지(Potato dextrose agar)
- 감자침출물      200.0g
- 포도당      20.0g
- 한천      15.0g
- 정제수      1000mL

※이상을 달아 정제수에 녹여 1L로 하고 121℃에서 15분간 고압멸균 한다. 사용하기 전에 1L당 40mg의 염산테트라사이클린을 멸균배지에 첨가하고 10% 주석산용액을 넣어 pH를 5.6±0.2로 조정하거나, 세균 혼입의 문제가 있는 경우 3.5±0.1로 조정할 수 있다. 200.0g의 감자침출물 대신 4.0g의 감자추출물이 사용될 수 있다.

▶항생물질첨가사부로포도당한천배지(Sabouraud dextrose agar)
- 육제 또는 카제인제 펩톤      10.0g
- 포도당      40.0g
- 한천      15.0g
- 정제수      1000mL

※ 이상을 달아 정제수에 녹여 1L로 하고 121℃에서 15분간 고압멸균한 다음의 pH가 5.6±0.2이 되도록 조정한다. 쓸 때 배지 1000mL당 벤질페니실린칼륨 0.10g과 테트라사이클린 0.10g을 멸균용액으로서 넣거나 배지 1000mL당 클로람페니콜 50mg을 넣는다.

다) 조작

(1) 세균수 시험

㉮ 한천평판도말법 직경 9 ~ 10cm 페트리 접시내에 미리 굳힌 세균시험용 배지 표면에 전처리 검액 0.1mL 이상 도말한다.

㉯ 한천평판희석법 검액 1mL를 같은 크기의 페트리접시에 넣고 그 위에 멸균 후 45℃로 식힌 15mL의 세균시험용 배지를 넣어 잘 혼합한다. 검체당 최소 2개의 평판을 준비하고 30 ~ 35℃에서 적어도 48시간 배양하는데 이때 최대 균집락수를 갖는 평판을 사용하되 평판당 300개 이하의 균집락을 최대치로 하여 총 세균수를 측정한다.

(2) 진균수 시험 : '(1) 세균수 시험'에 따라 시험을 실시하되 배지는 진균수시험용 배지를 사용하여 배양온도 20 ~ 25℃에서 적어도 5일간 배양한 후 100개 이하의 균집락이 나타나는 평판을 세어 총 진균수를 측정한다.

리) 배지성능 및 시험법 적합성시험 : 시판배지는 배치마다 시험하며, 조제한 배지는 조제한 배치마다 시험한다. 검체의 유·무하에서 총 호기성 생균수시험법에 따라 제조된 검액·대조액에 표 1.에 기재된 시험균주를 각각 100cfu 이하가 되도록 접종하여 규정된 총호기성생균수시험법에 따라 배양할 때 검액에서 회수한 균수가 대조액에서 회수한 균수의 1/2 이상이어야 한다. 검체 중 보존제 등의 항균활성으로 인해 증식이 저해되는 경우(검액에서 회수한 균수가 대조액에서 회수한 균수의 1/2 미만인 경우)에는 결과의 유효성을 확보하기 위하여 총 호기성 생균수 시험법을 변경해야 한다. 항균활성을 중화하기 위하여 희석 및 중화제(표2.)를 사용할 수 있다. 또한, 시험에 사용된 배지 및 희석액 또는 시험 조작상의 무균상태를 확인하기 위하여 완충식염펩톤수(pH 7.0)를 대조로 하여 총호기성 생균수시험을 실시할 때 미생물의 성장이 나타나서는 안 된다.

**표 1) 총호기성생균수 배지성능시험용 균주 및 배양조건**

| | 시험균주 | 배양 |
|---|---|---|
| Escherichia coli | ATCC 8739, NCIMB 8545, CIP 53.126, NBRC 3972 또는 KCTC 2571 | 호기배양 30 ~ 35℃ 48시간 |
| Bacillus subtilis | ATCC 6633, NCIMB 8054, CIP 52.62, NBRC 3134 또는 KCTC 1021 | |
| Staphylococcus aureus | ATCC 6538, NCIMB 9518, CIP 4.83, NRRC 13276 또는 KCTC 3881 | |
| Candida albicans | ATCC 10231, NCPF 3179, IP48.72, NBRC1594 또는 KCTC 7965 | 호기배양 20 ~ 25℃ 5일 |

## 표 2) 항균활성에 대한 중화제

| 화장품 중 미생물 발육저지물질 | 항균성을 중화시킬 수 있는 중화제 |
|---|---|
| 페놀 화합물 : <br> 파라벤, 페녹시에탄올, 페닐에탄올 등 <br> 아닐리드 | 레시틴, 폴리소르베이트 80, <br> 지방알코올의 에틸렌 옥사이드축합물(condensate), <br> 비이온성 계면활성제 |
| 4급 암모늄 화합물, <br> 양이온성 계면활성제 | 레시틴, 사포닌, 폴리소르베이트 80, <br> 도데실 황산나트륨, <br> 지방 알코올의에틸렌 옥사이드 축합물 |
| 알데하이드, <br> 포름알데히드 – 유리 제제 | 글리신, 히스티딘 |
| 산화(oxidizing) 화합물 | 치오황산나트륨 |
| 이소치아졸리논, <br> 이미다졸 | 레시틴, 사포닌, <br> 아민, 황산염, 메르캅탄, <br> 아황산수소나트륨, <br> 치오글리콜산나트륨 |
| 비구아니드 | 레시틴, 사포닌, <br> 폴리소르베이트 80 |
| 금속염(Cu, Zn, Hg), <br> 유기 – 수은 화합물 | 아황산수소나트륨, <br> L – 시스테인 – SH 화합물(sulfhydryl compounds), <br> 치오글리콜산 |

3) 특정세균시험법

가) 대장균 시험

(1) 검액의 조제 및 조작 : 검체 1g 또는 1mL을 유당액체배지를 사용하여 10mL로 하여 30 ~ 35℃에서 24 ~ 72시간 배양한다. 배양액을 가볍게 흔든 다음 백금이 등으로 취하여 맥콘키한천배지위에 도말하고 30 ~ 35℃에서 18 ~ 24시간 배양한다. 주위에 적색의 침강선띠를 갖는 적갈색의 그람음성균의 집락이 검출되지 않으면 대장균 음성으로 판정한다. 위의 특정을 나타내는 집락이 검출되는 경우에는 에오신메칠렌블루한천배지에서 각각의 집락을 도말하고 30 ~ 35℃에서 18 ~ 24시간 배양한다. 에오신메칠렌블루한천배지에서 금속 광택을 나타내는 집락 또는 투과광선하에서 흑청색을 나타내는 집락이 검출되면 백금이등으로 취하여 발효시험관이 든 유당액체배지에 넣어 44.3 ~ 44.7℃의 항온수조 중에서 22 ~ 26시간 배양한다. 가스발생이 나타나는 경우에는 대장균 양성으로 의심하고 동정시험으로 확인한다.

(2) 배지

▶ 유당액체배지

• 육엑스                            3.0g

• 젤라틴의 판크레아틴 소화물         5.0g

• 유당                              5.0g

• 정제수                          1000mL

※ 이상을 달아 정제수에 녹여 1L로 하고 121℃에서 15 ~ 20분간 고압증기멸균한다. 멸균 후의 pH가 6.9 ~ 7.1 이 되도록 하고 가능한 한 빨리 식힌다.

▶맥콘키한천배지

| | |
|---|---|
| • 젤라틴의 판크레아틴 소화물 | 17.0g |
| • 카제인의 판크레아틴 소화물 | 1.5g |
| • 육제 펩톤 | 1.5g |
| • 유당 | 10.0g |
| • 데옥시콜레이트나트륨 | 1.5g |
| • 염화나트륨 | 5.0g |
| • 한천 | 13.5g |
| • 뉴트럴렛 | 0.03g |
| • 염화메칠로자닐린 | 1.0mg |
| • 정제수 | 1000mL |

※ 이상을 달아 정제수 1L에 녹여 1분간 끓인 다음 121℃에서 15 ~ 20분간 고압증기 멸균한다. 멸균 후의 pH가 6.9 ~ 7.3이 되도록 한다.

▶에오신메칠렌블루한천배지(EMB한천배지)

| | |
|---|---|
| • 젤라틴의 판크레아틴 소화물 | 10.0g |
| • 인산일수소칼륨 | 2.0g |
| • 유당 | 10.0g |
| • 한천 | 15.0g |
| • 에오신 | 0.4g |
| • 메칠렌블루 | 0.065g |
| • 정제수 | 1000mL |

※ 이상을 달아 정제수 1L에 녹여 121℃에서 15 ~ 20분간 고압증기 멸균한다. 멸균 후의 pH가 6.9 ~ 7.3이 되도록 한다.

나) 녹농균시험

(1) 검액의 조제 및 조작 : 검체 1g 또는 1mL를 달아 카제인대두소화액체배지를 사용하여 10mL로 하고 30 ~ 35℃에서 24 ~ 48시간 증균 배양한다. 증식이 나타나는 경우는 백금이 등으로 세트리미드한천배지 또는 엔에이씨한천배지에 도말하여 30 ~ 35℃에서 24 ~ 48시간 배양한다. 미생물의 증식이 관찰되지 않는 경우 녹농균 음성으로 판정한다. 그람음성간균으로 녹색 형광물질을 나타내는 집락을 확인하는 경우에는 증균배양액을 녹농균 한천배지 P 및 F에 도말하여 30 ~ 35℃에서 24 ~ 72시간 배양한다. 그람음성간균으로 플루오레세인 검출용 녹농균 한천배지 F의 집락을 자외선하에서 관찰하여 황색의 집락이 나타나고, 피오시아닌 검출용 녹농균 한천배지 P의 집락을 자외선하에서 관찰하여 청색의 집락이 검출되면 옥시다제시험을 실시한다. 옥시다제반응 양성인 경우 5 ~ 10초 이내에 보라색이 나타나고 10초 후에도 색의 변화가 없는 경우 녹농균 음성으로 판정한다. 옥시다제반응 양성인 경우에는 녹농균 양성으로 의심하고 동정시험으로 확인한다.

(2) 배지

▶카제인대두소화액체배지

| | |
|---|---|
| • 카제인 판크레아틴 소화물 | 17.0g |
| • 대두파파인소화물 | 3.0g |
| • 염화나트륨 | 5.0g |
| • 인산일수소칼륨 | 2.5g |

| • 포도당일수화물 | 2.5g |
|---|---|

※ 이상을 달아 정제수에 녹여 1L로 하고 멸균후의 pH가 7.3±0.2가 되도록 조정하고 121℃에서 15분간 고압멸
　균 한다.

▶세트리미드한천배지(Cetrimide agar)

| • 젤라틴제 펩톤 | 20.0g |
|---|---|
| • 염화마그네슘 | 3.0g |
| • 황산칼륨 | 10.0g |
| • 세트리미드 | 0.3g |
| • 글리세린 | 10.0mL |
| • 한천 | 13.6g |
| • 정제수 | 1000mL |

※ 이상을 달아 정제수에 녹이고 글리세린을 넣어 1L로 한다. 121℃에서 15분간 고압증기멸균하고 pH가 7.2±
　0.2가 되도록 조정한다.

▶엔에이씨한천배지(NAC agar)

| • 펩톤 | 20.0g |
|---|---|
| • 인산수소이칼륨 | 0.3g |
| • 황산마그네슘 | 0.2g |
| • 세트리미드 | 0.2g |
| • 날리딕산 | 15mg |
| • 한천 | 15.0g |
| • 정제수 | 1000mL |

※ 최종 pH는 7.4±0.2이며 멸균하지 않고 가온하여 녹인다.

▶플루오레세인 검출용 녹농균 한천배지 F(Pseudomonas agar F for detection of fluorescein)

| • 카제인제 펩톤 | 10.0g |
|---|---|
| • 육제 펩톤 | 10.0g |
| • 인산일수소칼륨 | 1.5g |
| • 황산마그네슘 | 1.5g |
| • 글리세린 | 10.0mL |
| • 한천 | 15.0g |
| • 정제수 | 1000mL |

※ 이상을 달아 정제수에 녹이고 글리세린을 넣어 1L로 한다. 121℃에서 15분간 고압증기멸균하고 pH가 7.2±
　0.2가 되도록 조정한다.

▶피오시아닌 검출용 녹농균 한천배지 P(Pseudomonas agar P for detection of pyocyanin)

| • 젤라틴의 판크레아틴 소화물 | 20.0g |
|---|---|
| • 염화마그네슘 | 1.4g |
| • 황산칼륨 | 10.0g |
| • 글리세린 | 10.0mL |
| • 한천 | 15.0g |
| • 정제수 | 1000mL |

※ 이상을 달아 정제수에 녹이고 글리세린을 넣어 1L로 한다. 121℃에서 15분간 고압증기멸균하고 pH가 7.2±
0.2가 되도록 조정한다.

　다) 황색포도상구균 시험

　　(1) 검액의 조제 및 조작 : 검체 1g 또는 1mL를 달아 카제인대두소화액체배지를 사용하여 10mL로 하고 30
　　　~ 35℃에서 24 ~ 48시간 증균 배양한다. 증균배양액을 보겔존슨한천배지 또는 베어드파카한천배지에
　　　이식하여 30 ~ 35℃에서 24시간 배양하여 균의 집락이 검정색이고 집락 주위에 황색투명대가 형성되며
　　　그람염색법에 따라 염색하여 검경한 결과 그람 양성균으로 나타나면 응고효소시험을 실시한다. 응고효
　　　소시험 음성인 경우 황색포도상구균 음성으로 판정하고, 양성인 경우에는 황색포도상구균 양성으로 의
　　　심하고 동정시험으로 확인한다.

　　(2) 배지

▶보겔존슨한천배지(Vogel - Johnson agar)

| | |
|---|---|
| • 카제인의 판크레아틴 소화물 | 10.0g |
| • 효모엑스 | 5.0g |
| • 만니톨 | 10.0g |
| • 인산일수소칼륨 | 5.0g |
| • 염화리튬 | 5.0g |
| • 글리신 | 10.0g |
| • 페놀렛 | 25.0mg |
| • 한천 | 16.0g |
| • 정제수 | 1000mL |

※ 이상을 달아 1분 동안 가열하여 자주 흔들어 준다. 121℃에서 15분간 고압멸균하고 45 ~ 50℃로 냉각시킨다.
　멸균 후 pH가 7.2±0.2가 되도록 조정하고 멸균한 1%(w/v) 텔루린산칼륨 20mL를 넣는다.

▶베어드파카한천배지(Baird - Parker agar)

| | |
|---|---|
| • 카제인제 펩톤 | 10.0g |
| • 육엑스 | 5.0g |
| • 효모엑스 | 1.0g |
| • 염화리튬 | 5.0g |
| • 글리신 | 12.0g |
| • 피루브산나트륨 | 10.0g |
| • 한천 | 20.0g |
| • 정제수 | 950mL |

※ 이상을 섞어 때때로 세게 흔들며 섞으면서 가열하고 1분간 끓인다. 121℃에서 15분간 고압멸균하고 45 ~
　50℃로 냉각시킨다. 멸균한 다음의 pH가 7.2±0.2가 되도록 조정한다. 여기에 멸균한 아텔루산칼륨용액
　1%(w/v) 10mL와 난황유탁액 50mL를 넣고 가만히 섞은 다음 페트리접시에 붓는다. 난황유탁액은 난황 약
　30%, 생리식염액 약 70%의 비율로 섞어 만든다.

　라) 배지성능 및 시험법 적합성시험 : 검체의 유·무 하에서 각각 규정된 특정세균시험법에 따라 제조된 검액·
　　대조액에 표 3.에 기재된 시험균주 100cfu를 개별적으로 접종하여 시험할 때 접종균 각각에 대하여 양성
　　으로 나타나야 한다. 증식이 저해되는 경우 항균활성을 중화하기 위하여 희석 및 중화제(2)-라)항의 표2.)
　　를 사용할 수 있다.

**표 3) 특정세균 배지성능시험용 균주**

| | |
|---|---|
| Escherichia coli (대장균) | ATCC 8739, NCIMB 8545, CIP 53.126, NBRC 3972 또는 KCTC 2571 |
| Pseudomonas aeruginosa(녹농균) | ATCC 9027, NCIMB 8626, CIP 82.118, NBRC 13275 또는 KCTC 2513 |
| Staphylococcus aureus (황색포도상구균) | ATCC 6538, NCIMB 9518, CIP 4.83, NRRC 13276 또는 KCTC 3881 |

## 12. 내용량

가) 용량으로 표시된 제품 : 내용물이 들어있는 용기에 뷰렛으로부터 물을 적가하여 용기를 가득 채웠을 때의 소비량을 정확하게 측정한 다음 용기의 내용물을 완전히 제거하고 물 또는 기타 적당한 유기용매로 용기의 내부를 깨끗이 씻어 말린 다음 뷰렛으로부터 물을 적가하여 용기를 가득 채워 소비량을 정확히 측정하고 전후의 용량차를 내용량으로 한다. 다만, 150mL 이상의 제품에 대하여는 메스실린더를 써서 측정한다.

나) 질량으로 표시된 제품 : 내용물이 들어있는 용기의 외면을 깨끗이 닦고 무게를 정밀하게 단 다음 내용물을 완전히 제거하고 물 또는 적당한 유기용매로 용기의 내부를 깨끗이 씻어 말린 다음 용기만의 무게를 정밀히 달아 전후의 무게차를 내용량으로 한다.

다) 길이로 표시된 제품 : 길이를 측정하고 연필류는 연필심지에 대하여 그 지름과 길이를 측정한다.

라) 화장비누

  (1) 수분 포함 : 상온에서 저울로 측정(g)하여 실중량은 전체 무게에서 포장 무게를 뺀 값으로 하고, 소수점 이하 1자리까지 반올림하여 정수자리까지 구한다.

  (2) 건조 : 검체를 작은 조각으로 자른 후 약 10g을 0.01g까지 측정하여 접시에 옮긴다. 이 검체를 103±2℃ 오븐에서 1시간 건조 후 꺼내어 냉각시키고 다시 오븐에 넣고 1시간 후 접시를 꺼내어 데시케이터로 옮긴다. 실온까지 충분히 냉각시킨 후 질량을 측정하고 2회의 측정에 있어서 무게의 차이가 0.01g 이내가 될 때까지 1시간 동안의 가열, 냉각 및 측정 조작을 반복한 후 마지막 측정 결과를 기록한다.

(계산식)

$$내용량(g) = 건조\ 전\ 무게(g) \times \frac{100 - 건조감량(\%)}{100}$$

$$건조감량(\%) = \frac{m_1 - m_2}{m_1 - m_0} \times 100$$

- $m_0$ : 접시의 무게(g)
- $m_1$ : 가열 전 접시와 검체의 무게(g)
- $m_2$ : 가열 후 접시와 검체의 무게(g)

마) 그 밖의 특수한 제품은 「대한민국약전」(식품의약품안전처 고시)으로 정한 바에 따른다.

## 13. pH 시험법

검체 약 2g 또는 2mL를 취하여 100mL 비이커에 넣고 물 30mL를 넣어 수욕상에서 가온하여 지방분을 녹이고 흔들어 섞은 다음 냉장고에서 지방분을 응결시켜 여과한다. 이때 지방층과 물층이 분리되지 않을 때는 그대로 사용한다. 여액을 가지고 「기능성화장품 기준 및 시험방법」(식품의약품안전처 고시) 일반시험법 1. 원료의 "47. pH측정법"에 따라 시험한다. 다만, 성상에 따라 투명한 액상인 경우에는 그대로 측정한다.

## 14. 유리알칼리 시험법

### 가) 에탄올법 (나트륨 비누)

플라스크에 에탄올 200mL을 넣고 환류 냉각기를 연결한다. 이산화탄소를 제거하기 위하여 서서히 가열하여 5분 동안 끓인다. 냉각기에서 분리시키고 약 70℃로 냉각시킨 후 페놀프탈레인 지시약 4방울을 넣어 지시약이 분홍색이 될 때까지 0.1N 수산화칼륨·에탄올액으로 중화시킨다. 중화된 에탄올이 들어있는 플라스크에 검체 약 5.0g을 정밀하게 달아 넣고 환류 냉각기에 연결 후 완전히 용해될 때까지 서서히 끓인다. 약 70℃로 냉각시키고 에탄올을 중화시켰을 때 나타난 것과 동일한 정도의 분홍색이 나타날 때까지 0.1N 염산·에탄올용액으로 적정한다.

- 에탄올 20 = 0.792g/mL
- 지시약 : 95% 에탄올 용액(v/v) 100mL에 페놀프탈레인 1g을 용해시킨다.

(계산식)

$$유리알칼리\ 함량(\%) = 0.040 \times V \times T \times \frac{100}{m}$$

- $m$ : 시료의 질량(g)
- $V$ : 사용된 0.1N 염산·에탄올 용액의 부피(mL)
- $T$ : 사용된 0.1N 염산·에탄올 용액의 노르말 농도

### 나) 염화바륨법 (모든 연성 칼륨 비누 또는 나트륨과 칼륨이 혼합된 비누)

연성 비누 약 4.0g을 정밀하게 달아 플라스크에 넣은 후 60% 에탄올 용액 200mL를 넣고 환류 하에서 10분 동안 끓인다. 중화된 염화바륨 용액 15mL를 끓는 용액에 조금씩 넣고 충분히 섞는다. 흐르는 물로 실온까지 냉각시키고 지시약 1mL를 넣은 다음 즉시 0.1N 염산 표준용액으로 녹색이 될 때까지 적정한다.

- 지시약 : 페놀프탈레인 1g과 치몰블루 0.5g을 가열한 95% 에탄올 용액(v/v) 100mL에 녹이고 거른 다음 사용한다.
- 60% 에탄올 용액 : 이산화탄소가 제거된 증류수 75mL와 이산화탄소가 제거된 95% 에탄올 용액(v/v)(수산화칼륨으로 증류) 125mL를 혼합하고 지시약 1mL를 사용하여 0.1N 수산화나트륨 용액 또는 수산화칼륨 용액으로 보라색이 되도록 중화시킨다. 10분 동안 환류하면서 가열한 후 실온에서 냉각시키고 0.1N 염산 표준 용액으로 보라색이 사라질 때까지 중화시킨다.
- 염화바륨 용액 : 염화바륨(2수화물) 10g을 이산화탄소를 제거한 증류수 90mL에 용해시키고, 지시약을 사용하여 0.1N 수산화칼륨 용액으로 보라색이 나타날 때까지 중화시킨다.

(계산식)

$$유리알칼리\ 함량(\%) = 0.056 \times V \times T \times \frac{100}{m}$$

- $m$ : 시료의 질량(g)
- $V$ : 사용된 0.1N 염산 용액의 부피(mL)
- $T$ : 사용된 0.1N 염산 용액의 노르말 농도

II. 퍼머넌트웨이브용 및 헤어스트레이트너제품 시험방법

## 1. 치오글라이콜릭애씨드 또는 그 염류를 주성분으로 하는 냉2욕식 퍼머넌트웨이브용 제품

### 가. 제1제 시험방법

① pH : 검체를 가지고 「기능성화장품 기준 및 시험방법」(식품의약품안전처 고시) 일반시험법 1. 원료의 "47. pH측정법"에 따라 시험한다.

② 알칼리: 검체 10mL를 정확하게 취하여 100mL 용량플라스크에 넣고 물을 넣어 100mL로 하여 검액으로 한다. 이 액 20mL를 정확하게 취하여 250mL 삼각플라스크에 넣고 0.1N염산으로 적정한다. (지시약: 메칠레드시액 2방울)

③ 산성에서 끓인 후의 환원성 물질(치오글라이콜릭애씨드): ②항의 검액 20mL를 취하여 삼각플라스크에 고 물 50mL 및 30% 황산 5mL를 넣어 가만히 가열하여 5분간 끓인다. 식힌 다음 0.1N 요오드액으로 적정한다. (지시약: 전분시액 3mL) 이때의 소비량을 AmL로 한다.

$$\text{산성에서 끓인 후의 환원성 물질(치오글라이콜릭애씨드로서)의 함량(\%)} = 0.4606 \times A$$

④ 산성에서 끓인 후의 환원성 물질이외의 환원성 물질(아황산염, 황화물 등): 250mL 유리마개 삼각플라스크에 물 50mL 및 30% 황산 5mL를 넣고 0.1N 요오드액 25mL를 정확하게 넣는다. 여기에 ②항의 검액 20mL를 넣고 마개를 하여 흔들어 섞고 실온에서 15분간 방치한 다음 0.1N 치오황산나트륨액으로 적정한다. (지시약: 전분시액 3mL) 이때의 소비량을 BmL로 한다. 따로 250mL 유리마개 삼각플라스크에 물 70mL 및 30% 황산 5mL를 넣고 0.1N 요오드액 25mL를 정확하게 넣는다. 마개를 하여 흔들어 섞고 이하 검액과 같은 방법으로 조작하여 공시험한다. 이때의 소비량을 CmL로 한다.

$$\text{검체 1mL 중의 산성에서 끓인 후의 환원성 물질이외의 환원성 물질에 대한}$$
$$\text{0.1N 요오드액의 소비량 (mL)} = \frac{(C - B) - A}{2}$$

⑤ 환원후의 환원성 물질(디치오디글라이콜릭애씨드): ②항의 검액 20mL를 정확하게 취하여 1N 염산 30mL 및 아연가루 1.5g을 넣고 기포가 끓어 오르지 않도록 교반기로 2분간 저어 섞은 다음 여과지(4A)를 써서 흡인여과한다. 잔류물을 물 소량씩으로 3회 씻고 씻은 액을 여액에 합한다. 이 액을 가만히 가열하여 5분간 끓인다. 식힌 다음 0.1N 요오드액으로 적정한다. (지시약: 전분시액 3mL) 이때의 소비량을 DmL로 한다. 또는 검체 약 10g을 정밀하게 달아 라우릴황산나트륨용액(1→10) 50mL 및 물 20mL를 넣고 수욕상에서 약 80℃가 될 때까지 가온한다. 식힌 다음 전체량을 100mL로 하고 이것을 검액으로 하여 이하 위와 같은 방법으로 조작하여 시험한다.

$$\text{환원후의 환원성 물질의 함량 (\%)} = \frac{4.556 \times (D - A)}{\text{검체의 채취량}(mL \text{또는} g)}$$

⑥ 중금속: 검체 2.0mL를 취하여 「기능성화장품 기준 및 시험방법」(식품의약품안전처 고시) 일반시험법 1. 원료의 "43. 중금속시험법" 중 제2법에 따라 조작하여 시험한다. 다만, 비교액에는 납표준액 4.0mL를 넣는다.

⑦ 비소: 검체 20mL를 취하여 300mL 분해플라스크에 넣고 질산 20mL를 넣어 반응이 멈출 때까지 조심하면서 가열한다. 식힌 다음 황산 5mL를 넣어 다시 가열한다. 여기에 질산 2mL씩을 조심하면서 넣고 액이 무색 또는 엷은 황색의 맑은 액이 될 때까지 가열을 계속한다. 식힌 다음 과염소산 1mL를 넣고 황산의 흰 연기가 날 때까지 가열하고 방냉한다. 여기에 포화수산암모늄용액 20mL를 넣고 다시 흰 연기가 날 때까지 가열한다. 식힌 다음 물을 넣어 100mL로 하여 검액으로 한다. 검액 2.0mL를 취하여 「기능성화장품 기준 및 시험방법」(식품의약품안전처 고시) 일반시험법 1. 원료의 "15. 비소시험법" 중 장치 B를 쓰는 방법에 따라 시험한다.

⑧ 철: ⑦항의 검액 50mL를 취하여 식히면서 조심하여 강암모니아수를 넣어 pH를 9.5 ~ 10.0이 되도록 조절하여 검액으로 한다. 따로 물 20mL를 써서 검액과 같은 방법으로 조작하여 공시험액을 만들고, 이 액 50mL를 취하여 철표준액 2.0mL를 넣고 이것을 식히면서 조심하여 강암모니아수를 넣어 pH를 9.5 ~

10.0이 되도록 조절한 것을 비교액으로 한다. 검액 및 비교액을 각각 네슬러관에 넣고 각 관에 치오글라이콜릭애씨드 1.0mL를 넣고 물을 넣어 100mL로 한 다음 비색할 때 검액이 나타내는 색은 비교액이 나타내는 색보다 진하여서는 안 된다.

나. 제2제 시험방법

1) 브롬산나트륨 함유제제

  ① 용해상태 : 가루 또는 고형의 경우에만 시험하며, 1인 1회 분량의 검체를 취하여 비색관에 넣고 물 또는 미온탕 200mL를 넣어 녹이고, 이를 백색을 바탕으로 하여 관찰한다.

  ② pH : 1인 1회 분량의 검체를 가지고 「기능성화장품 기준 및 시험방법」(식품의약품안전처 고시) 일반시험법 1. 원료의 "47. pH측정법"에 따라 시험한다.

  ③ 중금속 : 1인 1회분의 검체에 물을 넣어 정확히 100mL로 한다. 이 액 2.0mL에 물 10mL를 넣은 다음 염산 1mL를 넣고 수욕상에서 증발건고한다. 이것을 500℃ 이하에서 회화하고 물 10mL 및 묽은초산 2mL를 넣어 녹이고 물을 넣어 50mL로 하여 검액으로 한다. 이 검액을 가지고 「기능성화장품 기준 및 시험방법」(식품의약품안전처 고시) 일반시험법 1. 원료의 "43. 중금속시험법" 중 제4법에 따라 시험한다. 비교액에는 납표준액 4.0mL를 넣는다.

  ④ 산화력 : 1인 1회 분량의 약 1/10량의 검체를 정밀하게 달아 물 또는 미온탕에 녹여 200mL 용량플라스크에 넣고 물을 넣어 200mL로 한다. 이 용액 20mL를 취하여 유리마개삼각플라스크에 넣고 묽은황산 10mL를 넣어 곧 마개를 하여 가볍게 1 ~ 2회 흔들어 섞는다. 이 액에 요오드화칼륨시액 10mL를 조심스럽게 넣고 마개를 하여 5분간 어두운 곳에 방치한 다음 0.1N 치오황산나트륨액으로 적정한다. (지시약 : 전분시액 3mL) 이때의 소비량을 EmL로 한다.

$$\text{1인 1회 분량의 산화력} = 0.278 \times E$$

2) 과산화수소수 함유제제

  ① pH : 검체를 가지고 「기능성화장품 기준 및 시험방법」(식품의약품안전처 고시) 일반시험법 1. 원료의 "47. pH측정법"에 따라 시험한다.

  ② 중금속 : 1. 치오글라이콜릭애씨드 또는 그 염류를 주성분으로 하는 냉2욕식 퍼머넌트웨이브용 제품 나. 제2제 시험방법 1) 브롬산나트륨 함유제제 ③ 중금속 항에 따라 시험한다.

  ③ 산화력 : 검체 1.0mL를 취하여 유리마개 삼각플라스크에 넣고 물 10mL 및 30% 황산 5mL를 넣어 곧 마개를 하여 가볍게 1 ~ 2회 흔들어 섞는다. 이 액에 요오드화칼륨시액 5mL를 조심스럽게 넣고 마개를 하여 30분간 어두운 곳에 방치한 다음 0.1N 치오황산나트륨액으로 적정한다. (지시약 : 전분시액 3mL) 이때의 소비량을 FmL로 한다.

$$\text{1인 1회 분량의 산화력} = 0.0017007 \times F \times \text{1인 1회 분량(mL)}$$

## 2. 시스테인, 시스테인염류 또는 아세틸시스테인을 주성분으로 하는 냉2욕식 퍼머넌트웨이브용 제품

가. 제1제 시험방법

  ① pH : 검체를 가지고 「기능성화장품 기준 및 시험방법」(식품의약품안전처 고시) 일반시험법 1. 원료의 "47. pH측정법"에 따라 시험한다.

  ② 알칼리 : 1. 치오글라이콜릭애씨드 또는 그 염류를 주성분으로 하는 냉2욕식 퍼머넌트웨이브용 제품 가. 제1제 시험방법 ② 알칼리 항에 따라 시험한다.

  ③ 시스테인 : 검체 10mL를 적당한 환류기에 정확하게 취하여 물 40mL 및 5N 염산 20mL를 넣고 2시간 동안 가열 환류시킨다. 식힌 다음 이것을 용량플라스크에 취하고 물을 넣어 정확하게 100mL로 한다. 또한

아세칠시스테인이 함유되지 않은 검체에 대해서는 검체 10mL를 정확하게 취하여 용량플라스크에 넣고 물을 넣어 전체량을 100mL로 한다. 이 용액 25mL를 취하여 분당 2mL의 유속으로 강산성이온교환수지(H형) 30mL를 충전한 안지름 8 ~ 15mm의 칼럼을 통과시킨다. 계속하여 수지층을 물로 씻고 유출액과 씻은 액을 버린다. 수지층에 3N 암모니아수 60mL를 분당 2mL의 유속으로 통과시킨다. 유출액을 100mL 용량플라스크에 넣고 다시 수지층을 물로 씻어 씻은 액과 유출액을 합하여 100mL로 하여 검액으로 한다. 검액 20mL를 정확하게 취하여 필요하면 묽은염산으로 중화하고(지시약 : 메칠오렌지시액) 요오드화칼륨 4g 및 묽은염산 5mL를 넣고 흔들어 섞어 녹인다. 계속하여 0.1N 요오드액 10mL를 정확하게 넣고 마개를 하여 얼음물 속에서 20분간 암소에 방치한 다음 0.1N 치오황산나트륨액으로 적정한다. (지시약 : 전분시액 3mL) 이때의 소비량을 GmL로 한다. 같은 방법으로 공시험하여 그 소비량을 HmL로 한다.

$$\text{시스테인의 함량}(\%) = 1.2116 \times 2 \times (H - G)$$

④ 환원후의 환원성물질(시스틴) : 검체 10mL를 용량플라스크에 취하고 물을 넣어 정확하게 100mL로 하여 검액으로 한다. 이 액 10mL를 정확하게 취하여 1N 염산 30mL 및 아연가루 1.5g을 넣고 기포가 끓어 오르지 않도록 교반기로 2분간 저어 섞은 다음 여과지(4A)를 써서 흡인여과한다. 잔류물을 물 소량씩으로 3회 씻고 씻은 액을 여액에 합한다. 계속하여 요오드화칼륨 4g을 넣어 흔들어 섞어 녹인다. 다시 0.1N 요오드액 10mL를 정확하게 넣고 마개를 하여 얼음물 속에서 20분간 암소에 방치한 다음, 0.1N 치오황산나트륨액으로 적정한다. (지시약 : 전분시액 3mL) 이때의 소비량을 ImL로 한다. 같은 방법으로 공시험을 하여 그 소비량을 JmL로 한다. 따로, 검액 10mL를 정확하게 취하여 필요하면 묽은염산으로 중화하고(지시약 : 메칠오렌지시액) 요오드화칼륨 4g 및 묽은염산 5mL를 넣고 흔들어 섞어 녹인다. 계속하여 0.1N 요오드액 10mL를 정확하게 넣고 마개를 하여 얼음물 속에 20분간 암소에서 방치한 다음 0.1N 치오황산나트륨액으로 적정한다. (지시약 : 전분시액 1mL) 이때의 소비량을 KmL로 한다. 같은 방법으로 공시험하여 그 소비량을 LmL로 한다.

$$\text{환원후의 환원성물질의 함량}(\%) = 1.2015 \times \{(J - I) - (L - K)\}$$

⑤ 중금속 : 1. 치오글라이콜릭애씨드 또는 그 염류를 주성분으로 하는 냉2욕식 퍼머넌트웨이브용 제품 가. 제1제 시험방법 중 ⑥ 중금속항에 따라 시험한다.

⑥ 비소 : 1. 치오글라이콜릭애씨드 또는 그 염류를 주성분으로 하는 냉2욕식 퍼머넌트웨이브용 제품 가. 제1제 시험방법 중 ⑦ 비소항에 따라 시험한다.

⑦ 철 : 1. 치오글라이콜릭애씨드 또는 그 염류를 주성분으로 하는 냉2욕식 퍼머넌트웨이브용 제품 가. 제1제 시험방법 중 ⑧ 철 항에 따라 시험한다.

나. 제2제 : 1. 치오글라이콜릭애씨드 또는 그 염류를 주성분으로 하는 냉2욕식 퍼머넌트웨이브용 제품 나. 제2제 시험방법에 따른다.

## 3. 치오글라이콜릭애씨드 또는 그 염류를 주성분으로 하는 냉2욕식 헤어스트레이트너용 제품

가. 제1제 시험방법

① pH : 검체를 가지고 「기능성화장품 기준 및 시험방법」(식품의약품안전처 고시) 일반시험법 1. 원료의 "47. pH측정법"에 따라 시험한다.

② 알칼리 : 1. 치오글라이콜릭애씨드 또는 그 염류를 주성분으로 하는 냉2욕식 퍼머넌트웨이브용 제품 가. 제1제 시험방법 중 ② 알칼리 항에 따라 시험한다.

③ 산성에서 끓인 후의 환원성물질(치오글라이콜릭애씨드) : 1. 치오글라이콜릭애씨드 또는 그 염류를 주성분으로 하는 냉2욕식 퍼머넌트웨이브용 제품 가. 제1제 시험방법 중 ③ 산성에서 끓인 후의 환원성물질

항에 따라 시험한다.

④ 산성에서 끓인 후의 환원성물질 이외의 환원성물질(아황산, 황화물 등): 1. 치오글라이콜릭애씨드 또는 그 염류를 주성분으로 하는 냉2욕식 퍼머넌트웨이브용 제품 가. 제1제 시험방법 중 ④ 산성에서 끓인 후의 환원성물질 이외의 환원성물질 항에 따라 시험한다.

⑤ 환원 후의 환원싱물질(디치오디글라이콜릭애씨드): 1. 치오글라이콜릭애씨드 또는 그 염류를 주성분으로 하는 냉2욕식 퍼머넌트웨이브용 제품 가. 제1제 시험방법중 ⑤ 환원 후의 환원성물질 항에 따라 시험한다.

⑥ 중금속: 1. 치오글라이콜릭애씨드 또는 그 염류를 주성분으로 하는 냉2욕식 퍼머넌트웨이브용 제품 가. 제1제 시험방법 중 ⑥ 중금속항에 따라 시험한다.

⑦ 비소: 1. 치오글라이콜릭애씨드 또는 그 염류를 주성분으로 하는 냉2욕식 퍼머넌트웨이브용 제품 가. 제1제 시험방법 중 ⑦ 비소항에 따라 시험한다.

⑧ 철: 1. 치오글라이콜릭애씨드 또는 그 염류를 주성분으로 하는 냉2욕식 퍼머넌트웨이브용 제품 가. 제1제 시험방법 중 ⑧ 철항에 따라 시험한다.

※ 검체가 점조하여 용량 단위로는 그 채취량의 정확을 기하기 어려울 때에는 중량단위로 채취하여 시험할 수 있다. 이때에는 1g은 1mL로 간주한다.

나. 제2제 시험방법: 1. 치오글라이콜릭애씨드 또는 그 염류를 주성분으로 하는 냉2욕식 퍼머넌트웨이브용 제품 나. 제2제 시험방법에 따른다.

**4. 치오글라이콜릭애씨드 또는 그 염류를 주성분으로 하는 가온2욕식 퍼머넌트웨이브용 제품**

가. 제1제 시험방법: 1. 치오글라이콜릭애씨드 또는 그 염류를 주성분으로 하는 냉2욕식 퍼머넌트웨이브용 제품 가. 제1제 시험방법 항에 따라 시험한다.

나. 제2제 시험방법: 함유성분에 따라 1. 치오글라이콜릭애씨드 또는 그 염류를 주성분으로 하는 냉2욕식 퍼머넌트웨이브용 제품 나. 제2제 시험방법에 따른다.

**5. 시스테인, 시스테인염류 또는 아세틸시스테인을 주성분으로 하는 가온 2욕식 퍼머넌트웨이브용 제품**

가. 제1제 시험방법

① pH: 검체를 가지고 「기능성화장품 기준 및 시험방법」(식품의약품안전처 고시) 일반시험법 1. 원료의 "47. pH측정법"에 따라 시험한다.

② 알칼리: 1. 치오글라이콜릭애씨드 또는 그 염류를 주성분으로 하는 냉2욕식 퍼머넌트웨이브용 제품 가. 제1제 시험방법중 ② 알칼리 항에 따라 시험한다.

③ 시스테인: 2. 시스테인, 시스테인염류 또는 아세틸시스테인을 주성분으로 하는 냉2욕식 퍼머넌트웨이브용 제품 가. 제1제 시험방법 중 ③시스테인항에 따라 시험한다.

④ 환원후 환원성물질: 2. 시스테인, 시스테인염류 또는 아세틸시스테인을 주성분으로 하는 냉2욕식 퍼머넌트웨이브용 제품 가. 제1제 시험방법 중 ④ 환원후 환원성물질항에 따라 시험한다.

⑤ 중금속: 1. 치오글라이콜릭애씨드 또는 그 염류를 주성분으로 하는 냉2욕식 퍼머넌트웨이브용 제품 가. 제1제 시험방법 중 ⑥ 중금속 항에 따라 시험한다.

⑥ 비소: 1. 치오글라이콜릭애씨드 또는 그 염류를 주성분으로 하는 냉2욕식 퍼머넌트웨이브용 제품 가. 제1제의 2) 시험방법 중 ⑦ 비소 항에 따라 시험한다.

⑦ 철: 치오글라이콜릭애씨드 퍼머넌트웨이브용 제품

가. 제1제 시험방법 중 ⑧ 철항에 따라 시험한다.

나. 제2제: 1.치오글라이콜릭애씨드 또는 그 염류를 주성분으로 하는 냉2욕식 퍼머넌트웨이브용 제품 나. 제2제 시험방법에 따른다.

**6. 치오글라이콜릭애씨드 또는 그 염류를 주성분으로 하는 가온2욕식 헤어스트레이트너 제품**

　가. 제1제 시험방법

　　① pH : 검체를 가지고 「기능성화장품 기준 및 시험방법」(식품의약품안전처 고시) 일반시험법 1. 원료의 "47. pH측정법"에 따라 시험한다.

　　② 알칼리 : 1. 치오글라이콜릭애씨드 또는 그 염류를 주성분으로 하는 냉2욕식 퍼머넌트웨이브용 제품 가. 제1제 시험방법 중 ② 알칼리 항에 따라 시험한다.

　　③ 산성에서 끓인 후의 환원성물질(치오글라이콜릭애씨드) : 1. 치오글라이콜릭애씨드 또는 그 염류를 주성분으로 하는 냉2욕식 퍼머넌트웨이브용 제품 가. 제1제 시험방법 중 ③ 산성에서 끓인 후의 환원성물질 항에 따라 시험한다.

　　④ 산성에서 끓인 후의 환원성물질 이외의 환원성물질(아황산염, 황화물 등) : 1. 치오글라이콜릭애씨드 또는 그 염류를 주성분으로 하는 냉2욕식 퍼머넌트웨이브용 제품 가. 제1제 시험방법중 ④ 산성에서 끓인 후의 환원성물질 이외의 환원성물질 항에 따라 시험한다.

　　⑤ 환원 후의 환원성물질((디치오디글라이콜릭애씨드) : 1. 치오글라이콜릭애씨드 또는 그 염류를 주성분으로 하는 냉2욕식 퍼머넌트웨이브용 제품 가. 제1제 시험방법 중 ⑤ 환원 후의 환원성물질 항에 따라 시험한다.

　　⑥ 중금속 : 1. 치오글라이콜릭애씨드 또는 그 염류를 주성분으로 하는 냉2욕식 퍼머넌트웨이브용 제품 가. 제1제 시험방법 중 ⑥ 중금속 항에 따라 시험한다.

　　⑦ 비소 : 1. 치오글라이콜릭애씨드 또는 그 염류를 주성분으로 하는 냉2욕식 퍼머넌트웨이브용 제품 가. 제1제 시험방법 중 ⑦ 비소 항에 따라 시험한다.

　　⑧ 철 : 1. 치오글라이콜릭애씨드 또는 그 염류를 주성분으로 하는 냉2욕식 퍼머넌트웨이브용 제품 가. 제1제 시험방법 중 ⑧ 철 항에 따라 시험한다.

　나. 제2제 : 1. 치오글라이콜릭애씨드 또는 그 염류를 주성분으로 하는 냉2욕식 퍼머넌트웨이브용 제품 나. 제2제 시험방법에 따른다.

**7. 치오글라이콜릭애씨드 또는 그 염류를 주성분으로 하는 고온정발용 열기구를 사용하는 가온2욕식 헤어스트레이트너 제품**

　가. 제1제 시험방법

　　① pH : 검체를 가지고 「기능성화장품 기준 및 시험방법」(식품의약품안전처 고시) 일반시험법 1. 원료의 "47. pH측정법"에 따라 시험한다.

　　② 알칼리 : 가. 치오글라이콜릭애씨드 또는 그 염류를 주성분으로 하는 냉2욕식 퍼머넌트웨이브용 제품 1) 제1제 시험방법 중 ② 알칼리 항에 따라 시험한다.

　　③ 산성에서 끓인 후의 환원성물질(치오글라이콜릭애씨드) : 1. 치오글라이콜릭애씨드 또는 그 염류를 주성분으로 하는 냉2욕식 퍼머넌트웨이브용 제품 가. 제1제 시험방법 중 ③ 산성에서 끓인 후의 환원성물질 항에 따라 시험한다.

　　④ 산성에서 끓인 후의 환원성물질 이외의 환원성물질(아황산염, 황화물 등) : 1. 치오글라이콜릭애씨드 또는 그 염류를 주성분으로 하는 냉2욕식 퍼머넌트웨이브용 제품 가. 제1제 시험방법 중 ④ 산성에서 끓인 후의 환원성물질 이외의 환원성물질 항에 따라 시험한다.

　　⑤ 환원 후의 환원성물질(디치오디글라이콜릭애씨드) : 1. 치오글라이콜릭애씨드 또는 그 염류를 주성분으로 하는 냉2욕식 퍼머넌트웨이브용 제품 가. 제1제 시험방법 중 ⑤ 환원 후의 환원성물질 항에 따라 시험한다.

　　⑥ 중금속 : 1. 치오글라이콜릭애씨드 또는 그 염류를 주성분으로 하는 냉2욕식 퍼머넌트웨이브용 제품 가.

제1제 시험방법 중 ⑥ 중금속 항에 따라 시험한다.

⑦ 비소 : 1. 치오글라이콜릭애씨드 또는 그 염류를 주성분으로 하는 냉2욕식 퍼머넌트웨이브용 제품 가. 제1제 시험방법중 ⑦ 비소 항에 따라 시험한다.

⑧ 철 : 1. 치오글라이콜릭애씨드 또는 그 염류를 주성분으로 하는 냉2욕식 퍼머넌트웨이브용 제품 가. 제1제 시험방법 중 ⑧ 철 항에 따라 시험한다.

나. 제2제 : 1. 치오글라이콜릭애씨드 또는 그 염류를 주성분으로 하는 냉2욕식 퍼머넌트웨이브용 제품 나. 제2제 시험방법에 따른다.

## 8. 치오글라이콜릭애씨드 또는 그 염류를 주성분으로 하는 냉1욕식 퍼머넌트웨이브용 제품

가. 1. 치오글라이콜릭애씨드 또는 그 염류를 주성분으로 하는 냉2욕식 퍼머넌트웨이브용 제품 가. 제1제 시험방법 항에 따라 시험한다.

## 9. 치오글라이콜릭애씨드 또는 그 염류를 주성분으로 하는 제1제 사용 시 조제하는 발열2욕식 퍼머넌트웨이브용 제품

가. 제1제의 1 시험방법 : 1. 치오글라이콜릭애씨드 또는 그 염류를 주성분으로 하는 냉2욕식 퍼머넌트웨이브용 제품 가. 제1제 시험방법 항에 따라 시험한다. 다만, ④ 산성에서 끓인 후의 환원성물질 이외의 환원성물질에서 0.1N 요오드액 25mL 대신 50mL를 넣는다.

나. 제1제의 2 시험방법

① pH : 검체를 가지고 「기능성화장품 기준 및 시험방법」(식품의약품안전처 고시) 일반시험법 1. 원료의 "47. pH측정법"에 따라 시험한다.

② 중금속 : 1. 치오글라이콜릭애씨드 또는 그 염류를 주성분으로 하는 냉2욕식 퍼머넌트웨이브용 제품 나. 제2제 시험방법 1) 브롬산나트륨 함유제제 중 ③ 중금속 항에 따라 시험한다.

③ 과산화수소 : 검체 1g을 정밀히 달아 200mL 유리마개 삼각플라스크에 넣고 물 10mL 및 30% 황산 5mL를 넣어 바로 마개를 하여 가볍게 1 ~ 2회 흔든다. 이 액에 요오드화칼륨시액 5mL를 주의하면서 넣어 마개를 하고 30분간 어두운 곳에 방치한 다음 0.1N 치오황산나트륨액으로 적정한다. (지시약 : 전분시액 3mL) 이때의 소비량을 A(mL)로 한다.

$$과산화수소\ 함유율\ (\%) = \frac{0.0017007 \times A}{검체의\ 채취량(g)} \times 100$$

다. 제1제의 1 및 제1제의 2의 혼합물 시험방법 : 이 제품은 혼합시에 발열하므로 사용할 때에 약 40℃로 가온된다. 시험에 있어서는 제1제의 1, 1인 1회분 및 제 1제의 2, 1인 1회분의 양을 혼합하여 10분간 실온에서 방치한 다음 흐르는 물로 실온까지 냉각한 것을 검체로 한다.

① pH : 검체를 가지고 「기능성화장품 기준 및 시험방법」(식품의약품안전처 고시) 일반시험법 1. 원료의 "47. pH측정법"에 따라 시험한다.

② 알칼리 : 1. 치오글라이콜릭애씨드 또는 그 염류를 주성분으로 하는 냉2욕식 퍼머넌트웨이브용 제품 가. 제1제 시험방법 중 ② 알칼리 항에 따라 시험한다.

③ 산성에서 끓인 후의 환원성물질(치오글라이콜릭애씨드) : 1. 치오글라이콜릭애씨드 또는 그 염류를 주성분으로 하는 냉2욕식 퍼머넌트웨이브용 제품 가. 제1제 시험방법 중 ③ 산성에서 끓인 후의 환원성물질 항에 따라 시험한다.

④ 산성에서 끓인 후의 환원성물질 이외의 환원성물질(아황산염, 황화물 등) : 1. 치오글라이콜릭애씨드 또는 그 염류를 주성분으로 하는 냉2욕식 퍼머넌트웨이브용 제품 가. 제1제 2) 시험방법 중 ④ 산성에서 끓인 후의 환원성물질 이외의 환원성물질 항에 따라 시험한다.

⑤ 환원 후의 환원성물질(디치오디글라이콜릭애씨드) : 1. 치오글라이콜릭애씨드 또는 그 염류를 주성분으로 하는 냉2욕식 퍼머넌트웨이브용 제품 가. 제1제 시험방법 중 ⑤ 환원 후의 환원성물질항에 따라 시험한다.

⑥ 온도상승 : 1) 제1제의 1. 1인 1회분 및 제1제의 2. 1인 1회분을 각각 25℃의 항온조에 넣고 때때로 액온을 측정하여 액온이 25℃가 될 때까지 방치한다. 1) 제1제의 1을 온도계를 삽입한 100mL 비이커에 옮기고 액의 온도(T0)을 기록한다. 다음에 제1제의 2를 여기에 넣고 바로 저어 섞으면서 온도를 측정하여 최고 도달온도(T₁)를 기록한다.

$$온도의 차(℃) = T1 - T0$$

라. 제2제 시험방법 : 1. 치오글라이콜릭애씨드 또는 그 염류를 주성분으로 하는 냉2욕식 퍼머넌트웨이브용 제품 나. 제2제 시험방법에 따른다.

## 10. 제1제 환원제 물질이 1종 이상 함유되어 있는 퍼머넌트웨이브 및 헤어스트레이트너 제품

### 가. 시험방법

검체 약 1.0g을 정밀하게 달아 용량플라스크에 넣고 묽은 염산 10mL 및 물을 넣어 정확하게 200mL로 한다. 이 액을 가지고 클로로포름 20mL로 2회 추출한 다음 물층을 취하여 원심분리하고 상등액을 취해 여과한 것을 검액으로 한다. 따로 치오글라이콜릭애씨드, 시스테인, 아세틸시스테인, 디치오디글라이콜릭애씨드, 시스틴, 디아세틸시스틴 표준품 각각 10mg을 정밀하게 달아 용량플라스크에 넣고 물을 넣어 정확하게 10mL로 한다(단, 측정 대상이 아닌 물질은 제외 가능). 이 액을 각각 0.01, 0.05, 0.1, 0.5, 1.0, 2.0mL를 정확하게 취해 물을 넣어 각각 10mL로 한 것을 검량선용 표준액으로 한다. 검액 및 표준액 20 μL씩을 가지고 다음의 조건으로 액체크로마토그래프법에 따라 검액 중 환원제 물질들의 양을 구한다. 필요한 경우 표준액의 검량선 범위 내에서 검체 채취량 또는 희석배수는 조정할 수 있다.

〈조작조건〉

• 검출기 : 자외부흡광광도계 (측정파장 215nm)

• 칼럼 : 안지름 4.6mm, 길이 25cm인 스테인레스강관에 5μm의 액체크로마토그래프용 옥타데실실릴실리카겔을 충전한다.

• 이동상 : 0.1% 인산을 함유한 4mM 헵탄설폰산나트륨액·아세토니트릴 혼합액 (95 : 5)

• 유량 : 1.0mL/분

## III. 일반사항

1. '검체'는 부자재(예 침적마스크 중 부직포 등)를 제외한 화장품의 내용물로 하며, 부자재가 내용물과 섞여 있는 경우 적당한 방법(예 압착, 원심분리 등)을 사용하여 이를 제거한 후 검체로 하여 시험한다.

2. 에어로졸제품인 경우에는 제품을 분액깔때기에 분사한 다음 분액깔때기의 마개를 가끔 열어 주면서 1시간 이상 방치하여 분리된 액을 따로 취하여 검체로 한다.

3. 검체가 점조하여 용량단위로 정확히 채취하기 어려울 때에는 중량단위로 채취하여 시험할 수 있으며, 이 경우 1g은 1mL로 간주한다.

4. 시약, 시액 및 표준액

   1) 철표준액 : 황산제일철암모늄 0.7021g을 정밀히 달아 물 50mL를 넣어 녹이고 여기에 황산 20mL를 넣어 가온하면서 0.6% 과망간산칼륨용액을 미홍색이 없어지지 않고 남을 때까지 적가한 다음, 방냉하고 물을 넣어 1L로 한다. 이 액 10mL를 100mL 용량플라스크에 넣고 물을 넣어 100mL로 한다. 이 용액 1mL는 철(Fe) 0.01㎎을 함유한다.

2) 그 밖에 시약, 시액 및 표준액은 「기능성화장품 기준 및 시험방법」(식품의약품안전처 고시) 일반시험법 3. 계량기, 용기, 색의 비교액, 시약, 시액, 용량분석용표준액 및 표준액의 것을 사용한다.

## 04 [별표1] 화장품 표시·광고 관리 가이드라인 (민원인 안내서)

화장품 표시·광고의 표현 범위 및 기준

화장품법 제13조 제1항 제1호 관련

| 구분 | 금지표현 | 비고 |
|---|---|---|
| 질병을 진단·치료·경감·처치 또는 예방, 의학적 효능·효과 관련 | 아토피, 모낭충, 심심피로 회복, 건선, 노인소양증, 살균 소독, 항염 진통, 해독, 이뇨, 항암, 항진균, 항바이러스, 근육이완, 통증이완, 통증경감, 면역강화, 항알레르기, 찰과상, 화상치료 회복, 관절, 림프선 등 피부 이외 신체 특정부위에 사용하여 의학적 효능 효과 표방, 기저귀 발진 | |
| | 여드름 | 단, 기능성화장품의 심사(보고)된 '효능효과' 표현 또는 [별표2] 1.에 해당하는 표현은 제외 |
| | 기미, 주근깨(과색소 침착증) | 단, [별표2] 1.에 해당하는 표현은 제외 |
| | 항균 | 단, [별표2] 1.에 해당하는 표현은 제외하되, 이 경우에도 액체 비누에 대해 트리클로산 또는 트리클로카반 함유로 인해 항균 효과가 '더 뛰어나다', '더 좋다' 등의 비교 표시·광고는 금지 |
| | 임신선, 튼살 | 단, 기능성화장품의 심사(보고)된 '효능효과' 표현은 제외 |
| 피부 관련 표현 | • 피부 독소를 제거한다(디톡스, detox).<br>• 상처로 인한 반흔을 제거 또는 완화한다. | |
| | 가려움을 완화한다. | 단, 보습을 통해 피부건조에 기인한 가려움의 일시적 완화에 도움을 준다는 표현은 제외 |
| | ○○○의 흔적을 없애준다.<br>예 여드름, 흉터의 흔적을 제거 | 단, (색조 화장용 제품류 등으로서) '가려준다'는 표현은 제외 |
| | 홍조, 홍반을 개선, 제거한다. | |
| | 뾰루지를 개선한다. | |
| | 피부의 상처나 질병으로 인한 손상을 치료하거나 회복 또는 복구한다. | 일부 단어만 사용하는 경우도 포함.<br>단, [별표2] 1.에 해당하는 표현은 제외 |
| | • 피부노화<br>• 셀룰라이트<br>• 붓기 다크서클<br>• 피부구성 물질(예 효소, 콜라겐 등)을 증가, 감소 또는 활성화시킨다. | 단, [별표2] 1.에 해당하는 표현은 제외 |

## 화장품법 제13조 제1항 제1호 관련

| 구분 | 금지표현 | 비고 |
|---|---|---|
| 모발 관련 표현 | • 발모·육모·양모<br>• 탈모방지, 탈모치료<br>• 모발 등의 성장을 촉진 또는 억제한다.<br>• 모발의 두께를 증가시킨다.<br>• 속눈썹, 눈썹이 자란다. | 단, 기능성화장품의 심사(보고)된 '효능효과' 표현은 제외 |
| 생리 활성 관련 | • 혈액순환<br>• 피부 재생, 세포 재생<br>• 분비촉진 등 내분비 작용<br>• 유익균의 균형보호<br>• 질내 산도 유지, 질염 예방<br>• 땀 발생을 억제한다.<br>• 세포 성장을 촉진한다.<br>• 세포 활력(증가), 세포 또는 유전자(DNA) 활성화 | |
| 신체 개선 표현 | • 다이어트, 체중 감량<br>• 피하지방 분해<br>• 체형 변화<br>• 몸매개선, 신체 일부를 날씬하게 한다.<br>• 가슴에 탄력을 주거나 확대시킨다.<br>• 얼굴 크기가 작아진다. | |
| | 얼굴 윤곽개선, V라인 | 단, (색조 화장용 제품류 등으로서) '연출한다'는 의미의 표현을 함께 나타내는 경우 제외 |
| 원료 관련 표현 | 원료 관련 설명시 의약품 오인우려 표현 사용(논문 등을 통한 간접적으로 의약품오인 정보제공을 포함) | |
| 기타 | 메디슨(medicine), 드럭(drug), 코스메슈티컬 등을 사용한 의약품 오인 우려 표현 | |

## 화장품법 제13조 제1항 제2호, 제3호 관련

| 구 분 | 금 지 표 현 | 비 고 |
|---|---|---|
| 기능성 관련 표현 | • 기능성 화장품 심사(보고)하지 아니한 제품에 미백, 화이트닝(whitening), 주름(링클, wrinkle) 개선, 자외선(UV)차단 등 기능성 관련 표현<br>• 기능성화장품 심사(보고) 결과와 다른 내용의 표시·광고 또는 기능성화장품 안전성·유효성에 관한 심사를 받은 범위를 벗어나는 표시·광고 | |
| 원료 관련 표현 | • 기능성화장품으로 심사(보고)하지 아니한 제품에 '식약처 미백 고시성분 ○○ 함유' 등의 표현<br>• 기능성 효능·효과 성분이 아닌 다른 성분으로 기능성을 표방하는 표현<br>• 원료 관련 설명시 기능성 오인 우려 표현 사용 (주름개선 효과가 있는 ○○ 원료)<br>• 원료 관련 설명시 완제품에 대한 효능·효과로 오인될 수 있는 표현 | |

| 구분 | 금지표현 | 비고 |
|---|---|---|
| 천연·유기농화장품 관련 | 식품의약품안전처장이 정한 천연화장품, 유기농화장품 기준에 적합하지 않은 제품에 '천연(Natural)화장품', '유기농(organic)화장품' 관련 표현 | 제품에 천연, 유기농 표현을 사용 하려면 「천연화장품 및 유기농화 장품의 기준에 관한 규정」(식약처 고시)에 적합 필요(이 경우 적합함을 입증하는 자료 구비 의무) 단, [별표2] 3.에 해당하는 표현은 제외 |

### 화장품법 제13조 제1항 제4호 관련

| 구분 | 금지표현 | 비고 |
|---|---|---|
| 특정인 또는 기관의 지정, 공인 관련 | • ○○ 아토피 협회 인증 화장품<br>• ○○ 의료기관의 첨단기술의 정수가 탄생시킨 화장품<br>• ○○ 대학교 출신 의사가 공동개발한 화장품<br>• ○○ 의사가 개발한 화장품<br>• ○○ 병원에서 추천하는 안전한 화장품 | |
| 화장품의 범위를 벗어나는 광고 | • 배합금지 원료를 사용하지 않았다는 표현(무첨가, free 포함)(예 無(무) 스테로이드, 無(무) 벤조피렌 등)<br>• 부작용이 전혀 없다.<br>• 먹을 수 있다.<br>• 일시적 악화(명현현상)가 있을 수 있다.<br>• 지방볼륨생성<br>• 보톡스<br>• 레이저, 카복시 등 시술 관련 표현 | |
| | 체내 노폐물 제거 | 단, 피부·모공 노폐물 제거 관련 표현 제외 |
| | 필러(filler) | 단, (색조 화장용 제품류 등으로서) '채워준다', '연출한다'는 의미의 표현을 함께 나타내는 경우 제외 |
| 줄기세포 관련 표현 | • 특정인의 '인체 세포·조직 배양액' 기원 표현<br>• 줄기세포가 들어 있는 것으로 오인할 수 있는 표현(다만, 식물줄기세포 함유 화장품의 경우에는 제외)(예 줄기세포 화장품, stem cell, ○억 세포 등) | 화장품 안전기준 등에 관한 규정 [별표 3]에 적합한 원료를 사용한 경우에만 불특정인의 '인체 세포·조직 배양액' 표현 가능 |
| 저속하거나 혐오감을 줄 수 있는 표현 | • 성생활에 도움을 줄 수 있음을 암시하는 표현<br>  -여성크림, 성 윤활작용<br>  -쾌감을 증대시킨다.<br>  -질 보습, 질 수축 작용<br>• 저속하거나 혐오감을 주는 표시 및 광고<br>  -성기 사진 등의 여과 없는 게시<br>  -남녀의 성행위를 묘사하는 표시 또는 광고 | |
| 그 밖의 기타 표현 | 동 제품은 식품의약품안전처허가, 인증을 받은 제품임 | 단, 기능성화장품으로 심사(보고) 관련 표현, 천연·유기농화장품 인증 표현 제외 |
| | 원료 관련 설명시 완제품에 대한 효능·효과로 오인될 수 있는 표현 | |

## [별표 2] 화장품 표시·광고 주요 실증대상

| 구 분 | 실증 대상 | 비 고 |
|---|---|---|
| 1.「화장품 표시·광고 실증에 관한 규정」(식약처 고시) 별표 등에 따른 표현 | • 여드름성 피부에 사용에 적합<br>• 항균(인체세정용 제품에 한함)<br>• 일시적 셀룰라이트 감소<br>• 붓기 완화<br>• 다크서클 완화<br>• 피부 혈행 개선<br>• 피부장벽 손상의 개선에 도움<br>• 피부 피지분비 조절<br>• 미세먼지 차단, 미세먼지 흡착 방지 | 인체적용시험 자료로 입증 |
| | 모발의 손상을 개선한다. | 인체적용시험자료, 인체외 시험자료로 입증 |
| | 피부노화 완화, 안티에이징, 피부노화 징후 감소 | 인체적용시험자료, 인체외 시험자료로 입증.<br>다만, 자외선차단 주름개선 등 기능성효능효과를 통한 피부노화 완화 표현의 경우 기능성화장품심사(보고) 자료를 근거자료로 활용 가능 |
| | • 콜라겐 증가, 감소 또는 활성화<br>• 효소 증가, 감소 또는 활성화 | 주름 완화 또는 개선 기능성화장품으로서 이미 심사 받은 자료에 포함되어 있거나 해당 기능을 별도로 실증한 자료로 입증 |
| | 기미, 주근깨 완화에 도움 | 미백 기능성화장품 심사(보고) 자료로 입증 |
| | 빠지는 모발을 감소시킨다. | 탈모 증상 완화에 도움을 주는 기능성화장품으로서 이미 심사받은 자료에 근거가 포함되어 있거나 해당 기능을 별도로 실증한 자료로 입증 |
| 2.효능·효과·품질에 관한 내용 | 화장품의 효능·효과에 관한 내용<br>(예 수분감 30% 개선효과 피부결 20% 개선<br>2주 경과 후 피부톤 개선) | 인체적용시험 자료 또는 인체외 시험자료로 입증 |
| | 시험·검사와 관련된 표현<br>(예 피부과 테스트 완료 ○○시험검사<br>기관의 ○○효과 입증) | 인체적용시험 자료 또는 인체외 시험자료로 입증 |
| | 제품에 특정성분이 들어 있지[1]않다는<br>'무(無) ○○' 표현 | 시험분석자료로 입증(단, 특정성분이 타 물질로의 변환 가능성이 없으면서 시험으로 해당 성분 함유 여부에 대한 입증이 불가능한 특별한 사정이 있는 경우에는 예외적으로 제조관리기록서나 원료시험성적서등 활용) |
| | 타 제품과 비교하는 내용의 표시·광고<br>(예 "○○보다 지속력이 5배 높음") | 인체적용시험 자료 또는 인체 외 시험자료로 입증 |
| 3. ISO 천연·유기농 지수 표시·광고에 관한 내용 | • ISO 천연·**유기농 지수 표시**[2]·광고<br>(예)<br>- 천연지수 00% (ISO 16128 계산 적용)<br>- 천연유래지수 00% (ISO 16128 계산 적용)<br>- 유기농지수 00% (ISO 16128 계산 적용)<br>- 유기농유래지수 00% (ISO 16128 계산 적용) | • 해당 완제품 관련 실증자료로 입증<br>- 이 경우 ISO 16128(가이드라인)에 따른 계산이라는 것과 소비자 오인을 방지하기 위한 문구도 함께 안내 필요(주의 사항 참고) |

---

1   금지표현(배합금지 원료를 사용하지 않았다는 표현)을 제외한 경우에 한함
2   ISO 16128: 화장품의 천연·유기농 계산값을 얻기 위한 방법(가이드라인)

## [용어의 정의]

1. 인체적용시험 : 화장품의 안전성과 유효성을 증명할 목적으로 해당 화장품의 임상적 효과를 확인하고 유해사례를 조사하기 위하여 사람을 대상으로 실시하는 시험 또는 연구(이하 "시험"이라 한다)를 말한다.

2. 피험자의 복지(Well-being of the trial subjects) : 시험에 참여하는 피험자의 육체적 · 정신적 안녕을 말한다.

3. 관련규정(Applicable Regulatory Requirement) : 인체적용시험의 실시에 관련된 화장품 법령 및 관련고시 등을 말한다.

4. 피험자(Subject/Trial Subject) : 시험에 참여하여 시험제품 (물질) 또는 대조제품 (물질)을 투여 받은 사람을 말한다. 다만, 정신보건법 제3조 1호에 따른 정신질환자, 피부과 전문의가 판단할 때 시험물질 도찰 및 살포부위에 질환을 가지고 있는 자 및 피험자설명서 및 기타 문서화된 정보를 읽을 수 없는 자는 제외한다.

5. 시험계획서(Protocol, 이하 "계획서"라 한다) : 시험제품 또는 시험물질에 대한 해당 시험에 대해 시험목적, 시험방법, 범위 및 실험계획을 규정하는 문서를 말하며 모든 개정사항도 포함한다.

6. 피험자동의(Informed Consent) : 피험자가 시험 참여 유무를 결정하기 전에 피험자를 위한 설명서(이하 "피험자설명서"라 한다)를 통해 해당 시험기관과 관련된 모든 정보를 제공받고, 서명과 서명 날짜가 포함된 문서(이하 "동의서"라 한다)를 통해 본인이 자발적으로 시험에 참여할 의사가 있음을 확인하는 절차(이하 "동의"라 한다)를 말한다.

7. 비밀보장(Confidentiality) : 자료의 직접열람이 허용된 자를 제외하고는 피험자의 신원 또는 시험의뢰자의 지적 재산 등에 관한 정보가 알려지지 않도록 하는 것을 말한다.

8. 시험기관장 : 시험기관의 조직 및 기능에 대한 권한과 공식 임무를 가진 사람을 의미한다.

9. 신뢰성보증업무(Quality Assurance) : 시험성적의 신뢰성을 확인하기 위해 해당 시험 및 시설에 대한 감사 및 그 밖의 관련 업무를 말한다.

10. 시험책임자(Principal Investigator) : 해당 시험의 운영 · 실시에 관하여 전반적으로 책임을 지는 자를 말한다.

11. 시험자(Investigator) : 시험책임자, 주임시험자 및 시험담당자를 말한다.

12. 주임시험자 : 여러 기관에서 시험이 실시되는 경우 다른 시험기관에서 시험책임자로부터 위임받은 사항에 대해 책임지는 개인을 말한다. 다만, 시험계획서 및 그 수정안의 승인, 최종보고서의 승인 및 시험운영절차에 따른 수행 확인과 관련한 사항 등에 대하여 시험책임자는 그 책임을 주임시험자에게 위임할 수 없다.

13. 시험기관(Institution) : 시험을 실시하는데 필요한 사람, 건물, 시설 및 운영단위(들)를 말한다.

14. 표준작업지침서(S tandard Operating Procedure, SOPs) : 시험계획서나 시험지침에 상세하게 기록되어 있지 않는 특정 업무를 표준화된 방법에 따라 일관되게 실시할 목적으로 해당 절차 및 수행 방법 등을 상세하게 기술한 문서를 말한다.

15. 시험일정총괄표 : 시험기관에서 각 시험과정들을 추적 조사하고 업무량 평가에 필요한 정보를 파악할 수 있도록 마련한 전체 시험계획표를 말한다.

16. 대조제품 또는 대조물질(Comparator) : 시험제품 또는 물질과 비교할 목적으로 시험에 사용되는 물질(이하 "대조물질"이라 한다)을 말한다.

17. 시험담당자(Subinvestigator) : 시험책임자의 위임 및 감독 하에 시험과 관련된 업무를 담당하거나 필요한 사항을 결정하는 사람을 말한다.

18. 시험제품 또는 시험물질 : 시험의 대상이 되는 물질(이하 "시험물질"이라 한다)을 말한다.

19. 시험장소 : 시험이 실시되는 장소를 말한다.

20. 시험기초자료(Raw data) : 시험의 관찰이나 과정을 기록한 시험기관의 기록이나 문서 또는 그 복사본을 말하며, 시험기초자료에는 사진, 마이크로필름, 마이크로피시카피, 컴퓨터로 읽어 이해 가능한 매체, 관찰결과의 구술, 자동기기로부터의 출력자료, 또는 시험종료일까지 정보를 확실하게 보관할 수 있다고 인정받고 있는 기타 자료 저장 매체가 포함될 수 있다.

21. 시험의뢰자(Sponsor, 이하 "의뢰자"라 한다) : 시험기관에 시험을 의뢰하는 사람을 말한다.

22. 유해사례 : 화장품을 도포한 피험자에서 발생한 바람직하지 않고 의도되지 않은 징후, 증상 또는 질병을 말하며, 해당 화장품과 반드시 인과관계를 가져야 하는 것은 아니다.

23. 부형제(Diluting agent) : 제품이 아닌 물질을 시험하고자 할 때 시험물질 또는 대조물질이 피험자에 용이하게 적용되도록 시험물질 또는 대조물질을 혼합, 분산, 용해시키는데 이용되는 물질을 말한다.

24. 제조번호(또는 로트번호) : 시험물질 및 대조물질의 제조 및 관리에 관한 모든 사항을 확인할 수 있도록 하기 위하여 표시된 숫자·문자 또는 기호를 말한다.

25. 무작위배정(Randomization) : 시험 과정에서 발생할 수 있는 비뚤림(bias)을 줄이기 위해 확률의 원리에 따라 피험자를 각 군에 배정하는 과정을 말한다.

26. 눈가림(Blinding) : 시험에 관여하는 사람 또는 부서 등이 배정된 치료법에 대해 알지 못하도록 하는 절차를 말한다. 단일눈가림은 일반적으로 피험자를 눈가림 상태로 하는 것이며, 이중눈가림은 피험자, 시험자, 모니터, 필요한 경우 자료 분석에 관여하는 자 등을 눈가림 상태로 하는 것이다.

27. 피험자식별코드(Subject Identification Code) : 피험자의 신원을 보호하기 위해 시험책임자가 각각의 피험자에게 부여한 고유 식별기호로서, 시험책임자가 유해사례 또는 기타 시험 관련 자료를 보고할 경우 피험자의 성명 대신 사용하는 것을 말한다.

28. 증례기록서(Case Report Form, CRF) : 개개 피험자별로 계획서에서 규정한 정보를 기록하여 의뢰자에게 전달할 목적으로 인쇄되거나 전자 문서화된 서식을 말한다.

29. 시험개시일 : 시험책임자가 시험계획서에 서명한 날을 의미한다.

30. 시험종료일 : 시험책임자가 최종보고서에 서명한 날을 의미한다.

31. 제조단위(또는 로트) : 동일한 제조공정 하에서 균질성을 갖도록 제조된 시험물질 및 대조물질의 일정한 분량 단위를 말한다.

## Ⅰ. 화장품 유효성 평가 방법

① 화장품의 개발목적에 따라 여러 가지 시험방법을 결합하여 사용할 수 있다.

• 소비자나 전문가에 의한 관능적 접근방법(시각, 촉각, 후각)

• 생체외시험(in vivo, ex-vivo 또는 in vitro) 접근방법. 이 방법은 제품 사용에 있어서 정상적인 조건을 구현하지는 못하지만, 상황을 벗어난 특정 활동들이나 통제된 조건하에서 제품 사용 주기의 주요 부분을 반복하는 시도들에 대해 객관적인 분석을 가능하게 하는 기기를 이용한 접근방법이다.

② 연구의 실험 설계는 광범위하고 복잡한 문제로, 최적의 결과를 위해서는 연구의 설계 및 분석에서 통계 원칙에 대한 지식과 인식이 필요하다. 이는 최소의 피험자를 이용하여 과학적으로 타당한 결론에 도달할 수 있게 한다.

(1) 피시험자에 대한 평가

　1. 관능시험(Sensorial test) : 이 시험은 패널리스트 또는 전문가들의 감각을 통한 제품 성능에 대한 평가를 바

탕으로 한다. 이 시험은 주로 관찰되거나 인지된 변수들에 대한 정보를 제공한다.

가. 자가 평가(Auto Evaluation)

1) 소비자에 의한 사용시험(Use tests by consumers) : 사용시험은 소비자들이 관찰하거나 느낄 수 있는 변수들에 기초하여 제품 효능과 화장품 특성에 대한 소비자의 인식을 평가하는 것이다. 이 시험은 충분한 수의 사람들을 대상으로 실시되어야 한다. 시험은 두 가지 유형이 있다.

① 맹검 사용시험(Blind use test) : 소비자의 판단에 영향을 미칠 수 있는 제품의 정보를 제공하지 않는 사용시험

② 비맹검 사용시험(Concept use test) : 제품의 상품명, 표기사항 등 제품의 정보를 제공하고 제품에 대한 인식 및 효능 등이 일치하는지를 조사하는 시험

2) 훈련된 전문가 패널에 의한 관능평가(Sensorial-evaluation tests by trainedexpert panels) : 관능평가(sensorial evaluation)는 미리 정해진 기준에 따라 제품의 프로파일을 작성 할 수 있게 한다. 이 평가는 명확히 규정된 시험계획서에 따라, 정확한 관능기준을 가지고 교육을 받은 전문가 패널의 도움을 얻어 실시해야 한다.

나. 전문가에 의한 평가(정확한 관능기준을 교육받은 전문가)

1) 의사의 감독 하에서 실시하는 시험(Tests undermedical supervision) : 이 시험은 의사의 관리 하에서 화장품의 효능에 대하여 실시한다. 변수들은 임상 관찰 결과 또는 평점에 의해 평가된다. 초기값이나 미처리 대조군, 위약 또는 표준품과 비교하여 정량화될 수 있다.

2) 그 외 전문가의 관리 하에 실시되는 시험(Tests under the control of other professionals) : 이 시험은 적절한 자격을 갖춘 관련 전문가에 의해 수행될 수 있다. 예를 들면 준의료진, 미용사 또는 기타 직업적 전문가 등이다. 이들은 이미 확립된 기준과 비교하여 촉각, 시각 등에 의한 감각에 의해 제품의 효능을 평가한다. 전문가에 의한 평가는 화장품에 대한 기대 효능을 평가하게 위해 지원자에 의한 자가 평가를 함께 수행할 수 있다.

전문가에 의한 관능시험 : 차별성구별시험(discriminative) 또는 파일링시험(filing), 순위설정시험(ranking), 모나드시험(monadic) 또는 비교시험(comparative test) 등

2. 기기를 이용한 시험(Instrumental test) : 이 시험은 정해진 시험계획서에 따라 피험자에게 제품을 사용하게 한 다음 기기를 이용하여 주어진 변수들을 정확하게 측정하는 하는 방법이다.

가. 기기 시험(Laboratory instrumental test) : 이 시험은 기기 사용에 대해 교육을 받은 숙련된 기술자가 실시한다. 측정은 통제된 실험실 환경에서 피험자를 대상으로 실시한다. (예 피부의 보습, 거칠기, 탄력의 측정이나 자외선차단지수 등의 측정)

나. 전문가 평가가 수반되는 기기측정(Instrumentalmeasurements associated with an evaluation by professional experts) : 이 측정은 적절한 자격을 갖춘 전문가의 관리 하에서 실시하고('1.관능시험, 나. 전문가에 의한 평가' 참조), 관능시험 시 정확한 기준을 적용한다. (예 피부주름의 측정, 비색검사 등)

(2) 생체외 시험(Ex Vivo / In Vitro 시험)

1. Ex Vivo(라틴어 - "생체 외(off the living)")는 생체 고유의 특성에 대한 변형은 없이 생물에서 채취된 시료를 가지고 실험실에서 평가하는 시험이다. 예를 들면, 두피에서 기인하는 어떠한 효과를 배제하기 위해 머리카락을 잘라내어 케라틴 지지에 대한 구조적 특성, 표면 특성 또는 색깔을 실험실에서 기기로 측정하는 방법이 이에 해당된다. 또한 피부 상재균(skinmicroflora) 및 피부 테이프 스트립(tape strips of skin) 검사도 이에 포함된다. 이 시험은 일반적으로 특정 성분, 표준품 등의 유무에 관계없이 정량화될 수 있고 비교가 가능하다.

2. In Vitro(라틴어 – "유리 기구 내에서(inglass)")는 실험실의 배양접시 등 인위적 환경에서 시험물질과 대조 물질을 처리한 다음 그 결과를 측정하는 시험이다. In vitro 시험은 일반적으로 이런 방식으로 가장 잘 입증 될 수 있는 성분이나 완제품에 의해 나타날 수 있는 효능을 강조하기 위해 실시된다. 이 시험은 비교가 가 능하며, 그 결과는 정량화할 수 있다. In vitro 시험은 제품 개발 중의 스크리닝 방법으로, 또는 성분의 작용 기전을 설명하는데 사용될 수 있다.

3. 생체외 시험은 완제품과 관련된 기전을 설명하는데 사용될 수 있고, 이를 실제 제품사용과의 상관관계를 설명하는 것으로도 활용될 수 있다.

4. 생체외 시험이 in vivo 방법과 연관성이 있는 경우에는 완제품의 유효성 확립을 위해서도 사용될 수 있다. In vitro 자료는 in vivo 방법과 관계없이 사용될 수 있으나, 이 경우에는 제품의 효능을 전적으로 입증할 수 는 없다.

5. 사용된 시료(substrate)은 생물학적인 것일 수도 있고(예 성장 동력학(growth kinetic)을 연구하기 위해 인 위적으로 유지된 모발, 세포 배양, 재구성된 피부 등) 인공적인 것(예 유리나 석영이나 플라스틱 접시 및 다 양한 용기)일 수도 있다.

※ 화장품 유효성 평가 방법은 위에서 설명된 방법 이외의 다양한 접근방법으로 수행될 수 있으며, 다만 모든 시 험은 과학적인 원리 및 근거를 충족하여야 한다.

## II 일반 원칙

1. 시험은 타당해야 하고, 신뢰할만하고 재현 가능한 방법들로 구성되어야 한다. 시험은 우수지침에 따라 잘 설 계된 과학적으로 타당한 방법을 따라 실시되어야 한다. 제품의 효능을 평가하기 위해 사용된 기준은 명확하 게 규정되어야 하며, 시험목적에 부합하게 선택되어야 한다.

2. 지원자들에 대해 실시되는 시험은 윤리 규정을 존중하고, 시험제품은 사전에 안전성검사를 거쳐야 한다. 사람 을 대상으로 하는 시험의 경우, 엄격한 포함/제외 기준에 의거하여 선정된 대상 집단에 대하여 실시되어야 한 다.

3. 시험목표에 따라, 시험이 공개될 수도 있고, 단일 또는 이중맹검이 될 수도 있다.

4. 생체외 시험(Ex vivo/in vitro)은 표준화된 조건하에서 실시되어야 하며, 그 시험방법은 공인된 또는 "자체(in house)" 검증된 방법을 따라야 한다. 시험방법에 대한 정확한 설명을 기록해야 하고, 데이터에 대한 통계분석 도 기록해야 한다. 이러한 시험은 통제된 환경에서 수행되어야 한다.

5. 시험계획서를 작성하고, 시험 관계자들에 의해 검증되어야 한다. 이는 품질 보증을 위한 필수 작업으로, 시험 관리자/기획자가 시험을 모니터할 수 있고 실험자가 시험을 수행할 수 있도록 한다.

6. 실험실은 표준작업절차(SOP)를 갖춰야 한다. 장비는 그 용도에 맞게 문서에 따라 유지 관리되어야 한다. 어떤 유형의 시험이건 간에 시험을 수행하는 사람은,
   • 적절한 자격을 갖추고 있어야 하며,
   • 계획된 시험 분야에서의 교육과 경험이 있어야 하며,
   • 윤리적 관념과 전문적 통찰력을 갖추어야 한다.

7. 시험계획서와 SOP를 정확하게 따르고 있음을 보장하기 위해서 신뢰성보증시스템(studymonitoring system) 를 구축해야 한다.

8. 데이터 처리 및 결과 해석은 공정해야 하며, 시험의 취지를 벗어나서는 안 된다. 데이터 기록, 표나 그래픽 형 태로의 변환이나 표현이 투명해야 하며, 복잡하다면 명확하게 설명이 되어야 한다. 시험이 측정된 효과를 과 장하도록 설계되어서는 안 된다. 데이터에 대한 적절한 통계 분석이 수행되어야 한다.

# 06 우수화장품 제조 및 품질관리기준

제1장 총 칙

**제1조(목적)**

이 고시는 「화장품법」 제5조제1항 및 같은법 시행규칙 제11조제2항에 따라 우수화장품 제조 및 품질관리 기준에 관한 세부사항을 정하고, 이를 이행하도록 권장함으로써 화장품제조업자가 우수한 화장품을 제조, 관리, 보관 및 공급을 통해 소비자보호 및 국민 보건 향상에 기여함을 목적으로 한다.

**제2조(용어의 정의)**

이 고시에서 사용하는 용어의 뜻은 다음과 같다.

1. 삭제

2. "제조"란 원료 물질의 칭량부터 혼합, 충전(1차포장) 등의 일련의 작업을 말한다.

3. 삭제

4. "품질보증"이란 제품이 적합 판정 기준에 충족될 것이라는 신뢰를 제공하는데 필수적인 모든 계획되고 체계적인 활동을 말한다.

5. "일탈"이란 제조 또는 품질관리 활동 등의 미리 정하여진 우수화장품 제조 및 품질관리기준을 벗어나 이루어진 행위를 말한다.

6. "기준일탈(out-of-specification)"이란 규정된 합격 판정 기준에 일치하지 않는 검사, 측정 또는 시험결과를 말한다.

7. "원료"란 벌크 제품의 제조에 투입하거나 포함되는 물질을 말한다.

8. "원자재"란 화장품 원료 및 자재를 말한다.

9. "불만"이란 제품이 규정된 적합판정기준을 충족시키지 못한다고 주장하는 외부 정보를 말한다.

10. "회수"란 판매한 제품 가운데 품질 결함이나 안전성 문제 등으로 나타난 제조번호의 제품(필요시 여타 제조번호 포함)을 제조소로 거두어들이는 활동을 말한다.

11. "오염"이란 제품에서 화학적, 물리적, 미생물학적 문제 또는 이들이 조합되어 나타내는 바람직하지 않은 문제의 발생을 말한다.

12. "청소"란 화학적인 방법, 기계적인 방법, 온도, 적용시간과 이러한 복합된 요인에 의해 청정도를 유지하고 일반적으로 표면에서 눈에 보이는 먼지를 분리, 제거하여 외관을 유지하는 모든 작업을 말한다.

13. "유지관리"란 적절한 작업 환경에서 건물과 설비가 유지되도록 이루어지는 정기적·비정기적인 지원 및 검증 작업을 말한다.

14. "주요 설비"란 제조 및 품질 관련 문서에 명기된 설비로 제품의 품질에 영향을 미치는 필수적인 설비를 말한다.

15. "검교정"이란 규정된 조건 하에서 측정기기나 측정 시스템에 의해 표시되는 값과 표준기기의 참값을 비교하여 이들의 오차가 허용범위 내에 있음을 확인하고, 허용범위를 벗어나는 경우 허용범위 내에 들도록 조정하는 것을 말한다.

16. "제조번호" 또는 "뱃치번호"란 일정한 제조단위분에 대하여 제조관리 및 출하에 관한 모든 사항을 확인할 수 있도록 표시된 번호로서 숫자·문자·기호 또는 이들의 특정적인 조합을 말한다.

17. "반제품"이란 제조공정 단계에 있는 것으로써 필요한 제조공정을 더 거쳐야 벌크 제품이 되는 것을 말한다.

18. "벌크 제품"이란 충전(1차 포장) 이전의 제조 단계까지 끝낸 제품을 말한다.

19. "제조단위" 또는 "뱃치"란 하나의 공정이나 일련의 공정으로 제조되어 균질성을 갖는 화장품의 일정한 분량을 말한다.

20. "완제품"이란 출하를 위해 제품의 포장 및 첨부문서에 표시공정 등을 포함한 모든 제조공정이 완료된 화장품을 말한다.

21. "재작업"이란 적합 판정기준을 벗어난 완제품 또는 벌크 제품을 재처리하여 품질이 적합한 범위에 들어오도록 하는 작업을 말한다.

22. "수탁자"는 직원, 회사 또는 조직을 대신하여 작업을 수행하는 사람, 회사 또는 외부 조직을 말한다.

23. "공정관리"란 제조공정 중 적합판정기준의 충족을 보증하기 위하여 공정을 모니터링하거나 조정하는 모든 작업을 말한다.

24. "감사"란 제조 및 품질과 관련한 결과가 계획된 사항과 일치하는지의 여부와 제조 및 품질관리가 효과적으로 실행되고 목적 달성에 적합한지 여부를 결정하기 위한 체계적이고 독립적인 조사를 말한다.

25. "변경관리"란 모든 제조, 관리 및 보관된 제품이 규정된 적합판정기준에 일치하도록 보장하기 위하여 우수화장품 제조 및 품질관리기준이 적용되는 모든 활동을 내부 조직의 책임하에 계획하여 변경하는 것을 말한다.

26. "내부감사"란 제조 및 품질과 관련한 결과가 계획된 사항과 일치하는지의 여부와 제조 및 품질관리가 효과적으로 실행되고 목적 달성에 적합한지 여부를 결정하기 위한 회사 내 자격이 있는 직원에 의해 행해지는 체계적이고 독립적인 조사를 말한다.

27. "포장재"란 화장품의 포장에 사용되는 모든 재료를 말하며 운송을 위해 사용되는 외부 포장재는 제외한 것이다. 제품과 직접적으로 접촉하는지 여부에 따라 1차 또는 2차 포장재라고 말한다.

28. "적합 판정 기준"이란 시험 결과의 적합 판정을 위한 수적인 제한, 범위 또는 기타 적절한 측정법을 말한다.

29. "소모품"이란 청소, 위생 처리 또는 유지 작업 동안에 사용되는 물품(세척제, 윤활제 등)을 말한다.

30. "관리"란 적합 판정 기준을 충족시키는 검증을 말한다.

31. "제조소"란 화장품을 제조하기 위한 장소를 말한다.

32. "건물"이란 제품, 원료 및 포장재의 수령, 보관, 제조, 관리 및 출하를 위해 사용되는 물리적 장소, 건축물 및 보조 건축물을 말한다.

33. "위생관리"란 대상물의 표면에 있는 바람직하지 못한 미생물 등 오염물을 감소시키기 위해 시행되는 작업을 말한다.

34. "출하"란 주문 준비와 관련된 일련의 작업과 운송 수단에 적재하는 활동으로 제조소 외로 제품을 운반하는 것을 말한다.

## 제2장 인적자원

### 제3조(조직의 구성)

① 제조소별로 독립된 제조부서와 품질부서를 두어야 한다.

② 조직구조는 조직과 직원의 업무가 원활히 이해될 수 있도록 규정되어야 하며, 회사의 규모와 제품의 다양성에 맞추어 적절하여야 한다.

③ 제조소에는 제조 및 품질관리 업무를 적절히 수행할 수 있는 충분한 인원을 배치하여야 한다.

### 제4조(직원의 책임)

① 모든 작업원은 다음 각 호를 이행해야 할 책임이 있다.

  1. 조직 내에서 맡은 지위 및 역할을 인지해야 할 의무
  2. 문서접근 제한 및 개인위생 규정을 준수해야 할 의무

3. 자신의 업무범위 내에서 기준을 벗어난 행위나 부적합 발생 등에 대해 보고해야 할 의무

4. 정해진 책임과 활동을 위한 교육훈련을 이수할 의무

② 품질책임자는 화장품의 품질을 담당하는 부서의 책임자로서 다음 각 호의 사항을 이행하여야 한다.

1. 품질에 관련된 모든 문서와 절차의 검토 및 승인

2. 품질 검사가 규정된 절차에 따라 진행되는지의 확인

3. 일탈이 있는 경우 이의 조사 및 기록

4. 적합 판정한 원자재 및 제품의 출고 여부 결정

5. 부적합품이 규정된 절차대로 처리되고 있는지의 확인

6. 불만처리와 제품회수에 관한 사항의 주관

## 제5조(교육훈련)

① 제조 및 품질관리 업무와 관련 있는 모든 직원들에게 각자의 직무와 책임에 적합한 교육훈련이 제공될 수 있도록 연간계획을 수립하고 정기적으로 교육을 실시하여야 한다.

② 직원의 교육을 위해 교육훈련의 내용 및 평가가 포함된 교육훈련 규정을 작성하여야 하되, 필요한 경우에는 외부 전문기관에 교육을 의뢰할 수 있다.

③ 교육 종료 후에는 교육결과를 평가하고, 일정한 수준에 미달할 경우에는 재교육을 받아야 한다.

④ 새로 채용된 직원은 업무를 적절히 수행할 수 있도록 기본 교육훈련 외에 추가 교육훈련을 받아야 하며 이와 관련한 문서화된 절차를 마련하여야 한다.

## 제6조(직원의 위생)

① 적절한 위생관리 기준 및 절차를 마련하고 제조소 내의 모든 직원은 이를 준수해야 한다.

② 작업소 및 보관소 내의 모든 직원은 화장품의 오염을 방지하기 위해 규정된 작업복을 착용해야 하고 음식물 등을 반입해서는 아니 된다.

③ 피부에 외상이 있거나 질병에 걸린 직원은 건강이 양호해지거나 화장품의 품질에 영향을 주지 않는다는 의사의 소견이 있기 전까지는 화장품과 직접적으로 접촉되지 않도록 격리되어야 한다.

④ 제조구역별 접근권한이 없는 작업원 및 방문객은 가급적 제조, 관리 및 보관구역 내에 들어가지 않도록 하고, 불가피한 경우 사전에 직원 위생에 대한 교육 및 복장 규정에 따르도록 하고 감독하여야 한다.

### 제3장 제조
### 제1절 시설기준

## 제7조(건물)

① 건물은 다음과 같이 위치, 설계, 건축 및 이용되어야 한다.

1. 제품이 보호되도록 할 것

2. 청소가 용이하도록 하고 필요한 경우 위생관리 및 유지관리가 가능하도록 할 것

3. 제품, 원료 및 포장재 등의 혼동으로 발생 가능한 위험을 최소화 할 것

② 건물은 제품의 제형, 현재 상황 및 청소 등을 고려하여 설계하여야 한다.

## 제8조(시설)

① 작업소는 다음 각 호에 적합하여야 한다.

1. 제조하는 화장품의 종류·제형에 따라 적절히 구획·구분되어 있어 교차오염 우려가 없을 것

2. 바닥, 벽, 천장은 가능한 청소 또는 위생관리를 하기 쉽게 매끄러운 표면을 지니고 청결하게 유지되어야 하며 소독제 등의 부식성에 저항력이 있을 것

3. 환기가 잘 되고 청결할 것.

4. 외부와 연결된 창문은 가능한 열리지 않도록 할 것, 창문이 외부 환경으로 열리는 경우, 제품의 오염을 방지하도록 적절히 차단할 것

5. 작업소 내의 외관 표면은 가능한 매끄럽게 설계하고, 청소, 소독제의 부식성에 저항력이 있을 것

6. 적절하고 깨끗한 수세실과 화장실을 마련하고 수세실과 화장실은 접근이 쉬워야 하나 생산구역과 분리되어 있을 것

7. 작업소 전체에 적절한 조명을 설치하고, 조명이 파손될 경우를 대비한 제품을 보호할 수 있는 처리절차를 마련할 것

8. 제품의 오염을 방지하고 적절한 온도 및 습도를 유지할 수 있는 적절한 환기시설을 갖출 것

9. 각 제조구역별 청소 및 위생관리 절차에 따라 효능이 입증된 세척제 및 소독제를 사용할 것

10. 제품의 품질에 영향을 주지 않는 소모품을 사용할 것

② 제조 및 품질관리에 필요한 설비 등은 다음 각 호에 적합하여야 한다.

1. 사용목적에 적합하고, 청소가 가능하며, 필요한 경우 위생·유지관리가 가능하여야 한다. 자동화시스템을 도입한 경우도 또한 같다.

2. 사용하지 않는 연결 호스와 부속품은 청소 등 위생관리를 하며, 건조한 상태로 유지하고 먼지, 얼룩 또는 다른 오염으로부터 보호할 것

3. 설비 등은 제품의 오염을 방지하고 배수가 용이하도록 설계, 설치하며, 제품 및 청소 소독제와 화학반응을 일으키지 않을 것

4. 설비 등의 위치는 원자재나 직원의 이동으로 인하여 제품의 품질에 영향을 주지 않도록 할 것

5. 벌크 제품의 용기는 먼지나 수분으로부터 내용물을 보호할 수 있을 것

6. 제품과 설비가 오염되지 않도록 배관 및 배수관을 설치하며, 배수관은 역류되지 않아야 하고, 청결을 유지할 것

7. 천정 주위의 대들보, 파이프, 덕트 등은 가급적 노출되지 않도록 설계하고, 노출된 파이프는 받침대 등으로 고정하고 벽에 닿지 않게 하여 청소가 용이하도록 설계할 것

8. 시설 및 기구에 사용되는 소모품은 제품의 품질에 영향을 주지 않도록 할 것

**제9조(작업소의 위생)**

① 곤충, 해충이나 쥐를 막을 수 있는 대책을 마련하고 정기적으로 점검·확인하여야 한다.

② 제조, 관리 및 보관 구역 내의 바닥, 벽, 천장 및 창문은 항상 청결하게 유지되어야 한다.

③ 제조시설이나 설비의 세척에 사용되는 세제 또는 소독제는 효능이 입증된 것을 사용하고 잔류하거나 적용하는 표면에 이상을 초래하지 아니하여야 한다.

④ 제조시설이나 설비는 적절한 방법으로 청소하여야 하며, 필요한 경우 위생관리 프로그램을 운영하여야 한다.

**제10조(유지관리)**

① 건물, 시설 및 주요 설비는 정기적으로 점검하여 화장품의 제조 및 품질관리에 지장이 없도록 유지·관리·기록하여야 한다.

② 결함 발생 및 정비 중인 설비는 적절한 방법으로 표시하고, 고장 등 사용이 불가할 경우 표시하여야 한다.

③ 세척한 설비는 다음 사용 시까지 오염되지 아니하도록 관리하여야 한다.

④ 모든 제조 관련 설비는 승인된 자만이 접근·사용하여야 한다.

⑤ 제품의 품질에 영향을 줄 수 있는 검사·측정·시험장비 및 자동화장치는 계획을 수립하여 정기적으로 검교정 및 성능점검을 하고 기록해야 한다.

⑥ 유지관리 작업이 제품의 품질에 영향을 주어서는 안 된다.

## 제2절 원자재의 관리

### 제11조(입고관리)

① 화장품제조업자는 원자재 공급자를 평가하여 선정하고, 관리감독을 적절히 수행하여 입고관리가 철저히 이루어지도록 하여야 한다.

② 원자재의 입고 시 구매 요구서, 원자재 공급업체 성적서 및 현품이 서로 일치하여야 한다. 필요한 경우 운송 관련 자료를 추가적으로 확인할 수 있다.

③ 원자재 용기에 제조번호를 표시하고, 제조번호가 없는 경우에는 관리번호를 부여하여 보관하여야 한다.

④ 원자재 입고절차 중 육안확인 시 물품에 결함이 있을 경우 입고를 보류하고 적절한 조치를 취하여야 한다.

⑤ 입고된 원자재는 "적합", "부적합", "검사 중" 등으로 상태를 표시하여야 한다. 다만, 동일 수준의 보증이 가능한 다른 시스템이 있다면 대체할 수 있다.

⑥ 원자재 용기 및 시험기록서의 필수적인 기재 사항은 다음 각 호와 같다.

   1. 원자재 공급자가 정한 제품명

   2. 원자재 공급자명

   3. 수령일자

   4. 공급자가 부여한 제조번호 또는 관리번호

### 제12조(출고관리)

원자재는 시험결과 적합판정된 것만을 선입선출방식으로 출고해야 하고 이를 확인할 수 있는 체계가 확립되어 있어야 한다.

### 제13조(보관관리)

① 원자재 및 벌크 제품은 품질에 나쁜 영향을 미치지 아니하는 조건에서 보관하여야 하며 보관기간을 설정하여야 한다.

② 원자재 및 벌크 제품은 바닥과 벽에 닿지 아니하도록 보관하고, 가능한 선입선출에 의하여 출고할 수 있도록 보관하여야 한다.

③ 원자재, 시험 중인 제품 및 부적합품은 각각 구획된 장소에서 보관하여야 한다. 다만, 서로 혼동을 일으킬 우려가 없는 시스템에 의하여 보관되는 경우에는 그러하지 아니한다.

④ 설정된 보관기간이 지나면 사용의 적절성을 결정하기 위해 재평가시스템을 확립하여야 하며, 동 시스템을 통해 보관기한이 경과한 경우 사용하지 않도록 규정하여야 한다.

### 제14조(물의 품질)

① 물의 품질 적합기준은 사용 목적에 맞게 규정하여야 한다.

② 물의 품질은 정기적으로 검사해야 하고 필요시 미생물학적 검사를 실시하여야 한다.

③ 물 공급 설비는 다음 각 호의 기준을 충족해야 한다.

   1. 물의 정체와 오염을 피할 수 있도록 설치될 것

   2. 물의 품질에 영향이 없을 것

   3. 살균처리가 가능할 것

## 제3절 제조관리

### 제15조(기준서 등)

① 제조 및 품질관리의 적합성을 보장하는 기본 요건들을 충족하고 있음을 보증하기 위하여 다음 각 항에 따른 제품표준서, 제조관리기준서, 품질관리기준서 및 제조위생관리기준서를 작성하고 보관하여야 한다.

② 제품표준서는 품목별로 다음 각 호의 사항이 포함되어야 한다.

  1. 제품명

  2. 작성연월일

  3. 효능·효과(기능성 화장품의 경우) 및 사용할 때의 주의사항

  4. 원료명, 분량 및 제조단위당 기준량

  5. 공정별 상세 작업내용 및 제조공정흐름도

  6. 삭제

  7. 작업 중 주의사항

  8. 원자재·벌크 제품·완제품의 기준 및 시험방법

  9. 제조 및 품질관리에 필요한 시설 및 기기

  10. 보관조건

  11. 사용기한 또는 개봉 후 사용기간

  12. 변경이력

  13. 삭제

  14. 그 밖에 필요한 사항

③ 제조관리기준서는 다음 각 호의 사항이 포함되어야 한다.

  1. 제조공정관리에 관한 사항

    가. 작업소의 출입제한

    나. 공정검사의 방법

    다. 사용하려는 원자재의 적합판정 여부를 확인하는 방법

    라. 재작업절차

  2. 시설 및 기구 관리에 관한 사항

    가. 시설 및 주요설비의 정기적인 점검방법

    나. 삭제

    다. 장비의 교정 및 성능점검 방법

  3. 원자재 관리에 관한 사항

    가. 입고 시 품명, 규격, 수량 및 포장의 훼손 여부에 대한 확인방법과 훼손되었을 경우 그 처리방법

    나. 보관장소 및 보관방법

    다. 시험결과 부적합품에 대한 처리방법

    라. 취급 시의 혼동 및 오염 방지대책

    마. 출고 시 선입선출 및 칭량된 용기의 표시사항

    바. 재고관리

  4. 완제품 관리에 관한 사항

    가. 입·출하 시 승인판정의 확인방법

    나. 보관장소 및 보관방법

    다. 출하 시의 선입선출방법

  5. 위탁제조에 관한 사항

    가. 원자재의 공급, 벌크 제품 또는 완제품의 운송 및 보관 방법

    나. 수탁자 제조기록의 평가방법

④ 품질관리기준서는 다음 각 호의 사항이 포함되어야 한다.

   1. 삭제

   2. 시험검체 채취방법 및 채취 시의 주의사항과 채취 시의 오염방지대책

   3. 시험시설 및 시험기구의 점검(장비의 교정 및 성능점검 방법)

   4. 안정성시험(해당하는 경우에 한함)

   5. 완제품 등 보관용 검체의 관리

   6. 표준품 및 시약의 관리

   7. 위탁시험 또는 위탁제조하는 경우 검체의 송부방법 및 시험결과의 판정방법

   8. 그 밖에 필요한 사항

⑤ 제조위생관리기준서는 다음 각 호의 사항이 포함되어야 한다.

   1. 작업원의 건강관리 및 건강상태의 파악·조치방법

   2. 작업원의 수세, 소독방법 등 위생에 관한 사항

   3. 작업복장의 규격, 세탁방법 및 착용규정

   4. 작업실 등의 청소(필요한 경우 소독을 포함한다. 이하 같다) 방법 및 청소주기

   5. 청소상태의 평가방법

   6. 제조시설의 세척 및 평가

   7. 곤충, 해충이나 쥐를 막는 방법 및 점검주기

   8. 그 밖에 필요한 사항

## 제16조(칭량)

① 원료는 품질에 영향을 미치지 않는 용기나 설비에 정확하게 칭량되어야 한다.

② 원료가 칭량되는 도중 교차오염을 피하기 위한 조치가 있어야 한다.

## 제17조(공정관리)

① 제조공정 단계별로 적절한 관리기준이 규정되어야 하며 그에 미치지 못한 모든 결과는 보고되고 조치가 이루어져야 한다.

② 벌크 제품은 품질이 변하지 아니하도록 적당한 용기에 넣어 지정된 장소에서 보관해야 하며 용기에 다음 사항을 표시해야 한다.

   1. 명칭 또는 확인코드

   2. 제조번호

   3. 완료된 공정명

   4. 필요한 경우에는 보관조건

③ 벌크 제품의 최대 보관기간을 설정하여야 하며, 최대 보관기간이 가까워진 벌크 제품은 완제품 제조하기 전에 재평가해야 한다.

## 제18조(포장작업)

① 포장작업에 관한 문서화된 절차를 수립하고 유지하여야 한다.

② 포장작업은 다음 각 호의 사항을 포함하고 있는 포장지시서에 의해 수행되어야 한다.

   1. 제품명

   2. 포장 설비명

   3. 포장재 리스트

   4. 상세한 포장공정

   5. 포장지시수량

③ 포장작업을 시작하기 전에 포장작업 관련 문서의 완비여부, 포장설비의 청결 및 작동여부 등을 점검하여야 한다.

### 제19조(보관 및 출고)

① 완제품은 적절한 조건하의 정해진 장소에서 보관하여야 하며, 주기적으로 재고 점검을 수행해야 한다.

② 완제품은 시험결과 적합으로 판정되고 품질부서 책임자가 출고 승인한 것만을 출고하여야 한다.

③ 출고는 선입선출방식으로 하되, 타당한 사유가 있는 경우에는 그러지 아니할 수 있다.

④ 출고할 제품은 원자재, 부적합품 및 반품된 제품과 구획된 장소에서 보관하여야 한다. 다만 서로 혼동을 일으킬 우려가 없는 시스템에 의하여 보관되는 경우에는 그러하지 아니할 수 있다.

제4장 품질관리

### 제20조(시험관리)

① 품질관리를 위한 시험업무에 대해 문서화된 절차를 수립하고 유지하여야 한다.

② 원자재, 벌크 제품 및 완제품에 대한 적합 기준을 마련하고 제조번호별로 시험 기록을 작성·유지하여야 한다.

③ 시험결과 적합 또는 부적합인지 분명히 기록하여야 한다.

④ 원자재, 벌크 제품 및 완제품은 적합판정이 된 것만을 사용하거나 출고하여야 한다.

⑤ 정해진 보관 기간이 경과된 원자재 및 벌크 제품은 재평가하여 품질기준에 적합한 경우 제조에 사용할 수 있다.

⑥ 모든 시험이 적절하게 이루어졌는지 시험기록은 검토한 후 적합, 부적합, 보류를 판정하여야 한다.

⑦ 기준일탈이 된 경우는 규정에 따라 책임자에게 보고한 후 조사하여야 한다. 조사결과는 책임자에 의해 일탈, 부적합, 보류를 명확히 판정하여야 한다.

⑧ 표준품과 주요시약의 용기에는 다음 사항을 기재하여야 한다.

    1. 명칭

    2. 개봉일

    3. 보관조건

    4. 사용기한

    5. 역가, 제조자의 성명 또는 서명(직접 제조한 경우에 한함)

### 제21조(검체의 채취 및 보관)

① 시험용 검체는 오염되거나 변질되지 아니하도록 채취하고, 채취한 후에는 원상태에 준하는 포장을 해야 하며, 검체가 채취되었음을 표시하여야 한다.

② 시험용 검체의 용기에는 다음 사항을 기재하여야 한다.

    1. 명칭 또는 확인코드

    2. 제조번호

    3. 검체채취 일자

③ 완제품의 보관용 검체는 적절한 보관조건 하에 지정된 구역 내에서 제조단위별로 사용기한까지 보관하여야 한다. 다만, 개봉 후 사용기간을 기재하는 경우에는 제조일로부터 3년간 보관하여야 한다.

### 제22조(폐기처리 등)

① 품질에 문제가 있거나 회수·반품된 제품의 폐기 또는 재작업 여부는 품질책임자에 의해 승인되어야 한다.

② 제1항에 따라 재작업을 하는 경우에는 재작업 절차에 따라야 한다.

    1. 삭제(표시생략)

    2. 삭제(표시생략)

③ 재작업을 할 수 없거나 폐기해야 하는 제품의 폐기처리규정을 작성하여야 하며 폐기 대상은 따로 보관하고 규정에 따라 신속하게 폐기하여야 한다.

## 제23조(위탁계약)

① 화장품 제조 및 품질관리에 있어 공정 또는 시험의 일부를 위탁하고자 할 때에는 문서화된 절차를 수립·유지하여야 한다.

② 제조업무를 위탁하고자 하는 자는 제30조에 따라 식품의약품안전처장으로부터 우수화장품 제조 및 품질관리기준 적합판정을 받은 업소에 위탁제조하는 것을 권장한다.

③ 위탁업체는 수탁업체의 계약 수행능력을 평가하고 그 업체가 계약을 수행하는데 필요한 시설 등을 갖추고 있는지 확인해야 한다.

④ 위탁업체는 수탁업체와 문서로 계약을 체결해야 하며 정확한 작업이 이루어질 수 있도록 수탁업체에 관련 정보를 전달해야 한다.

⑤ 위탁업체는 수탁업체에 대해 계약에서 규정한 감사를 실시해야 하며 수탁업체는 이를 수용하여야 한다.

⑥ 수탁업체에서 생성한 위·수탁 관련 자료는 유지되어 위탁업체에서 이용 가능해야 한다.

## 제24조(일탈관리)

제조 또는 품질관리 중의 일탈에 대해 조사를 한 후 필요한 조치를 마련하고 일탈의 반복을 방지할 수 있는 조치가 이루어져야 한다.

## 제25조(불만처리)

① 불만처리담당자는 제품에 대한 모든 불만을 취합하고, 제기된 불만에 대해 신속하게 조사하고 그에 대한 적절한 조치를 취하여야 하며, 다음 각 호의 사항을 기록·유지하여야 한다.

   1. 불만 접수연월일
   2. 불만 제기자의 이름과 연락처(가능한 경우)
   3. 제품명, 제조번호 등을 포함한 불만내용
   4. 불만조사 및 추적조사 내용, 처리결과 및 향후 대책
   5. 다른 제조번호의 제품에도 영향이 없는지 점검

② 불만은 제품 결함의 경향을 파악하기 위해 주기적으로 검토하여야 한다.

## 제26조(제품회수)

① 화장품제조업자는 제조한 화장품에서 「화장품법」 제9조, 제15조, 또는 제16조제1항을 위반하여 위해 우려가 있다는 사실을 알게 되면 지체 없이 회수에 필요한 조치를 하여야 한다.

② 다음 사항을 이행하는 회수 책임자를 두어야 한다.

   1. 전체 회수과정에 대한 화장품책임판매업자와의 조정역할
   2. 결함 제품의 회수 및 관련 기록 보존
   3. 소비자 안전에 영향을 주는 회수의 경우 회수가 원활히 진행될 수 있도록 필요한 조치 수행
   4. 회수된 제품은 확인 후 제조소 내 격리보관 조치(필요시에 한함)
   5. 회수과정의 주기적인 평가(필요시에 한함)

## 제27조(변경관리)

제품의 품질에 영향을 미치는 원자재, 제조공정 등을 변경할 경우에는 이를 문서화하고 품질책임자에 의해 승인된 후 수행하여야 한다.

## 제28조(내부감사)

① 품질보증체계가 계획된 사항에 부합하는지를 주기적으로 검증하기 위하여 내부감사를 실시하여야 하고 내부감사 계획 및 실행에 관한 문서화된 절차를 수립하고 유지하여야 한다.

② 감사자는 감사대상과는 독립적이어야 하며, 자신의 업무에 대하여 감사를 실시하여서는 아니 된다.

③ 감사 결과는 기록되어 경영책임자 및 피감사 부서의 책임자에게 공유되어야 하고 감사 중에 발견된 결함에 대하여 시정조치 하여야 한다.

④ 감사자는 시정조치에 대한 후속 감사활동을 행하고 이를 기록하여야 한다.

### 제29조(문서관리)

① 화장품제조업자는 우수화장품 제조 및 품질보증에 대한 목표와 의지를 포함한 관리방침을 문서화하며 전 작업원들이 실행하여야 한다.

② 모든 문서의 작성 및 개정·승인·배포·회수 또는 폐기 등 관리에 관한 사항이 포함된 문서관리규정을 작성하고 유지하여야 한다.

③ 문서는 작업자가 알아보기 쉽도록 작성하여야 하며 작성된 문서에는 권한을 가진 사람의 서명과 승인연월일이 있어야 한다.

④ 문서의 작성자·검토자 및 승인자는 서명을 등록한 후 사용하여야 한다.

⑤ 문서를 개정할 때는 개정사유 및 개정연월일 등을 기재하고 권한을 가진 사람의 승인을 받아야 하며 개정 번호를 지정해야 한다.

⑥ 원본 문서는 품질부서에서 보관하여야 하며, 사본은 작업자가 접근하기 쉬운 장소에 비치·사용하여야 한다.

⑦ 문서의 인쇄본 또는 전자매체를 이용하여 안전하게 보관해야 한다.

⑧ 작업자는 작업과 동시에 문서에 기록하여야 하며 지울 수 없는 잉크로 작성하여야 한다.

⑨ 기록문서를 수정하는 경우에는 수정하려는 글자 또는 문장 위에 선을 그어 수정 전 내용을 알아볼 수 있도록 하고 수정된 문서에는 수정사유, 수정연월일 및 수정자의 서명이 있어야 한다.

⑩ 모든 기록문서는 적절한 보존기간이 규정되어야 한다.

⑪ 기록의 훼손 또는 소실에 대비하기 위해 백업파일 등 자료를 유지하여야 한다.

## 제5장 판정 및 감독

### 제30조(평가 및 판정)

① 우수화장품 제조 및 품질관리기준 적합판정을 받고자 하는 업소는 별지 제1호 서식에 따른 신청서(전자문서를 포함한다)에 다음 각 호의 서류를 첨부하여 식품의약품안전처장에게 제출하여야 한다. 다만, 일부 공정만을 행하는 업소는 별표 1에 따른 해당 공정을 별지 제1호 서식에 기재하여야 한다.

1. 삭제〈2012. 10. 16.〉
2. 우수화장품 제조 및 품질관리기준에 따라 3회 이상 적용·운영한 자체평가표
3. 화장품 제조 및 품질관리기준 운영조직
4. 제조소의 시설내역
5. 제조관리현황
6. 품질관리현황

② 삭제〈2012. 10. 16.〉

③ 삭제〈2012. 10. 16.〉

④ 식품의약품안전처장은 제출된 자료를 평가하고 별표 2에 따른 실태조사를 실시하여 우수화장품 제조 및 품질관리기준 적합판정한 경우에는 별지 제3호 서식에 따른 우수화장품 제조 및 품질관리기준 적합업소 증명서를 발급하여야 한다. 다만, 일부 공정만을 행하는 업소는 해당 공정을 증명서내에 기재하여야 한다.

## 제31조(우대조치)

① 삭제〈2012. 10. 16.〉

② 국제규격인증업체(CGMP, ISO9000) 또는 품질보증 능력이 있다고 인정되는 업체에서 제공된 원료·자재는 제공된 적합성에 대한 기록의 증거를 고려하여 검사의 방법과 시험항목을 조정할 수 있다.

③ 식품의약품안전처장은 제30조에 따라 우수화장품 제조 및 품질관리기준 적합판정을 받은 업소는 정기 수거 검정 및 정기감시 대상에서 제외할 수 있다.

④ 제30조에 따라 우수화장품 제조 및 품질관리기준 적합판정을 받은 업소는 별표 3에 따른 로고를 해당 제조업소와 그 업소에서 제조한 화장품에 표시하거나 그 사실을 광고할 수 있다.

## 제32조(사후관리)

① 식품의약품안전처장은 제30조에 따라 우수화장품 제조 및 품질관리기준 적합판정을 받은 업소에 대해 별표 2의 우수화장품 제조 및 품질관리기준 실시상황평가표에 따라 3년에 1회 이상 실태조사를 실시하여야 한다.

② 식품의약품안전처장은 사후관리 결과 부적합 업소에 대하여 일정한 기간을 정하여 시정하도록 지시하거나, 우수화장품 제조 및 품질관리기준 적합업소 판정을 취소할 수 있다.

③ 식품의약품안전처장은 제1항에도 불구하고 제조 및 품질관리에 문제가 있다고 판단되는 업소에 대하여 수시로 우수화장품 제조 및 품질관리기준 운영 실태조사를 할 수 있다.

## 제33조(재검토기한)

식품의약품안전처장은 「훈령·예규 등의 발령 및 관리에 관한 규정」에 따라 이 고시에 대하여 2016년 1월 1일 기준으로 매 3년이 되는 시점(매 3년째의 12월 31까지를 말한다)마다 그 타당성을 검토하여 개선 등의 조치를 하여야 한다.

[별표1] 해당공정

1. 화장품 군별 분류

〈삭제〉

2. 공정별 분류

| 연번 | 일부 공정 |
| --- | --- |
| 1 | 벌크 제조 |
| 2 | 충전·포장(1차포장) |

# CGMP 해설서

제1장 총칙

## 제1조(목적)

이 고시는 「화장품법」제5조제1항 및 같은 법 시행규칙 제11조제2항에 따라 우수화장품 제조 및 품질관리 기준에 관한 세부사항을 정하고, 이를 이행하도록 권장함으로써 화장품제조업자가 우수한 화장품을 제조, 관리, 보관 및 공급을 통해 소비자 보호 및 국민 보건 향상에 기여함을 목적으로 한다.

▶ 해설

화장품법 제5조(영업자의 의무 등)제1항, 같은 법 시행규칙 제11조(화장품제조업자의 준수사항 등)제2항에 따라 식품의약품안전처장은 식품의약품안전처장이 정하여 고시하는 우수화장품 제조관리기준을 준수하도록 화장품 제조업자에게 권장할 수 있다.

이에 식품의약품안전처에서는 우수화장품 제조 및 품질관리 기준에 관한 세부사항을 정하고 있는 우수화장품 제조 및 품질관리기준(Cosmetic Good Manufacturing Practice, 이하 "CGMP"라 한다)을 고시로 운영하고 있다.

CGMP는 품질이 보장된 우수한 화장품을 제조·공급하기 위한 제조 및 품질관리에 관한 기준으로서 직원, 시설·장비 및 원자재, 벌크제품, 완제품 등의 취급과 실시 방법을 정한 것이다.

※CGMP 3대 요소

① 인위적인 과오의 최소화

② 미생물오염 및 교차오염으로 인한 품질저하 방지

③ 고도의 품질관리체계 확립

화장품 제조업체는 화장품 제조 및 품질관리 시 CGMP 이행을 통하여 전반적으로 발생할 수 있는 위험과 잠재적인 문제를 상당히 감소시켜 유통화장품 품질 확보에 따른 소비자 보호 및 국민 보건 향상에 기여할 수 있을 것으로 기대되고, 생산성 향상도 기대할 수 있을 것이다.

▶ 화장품법 제5조(영업자의 의무 등)제1항

① 화장품제조업자는 화장품의 제조와 관련된 기록 · 시설 · 기구 등 관리 방법, 원료 · 자재 · 완제품 등에 대한 시험 · 검사 · 검정 실시 방법 및 의무 등에 관하여 총리령으로 정하는 사항을 준수하여야 한다.

▶ 화장품법 시행규칙 제11조(화장품제조업자의 준수사항 등)

① 법 제5조제1항에 따라 화장품 제조업자가 준수하여야 할 사항은 다음 각 호와 같다.

1. 별표 1의 품질관리기준에 따른 화장품책임판매업자의 지도 감독 및 요청에 따를 것

2. 제조관리기준서 제품표준서 제조관리기록서 및 품질관리기록서(전자문서 형식을 포함한다)를 작성 보관할 것

3. 보건위생상 위해(危害)가 없도록 제조소, 시설 및 기구를 위생적으로 관리하고 오염되지 아니하도록 할 것

4. 화장품의 제조에 필요한 시설 및 기구에 대하여 정기적으로 점검하여 작업에 지장이 없도록 관리 유지할 것

5. 작업소에는 위해가 발생할 염려가 있는 물건을 두어서는 아니 되며, 작업소에서 국민보건 및 환경에 유해한 물질이 유출되거나 방출되지 아니하도록 할 것

6. 제2호의 사항 중 품질관리를 위하여 필요한 사항을 화장품책임판매업자에게 제출할 것. 다만, 다음 각 목의 어느 하나에 해당하는 경우 제출하지 아니할 수 있다.

　가. 화장품제조업자와 화장품책임판매업자가 동일한 경우

　나. 화장품제조업자가 제품을 설계　개발　생산하는 방식으로 제조하는 경우로서 품질·안전관리에 영향이 없는 범위에서 화장품제조업자와 화장품책임판매업자 상호 계약에 따라 영업비밀에 해당하는 경우

7. 원료 및 자재의 입고부터 완제품의 출고에 이르기까지 필요한 시험　검사 또는 검정을 할 것

8. 제조 또는 품질검사를 위탁하는 경우 제조 또는 품질검사가 적절하게 이루어지고 있는지 수탁자에 대한 관리·감독을 철저히 하고, 제조 및 품질관리에 관한 기록을 받아 유지·관리할 것

　② 식품의약품안전처장은 제1항에 따른 준수사항 외에 식품의약품안전처장이 정하여 고시하는 우수화장품 제조관리기준을 준수하도록 제조업자에게 권장할 수 있다.

　③ 식품의약품안전처장은 제2항에 따라 우수화장품 제조관리기준을 준수하는 제조업자에게 다음 각 호의 사항을 지원할 수 있다.

1. 우수화장품 제조관리기준 적용에 관한 전문적 기술과 교육

2. 우수화장품 제조관리기준 적용을 위한 자문

3. 우수화장품 제조관리기준 적용을 위한 시설 설비 등 개수 보수

## 제2조(용어의 정의)

1. 〈삭 제〉

2. "제조"란 원료 물질의칭량부터 혼합, 충전(1차포장) 등의일련의 작업을 말한다.

3. 〈삭 제〉

4. "품질보증"이란 제품이 적합 판정 기준에 충족될 것이라는 신뢰를 제공하는데 필수적인 모든 계획되고 체계적인 활동을 말한다.

5. "일탈"이란 제조 또는 품질관리 활동 등의 미리 정하여진 우수화장품 제조 및 품질관리기준을 벗어나 이루어진 행위를 말한다.

6. "기준일탈(out-of-specification)"이란 규정된 합격 판정 기준에 일치하지 않는 검사, 측정 또는 시험결과를 말한다.

7. "원료"란 벌크 제품의 제조에 투입하거나 포함되는 물질을 말한다.

8. "원자재"란 화장품 원료 및 자재를 말한다.

9. "불만"이란 제품이 규정된 적합판정기준을 충족시키지 못한다고 주장하는 외부 정보를 말한다.

10. "회수"란 판매한 제품 가운데 품질 결함이나 안전성 문제 등으로 나타난 제조번호의 제품(필요시 여타 제조번호 포함)을 제조소로 거두어들이는 활동을 말한다.

11. "오염"이란 제품에서 화학적, 물리적, 미생물학적 문제 또는 이들이 조합되어 나타내는 바람직하지 않은 문제의 발생을 말한다.

12. "청소"란 화학적인 방법, 기계적인 방법, 온도, 적용시간과 이러한 복합된 요인에 의해 청정도를 유지하고 일반적으로 표면에서 눈에 보이는 먼지를 분리, 제거하여 외관을 유지하는 모든 작업을 말한다.

13. "유지관리"란 적절한 작업 환경에서 건물과 설비가 유지되도록 정기적·비정기적인 지원 및 검증 작업을 말한다.

14. "주요 설비"란 제조 및 품질 관련 문서에 명기된 설비로 제품의 품질에 영향을 미치는 필수적인 설비를 말한다.

15. "검교정"이란 규정된 조건 하에서 측정기기나 측정 시스템에 의해 표시되는 값과 표준기기의 참값을 비교하여 이들의 오차가 허용범위 내에 있음을 확인하고, 허용범위를 벗어나는 경우 허용범위 내에 들도록 조정하는 것을 말한다.

16. "제조번호" 또는 "뱃치번호"란 일정한 제조단위분에 대하여 제조관리 및 출하에 관한 모든 사항을 확인할 수 있도록 표시된 번호로서 숫자·문자·기호 또는 이들의 특정적인 조합을 말한다.

17. "반제품"이란 제조공정 단계에 있는 것으로서 필요한 제조공정을 더 거쳐야 벌크 제품이 되는 것을 말한다.

18. "벌크 제품"이란 충전(1차포장) 이전의 제조 단계까지 끝낸 제품을 말한다.

19. "제조단위" 또는 "뱃치"란 하나의 공정이나 일련의 공정으로 제조되어 균질성을 갖는 화장품의 일정한 분량을 말한다.

20. "완제품"이란 출하를 위해 제품의 포장 및 첨부문서에 표시공정 등을 포함한 모든 제조공정이 완료된 화장품을 말한다.

21. "재작업"이란 적합 판정기준을 벗어난 완제품, 벌크제품 또는 반제품을 재처리하여 품질이 적합한 범위에 들어오도록 하는 작업을 말한다.

22. "수탁자"는 직원, 회사 또는 조직을 대신하여 작업을 수행하는 사람, 회사 또는 외부 조직을 말한다.

23. "공정관리"란 제조공정 중 적합판정기준의 충족을 보증하기 위하여 공정을 모니터링하거나 조정하는 모든 작업을 말한다.

24. "감사"란 제조 및 품질과 관련한 결과가 계획된 사항과 일치하는지의 여부와 제조 및 품질관리가 효과적으로 실행되고 목적 달성에 적합한지 여부를 결정하기 위한 체계적이고 독립적인 조사를 말한다.

25. "변경관리"란 모든 제조, 관리 및 보관된 제품이 규정된 적합판정기준에 일치하도록 보장하기 위하여 우수화장품 제조 및 품질관리기준이 적용되는 모든 활동을 내부 조직의 책임하에 계획하여 변경하는 것을 말한다.

26. "내부감사"란 제조 및 품질과 관련한 결과가 계획된 사항과 일치하는지의 여부와 제조 및 품질관리가 효과적으로 실행되고 목적 달성에 적합한지 여부를 결정하기 위한 회사 내 자격이 있는 직원에 의해 행해지는 체계적이고 독립적인 조사를 말한다.

27. "포장재"란 화장품의 포장에 사용되는 모든 재료를 말하며 운송을 위해 사용되는 외부 포장재는 제외한 것이다. 제품과 직접적으로 접촉하는지 여부에 따라 1차 또는 2차 포장재라고 말한다.

28. "적합 판정 기준"이란 시험 결과의 적합 판정을 위한 수적인 제한, 범위 또는 기타 적절한 측정법을 말한다.

29. "소모품"이란 청소, 위생 처리 또는 유지 작업 동안에 사용되는 물품(세척제, 윤활제 등)을 말한다.

30. "관리"란 적합 판정 기준을 충족시키는 검증을 말한다.

31. "제조소"란 화장품을 제조하기 위한 장소를 말한다.

32. "건물"이란 제품, 원료 및 포장재의 수령, 보관, 제조, 관리 및 출하를 위해 사용되는 물리적 장소, 건축물 및 보조 건축물을 말한다.

33. "위생관리"란 대상물의 표면에 있는 바람직하지 못한 미생물 등 오염물을 감소시키기 위해 시행되는 작업을 말한다.

34. "출하"란 주문 준비와 관련된 일련의 작업과 운송 수단에 적재하는 활동으로 제조소 외로 제품을 운반하는 것을 말한다.

▶ 해설

2. 제조 : 이 규정에서 제조는 원료 물질의 칭량부터 혼합, 충전(1차포장) 등의 일련의 작업이라고 규정하고 있다. 화장품법 시행령 제2조제1호 영업의 세부 종류와 범위에서 화장품제조업은 「화장품을 직접 제조하는 영업」, 「화장품 제조를 위탁 받아 제조하는 영업」, 「화장품의 포장(1차 포장만 해당한다)을 하는 영업」으로 규정하고 있어 2차 포장 및 표시를 하는 것은 제조업 등록대상에 제외를 하고 있다. 즉, 2차 포장 및 표시는 제조업 등록대상에서는 제외되어 있다고 이해하면 된다.

5. 일탈, 6. 기준일탈 (out of specification) : 일탈(Deviations)은 규정된 제조 또는 품질관리활동 등의 기준(예시 : 기준서, 표준 작업지침(Standard Operating Procedures) 등)을 벗어나 이루어진 행위이다. 기준일탈 (Out of specification)이란 어떤 원인에 의해서든 시험결과가 정한 기준값 범위를 벗어난 경우이다. 기준일탈은 엄격한 절차를 마련하여 이에 따라 조사하고 문서화 하여야 한다.

즉, 일탈(Deviations)과 기준일탈 (out of specification)은 정해진 기준이나 규정된 제조 또는 품질관리활동을 벗어난 것을 의미하며, 업체의 상황에 따라 혼용 또는 분리해서 사용이 가능하며, 이러한 사항들을 규정화하여 필요시 적절한 조치 후 문서화하는 것이 중요하다.

8. 원자재 : 화장품 제조 시 사용된 원료, 용기, 포장재, 표시재료, 첨부문서 등을 말한다.

16. 제조번호 : 품질의 균질성을 가진 집단을 일정한 제조단위분에 대하여 제조관리 및 출하에 관한 사항을 확인할 수 있도록 표시된 번호로서 숫자·문자·기호 또는 이들의 특정적인 조합을 말한다. 이 번호로 추적관리가 가능하도록 해야 한다. 번호를 부여하는 방법에는 일정한 체계가 있어야 하며 그 체계는 사내규정으로 정한다.

17. 반제품, 18. 벌크제품 : "반제품"이란 제조공정 단계에 있는 것으로서 필요한 제조공정을 더 거쳐야 벌크제품이 되는 것을 말하며, "벌크제품"이란 충전(1차포장) 이전의 제조 단계까지 끝낸 제품을 말한다.

19. 제조단위 또는 뱃치 : 동일한 조건에서 생산되어 균질성을 갖는 제조 그룹을 같은 제조단위, 뱃치(Batch) 또는 로트(Lot)라고 한다. 이 동일 제조 그룹이 균질성을 갖는다는 것을 나타내는 과학적 근거가 있어야 한다. 과학적 근거란 몇 개의 소(小) 제조단위를 합하여 같은 제조단위로 할 경우에는 동일한 원료와 자재를 사용하고 제조조건이 동일하다는 것을 나타내는 근거를 말하며, 또 동일한 제조공정에 사용되는 기계가 복수일 때에는 그 기계의 성능과 조건이 동일하다는 것을 나타내는 것을 말한다.

22. 수탁자 : 제조 및 품질관리 관련하여 공정 또는 시험의 일부를 위탁할 수 있다. 이렇게 직원, 회사 또는 조직을 대신하여 작업을 수행하는 사람, 회사 또는 외부조직을 수탁자라고 한다. 단, 공정의 경우에는 수탁 업체의 주기적이고 적절한 평가방안을 마련하여 관리하여야 하며, 시험기관에 대하여는 「화장품법 시행규칙」 제6조제2항제2호에 해당하는 기관이어야 한다.

▶ 화장품법 시행규칙 제6조제2항제2호

가. 「보건환경연구원법」 제2조에 따른 보건환경연구원

나. 제1항제3호(원료·자재 및 제품의 품질검사를 위하여 필요한 시험실)에 따른 시험실을 갖춘 제조업자

다. 「식품·의약품분야 시험·검사 등에 관한 법률」 제6조에 따른 화장품 시험·검사기관

라. 「약사법」 제67조에 따라 조직된 사단법인인 한국의약품수출입협회

27. 포장재 : 화장품법 제2조(정의) 제6호, 제7호에 따른 정의에 의하면, "1차 포장"이란 화장품 제조 시 내용물과 직접 접촉하는 포장용기를 말한다. "2차 포장"이란 1차 포장을 수용하는 1개 또는 그 이상의 포장과 보호재 및 표시의 목적으로 한 포장(첨부문서 등을 포함한다)을 말한다.

31. 제조소 : 화장품을 제조하기 위한 장소를 말하는 것으로 시험실, 보관소 등을 포함한다.

## 제2장 인적자원

### 제3조(조직의 구성)

① 제조소별로 독립된 제조부서와 품질부서를 두어야 한다.

② 조직구조는 조직과 직원의 업무가 원활히 이해될 수 있도록 규정되어야 하며, 회사의 규모와 제품의 다양성에 맞추어 적절하여야 한다.

③ 제조소에는 제조 및 품질관리 업무를 적절히 수행할 수 있는 충분한 인원을 배치하여야 한다.

▶ 해설

① 제조관리와 품질관리의 적정을 기하기 위하여 상호 종속관계가 아닌 독립된 권한을 가진 제조부서와 품질부서를 운영하여야 하므로 조직을 구성할 때 반드시 고려해야 하는 사항은 제조부문과 품질부문을 각각 독립시키는 일이다. 따라서 제조부서와 품질부서 책임자는 1인이 겸식하시 못함은 물론 두 책임자는 업무상 상호 상하 관계에 있어서는 안 된다.

② 화장품 품질은 원료의 품질, 적절한 설비 설계, 직원에 의한 일관된 업무 수행과 같은 주요 사항들과 관련이 있다. 화장품이 설정된 기준에 적합함을 보증하기 위해 제품의 제조, 포장, 시험, 보관, 출하, 관리에 관계된 직원들은 그들에게 할당된 의무와 책임을 수행해야 하며 교육, 훈련 등을 통해 자격을 갖추어야 한다.

CGMP를 실행하려면 CGMP 운영 조직을 만들어야 한다. 제조소의 각 조직구조는 CGMP 규정에 부합하도록 구성되어야 하며, 조직구조는 회사의 조직과 직능을 명확하게 정의하도록 규정되어야 하며 문서화되어야 한다.

◎ **조직구조를 구성할 때에는 다음 사항을 고려한다.**

(1) 제조하는 제품과 회사의 규모에 대해 조직도가 적절한지를 확인하기 위한 주의가 필요하다.

(2) 조직구조에 기재된 직원의 역량은 각각의 명시된 직능에 적합해야 한다.

(3) 품질 단위의 독립성을 나타내어야 한다.

(4) 조직내의 주요 인사의 직능과 보고책임을 명확하게 정의하여 규정하여야 하며 문서화 되어야 한다.

조직을 구성할 때 반드시 고려해야 하는 사항은 제조부문과 품질부문을 각각 독립시키는 일이다. 품질부문 내의 품질보증 단위(unit), 품질관리 단위와 같은 각 품질 단위는 독립성을 나타내어야 한다. 품질보증과 품질관리 책임은 품질보증 단위와 품질관리 단위를 분리하여 책임을 맡거나 이 둘을 하나의 단위로 하여 책임을 맡을 수 있다. 그러나 제조부문과 품질부문의 책임자는 겸직하여서는 아니 된다.

조직 구조는 회사 규모와 제품 종류에 따라 변화될 수 있다. 회사의 규모가 큰 경우 보관관리를 제조부문 내에 독립된 부서가 담당할 수 있으나 보관 시 원료, 포장재 및 완제품의 품질을 확보하기 위하여 제조부문 및 품질부문의 책임자가 보관 조건 등에 관여한다. 품질부문의 권한과 독립성은 어떤 경우에도 보장될 수 있도록 조직이 구성되어야 하나 회사 규모가 작은 경우, 보관관리 또는 시험 책임자 밑의 담당자 일부는 겸직할 수 있다. 문서나 직원이 많은 경우 품질부문에 문서관리 및 교육책임자를 별도로 두어 운영하는 것이 바람직하다.

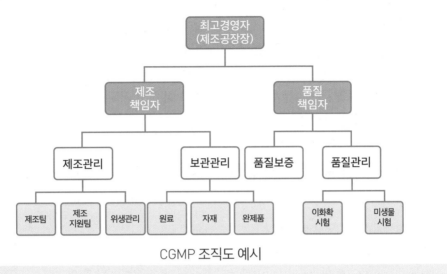

CGMP 조직도 예시

※ 이 조직은 회사의 규모에 따라 조정할 수 있다.

③ 제조소의 직원의 수는 작업이 원활하게 이루어질 수 있을 만큼 필요하며, 업무에 따라 적절한 인원 수와 자격을 규정하여 운영하는 것이 바람직하다. 담당직원이 업무수행에 필요한 교육·훈련을 이수하였음을 기록한다. 필요한 교육·훈련내용은 사내규정으로 미리 정한다.

## 제4조(직원의 책임)

① 모든 작업원은 다음 각 호를 이행해야 할 책임이 있다.

1. 조직 내에서 맡은 지위 및 역할을 인지해야 할 의무

2. 문서접근 제한 및 개인위생 규정을 준수해야 할 의무

3. 자신의 업무범위 내에서 기준을 벗어난 행위나 부적합 발생 등에 대해 보고해야 할 의무

4. 정해진 책임과 활동을 위한 교육훈련을 이수할 의무

② 품질책임자는 화장품의 품질보증을 담당하는 부서의 책임자로서 다음 각 호의 사항을 이행하여야 한다.

1. 품질에 관련된 모든 문서와 절차의 검토 및 승인

2. 품질 검사가 규정된 절차에 따라 진행되는지의 확인

3. 일탈이 있는 경우 이의 조사 및 기록

4. 적합 판정한 원자재 및 제품의 출고 여부 결정

5. 부적합 품이 규정된 절차대로 처리되고 있는지의 확인

6. 불만처리와 제품회수에 관한 사항의 주관

▶ 해설

① CGMP를 실행한다는 것은 조직, 업무 절차, 제조공정, 제조를 위한 자원을 준비하고 확립하여 그 내용을 문서화하고 실행하는 것이다. 항상 동일한 품질의 화장품을 제조하고 실수를 방지하기 위해서는 적절하고 유지관리가 된 건물, 설비 등을 운영하고 최신의 절차를 정한 절차서를 준비, 이에 따른 교육훈련을 받은 직원이 작업을 실시해야 한다. 직원은 자신의 위치, 업무 및 책임을 자각하고 문서를 읽고 내용을 이해해야 하며 작업은 절차서와 지시서 등의 문서에 따라 행하고 기록을 남겨야 한다. 또한 필요한 교육훈련을 받고 위생관리 규정을 준수해야 한다. 그리고 일탈과 기준일탈 등은 적극적으로 책임자에게 보고하여야 한다.

◎ **직원의 책임은 다음과 같다.**

  (1) 조직 구조 내에 있는 그들의 지위를 알고 있어야 하며, 규정된 그들의 역할과 책임 및 의무를 인지하여야 한다.

  (2) 그들의 책임 범위와 관련된 문서에 접근할 수 있어야 하고 거기에 따라야 한다.

  (3) 개인위생 규정을 준수해야 한다.

  (4) 일탈과 기준일탈 등은 적극적으로 책임자에게 보고하여야 한다.

  (5) 정해진 책임과 행동을 실행하기 위한 적절한 교육훈련을 받아야 한다.

> ▶ 직원의 책임
> - CGMP 실시에 적극적으로 참여한다.
> - 자신의 위치, 업무, 책임을 자각한다.
> - 업무에 필요한 문서를 읽고 내용을 이해한다.
> - 절차서와 지시서에 따라 작업하고 기록한다.
> - 필요한 교육훈련을 자진해서 받아 자신의 능력을 배양한다.
> - 위생관리규칙을 지킨다.
> - 일탈과 기준일탈 등을 적극적으로 보고한다.

② 품질책임자는 화장품의 품질보증을 담당하는 부서의 책임자로서 품질관리와 관련된 문서를 검토·승인·주관 하여야 한다. 사내규정에 따라 별도 관리자에게 위임할 수 있으나, 완제품의 출하 승인 등에 대하여는 위임할 수 없다. 또한 사내규정에 따라 제품회수, 변경관리에 관한 사항을 주관 또는 승인한다. 특히, 부적합품이 부적절하게 처리되거나 사용되지 않도록 부적합품 처리 규정을 정하고 관리한다.

**제5조(교육훈련)**

① 제조 및 품질관리 업무와 관련 있는 모든 직원들에게 각자의 직무와 책임에 적합한 교육훈련이 제공될 수 있도록 연간계획을 수립하고 정기적으로 교육을 실시하여야 한다.

② 교육담당자를 지정하고 교육훈련의 내용 및 평가가 포함된 교육훈련 규정을 작성하여야 하되, 필요한 경우에는 외부 전문기관에 교육을 의뢰할 수 있다.

③ 교육 종료 후에는 교육결과를 평가하고, 일정한 수준에 미달할 경우에는 재교육을 받아야 한다.

④ 새로 채용된 직원은 업무를 적절히 수행할 수 있도록 기본 교육훈련 외에 추가 교육훈련을 받아야 하며 이와 관련한 문서화된 절차를 마련하여야 한다.

> ▶ 해설
> ① 교육훈련은 제조 및 품질 업무와 관련 있는 직원뿐만 아니라 책임자 등을 포함하여 전직원을 대상으로 실시한다. 효율적인 교육훈련을 위하여 화장품의 특성, 제조, 품질, 위생관리 등에 대한 직종별, 경력별로 체계적인 연간 교육훈련계획을 수립하여 교육훈련을 실시한다. 특히 신입사원은 철저히 교육훈련 시킨 후 작업에 참여하도록 하며, 계약직사원에 대해서도 작업내용에 따라 교육훈련을 실시한다.
> ② 교육훈련규정에 포함되어야 할 내용은 다음과 같다.
>   (1) 교육대상자 : 직종별, 경력별 등 직원의 지식, 업무 경험에 따라 직원을 분류하여 실시한다(예 책임자, 담당자, 신입사원, 계약직 사원 등).

(2) 교육의 종류 및 내용 : 사내에서 실시하는 교육의 종류는 정기교육과 기타(수시)교육으로 나누어진다. 정기교육은 교육훈련계획서에 따라 정기적으로 실시되는 교육으로 전체교육과 부서별 교육이 있다. 신입사원 교육과 계약직 사원에 대해서도 별도의 교육을 실시한다. 기타의 교육은 CGMP 문서 제개정에 따른 교육, 문제 발생에 대한 교육, 소속 부서의 변경에 따른 부서별 교육, 참고자료나 정보의 회람 등이 있다.

(3) 교육실시방법 : 교육은 강의식, 회람식, 외부교육 참석, 주제 토론, 과제물 부여 등의 방법으로 실시한다. 전체교육의 경우 강의식 교육이 효과적이며, CGMP문서 개정 등과 같은 경우는 회람식 교육방법이 적당하다. 신입사원 교육 시 별도의 과제물을 부여하거나 일지를 작성하도록 할 수 있다.

(4) 교육의평가: 교육을실시한경우회람식교육이나외부교육참석의경우등을 제외하고는교육 결과를 평가한다. 평가방법은 시험평가, 구두평가, 실습평가 및 개인별 소감문 작성 등이 있다. 평가 결과에 따라 재교육을 실시한다.

(5) 기록의 보관 : 교육훈련계획서, 교육훈련 실시·평가기록, 교육훈련 개인별 교육훈련이력서 등을 작성, 보관한다.

◎ 직원의 교육을 위해 교육책임자 또는 담당자를 지정할 수 있으며, 교육책임자 또는 담당자의 주요 업무는 다음과 같다.

(1) 직원의 교육 훈련의 필요성을 명확하게 하고 이에 알맞은 교육일정, 내용, 대상 등을 정하여 교육 훈련계획(예 연간교육, 정기교육, 수시교육, 신입사원교육 등)을 세울 것 [서식1: 교육훈련계획서]

(2) 교육계획, 교육대상, 교육의 종류, 교육내용, 실시방법, 평가방법, 기록 및 보관 등이 포함된 교육 훈련규정을 작성할 것

(3) 교육훈련의 실시기록을 작성할 것

(4) 교육훈련평가의 결과를 문서로 보고할 것

③ 업체는 교육훈련기본계획에 따라 교육을 실시하고, 교육훈련을 실시했을 때는 객관적이고 정확하게 교육훈련의 평가를 실시하여야 하며, 교육훈련실시·평가 기록서를 작성, 그 결과를 보고하여야 한다. 필요하다면, 각 개인별로 기록서에 기록을 남긴다.

※ 다음의 서식은 이해를 돕기 위한 것으로서 업체 특성에 맞도록 양식을 관리하는 것이 바람직하다.

서식1
교육훈련계획서

서식2
교육훈련 실시·평가기록

서식3
개인별 교육훈련이력서

## 제6조(직원의 위생)

① 적절한 위생관리 기준 및 절차를 마련하고 제조소 내의 모든 직원은 이를 준수해야 한다.

② 작업소 및 보관소 내의 모든 직원은 화장품의 오염을 방지하기 위해 규정된 작업복을 착용해야 하고 음식물 등을 반입해서는 아니 된다.

③ 피부에 외상이 있거나 질병에 걸린 직원은 건강이 양호해지거나 화장품의 품질에 영향을 주지 않는다는 의사의 소견이 있기 전까지는 화장품과 직접적으로 접촉되지 않도록 격리되어야 한다.

④ 제조구역별 접근권한이 없는 작업원 및 방문객은 가급적 제조, 관리 및 보관구역 내에 들어가지 않도록 하고, 불가피한 경우 사전에 직원 위생에 대한 교육 및 복장 규정에 따르도록 하고 감독하여야 한다.

---

▶ 해설[1]

① 적절한 위생관리 기준 및 절차를 마련하고 제조소 내의 모든 직원이 위생관리 기준 및 절차를 준수할 수 있도록 교육훈련 해야 한다. 신규 직원에 대하여 위생교육을 실시하며, 기존 직원에 대해서도 정기적으로 교육을 실시한다. 직원의 위생관리 기준 및 절차에는 직원의 작업 시 복장, 직원 건강상태 확인, 직원에 의한 제품의 오염방지에 관한 사항, 직원의 손 씻는 방법, 직원의 작업 중 주의사항, 방문객 및 교육훈련을 받지 않은 직원의 위생관리 등이 포함되이야 한다.

② 직원은 작업 중의 위생관리상 문제가 되지 않도록 청정도에 맞는 적절한 작업복, 모자와 신발을 착용하고 필요할 경우는 마스크, 장갑을 착용한다.

　(1) 작업복 등은 목적과 오염도에 따라 세탁을 하고 필요에 따라 소독한다.

　(2) 작업 전에 복장점검을 하고 적절하지 않을 경우는 시정한다. 직원은 별도의 지역에 의약품을 포함한 개인적인 물품을 보관해야 하며, ,음식, 음료수, 껌씹기 및 흡연 등은 제조 및 보관 지역과 분리된 지역에서만 섭취하거나 흡연하여야 한다.

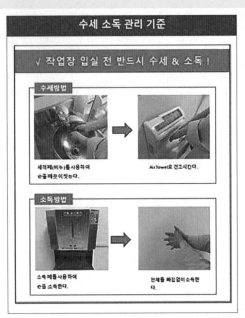
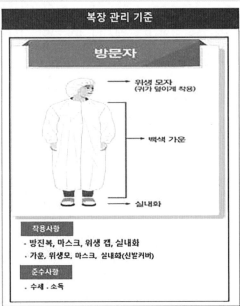

복장관리 예시

---

1  참고자료:Guidance for Industry-Cosmetic Good Manufacturing Practices[U.S. FDA]

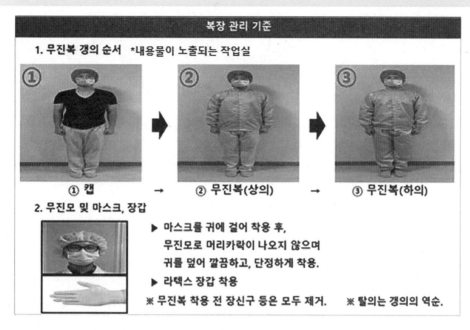

복장관리 기준

③ 제품 품질과 안전성에 악영향을 미칠 지도 모르는 건강 조건을 가진 직원은 원료, 포장, 제품 또는 제품 표면에 직접 접촉하지 말아야 한다. 명백한 질병 또는 노출된 피부에 상처가 있는 직원은 증상이 회복되거나 의사가 제품 품질에 영향을 끼치지 않을 것이라고 진단할 때까지 제품과 직접적인 접촉을 하여서는 안 된다.

④ 방문객 또는 안전 위생의 교육훈련을 받지 않은 직원이 화장품 제조, 관리, 보관을 실시하고 있는 구역으로 출입하는 일은 피해야 한다. 그러나 영업상의 이유, 신입 사원교육 등을 위하여 안전 위생의 교육훈련을 받지 않은 사람들이 제조, 관리, 보관구역으로 출입하는 경우에는 안전 위생의 교육훈련 자료를 미리 작성해 두고 출입 전에 "교육훈련"을 실시한다. 교육훈련의 내용은 직원용 안전 대책, 작업 위생 규칙, 작업복 등의 착용, 손 씻는 절차 등 이다.

아울러 방문객과 훈련 받지 않은 직원이 제조, 관리 보관구역으로 들어가면 반드시 동행한다. 방문객과 훈련 받지 않은 직원은 제조, 관리 및 보관구역에 안내자 없이는 접근이 허용되지 않는다. 방문객은 적절한 지시에 따라야 하고, 필요한 보호 설비를 갖추어야 하며 그들이 혼자서 돌아다니거나 설비 등을 만지거나 하는 일이 없도록 해야 한다. 또한 그들이 제조, 관리, 보관구역으로 들어간 것을 반드시 기록서에 기록한다. 그들의 소속, 성명, 방문 목적과 입퇴장 시간 및 자사 동행자의 기록이 필요하다.

## 제7조(건물)

① 건물은 다음과 같이 위치, 설계, 건축 및 이용되어야 한다.

 1. 제품이 보호되도록 할 것

 2. 청소가 용이하도록 하고 필요한 경우 위생관리 및 유지관리가 가능 하도록 할 것

 3. 제품, 원료 및 포장재 등의 혼동이 없도록 할 것

② 건물은 제품의 제형, 현재 상황 및 청소 등을 고려하여 설계하여야 한다.

> ▶ 해설[2]
>
> 화장품 생산 시설(facilities, premises, buildings)이란 화장품을 생산하는 설비와 기기가 들어있는 건물, 작업실, 건물 내의 통로, 갱의실, 손을 씻는 시설 등을 포함하여 원료, 포장재, 완제품, 설비, 기기를 외부와 주위 환경 변화로부터 보호하는 것이다.
>
> 화장품 제조에 적합하며, 직원이 안전하고 위생적으로 작업에 종사할 수 있는 시설이 갖추어져야 한다. 화장품 제조 시설은 화장품의 종류, 양, 품질 등에 따라 변화하므로 각 제조업자는 화장품 관련 법령, 본 해설서 등을 참고하여 업체 특성에 맞는 적합한 제조시설을 설계하고 건축해야 한다. 화장품 관련 법령에 따라 제조업자가 갖추어야 하는 시설은 다음과 같다.

> ▶ 화장품법 시행규칙 제6조(시설기준 등)
>
>  1. 제조 작업을 하는 다음 각 목의 시설을 갖춘 작업소
>
>   가. 쥐·해충 및 먼지 등을 막을 수 있는 시설
>
>   나. 작업대 등 제조에 필요한 시설 및 기구
>
>   다. 가루가 날리는 작업실은 가루를 제거하는 시설
>
>  2. 원료·자재 및 제품을 보관하는 보관소
>
>  3. 원료·자재 및 제품의 품질검사를 위하여 필요한 시험실
>
>  4. 품질검사에 필요한 시설 및 기구

> ▶ 제조소에 필요한 시설 등

<원료보관소>                    <제조실>

<포장실>　　　　　　　　<품질 시험실>　　　　　　　<기기분석 실험실>

제조에 필요한 시설 및 기구를 갖춘 후에 필요한 것은 시설 및 기구를 운영 관리하는 규정(SOP) 제정과 그것에 대한 작업자들의 교육훈련이다. 제조에 필요한 시설 및 기구를 갖춘 후에 필요한 것은 시설 및 기구를 운영 관리하는 규정(SOP) 제정과 그것에 대한 작업자들의 교육훈련이다. 배치(layout) 결정은 반드시 제조되는 화장품의 유형과 현재 상황, 청소 방법을 고려해야 한다.

시설은 이물, 미생물 또는 다른 외부 문제로부터 원료 자재, 벌크제품 및 완제품을 보호하기 위해서 위치, 설계, 유지하여야 한다.

◎ **이것은 다음에 의해 가능하다.**

- 수령, 저장, 혼합과 충전, 포장과 출하, 관리, 실험실 작업 및 설비와 기구들의 청소·위생처리와 같은 작업들의 분리(위치, 벽, 칸막이 설치, 공기 흐름 등으로 분리)
- 혼입과 오염을 방지할 수 있도록 설비와 물품을 순서대로 배치할 수 있는 적절한 공간
- 청소 및 위생 처리를 위한 물의 저장과 배송을 위한 시설·설비 시스템들의 설계와 배치
- 해충 방지와 관리를 위한 적절한 프로그램들의 규정
- 효과적인 유지 관리 규정

◎ **일반 건물(General Building)**

- 제조 공장의 출입구는 해충, 곤충의 침입에 대비하여 보호되어야 하며 정기적으로 모니터링 되어야 하고, 모니터링 결과에 따라 적절한 조치를 취하여야한다(필요한 경우에 방충 전문 회사에 의뢰하여 진단과 조치를 받을 수 있다).
- 배수관은 냄새의 제거와 적절한 배수를 확보하기 위해 건설되고 유지되어야 한다.
- 바닥은 먼지 발생을 최소화하고 흘린 물질의 고임이 최소화되도록 하고, 청소가 용이 하도록 설계 및 건설되어야 한다.
- 화장품 제조에 적합한 물이 공급되어야 한다(공정서 등에 적합하여야 하고, 정기적인 검사를 통하여 적합한 물이 사용되는지 확인하여야 한다).
- 강제적 기계 상의 환기 시스템(공기조화장치 등)은 제품 또는 사람의 안전에 해로운 오염물질의 이동을 최소화시키도록 설계되어야 한다. 필터들은 점검 기준에 따라 정기(수시)로 점검하고 교체 기준에 따라 교체되어야 하고 점검 및 교체에 대해서는 기록되어야 한다.
- 관리와 안전을 위해 모든 공정, 포장 및 보관지역에 적절한 조명을 설치한다.
- 심한 온도 변화 또는 큰 상대 습도의 변화에 대한 제품의 노출을 피하기 위하여 원료, 자재, 반제품, 완제품을 깨끗하고 정돈된 곳에서 보관한다. 보관지역의 온도와 습기는 물질과 제품의 손상을 방지하기 위해서 모니터링 해야 한다.
- 물질과 기구는 관리를 용이하게 하기 위해 깨끗하고 정돈된 방법으로 설계된 영역에 보관하여야 한다.

- 건물 또는 시설 내에 작업자(인동선)와 지게차(물동선)의 이동 흐름은 제품의 혼입 또는 오염을 방지할 수 있도록 설계되어야 한다.

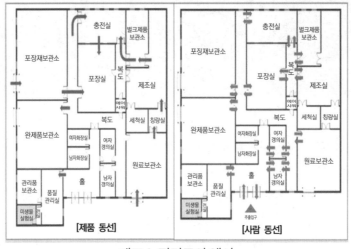

제조소 평면도의 예시

**제8조(시설)**

① 작업소는 다음 각 호에 적합하여야 한다.

1. 제조하는 화장품의 종류·제형에 따라 적절히 구획·구분되어 있어 교차오염 우려가 없을 것

2. 바닥, 벽, 천장은 가능한 청소하기 쉬운 매끄러운 표면을 지니고 소독제 등의 부식성에 저항력이 있을 것

3. 환기가 잘 되고 청결할 것

4. 외부와 연결된 창문은 가능한 열리지 않도록 할 것

5. 작업소 내의 외관 표면은 가능한 매끄럽게 설계하고, 청소, 소독제의 부식성에 저항력이 있을 것

6. 수세실과 화장실은 접근이 쉬워야 하나 생산구역과 분리되어 있을 것

7. 작업소 전체에 적절한 조명을 설치하고, 조명이 파손될 경우를 대비한 제품을 보호할 수 있는 처리절차를 마련할 것

8. 제품의 오염을 방지하고 적절한 온도 및 습도를 유지할 수 있는 공기조화시설 등 적절한 환기시설을 갖출 것

9. 각 제조구역별 청소 및 위생관리 절차에 따라 효능이 입증된 세척제 및 소독제를 사용할 것

10. 제품의 품질에 영향을 주지 않는 소모품을 사용할 것

② 제조 및 품질관리에 필요한 설비 등은 다음 각 호에 적합하여야 한다.

1. 사용목적에 적합하고, 청소가 가능하며, 필요한 경우 위생·유지 관리가 가능하여야 한다. 자동화시스템을 도입한 경우도 또한 같다.

2. 사용하지 않는 연결 호스와 부속품은 청소 등 위생관리를 하며, 건조한 상태로 유지하고 먼지, 얼룩 또는 다른 오염으로 부터 보호할 것

3. 설비 등은 제품의 오염을 방지하고 배수가 용이하도록 설계, 설치하며, 제품 및 청소 소독제와 화학반응을 일으키지 않을 것

4. 설비 등의 위치는 원자재나 직원의 이동으로 인하여 제품의 품질에 영향을 주지 않도록 할 것

5. 용기는 먼지나 수분으로부터 내용물을 보호할 수 있을 것

6. 제품과 설비가 오염되지 않도록 배관 및 배수관을 설치하며, 배수관은 역류되지 않아야 하고, 청결을 유지할 것

7. 천정 주위의 대들보, 파이프, 덕트 등은 가급적 노출되지 않도록 설계하고, 파이프는 받침대 등으로 고정하고 벽에 닿지 않게 하여 청소가 용이하도록 설계할 것
8. 시설 및 기구에 사용되는 소모품은 제품의 품질에 영향을 주지 않도록 할 것

▶ 해설[3]

◎ 보관 구역
- 통로는 적절하게 설계되어야 한다.
- 반품 등을 포함한 보관지역에서는 물품의 입·출고에 관한 사항을 관리해야 한다.
- 통로는 사람과 물건이 이동하는 구역으로서 사람과 물건의 이동에 불편함을 초래하거나, 교차오염의 위험이 없어야 된다.
- 정해진 보관관리 기준을 일시적으로 충족하지 못 하는 부득이한 경우, 예외적으로 위험성 평가를 통해 제품에 영향을 미치지 않는 조건에서 보관 가능하다.
- 손상된 팔레트는 수거하여 수선 또는 폐기 한다.
- 매일 바닥의 폐기물을 치워야 한다.
- 동물이나 해충이 침입하기 쉬운 환경은 개선되어야 한다.
- 용기(저장조 등)들은 닫아서 깨끗하고 정돈된 방법으로 보관 한다.
- 적절한 환경 조건하에서 보관되어야 한다.

◎ 원료 취급 구역
- 원료보관소와 칭량실은 구획되어 있어야 한다.
- 엎지르거나 흘리는 것을 방지하고 즉각적으로 치우는 시스템과 절차들이 시행되어야 한다.
- 모든 드럼의 윗부분은 필요한 경우 이송 전에 또는 칭량 구역에서 개봉 전에 검사하고 깨끗하게 하여야 한다.
- 바닥은 깨끗하고 부스러기가 없는 상태로 유지 되어야 한다.
- 원료의 포장이 훼손된 경우에는 봉인하거나 즉시 별도 저장조에 보관한 후에 품질상의 처분 결정을 위해 격리해 둔다.
- 선입 선출이 용이하도록 구분하여 적재하고, 상부의 물품으로 인하여 하부 물품의 변형이 생기지 않도록 방지해야 한다.

◎ 제조 구역
- 모든 호스는 필요 시 청소 또는 위생 처리를 한다. 청소 후에 호스는 완전히 비워져야 하고 건조되어야 한다. 호스는 정해진 지역에 바닥에 닿지 않도록 정리하여 보관한다.
- 모든 도구와 이동 가능한 기구는 청소 및 위생 처리 후 정해진 지역에 정돈 방법에 따라 보관한다.
- 제조구역에서 흘린 것은 신속히 청소한다.
- 탱크의 바깥 면들은 정기적으로 청소되어야 한다.
- 모든 배관이 사용될 수 있도록 설계되어야 하며 우수한 정비 상태로 유지되어야 한다.
- 표면은 청소하기 용이한 재료질로 설계되어야 한다.
- 페인트를 칠한 지역은 우수한 정비 상태로 유지되어야 한다. 벗겨진 칠은 보수되어야 한다.
- 폐기물(예 여과지, 개스킷, 폐기 가능한 도구들, 플라스틱 봉지)은 주기적으로 버려야 하며 장기간 모아놓거나 쌓아 두어서는 안 된다.
- 사용하지 않는 설비는 깨끗한 상태로 보관되어야 하고 오염으로부터 보호되어야 한다.

---

3  참고자료:Guidance for Industry-Cosmetic Good Manufacturing Practices[U.S. FDA]

◎ 포장 구역

- 포장 구역은 제품의 교차 오염을 방지할 수 있도록 설계되어야 한다.
- 포장 구역은 설비의 팔레트, 포장 작업의 다른 재료들의 폐기물, 사용되지 않는 장치, 질서를 무너뜨리는 다른 재료가 있어서는 안 된다.
- 구역 설계는 사용하지 않는 부품, 제품 또는 폐기물의 제거를 쉽게 할 수 있어야 한다.
- 폐기물 저장통은 필요하다면 청소 및 위생 처리 되어야 한다.
- 사용하지 않는 기구는 깨끗하게 보관되어야 한다.

◎ 기타구역 직원 서비스와 준수사항

- 화장실, 갱의실 및 손 세척 설비가 직원에게 제공되어야 하고 작업구역과 분리 되어야 하며 쉽게 이용할 수 있어야 한다. 또한 깨끗하게 유지되어야 하고 적절하게 환기되어야 한다.
- 편리한 손 세척 설비는 온수, 냉수, 세척제와 1회용 종이 또는 접촉하지 않는 손 건조기들을 포함한다.
- 음용수를 제공하기 위한 정수기는 지정된 구역 내에서 위생적이고 잘 정비된 상태로 유지되어야 한다.
- 구내식당과 쉼터(휴게실)는 위생적이고 잘 정비된 상태로 유지되어야 한다.
- 음식물은 생산구역과 분리된 지정된 구역에서만 보관, 취급하여야 하고, 작업장 내부로 음식물을 반입하지 않도록 한다.
- 개인은 직무를 수행하기 위해 알맞은 복장을 갖춰야 한다.
- 개인은 개인위생 처리규정을 준수해야 하고 건강한 습관을 가져야 한다. 손은 모든 제품 작업 전 또는 생산 라인에서 작업하기 전에 청결히 하여야 한다.
- 제품, 원료 또는 포장재와 직접 접촉하는 사람은 제품 안전에 영향을 확실히 미칠 수 있는 건강 상태가 되지 않도록 주의사항을 준수해야 한다.

흐름은 사람과 물건의 움직임을 의미하며, 이 움직임의 설계는 혼동 방지와 오염 방지를 목적으로 한다. 새로운 건물의 설계 시와 구 건물의 증, 개축 시 뿐만 아니라 현 건물에 있어서의 흐름의 재검토를 실시하여 제조 작업의 합리화를 도모한다. 그 주요사항은 다음과 같다.

- 인동선과 물동선의 흐름경로를 교차 오염의 우려가 없도록 적절히 설정한다.
- 교차가 불가피 할 경우 작업에 "시간차"를 만든다.
- 사람과 대차가 교차하는 경우 "유효폭"을 충분히 확보한다.
- 공기의 흐름을 고려한다.

제조 구역 내에 있는 바닥, 벽, 천장 및 창문은 청소와 필요하다면 위생 처리를 쉽게 할 수 있도록 설계 및 건축되어야 하고 청결하고 정비가 잘 되어 있는 상태로 유지되어야 한다. 생산 구역 내에 건축 또는 보수 공사 시에는 적당한 청소와 유지관리가 고려되어야 한다. 가능하다면 청소용제의 부식성에 저항력이 있는 매끄러운 표면을 설치한다.

바닥, 벽, 천장 등 예시

※ 천장, 벽, 바닥이 접하는 부분은 틈이 없어야 하고 먼지 등 이물질이 쌓이지 않도록 둥글게 처리되어야 함

◎ 환기시설

CGMP에서는 '환기가 잘 되고 청결할 것'이라고 하고 있으나 공기 조절 없이 밀폐된 실내에서 화장품을 제조하는 것은 쉽지 않다. 동일한 품질의 화장품을 연중 생산하기 위해서는 환기 설비와 함께 온·습도관리 설비를 갖춘 시설이 필요하다. 그러나 공기 조절에는 많은 투자가 따르고 그 관리에도 비용이 소요되므로 제조소 내 실내 환경에 맞추어 적절한 환기시설을 마련할 수 있다.

◎ 공기 조절의 정의 및 목적

공기 조절이란 "공기의 온도, 습도, 공중미립자, 풍량, 풍향, 기류의 전부 또는 일부를 자동적으로 제어하는 일"이다. 공기 조절의 목적은 제품과 직원에 대한 오염 방지이나 한편으로는 오염의 원인이 되기도 한다. 공기 조절은 기류를 발생시킨다. 기류는 먼지, 미립자, 미생물을 공중에 날아 올라가게 만들어서 제품에 부착시킬 가능성이 있다. 그래서 공기 조절 시설을 설치한다면 일정한 수준 이상의 시설로 해야 한다. CGMP 지정을 받기 위해서는 청정도 기준에 제시된 청정도 등급 이상으로 설정하여야 하며 청정등급을 설정한 구역(작업소, 실험실, 보관소 등)은 설정 등급의 유지여부를 정기적으로 모니터링 하여 설정 등급을 벗어나지 않도록 관리한다.

◎ 공기 조절의 방식

여름과 겨울의 온도차가 크고, 외부 환경이 제품과 작업자에게 영향을 미친다면 온·습도를 일정하게 유지하는 에어컨 기능을 갖춘 공기 조절기를 설치한다. 공기의 온·습도, 공중미립자, 풍량, 풍향, 기류를 일련의 덕트를 사용해서 제어하는 "센트럴 방식"이 가장 화장품에 적합한 공기 조절이다. 흡기구와 배기구를 천장이나 벽에 설치하고 굵은 덕트로 온·습도를 관리한 공기를 순환 또는 외기를 흐르게 한다. 이 방법은 많은 설비 투자와 유지비용을 수반한다. 한편 환기만 하는 방식과 센트럴 방식을 겹친 "팬 코일+에어컨 방식"은 비용적으로 바람직한 방식이다. 온·습도 제어를 실내에서 급배기 순환하는 패키지에어컨에게 맡기고 공중미립자와 풍향 관리를 팬 코일로 하는 방식이다. 패키지에어컨의 기류를 제어하는 것은 어려우므로 센트럴 방식보다 공기류의 관리 성능은 떨어지지만, 화장품 제조에는 적합한 공기 조절 방식이라고 생각한다.

◎ 청정도 기준

| 청정도 등급 | 대상시설 | 해당 작업실 | 청정공기 순환 | 구조 조건 | 관리 기준 | 작업 복장 |
|---|---|---|---|---|---|---|
| 1 | 청정도 엄격관리 | Clean bench | 20회/hr 이상 또는 차압 관리 | Pre-filter, Med-filter, HEPA-filter, Clean bench/booth, 온도 조절 | 낙하균: 10개/hr 또는 부유균: 20개/㎥ | 작업복 작업모 작업화 |
| 2 | 화장품 내용물이 노출되는 작업실 | 제조실 성형실 충전실 내용물보관소 원료 칭량실 미생물시험실 | 10회/hr 이상 또는 차압 관리 | Pre-filter, Med-filter, (필요시 HEPA-filter), 분진발생실 주변 양압, 제진 시설 | 낙하균: 30개/hr 또는 부유균: 200개/㎥ | 작업복 작업모 작업화 |

| 3 | 화장품<br>내용물이<br>노출 안<br>되는 곳 | 포장실 | 차압 관리 | Pre-filter<br>온도조절 | 갱의,<br>포장재의 외부<br>청소 후 반입 | 작업복<br>작업모<br>작업화 |
|---|---|---|---|---|---|---|
| 4 | 일반 작업실<br>(내용물<br>완전폐색) | 포장재보관소<br>완제품보관소<br>관리품보관소<br>원료보관소<br>갱의실,<br>일반시험실 | 환기장치 | 환기<br>(온도조절) | - | - |

- 이미 포장(1차 포장)된 완제품을 업체의 필요에 따라 세트포장하기 위한 경우에는 완제품보관소의 등급 이상으로 관리하면 무방하다.
- 갱의실의 경우 해당 작업실과 같은 등급으로 설정되는 것이 원칙이나, 현재 에어샤워 등 시설을 사용한 업체가 많은 상황 등을 감안하여 설정된 것으로 업체의 개별 특성에 맞게 적절한 관리 방식을 설정하여 관리할 필요가 있다.

◎ 환기시설의 사례

• 공기 조화 장치

공기 조화 장치는 청정 등급 유지에 필수적이고 중요하므로 그 성능이 유지되고 있는지 주기적으로 점검·기록한다.

**공기 조절의 4대 요소**

| 번호 | 4대 요소 | 대응 설비 |
|---|---|---|
| 1 | 청정도 | 공기정화기 |
| 2 | 실내온도 | 열교환기 |
| 3 | 습도 | 가습기 |
| 4 | 기류 | 송풍기 |

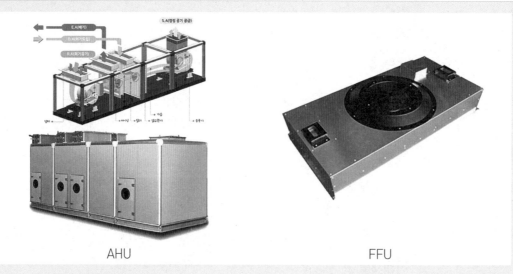

AHU        FFU

| AHU<br>(Air Handling<br>Unit) | 특징 | 표준 공기조화장치<br>건축시부터 설계에 반영 | |
|---|---|---|---|
| | 기능 | 가습, 냉·난방, 공기여과급·배기 | |
| | 장·단점 | 관리가 용이함.(중앙제어)<br>실내 소음이 없음<br>설비비가 높음 | |
| FFU<br>(Fan Filter Unit)<br>ACCU<br>(Air Cooling<br>Control Unit) | 특징 | 간이 공기조화장치<br>설비비가 비교적 저렴함<br>기존 건물에 시공 용이 | |
| | 기능 | 공기여과, 급·배기 | |
| | 장·단점 | 실별 조건에 맞게 제작가능<br>실내 소음이 발생함. | FFU          ACCU |

- 전열교환기

  제조소에 급배기가 가능한 전열교환기(실내 및 외부 공기 간 열에너지를 교환하여 에너지 효율을 높이는 양방향 열교환 방식의 환기장치)를 설치하여, 제조소 내 적절한 공기를 공급할 수 있다.

천장설치형                                        스탠드형

어느 공기 조절 방식을 채택하더라도 에어 필터를 통하여 외기를 도입하거나, 순환시킬 필요가 있다. 가정용 방충망 정도의 필터를 설치한 흡기 팬만의 작업장에서 화장품을 제조하는 것은 재검토 되어야 한다. 화장품 제조에 사용할 수 있는 에어 필터의 종류, 설치 장소의 예, 취급 방법, 조립 예를 아래에 제시했다.

공기를 순환하여 사용할 경우에는 생산구역의 먼지가 함께 순환되지 않도록 조치를 취해야 한다. 제조 중 공기를 오염시킬 수 있는 장소에는 적절한 배기장치나 오염방지 조치를 취해야 한다.

화장품 제조라면 적어도 중성능 필터의 설치를 권장한다. 고도의 환경 관리가 필요하면 고성능 필터(HEPA필터)의 설치가 바람직하다. 필터는 그 성능을 유지하기 위하여 정해진 관리 및 보수를 실시해야 한다. 관리 및 보수를 게을리 하면 필터의 성능이 유지될 수 없고, 기대하는 환경을 얻을 수 없다.

고성능 필터를 설치할수록 환경이 좋아진다고 생각해서 초고성능 필터를 설치하는 기업이 있으나, 그 생각은 잘못된 것이다. 초고성능 필터를 설치했을 경우에는 정기적인 포집 효율시험이나 필터의 완전성 시험 등이 필요하게 되고 고액의 비용이 든다. 이들 시험을 실시하지 않으면 본래의 성능이 보증되지 않는다. 또한 초고성능 필터를 설치한 작업장에서 일반적인 작업을 실시하면 바로 필터가 막혀버려서 오히려 작업 장소의 환경이 나빠진다. 목적에 맞는 필터를 선택해서 설치하는 것이 중요하다.

특히, HEPA Filter의 완전성을 주기적으로 점검하고 필요한 경우 교체한다.

| 필터 | |
|---|---|
| P/F<br>(PRE Filter)<br>(세척 후 3~4회 재사용) | • Medium Filter 전처리용<br>• Media : Glass Fiber, 부직포<br>• 압력손실 : 9mmAq 이하<br>• 필터입자 : 5$\mu$m |
| M/F<br>(MEDIUM Filter) | • Media : Glass Fiber<br>• HEPA Filer 전처리용<br>• B/D 공기정화, 산업공장 등에 사용<br>• 압력손실 : 16mmAq 이하<br>• 필터입자 : 0.5$\mu$m |
| H/F<br>(HEPA(High Efficiency Particulate) Filter) | • 0.3$\mu$m의 분진 99.97% 제거<br>• Media : Glass Fiber<br>• 반도체공장, 병원, 의약품, 식품산업에 사용<br>• 압력손실 : 24mmAq 이하<br>• 필터입자 : 0.3$\mu$m |

| 구분 | 사진 | 특징 |
|---|---|---|
| PRE FILTER | | 1. HEPA, MEDIUM 등의 전처리용<br>2. 대기 중 먼지 등 인체에 해를 미치는 미립자(10 ~ 30$\mu$m)를 제거<br>3. 압력손실이 낮고 고효율로 Dust 포집량이 크다. |
| PRE BAG FILTER | | 4. 틀 또는 세제로 세척하여 사용가능 경제적이다(재사용 2 ~ 3회).<br>5. 두께 조정과 재단이 용이하여 교환 또는 취급이 쉽다.<br>6. Bag type은 처리용량을 4배 이상 높일 수 있다. |
| MEDIUM FILTER | | 1. 포집효율 95%를 보증하는 중고성능 Filter이다.<br>2. Clean Room 정밀기계공업 등에 있어 Hepa Filter 전처리용<br>3. 공기정화, 산업공장 등에 있어 최종 Filter로 사용한다. |
| MEDIUM BAG FILTER | | 4. Frame은 P/Board or G/Steel 등으로 제작되어 견고하다.<br>5. Bag type은 먼지 보유용량이 크다. 수명이 길다.<br>6. Bag type은 포집효율이 높고 압력 손실이 적다. |
| HEPA FILTER | | 1. 사용온도 최고 250℃에서 0.3$\mu$m 입자들 99.97% 이상<br>2. 포집성능을 장시간 유지할 수 있는 HEPA Filter이다.<br>3. 필름, 의약품 등의 제조 Line에 사용<br>4. 반도체, 의약품 Clean Oven에 사용 |

## ◎ 차압

공기 조절기를 설치하면 작업장 실압을 관리하고 외부와의 차압을 일정하게 유지하도록 한다. 청정 등급의 경우 각 등급 간의 공기의 품질이 다르므로 등급이 낮은 작업실의 공기가 높은 등급으로 흐르지 못하도록 어느 정도의 공기압차가 있어야 한다.

필터를 통과한 공기는 작업구역 및 주변구역에서 양압(수치기준 필요)을 유지해야 하며, 주변의 낮은 청정도 등급 쪽으로 공기가 흐르도록 공급되어야 한다.(예 충전실(2급)→ 포장실(3급)) 즉 높은 청정 등급의 공기압은 낮은 청정 등급의 공기압 보다 높아야 한다. 일반적으로는 4급지 < 3급지 < 2급지 순으로 실압을 높이고 외부의 먼지가 작업장으로 유입되지 않도록 설계한다. 다만, 작업실이 분진 발생, 악취 등 주변을 오염시킬 우려가 있을 경우(예 파우더 충진실 등)에는 해당 작업실을 음압으로 관리할 수 있으며, 이 경우 적절한 오염방지대책을 마련하여야 한다.

실압 차이가 있는 방 사이에는 차압 댐퍼나 풍량 가변 장치와 같은 기구를 설치하여 차압을 조정한다. 이들 기구는 옆방과의 사이에 있는 문을 개폐했을 때의 차압 조정 역할도 하고 있다.

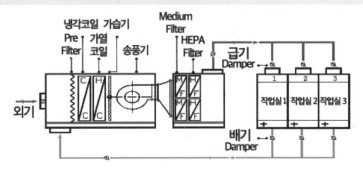

1. AHU - 공기 흐름도(양압의 예 급기 > 배기)

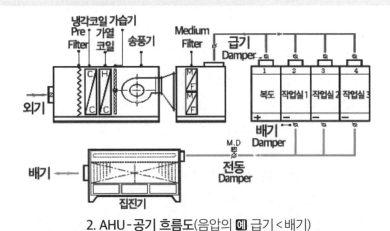

2. AHU - 공기 흐름도(음압의 예 급기 < 배기)

3. 공기흐름 확인 방법

○ **온·습도 관리**: 온도는 1 ~ 30℃, 습도는 80%이하로 관리한다. 제품 특성상 온습도에 민감한 제품의 경우에는 해당 온습도를 유지할 수 있도록 관리하는 체계를 갖추도록 한다. 일부 제조 구역 및 보관소(자재, 완제품)에 대해서는 타당한 근거를 바탕으로 온·습도 기준을 마련하여 관리할 수 있다.

온습도의 설정을 정할 때에는 "결로"에 신경을 써야 한다. 결로 현상은 곰팡이 발생을 유발할 수 있으므로 이를 확인하여 관리기준을 설정한다. 온습도계는 가급적 최저, 최고점을 확인할 수 있는 디지털 기기를 사용하고 주기적으로 검교정을 하도록 한다.

○ 제조 및 품질관리에 필요한 설비 등

화장품 생산 시에는 많은 설비가 사용된다. 분체혼합기, 유화기, 혼합기, 충전기, 포장기 등의 제조 설비뿐만 아니라, 냉각장치, 가열장치, 분쇄기, 에어로졸 제조장치 등의 부대설비와 저울, 온도계, 압력계 등의 계측기기가 사용된다. 이들을 통합하여 "화장품 생산 설비"라고 한다.

제조하는 화장품의 종류, 양, 품질에 따라 사용하는 생산 설비는 다양하게 사용될 수 있다. 동 해설서에서는 화장품 생산에 최소한 필요하다고 생각되는 사항을 설명하였다.

◎ **화장품 생산 설비에 필요한 사항은 다음과 같다.**

| | |
|---|---|
| -설계, 설치 | -검정 |
| -세척, 소독 | -유지관리 |
| -소모품 | -사용기한 |
| -대체시스템 | |

자동화 시스템을 포함한 제조 등 화장품에 사용되는 모든 설비와 용구는 의도된 목적에 적합하도록 깨끗하게 유지되어야 하며 계획적이어야 하고 적절하게 유지되고 검정되어야 한다. 최종 시스템 설계는 각 원료와 완제품을 개별적으로 고려해야 한다.

◎ **그러나 일반적으로 공정시스템(Processing System)은 아래사항에 따라 설계되어야 한다.**

- 제품의 오염을 방지해야 한다.
- 화학적으로 반응이 있어서는 안 되고, 흡수성이 있지 않아야 한다.
- 원료와 자재 등은 공급과 출하가 체계적으로 이루어지도록 관리해야 한다(선입선출).
- 정돈과 효율 및 안전한 조작을 위한 충분한 공간을 제공해야 한다.
- 표면이나 벌크제품과 닿는 부분은 제품의 위생처리와 청소가 용이해야 한다.
- 제품의 안정성을 고려해야 한다.
- 설비의 아래와 위에 먼지의 퇴적을 최소화해야 한다.
- 확실하게 라벨로 표시하고 적절한 문서 기록을 한다.
- 측정, 칭량, 기록, 관리 설비를 일정 주기로 적절한 방법에 의해 교정하고 점검해야 한다.

추가적으로, 제품 용기들(반제품 보관 용기 등)은 환경의 먼지와 습기로부터 보호되어야 한다. 사용하지 않는 이동 호스와 액세서리는 깨끗해야 하며 건조하게 유지되고 먼지, 얼룩 또는 다른 오염으로부터 보호되어야 한다. 청소되고 위생 처리된 휴대용 설비와 도구는 적절한 위치를 정하여 보관하여야 한다.

포장설비의 선택은 제품의 공정, 점도, 제품의 안정성, pH, 밀도, 용기 재질 및 부품 설계 등과 같은 제품과 용기의 특성에 기초를 두어야 한다.

◎ **포장설비는 아래 사항을 고려하여 설계되어야 한다.**

- 제품 오염을 최소화 한다.
- 화학반응을 일으키거나, 제품에 첨가되거나, 흡수되지 않아야 한다.
- 제품과 접촉되는 부위의 청소 및 위생관리가 용이하게 만들어져야 한다.
- 효율적이며 안전한 조작을 위한 적절한 공간이 제공되어야 한다.
- 제품과 최종 포장의 요건을 고려해야 한다.
- 부품 및 받침대의 위와 바닥에 오물이 고이는 것을 최소화한다.
- 물리적인 오염물질 축적의 육안식별이 용이하게 해야 한다.
- 제품과 포장의 변경이 용이하여야 한다.
- 보수와 유지관리 작업에 의해 제품 품질에 어떤 위해가 가해져서는 안 된다.

포장설비는 설계되고 의도된 바에 따라 지속적인 성능을 보증하기 위해서 충분히 유지관리 되어야 한다.

◎ **제품의 설비가 오염되지 않도록 배관, 배수관 및 덕트는 다음의 사항을 만족해야 한다.**

- 물방울과 응축수의 발생을 방지한다.
- 역류 방지 대책이 있어야 한다.
- 청소를 쉽게 하기 위하여 노출한 배관은 벽에서 거리를 두고 설치한다.

설비 사용 시에는 많은 소모품이 사용된다. 소모품은 화장품 품질에 영향을 주어서는 안 된다. 예를 들어 필터, 개스킷, 보관용기와 봉지의 성분이 화장품에 녹아 흡수되거나 화학반응을 일으키거나 부착해서는 안 된다. 소모품을 선택할 때는 그 재질과 표면과 제품과의 상호작용을 검토하여 신중하게 고른다.

## 제9조(작업소의 위생)

① 곤충, 해충이나 쥐를 막을 수 있는 대책을 마련하고 정기적으로 점검·확인하여야 한다.
② 제조, 관리 및 보관 구역 내의 바닥, 벽, 천장 및 창문은 항상 청결하게 유지되어야 한다.
③ 제조시설이나 설비의 세척에 사용되는 세제 또는 소독제는 효능이 입증된 것을 사용하고 잔류하거나 적용하는 표면에 이상을 초래하지 아니하여야 한다.
④ 제조시설이나 설비는 적절한 방법으로 청소하여야 하며, 필요한 경우 위생관리 프로그램을 운영하여야 한다.

▶ **해설**

▶ 곤충, 해충이나 쥐를 막을 수 있는 대책

⊙ **원칙**

- 벌레가 좋아하는 것을 제거한다.
- 빛이 밖으로 새어나가지 않게 한다.
- 원인을 조사하여 대책을 마련한다.

⊙ **방충 대책의 구체적인 예**

- 벽, 천장, 창문, 파이프 구멍에 틈이 없도록 한다.
- 개방할 수 있는 창문을 만들지 않는다.
- 창문은 차광하고 야간에 빛이 밖으로 새어나가지 않게 한다.
- 배기구, 흡기구에 필터를 단다.
- 폐수구에 트랩을 단다.
- 문 하부에는 스커트를 설치한다.

- 골판지, 나무 부스러기를 방치하지 않는다(벌레의 집이 된다).
- 실내압을 외부(실외)보다 높게 한다(공기조화장치).
- 청소와 정리정돈
- 해충, 곤충의 조사와 구제를 실시한다.

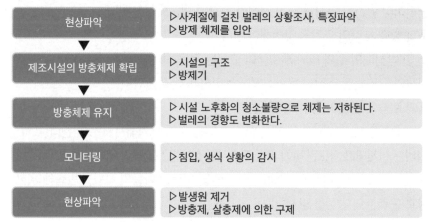

| 현상파악 | ▷ 사계절에 걸친 벌레의 상황조사, 특징파악<br>▷ 방제 체제를 입안 |
|---|---|
| 제조시설의 방충체제 확립 | ▷ 시설의 구조<br>▷ 방제기 |
| 방충체제 유지 | ▷ 시설 노후화의 청소불량으로 체제는 저하된다.<br>▷ 벌레의 경향도 변화한다. |
| 모니터링 | ▷ 침입, 생식 상황의 감시 |
| 현상파악 | ▷ 발생원 제거<br>▷ 방충제, 살충제에 의한 구제 |

곤충, 해충이나 쥐를 막을 수 있는 대책

◉ **외부업체 운영 시 관리**

1) 업체 선정 시 적합한 업체인지 조사 및 평가한다.

2) 방충방서 모니터링 보고서를 수령하여 검토하고 이상발생시 대책수립을 논의 요청한다.

3) 사용 약제(사용 시) 정보 등을 수령하여 유해성 여부를 평가한다.

4) 업체에서 관리하더라도 내부적으로 점검할 항목을 추가할 수 있다.

방충 방서 장치

위생 프로그램이 건물 안의 모든 공간에서 이용 가능해야 한다.

◎ **청소 방법과 위생 처리에 대한 사항은 다음과 같다.**

- 공조시스템에 사용된 필터는 규정에 의해 청소되거나 교체되어야 한다.
- 물질 또는 제품 필터들은 규정에 의해 청소되거나 교체되어야 한다.
- 물 또는 제품의 모든 유출과 고인 곳 그리고 파손된 용기는 지체 없이 청소 또는 제거되어야 한다.
- 제조 공정 또는 포장과 관련되는 지역에서의 청소와 관련된 활동이 기류에 의한 오염을 유발해 제품 품질에 위해를 끼칠 것 같은 경우에는 작업 동안에 해서는 안 된다.
- 청소에 사용되는 용구(진공청소기 등)은 정돈된 방법으로 깨끗하고, 건조된 지정된 장소에 보관되어야 한다.
- 오물이 묻은 걸레는 사용 후에 버리거나 세탁해야 한다.
- 오물이 묻은 유니폼은 세탁될 때까지 적당한 컨테이너에 보관되어야 한다.

- 제조 공정과 포장에 사용한 설비 그리고 도구들은 세척해야 한다. 적절한 때에 도구들은 계획과 절차에 따라 위생 처리되어야 하고 기록되어야 한다. 적절한 방법으로 보관되어야 하고, 청결을 보증하기 위해 사용 전 검사되어야 한다(📖 청소완료 표시서).
- 제조 공정과 포장 지역에서 재료의 운송을 위해 사용된 기구는 필요할 때 청소되고 위생 처리되어야 하며, 작업은 적절하게 기록되어야 한다.
- 제조 공장을 깨끗하고 정돈된 상태로 유지하기 위해 필요할 때 청소가 수행되어야 한다. 그러한 직무를 수행하는 모든 사람은 적절하게 교육되어야 한다. 천장, 머리 위의 파이프, 기타 작업 지역은 필요할 때 모니터링 하여 청소되어야 한다.
- 제품 또는 원료가 노출되는 제조 공정, 포장 또는 보관 구역에서의 공사 또는 유지관리 보수 활동은 제품 오염을 방지하기 위해 적합하게 처리되어야 한다.
- 제조 공장의 한 부분에서 다른 부분으로 먼지, 이물 등을 묻혀가는 것을 방지하기 위해 주의하여야 한다.

적절한 청소와 위생처리 프로그램이 모든 설비를 위해 준비되어야 한다. 청소와 세제와 소독제는 확인되고 효과적이어야 한다. 모든 세제와 소독제는 아래와 같이 해야 된다.

- 적절한 라벨을 통해 명확하게 확인되어야 한다.
- 원료, 포장재 또는 제품의 오염을 방지하기 위해서 적절히 선정, 보관, 관리 및 사용되어야 한다.

같은 제품의 연속적인 뱃치의 생산 또는 지속적인 생산에 할당 받은 설비가 있는 곳의 생산 작동을 위해, 설비는 적절한 간격을 두고 세척되어야 한다.

설비는 적절히 세척을 해야 한다. 필요할 때는 소독을 해야 한다. 설비의 세척은 제조하는 화장품의 종류, 양, 품질에 따라 변화한다. 세척의 종류를 잘 이해하고 자사의 설비 세척의 원칙에 따라 세척하고, 판정하고 그 기록을 남겨야 한다. 제조하는 제품의 전환 시 뿐만 아니라 연속해서 제조하고 있을 때에도 적절한 주기로 제조 설비를 세척해야 한다. 언제 어떻게 설비를 세척하는지의 판단은 제조책임자의 중요한 책무다. 설비, 도구는 세척, 소독 시 상태를 표시하여야 한다.(📖 세척대기, 세척중, 세척완료 등)

설비의 세척에는 많은 종류가 있다. 세척대상물질 및 세척대상 설비에 따라 "적절한 세척"을 실시해야 한다. 그리고 세척에는 "확인"이 따르게 마련이다. 제조 작업자뿐만 아니라 화장품 제조에 관련된 전원이 세척을 잘 이해해야 한다. 세척이 완료되면 적절한 절차로서 소독을 실시한다. 보통 70~80% 에탄올, 70~80% 이소프로필 알코올 또는 열수(뜨거운 정제수) 등으로 설비, 도구 소독을 하며 소독방법, 주기, 소독액 조제 관리 등의 절차를 마련한다.

---

▶ 세척대상 및 확인방법

⊙ 세척대상 물질

| | |
|---|---|
| - 화학물질(원료, 혼합물), 미립자, 미생물 | - 동일제품, 이종제품 |
| - 쉽게 분해되는 물질, 안정된 물질 | - 세척이 쉬운 물질, 세척이 곤란한 물질 |
| - 불용물질, 가용물질 | - 검출이 곤란한 물질, 쉽게 검출할 수 있는 물질 |

⊙ 세척대상 설비

- 설비, 배관, 용기, 호스, 부속품
- 단단한 표면(용기내부), 부드러운 표면(호스)
- 큰 설비, 작은 설비
- 세척이 곤란한 설비, 용이한 설비

물 또는 증기만으로 세척할 수 있으면 가장 좋다. 브러시 등의 세척 기구를 적절히 사용해서 세척하는 것도 좋다. 세제(계면활성제)를 사용한 설비 세척은 권장하지 않는다. 그 이유는 다음과 같다.

① 세제는 설비 내벽에 남기 쉽다.

② 잔존한 세척제는 제품에 악영향을 미친다.

③ 세제가 잔존하고 있지 않는 것을 설명하기에는 고도의 화학 분석이 필요하다.

쉽게 물로 제거하도록 설계된 세제라도 세제 사용 후에는 문질러서 지우거나 세차게 흐르는 물로 헹구지 않으면 세제를 완전히 제거할 수 없다. 세제로 손을 씻었을 때, 손을 충분히 헹구지 않으면 세제의 미끈미끈한 느낌은 제거되지 않을 것이다. 세제로 제조 설비를 세척했을 때, 설비 구석에 남은 세제를 간단히 제거할 수 있을까? 세제를 사용하지 않는 것보다 더 좋은 것은 없다. 하지만 화장품 제형특성상 세제를 사용하는 경우도 있으므로 세제 사용시에는 세척 후 잔류 세제에 대한 평가가 필요하다. 부품을 분해할 수 있는 설비는 분해해서 세척한다. 그리고 세척 후는 반드시 미리 정한 규칙에 따라 세척 여부를 판정한다. 판정 후의 설비는 건조시키고, 밀폐해서 보존한다. 설비 세척의 유효기간을 설정해 놓고 유효기간이 지난 설비는 재세척하여 사용한다. 유효기간은 설비의 종류와 보존 상태에 따라 변하므로 설비마다 실적을 토대로 설정한다. 이상과 같은 "설비세척의 원칙"을 반드시 마련해 놓는다.

작업자의 독자적인 판단에 맡기는 화장품 설비 세척을 해서는 안 된다.

▶ 설비 세척의 원칙
- 위험성이 없는 용제(물이 최적)로 세척한다.
- 가능한 한 세제를 사용하지 않는다.
- 증기 세척은 좋은 방법이다.
- 브러시 등으로 문질러 지우는 것을 고려한다.
- 분해할 수 있는 설비는 분해해서 세척한다.
- 세척 후는 "판정"한다.
- 판정 후의 설비는 건조·밀폐해서 보존한다.
- 사용 전 육안으로 재확인하여 적합한 것만을 제조에 사용한다.

화장품 제조 설비의 종류와 세척방법을 정리해 두면 편리하다. 세척방법에 제1선택지, 제2선택지, 심한 더러움 시의 대안을 마련하고 세척대책이 되는 설비의 상태에 맞게 세척방법을 선택한다. 유화기 등의 일반적인 제조설비에는 "물+브러시"세척이 제1선택지일 것이다. 지워지기 어려운 잔류물에는 에탄올 등의 유기용제의 사용이 필요하게 된다.

분해할 수 있는 부분은 분해해서 세척한다. 특히 제조 품목이 바뀔 때는 반드시 분해할 부분을 설비마다 정해 놓으면 좋다. 호스와 여과천 등은 서로 상이한 제품 간에서 공용해서는 안 된다. 제품마다 전용품을 준비한다.

세척 후에는 반드시 "판정"을 실시한다. 판정방법에는 육안판정, 닦아내기 판정, 린스 정량이 있다. 우선순위도 이 순서다. 각각의 판정방법의 절차를 정해 놓고 제1선택지를 육안판정으로 한다. 육안판정을 할 수 없을 부분의 판정에는 닦아내기 판정을 실시하고, 닦아내기 판정을 실시할 수 없으면 린스정량을 실시하면 된다. 육안판정의 장소는 미리 정해 놓고 판정결과를 기록서에 기재한다. 판정 장소는 말로 표현하는 것이 아니라 그림으로 제시해 놓는 것이 바람직하다.

닦아내기 판정에서는 흰 천이나 검은 천으로 설비 내부의 표면을 닦아내고 천 표면의 잔류물 유무로 세척 결과를 판정한다. 흰 천을 사용할지 검은 천을 사용할지는 전회 제조물 종류로 정하면 된다. 천은 무진포(無塵布)가 바람직하다. 천의 크기나 닦아내기 판정의 방법은 대상 설비에 따라 다르므로 각 회사에서 결정할 수밖에 없다. 린스 정량법은 상대적으로 복잡한 방법이지만, 수치로서 결과를 확인할 수 있다. 그러나 잔존하는 불용물을 정량할 수 없으므로 신뢰도는 떨어진다. 호스나 틈새기의 세척판정에는 적합하므로 반드시 절차를 준비해 두고 필요할 때에 실시한다. 린스 액의 최적정량방법은 HPLC법이나 잔존물의 유무를 판정하는 것이면 박층크로마토그래피(TLC)에 의한 간편 정량으로 될 것이다. 최근, TOC(총유기탄소) 측정법이 발달해서 많은 기종이 발매되어 있다. TOC측정기로 린스액 중의 총유기탄소를 측정해서 세척 판정하는 것도 좋다. UV로 확인하는 방법도 있다. 세척 후에는 세척 완료 여부를 확인할 수 있는 표시를 한다.

방, 벽, 구역 등의 청정화 작업(청소와 정리 정돈 등)을 "청소"라고 한다. 청소는 설비세척과 구별한다. 청소와 세척의 차이 및 청소에 관한 주의사항은 다음과 같다.

> ▶ 청소 및 세척
>
> ※ **청소** : 주위의 청소와 정리정돈을 포함한 시설·설비의 청정화 작업
>
>    (**세척** : 설비의 내부 세척화 작업)
>
> • 절차서를 작성한다.
>   - "책임"을 명확하게 한다.
>   - 사용기구를 정해 놓는다.
>   - 구체적인 절차를 정해 놓는다(먼저 쓰레기를 제거한다, 동쪽에서 서쪽으로, 위에서 아래로, 천으로 닦는 일은 3번 닦으면 교환 등).
>   - 심한 오염에 대한 대처 방법을 기재해 놓는다.
> • **판정기준** : 구체적인 육안판정기준을 제시한다.
> • 세제를 사용한다면
>   - 사용하는 세제명을 정해 놓는다.
>   - 사용하는 세제명을 기록한다.
> • 기록을 남긴다.
>   - 사용한 기구, 세제, 날짜, 시간, 담당자명 등
> • "청소결과"를 표시한다.

**제10조(유지관리)**

① 건물, 시설 및 주요 설비는 정기적으로 점검하여 화장품의 제조 및 품질관리에 지장이 없도록 유지·관리·기록하여야 한다.

② 결함 발생 및 정비 중인 설비는 적절한 방법으로 표시하고, 고장 등 사용이 불가할 경우 표시하여야 한다.

③ 세척한 설비는 다음 사용 시까지 오염되지 아니하도록 관리하여야 한다.

④ 모든 제조 관련 설비는 승인된 자만이 접근·사용하여야 한다.

⑤ 제품의 품질에 영향을 줄 수 있는 검사·측정·시험장비 및 자동화장치는 계획을 수립하여 정기적으로 교정 및 성능점검을 하고 기록해야 한다.

⑥ 유지관리 작업이 제품의 품질에 영향을 주어서는 안 된다.

---

▶ **해설**

화장품 생산 시설(facilities, premises, buildings)이란 화장품을 생산하는 설비와 기기가 들어있는 건물, 작업실, 건물 내의 통로, 갱의실, 손을 씻는 시설 등을 포함한다. 유지관리란 이러한 화장품 생산 시설의 기능을 유지하기 위하여 실시하는 정기점검이다.

유지관리는 예방적 활동(Preventive activity), 유지보수(maintenance), 정기 검교정(Calibration)으로 나눌 수 있다. 예방적 활동(Preventive activity)은 주요 설비(제조탱크, 충전 설비, 타정기 등) 및 시험장비에 대하여 실시하며, 정기적으로 교체하여야 하는 부속품들에 대하여 연간 계획을 세워서 시정 실시(망가지고 나서 수리하는 일)를 하지 않는 것이 원칙이다. 유지보수(maintenance)는 고장 발생 시의 긴급점검이나 수리를 말하며, 작업을 실시할 때, 설비의 갱신, 변경으로 기능이 변화해도 좋으나, 기능의 변화와 점검 작업 그 자체가 제품품질에 영향을 미쳐서는 안 된다. 또한 설비가 불량해져서 사용할 수 없을 때는 그 설비를 제거하거나 확실하게 사용불능 표시를 해야 한다. 정기 검교정(Calibration)은 제품의 품질에 영향을 줄 수 있는 계측기(생산설비 및 시험설비)에 대하여 정기적으로 계획을 수립하여 실시하여야 한다. 또한, 사용전 검교정(Calibration) 여부를 확인하여 제조 및 시험의 정확성을 확보한다.

설비의 개선은 적극적으로 실시하고 보다 좋은 설비로 제조를 행하도록 한다. 이때, 그 개선이 제품품질에 영향을 미치지 않는 것을 확인한다는 것은 말할 것도 없다. 개선이 변경이 되는 일도 있다. 설비점검은 체크시트를 작성하여 실시하는 것이 좋다.

▶ **설비의 유지관리 주요사항**

- 예방적 실시(Preventive Maintenance)가 원칙이다.
- 설비마다 절차서를 작성한다.
- 계획을 가지고 실행한다(연간계획이 일반적).
- 책임 내용을 명확하게 한다.
- 유지하는 "기준"은 절차서에 포함한다.
- 점검체크시트를 사용하면 편리하다.
- **점검항목** : 외관검사(더러움, 녹, 이상소음, 이취 등), 작동점검(스위치, 연동성 등), 기능측정(회전수, 전압, 투과율, 감도 등), 청소(외부표면, 내부), 부품교환, 개선(제품 품질에 영향을 미치지 않는 일이 확인되면 적극적으로 개선한다.)

설비는 제조책임자가 허가한 사람 이외의 사람이 가동시켜서는 안 된다. 담당자 이외의 사람이나 외부자가 접근 하거나 작동시킬 수 있는 상황을 피한다. 입장제한, 가동열쇠 설치, 철저한 사용제한 등을 실시한다.

최근에는 컴퓨터를 사용한 자동시스템이 많아졌다. 이들 자동시스템에는 적어도 액세스 제한 및 고쳐쓰기 방지 대책을 시행한다. 선의, 악의에 관계없이 제조 조건이나 제조기록이 마음대로 변경되는 일이 없도록 한다. 그리고 설비의 가동 조건을 변경했을 때는 충분한 변경 기록을 남긴다.

▶ 설비별 관리 방안

⊙ 제조 설비

**가. 탱크(TANKS)**

탱크는 공정 단계 및 완성된 포뮬레이션 과정에서 공정 중인 또는 보관용 원료를 저장하기 위해 사용되는 용기이다. 탱크는 가열과 냉각을 하도록 또는 압력과 진공 조작을 할 수 있도록 만들어질 수도 있으며 고정시키거나 움직일 수 있게 설계 될 수도 있다. 탱크는 적절한 커버를 갖춰야 하며 청소와 유지관리를 쉽게 할 수 있어야 한다.

① **구성 재질(Materials of Construction)**

- 온도/압력 범위가 조작 전반과 모든 공정 단계의 제품에 적합해야 한다.

- 제품에 해로운 영향을 미쳐서는 안 된다.

- 제품(포뮬레이션 또는 원료 또는 생산공정 중간생산물)과의 반응으로 부식되거나 분해를 초래하는 반응이 있어서는 안 된다.

- 제품, 또는 제품제조과정, 설비 세척, 또는 유지관리에 사용되는 다른 물질이 스며 들어서는 안 된다.

- 세제 및 소독제와 반응해서는 안 된다.

용접, 나사, 나사못, 용구 등을 포함하는 설비 부품들 사이에 전기화학 반응을 최소화하도록 고안되어야 한다. 현재 대부분 원료와 포뮬레이션에 대해 스테인리스스틸은 탱크의 제품에 접촉하는 표면물질로 일반적으로 선호된다. 구체적인 등급으로는 유형번호 304와 더 부식에 강한 번호 316 스테인리스스틸이 가장 광범위하게 사용된다. 어떤 경우에, 미생물학적으로 민감하지 않은 물질 또는 제품에는 유리로 안을 댄 강화유리섬유 폴리에스터와 플라스틱으로 안을 댄 탱크를 사용할 수 있다. 퍼옥사이드 같은 어떠한 민감한 물질/제품은 탱크 제작전문가들 또는 물질 공급자와 함께 탱크의 구성 물질과 생산하고자 하는 내용물이 서로 적용 가능한 지에 대해 상의하여야 한다.

기계로 만들고 광을 낸 표면이 바람직하다. 주형 물질(Cast material) 또는 거친 표면은 제품이 뭉치게 되어 깨끗하게 청소하기가 어려워 미생물 또는 교차오염문제를 일으킬 수 있다. 주형 물질(Cast material)은 화장품에 추천되지 않는다. 용접, 결합은 가능한 한 매끄럽고 평면이어야 한다. 외부표면의 코팅은 제품에 대해 저항력(Product -resistant)이 있어야 한다. 원료 공급업체는 그들이 판매한 화학제품들의 구성성분에 대한 정보를 제공해야 한다.

② **세척과 위생처리(Cleaning and Sanitization)** : 탱크는 세척하기 쉽게 고안되어야 한다. 제품에 접촉하는 모든 표면은 검사와 기계적인 세척을 하기 위해 접근할 수 있는 것이 바람직하다. 세척을 위해 부속품 해체가 용이하여야 한다. 최초 사용 전에 모든 설비는 세척되어야 하고 사용목적에 따라 소독 되어야 한다. 반응할 수 있는 제품의 경우 표면을 비활성으로 만들기 위해 사용하기 전에 표면 패시배이션(Passivation)을 하는 것이 추천된다. 설비의 일부분이 변경 시 어떤 경우에는 다시 패시배이션이 필요할 수 있다.

Clean-in-place 시스템(스프레이 볼/스팀세척기 같은)은 제품과 접촉되는 표면에 쉽게 접근할 수 없을 때 사용될 수 있다. 그러나, 설비의 악화 또는 손상이 확인되고 처리되는 동안에는 장비의 해체 청소를 하여야 한다. 가는 관을 연결하여 사용하는 것은 물리적/미생물 또는 교차오염 문제를 일으킬수 있으며 청소하기가 어렵다. 탱크는 완전히 내용물이 빠지도록 설계되어야 한다.

위생(Sanitary) 밸브와 연결부위는 비위생직인 틈을 방지하기 위해 추천되며 세척/위생처리를 용이하게 하며 여러 가지 상태에서 사용을 할 수 있게 한다. 밸브들은 청소하기 어려운 부분이나, 정체부위(dead leg)가 발생하지 않도록 설치해야 한다.

③ **위치(Location)** : 탱크는 작업, 관찰, 유지관리가 쉽고 탱크와 주변 청소가 용이하고 위생적 조건들을 보증하고 제품 오염의 가능성을 최소화하는 위치에 설치하여야 한다. 구조적 부품(다리, 받침대, 장식용 쇠붙이 등)은 물리적 오염의 가능성을 최소화하고 청소가 쉽도록 설계되어야 한다.

④ **안전(Safety)** : 모든 탱크 시스템들과 주변 지역은 산업 안전 등에 관련된 법규와 요건들을 따라야만 한다.

### 나. 펌프(PUMPS)

펌프는 다양한 점도의 액체를 한 지점에서 다른 지점으로 이동하기 위해 사용된다. 종종 펌프는 제품을 혼합(재순환 및 또는 균질화)하기 위해 사용된다. 펌프는 뚜렷한 용도를 위해 다양한 설계를 갖는다. 널리 사용되는 누 가지 형태는 원심력을 이용하는 것과 Positive displacement(양극적인 이동)이다. 이들 두 유형들 안에 다음을 포함하는 많은 하위 그룹이 있다.

- 원심력을 이용하는 것 : 열린 날개차(Impeller), 닫힌 날개차(Impeller)
  - 낮은 점도의 액체에 사용한다(**예** 물, 청소용제)
- Positive displacement(양극적인 이동) : Duo Lobe(2중 돌출부), 기어, 피스톤
  - 점성이 있는 액체에 사용한다(**예** 미네랄오일, 에멀젼(크림 또는 로션))

펌핑(작업)의 기계적인 동작은 에너지를 펌핑된 물질에 가하게 된다. 이 에너지는 펌프 된 물질에 따라 그 물질의 물리적 성질의 변화를 일으킬 수 있다. 종종 이들 변화는 즉각적으로 보여지지 않고, 물질의 보관 및 스트레스 시험 후에 명백하게 나타난다. 그러므로 펌프 종류의 최종 선택은 펌핑 테스트를 통해 물성에 끼치는 영향을 완전히 해석하여 확증한 후에 해야 한다. 이러한 테스팅의 수치는 특히 매우 민감한 에멀젼에서 중요하다. 펌프의 기계적인 작동은 에멀젼의 분해를 가속화시켜서 불안전한 제품을 만들어낸다. 펌핑 테스트 이외에도, 제조업자는 전 공정에서의 공정기준을 검토해야 한다. 펌핑 테스트 결과 이외에도, 펌프 종류는 미생물학적인 오염을 방지하기 위해서 원하는 속도, 펌프될 물질의 점성, 수송단계 필요조건, 그리고 청소/위생관리(세척/위생관리)의 용이성에 따라 선택한다.

펌프는 각 작업에 맞게 선택되어야 한다. 내용물의 자유로운 배수를 위해 전형적인 PD Lobe 펌프를 설치해야 한다, 즉 Lobe 입구와 배출구는 서로 180도로 되어야 하며 바닥과 수직으로 설치해야 한다. 수평적인 설치 시에는 축적지역이 생기므로 미생물 오염을 방지하기 위해서 펌프의 분해와 일상적인 청소/위생(세척/위생처리) 절차가 필요하게 된다.

① **구성재질(Materials of Construction)** : 펌프는 많이 움직이는 젖은 부품들로 구성되고 종종 하우징(Housing)과 날개차(impeller)는 닳는 특성 때문에 다른 재질로 만들어져야 한다. 추가적으로, 거기에는 보통 펌핑된 제품으로 젖게 되는 개스킷(gasket), 패킹(packing) 그리고 윤활제가 있다. 젖은 부품들은 적정 온도 범위에서 제품과의 적합성에 대해 평가되어야 한다.

② 청소와 위생처리(세척과 위생처리)(Cleaning & Sanitization) : 펌프는 일상적인 예정된 청소와 유지 관리를 위하여 허용된 작업 범위에 대해 라벨을 확인해야 한다. 효과적인 청소와(세척과) 위생을 위해 각각의 펌프 디자인을 검증해야 하고 철저한 예방적인 유지관리 절차를 준수해야 한다.

③ 안전(Safety) : 펌프 설계는 펌핑 시 생성되는 압력을 고려해야 하고 적합한 위생적인 압력 해소 장치가 설치되어야 한다.

### 다. 혼합과 교반 장치(MIXING AND AGITATION EQUIPMENT)

혼합 또는 교반 장치는 제품의 균일성을 얻기 위해 또 희망하는 물리적 성상을 얻기 위해 사용된다. 장치 설계는 기계적으로 회전된 날의 간단한 형태로부터 정교한 제분기(mill)와 균질화기(Homogenizer)까지 있다. 혼합기는 제품에 영향을 미치며 많은 경우에 제품의 안정성에 영향을 미친다. 그러므로, 안정적으로 의도된 결과를 생산하는 믹서를 고르는 것이 매우 중요하다. 믹서를 고르는 방법 중 일반적인 접근은 실제 생산 크기의 뱃치 생산 전에 시험적인 정률증가(scale-up) 기준을 사용하는, 뱃치들을 제조하는 것이다. 그렇게 생산된 제품의 안정성과 품질에 따라 믹서의 적합성을 판단한다.

배플(baffles)과 호모게나이저로 이루어진 조합믹서(combination mixer)는 희망하는 최종 제품 및 공정의 효율성을 제공하기 위해 다양한 속도의 모터와 함께 사용될 수 있다.

① 구성재질(Materials of Construction) : 전기화학적인 반응을 피하기 위해서 믹서의 재질이 믹서를 설치할 젖은 부분 및 탱크와의 공존이 가능한지를 확인해야 한다. 대부분의 믹서는 봉인(seal)과 개스킷에 의해서 제품과의 접촉으로부터 분리되어 있는 내부 패킹과 윤활제를 사용한다. 봉인(seal)과 개스킷과 제품과의 공존시의 적용 가능성은 확인되어야 하고, 또 과도한 악화를 야기하지 않기 위해서 온도, pH 그리고 압력과 같은 작동 조건의 영향에 대해서도 확인해야 한다. 정기적으로 계획된 유지관리와 점검은 봉함(씰링), 개스킷 그리고 패킹이 유지되는지 그리고 윤활제가 새서 제품을 오염시키지 않는지 확인하기 위해 수행되어야 한다.

② 청소와 위생처리(Cleaning and Sanitization)) : 다양한 작업으로 인해 혼합기와 구성 설비의 빈번한 청소가 요구될 경우, 쉽게 제거될 수 있는 혼합기를 선택하면 철저한 청소를 할 수 있다. 풋베어링, 조절장치 받침, 주요 진로, 고정나사 등을 청소하기 위해서 고려하여야 한다.

③ 위치(Location) : 필요할 때, 혼합기는 수리와 청소를 위해 이동하기 용이하게 설치되어야 한다.

④ 안전(Safety) : 혼합기를 작동 시키는 사람은 회전하는 샤프트와 잠재적인 위험 요소를 생각하여 안전한 작동 연습을 적절하게 훈련 받아야 한다. 이동 가능한 혼합기는 사용할 때 적절하게 고정되어야 한다.

### 라. 호스(HOSES)

호스는 화장품 생산 작업에 훌륭한 유연성을 제공하기 때문에 한 위치에서 또 다른 위치로 제품의 전달을 위해 화장품 산업에서 광범위하게 사용된다. 유형과 구성 제재는 대단히 다양하다. 이들은 조심해서 선택되고 사용되어야만 하는 중요한 설비의 하나이다.

① 구성재질(Materials of Construction)

⊙ 호스의 일반 건조 제재

- 강화된 식품등급의 고무 또는 네오프렌
- TYGON 또는 강화된 TYGON
- 폴리에칠렌 또는 폴리프로필렌

－나일론

호스 부속품과 호스는 작동의 전반적인 범위의 온도와 압력에 적합하여야 하고 제품에 적합한 제재로 건조되어야 한다. 호스 구조는 위생적인 측면이 고려되어야 한다.

② 청소와 위생처리(Cleaning and Sanitization)

－호스와 부속품의 안쪽과 바깥쪽 표면은 모두 제품과 직접 집하기 때문에 청소의 용이성을 위해 설계되어야 한다.

－투명한 재질은 청결과 잔금 또는 깨짐 같은 문제에 대한 호스의 검사를 용이하게 한다.

－짧은 길이의 경우는 청소, 건조 그리고 취급하기 쉽고 제품이 축적되지 않게 하기 때문에 선호된다.

－세척제(예 스팀, 세제, 소독제 그리고 용매)들이 호스와 부속품 제재에 적합한지 검토 되어야 한다.

－부속품이 해체와 청소가 용이하도록 설계 되는 것이 바람직하다. 가는 부속품의 사용은 가는 관이 미생물 또는 교차오염문제를 일으킬 수 있으며 청소하기 어렵기 때문에 최소화되어야 한다.

－일상적인 호스세척 절차의 문서화는 확립되어야 한다.

③ 위치(Location) : 사용하지 않을 때 호스는 세척되고, 건조되어 오염을 최소화하기 위해 비위생적인 표면과의 접촉을 막을 수 있는 캐비닛, 선반, 벽걸이 또는 다른 방법으로 지정된 위치에 보관되어야 한다. 깨끗한 호스는 과도한 액체를 빼내고 적절한 것으로 끝을 (예를 들면, 적절하게 알맞은 위생 뚜껑을 덮거나, 플라스틱 또는 비닐로 배출구를 싸는 것) 덮어서 보관한다.

④ 안전(Safety) : 호스 설계와 선택은 적용시의 사용 압력/온도범위를 고려해야 한다.

## 마. 필터, 여과기 그리고 체(FILTERS, STRAINERS AND SIEVES)

필터, 스트레이너 그리고 체는 화장품 원료와 완제품에서 원하는 입자크기, 덩어리 모양을 깨뜨리기 위해, 불순물을 제거하기 위해 그리고 현탁액에서 초과물질을 제거하기 위해 사용될 수 있다. 기구의 선택은 화장품 제조 시 요구사항과 시작 제품의 흐름 특성에 크게 달려있다. 기구는 비중 여과, 왕복 운동하는 체, 선회 운동하는 체, 판과 틀 압축기, 백 또는 카트리지 필터 그리고 원심분리기들을 포함한다. 원치 않는 불순물을 제거하기 위해서 체와 필터의 사용 시 불순물이 아닌 성분을 제거할지도 모른다. 제품 검체는 기능성의 보존, 안정성 또는 소비자 안전을 위해서 여과물의 적합성을 확인하기 위해서 주의 깊게 분석되어야 한다. 설비는 여과공정 동안 여과된 제품의 검체 채취가 용이하도록 설계되어야 한다.

① 구성재질(Materials of Construction) : 화장품 산업에서 선호되는 반응하지 않는 재질은 스테인리스 스틸과 비반응성 섬유이다. 현재, 대부분 원료와 처방에 대해 스테인리스 316L은 제품의 제조를 위해 선호된다. 여과 매체(예 체, 가방(백(bag)), 카트리지 그리고 필터 보조물)는 효율성, 청소의 용이성, 처분의 용이성 그리고 제품에 적합성에 전체 시스템의 성능에 의해 선택하여 평가하여야 한다.

② 안전(Safety) : 시스템 설계는 모든 여과조건하에서 생기는 최고 압력들을 고려해야 한다.

## 바. 이송 파이프(TRANSPORT PIPING)

파이프 시스템은 제품을 한 위치에서 다른 위치로 운반한다. 파이프 시스템에서 밸브와 부속품은 흐름을 전환, 조작, 조절과 정지하기 위해 사용된다.

◉ 파이프 시스템의 기본 부분들은

－펌프

－필터

－파이프

- 부속품(엘보우, T's, 리듀서)

- 밸브

- 이덕터 또는 배출기

파이프 시스템은 제품 점도, 유속 등을 고려해야 한다. 그들은 교차오염의 가능성을 최소화하고 역류를 방지하도록 설계되어야 한다. 파이프 시스템에는 플랜지(이음새)를 붙이거나 용접된 유형의 위생처리 파이프시스템이 있다.

① **구성재질(Materials of Construction)** : 구성 재질은 유리, 스테인리스 스틸 #304 또는 #316, 구리, 알루미늄 등으로 구성되어 있다. 전기화학반응이 일어날 수 있기 때문에 다른 제재의 사용을 최소화하기 위해 파이프 시스템을 설치할 때 주의해야 한다. 어떤 것들은 개스킷, 파이프 도료, 용접봉 등을 사용한다. 이것들은 물질의 적용 가능성을 위해 평가되어야 한다. 유형 #304와 #316 스테인리스 스틸에 추가해서, 유리, 플라스틱, 표면이 코팅된 폴리머가 제품에 접촉하는 표면에 사용된다.

② **청소와(세척과) 위생처리(Cleaning and Sanitization)** : 청소와 정규 검사를 위해 쉽게 해체될 수 있는 파이프 시스템이 다양한 사용조건을 위해 고려되어야 한다. 파이프 시스템은 정상적으로 가동하는 동안 가득 차도록 그리고 가동하지 않을 때는 배출하도록 고안되어야 한다. 오염 시킬 수 있는 막힌관(Dead Legs)이 없도록 한다. 파이프 시스템은 축소와 확장을 최소화하도록 고안되어야 한다. 시스템은 밸브와 부속품이 일반적인 오염원이기 때문에 최소의 숫자로 설계되어야 한다. 메인 파이프에서 두 번째 라인으로 흘러가도록 밸브를 사용할 때 밸브는 데드렉(Dead Leg)을 방지하기 위해 주 흐름에 가능한 한 가깝게 위치해야 한다.

③ **안전(Safety)** : 파이프 시스템 설계는 생성되는 최고의 압력을 고려해야 한다. 사용 전, 시스템은 정수압적으로 시험되어야 한다.

## 사. 칭량 장치 (WEIGHING DEVICE)

칭량 장치들은 원료, 제조과정 재료 그리고 완제품을 요구되는 성분표 양과 기준을 만족하는지를 보증하기 위해 중량 적으로 측정하기 위해 사용된다. 추가적으로 칭량장치들은 재고 관리 같은 다른 작업에 사용된다. 선택된 칭량장치의 유형은 작업의 조건과 요구되는 성과에 달려있다. 주의할 점은 필요한 무게가 계량되기 위해 적절한 칭량 장치가 선택되도록 하여야 한다는 것이다. 칭량 장치의 오차 허용도는 칭량에서 허락된 오차 허용도보다 커서는 안된다. 칭량장치는 그들의 정확성과 정밀성의 유지관리를 확인하기 위해 조사되어야 하고 일상적으로 검정되어야 한다.

기계식, 광선타입, 진자타입, 전자식 그리고 로드 셀(Load Cell)과 같은 몇몇 작동 원리를 갖는 칭량 장치의 유형이 있다. 액세서리들은 칭량 장치 대부분에 대해 이용할 수 있다. 인쇄기 추가는 게시표, 한 장 또는 한 조각 위에 무게, 시간, 날짜 및 다른 자료를 기록할 것이다. 원형 또는 작은 스트립 기록기들은 지속적으로 무게 대 시간의 그래프로 기록한다. 계량용의 칭량장치가 고려되어야 한다.

① **구성재질(Materials of Construction)** : 계량적 눈금의 노출된 부분들은 칭량 작업에 간섭하지 않는다면 보호적인 피복제로 칠해질 수 있다. 계량적 눈금 레버 시스템은 동봉물을 깨끗한 공기와 동봉하고 제거함으로써 부식과 먼지로부터 효과적으로 보호될 수 있다.

② **청소와 위생처리(Cleaning and Sanitization)** : 칭량장치의 기능을 손상시키지 않기 위해서 청소할 때에는 적절한 주의가 필요하다.

③ 위치(Location) : 칭량장치들은 제재의 칭량이 쉽게 이루어질 수 있고 교차 오염의 가능성이 최소화 된 위치에 설치되어야 한다. 칭량장치들은 민감한 기구이기 때문에, 불필요한 남용으로부터 보호되어야 한다. 만약 부식성의 환경들과 과도한 먼지로부터 적절하게 보호되지 않는다면 칭량기구의 기능저하의 원인이 될 것이다.

## 아. 게이지와 미터(GAUGES AND METERS)

게이지와 미터는 온도, 압력, 흐름, pH, 점도, 속도, 부피 그리고 다른 화장품의 특성을 측정 및 또는 기록하기 위해 사용되는 기구이다. 이들 기구들은 화장품 제조업자들 사이에 다양하게 보유할 수 있는데 약간은 정교하고 자세한 전자적 설비가 있을 수 있고 , 표준 pH 미터와 비수은 온도계 같은 전통적인 장치나 설비를 갖고 있을 수 있다. 본 계측기의 정확성과 정밀성을 보증하기 위하여 일정 주기로 검교정 한다. 단, 품질에 미치는 영향성을 평가하여 검교정 대상/비대상을 정할 수 있다.

① 구성재질(Materials of Construction) : 제품과 직접 접하는 게이지와 미터의 적절한 기능에 영향을 주지 않아야 한다. 대부분의 제조자들은 기구들과 제품과 원료의 직접 접하지 않도록 분리 장치를 제공한다.

② 청소와 위생처리(Cleaning and Sanitization) : 게이지와 미터가 일반적으로 청소를 위해 해체되지 않을 지라도, 설계 시 제품과 접하는 부분의 청소가 쉽게 만들어져야 한다. 또한 설계 고려 대상은 설비의 작업 부분과 제품이 접촉하는 것을 최소화하여 설비가 제대로 움직이지 않게 하는 것과 미생물 생장을 돕는 원인일 수 있는 제품 오염을 방지하는 수단이 포함되어야 하는 것이다.

③ 위치(Location) : 인라인 게이지와 미터는 읽기 쉽고 보호할 수 있는 위치여야 한다. 위치는 유지관리와 정규 표준화에 적절해야 한다.

④ 안전(Safety) : 전기 구성 품들은 설비 지역에 있을 수 있는 폭발위험물로부터 안전한 곳에 보관되어야 한다.

⑤ 예방적 정비(Preventive Maintenance) : 공정 설비의 지속적이고 적절한 안전한 기능을 확보하기 위해, 예방적 유지관리 프로그램이 시행되어야 한다. 일정한 예방적 유지관리 간격은 설비 유형과 사용에 따라 결정된 유지관리의 빈도로 공표되어야 한다.

## ⊙ 포장재 설비

## 가. 제품이 닿는 포장설비(PRODUCT CONTACT PACKAGING EQUIPMENT)

이 섹션은 제품이 직, 간접적으로 접촉하는 설비의 기본적인 부분을 고려하는 가이드라인이다. 이들은 제품 충전기, 뚜껑을 덮는 장치/봉인장치/Plugger, 용기공급장치(Container Feeder), 용기세척기, 및 기타 설비 등이다.

① 제품 충전기(PRODUCT FILLER) : 제품 충전기는 제품을 1차 용기에 넣기 위해 사용된다. 제품의 물리적 및 심미적인 성질이 충전기에 의해 영향을 받을 수 있다. 그러므로 제품에 대한 영향을 설비 선택 시 고려해야 한다. 변경을 용이하게 할 수 있도록 설계해야 한다.

(1) 재질 구성
- 조작중의 온도 및 압력이 제품에 영향을 끼치지 않아야 한다.
- 제품에 나쁜 영향을 끼치지 않아야 한다.
- 제품에 의해서나 어떠한 청소 또는 위생처리작업에 의해 부식되거나, 분해되거나 스며들게 해서는 안 된다.

-용접, 볼트, 나사, 부속품 등의 설비구성요소 사이에 전기 화학적 반응을 피하도록 구축되어야 한다. 가장 널리 사용되는 제품과 접촉되는 표면물질은 300시리즈 스테인리스 스틸이다. Type #304와 더 부식에 강한 Type #316 스테인리스스틸이 가장 널리 사용된다.

(2) 충전기 표면마무리(Filler Surface Finish) : 규격화되고 매끈한 표면이 바람직하다. 주형 물질(Cast material) 또는 거친표면은 제품이 뭉치게 되어(미생물 막에 좋은 환경임) 깨끗하게 청소하기가 어려워 미생물 또는 교차오염문제를 일으킬 수 있다. 주형 물질(Cast material)은 화장품에 추천되지 않는다. 용접, 결합은 가능한 한 매끄럽고 평면이어야 한다. 외부표면의 코팅은 제품에 대해 저항력(Product-resistant)이 있어야 한다.

(3) 청소 및 위생처리(Filler Cleaning and Sanitization) : 제품 충전기는 청소, 위생 처리 및 정기적인 감사가 용이하도록 설계되어야 한다. 이는 충전기가 멀티서비스 조작에 사용되거나, 미생물오염 우려가 있는 제품인 경우 특히 중요하다. 충전기는 조작 중에 제품이 뭉치는 것을 최소화하도록 설계되어야 하며 설비에서 물질이 완전히 빠져나가도록 해야 한다. 제품이 고여서 설비의 오염이 생기는 사각지대가 없도록 해야 한다. 고온세척 또는 화학적 위생처리 조작을 할 때 구성 물질과 다른 설계 조건에 있어 문제가 일어나지 않아야 한다. 청소를 위한 충전기의 해체가 용이할 것이 권장된다. 청소와 위생처리과정의 효과는 적절한 방법으로 확인되어야 한다.

(4) 충전기정확도(Filler Accuracy) : 제품충전기는 특별한 용기와 충전 제품에 대해 요구되는 정확성과 조절이 용이하도록 설계 되어야 한다. 이 장치는 정해진 속도에서 지정된 허용오차 내에서 원하는 수의 제품의 충전이 가능해야 한다.

(5) 충전기의 안전성(Filler Safety) : 설비 시스템들과 주변 지역은 산업 안전 등에 관한 법규 및 요건들을 준수하여야 한다.

② 뚜껑덮는장치/봉인장치/플러거/펌프 주입기(CAPPER/ SEALER/ PLUGGER/ PUMP INSERTER) : 뚜껑덮는장치/봉인장치/플러거/펌프 주입기의 목적은 제품용기를 플라스틱튜브로 봉인하는 직접적인 봉인 또는 뚜껑, 밸브, 플러그, 펌프와 같은 봉인장치로 봉하는 것이다. 장치는 조정이 용이하여야 하며 처방된 한도 내에서 봉인할 수 있도록 설계 되어야 한다. 각각의 변경이 설계 시 고려되어야 한다. 뚜껑 덮는 장치/봉인장치/플러거/펌프 주입기는 물리적인 오염, 먼지와 제품이 쌓이는 것을 방지하도록 설계되어야 한다. 사용 중일 때 뚜껑, 봉인, 마개 또는 펌프를 포함하는 호퍼(Hoppers)는 반드시 덮여야 하며 공급 메커니즘(Feed mechanism)은 변경 시 쉽게 비울 수 있고 검사할 수 있어야 한다.

③ 용기공급장치(Container Feeder) : 용기공급장치는 제품용기를 고정하거나 관리하고 그 다음 조작을 위해서 배치한다. 장치는 용기의 부당한 손상(닳음, 유리 깨짐, 압력을 가함, 펑크, 기타 등)없이 용기를 다루어야 하며 청소가 용이하여야 하고 변경이 용이하여야 하며 조작과 변경 중에 육안 검사가 가능하여야 한다. 수동 조작 시에 제품에 접촉되는 표면의 오염을 최소화 하도록 유의하여야 한다. 용기공급장치는 사용 중이거나 사용하지 않을 때 열린 용기를 덮어서 노출을 최소화하여야 한다.

④ 용기세척기 : 용기세척기는 충전될 용기 내부로부터 유리된 물질을 제거한다. 수집 장치는 쉽고 빈번하게 비울 수 있어야 한다. 용기 세척기의 효율성은 적절한 작동을 하여 평가되어야 한다. 세척을 위해 사용되는 공기의 품질을 알아야만 하며 기름, 물, 미생물 함량, 및 다른 오염물질을 피하기 위해 주기적으로 평가되어야 한다. 다 쓴 공기는 다른 부위를 오염시켜서는 안 된다.

⑤ **기타장치** : 컨베이어벨트, 버킷 컨베이어, 축적 장치 등과 같은 다른 포장장치는 세척을 용이하게 하기 위하여 설계되어야 한다. 구조적 부위(다리, 버팀대, 지지대 등)는 물리적 오염, 먼지, 제품이 쌓이는 문제를 최소화하여야 한다.

**나. 제품이 닿지 않는 포장설비(NON-PRODUCT CONTACT PACKAGING EQUIPMENT)**

① **코드화기기(CODER)** : 코드화기기의 목적은 라벨, 용기 또는 출하상자에 읽을 수 있는 영구적인 코드를 표시하는 것이다. 이는 잉크로 인쇄, 엠보싱(embossing), 디보싱(debossing) 등으로 한다. 특히 제품유출가능성이 있는 부위에서는 코드화 기기는 쉽게 청소할 수 있는 물질로 만들어지고 마감 되어야 한다. 코드화 기기가 라벨을 다루어야 하는 곳에는 변경 시에 모든 라벨 장치에서 라벨이 섞이는 것을 방지하기 위하여 남은 라벨을 쉽게 검사할 수 있어야 한다. 코딩과 프린팅 헤드는 변경이 용이하고 청소가 가능하도록 설계 되어야 한다. 규정된 속도에서 코드 정확도, 신뢰도 등이 정기적으로 확인 되어야 한다.

② **라벨기기(LABELER)** : 라벨기기는 용기 또는 다른 종류의 포장에 라벨 또는 포장의 손상 없이 라벨을 붙이는데 이용된다. 접착제나 유출된 제품에 노출되는 라벨기기의 구역은 용기의 오염을 유발할 수 있는 제품의 축적을 방지하기 위해 육안으로 볼 수 있고 청소가 용이하도록 설계되어야 한다. 라벨호퍼 등은 변경 시 나른 코드 또는 다른 제품의 라벨의 혼입가능성을 막기 위하여 검사가 쉽도록 설계되어야 한다.

③ **케이스 조립 그리고 케이스 포장기/봉인(CASE ERECTOR AND CASE PACKER/SEALER)** : 이 설비의 목적은 완제품을 보호하여 소비자에게 배달하기 위해 정해진 외부 포장을 만들고 봉인하기 위해서이다. 제품 용기가 윤활제나 설비에 쌓여있는 외부접착제에 노출되지 않게 하기 위해서 접착제의 청소를 용이하게 할 수 있도록 설계 되어야 한다.

## 제11조(입고관리)

① 제조업자는 원자재 공급자에 대한 관리감독을 적절히 수행하여 입고관리가 철저히 이루어지도록 하여야 한다.

② 원자재의 입고 시 구매 요구서, 원자재 공급업체 성적서 및 현품이 서로 일치하여야 한다. 필요한 경우 운송 관련 자료를 추가적으로 확인할 수 있다.

③ 원자재 용기에 제조번호가 없는 경우에는 관리번호를 부여하여 보관하여야 한다.

④ 원자재 입고절차 중 육안확인 시 물품에 결함이 있을 경우 입고를 보류하고 적절한 조치를 취하여야 한다.

⑤ 입고된 원자재는 "적합", "부적합", "검사 중" 등으로 상태를 표시하여야 한다. 다만, 동일 수준의 보증이 가능한 다른 시스템이 있다면 대체할 수 있다.

⑥ 원자재 용기 및 시험기록서의 필수적인 기재 사항은 다음 각 호와 같다.

1. 원자재 공급자가 정한 제품명
2. 원자재 공급자명
3. 수령일자
4. 공급자가 부여한 제조번호 또는 관리번호

▶ **해설**

화장품의 제조와 포장에 사용되는 모든 원료 및 포장재의 부적절하고 위험한 사용, 혼합 또는 오염을 방지하기 위하여, 해당 물질의 검증, 확인, 보관, 취급, 및 사용을 보장할 수 있도록 절차가 수립되어 외부로부터 공급된 원료 및 포장재는 규정된 완제품 품질 합격판정기준을 충족시켜야 한다.

원료와 포장재의 관리에 필요한 사항은 다음과 같다.

- 중요도 분류
- 공급자 결정
- 발주, 입고, 식별·표시, 합격·불합격, 판정, 보관, 불출
- 보관 환경 설정
- 사용기한 설정
- 정기적 재고관리
- 재평가
- 재보관

모든 원료와 포장재는 화장품 제조(판매)업자가 정한 기준에 따라서 품질을 입증할 수 있는 검증자료를 공급자로부터 공급받아야 한다. 이러한 보증의 검증은 주기적으로 관리되어야 하며, 모든 원료와 포장재는 사용 전에 관리되어야 한다.

원료 및 포장재의 구매 시에는 다음 사항을 고려해야 한다.

- 요구사항을 만족하는 품목과 서비스를 지속적으로 공급할 수 있는 능력평가를 근거로 한 공급자의 체계적 선정과 승인
- 합격판정기준, 결함이나 일탈 발생 시의 조치 그리고 운송 조건에 대한 문서화된 기술 조항의 수립
- 협력이나 감사와 같은 회사와 공급자간의 관계 및 상호 작용의 정립

▶ 공급자 선정 시의 주의사항
- 충분한 정보를 제공할 수 있는가?
  - 원료·포장재 일반정보, 안전성 정보, 안정성·사용기한 정보, 시험기록
- "품질계약서"를 교환할 수 있는가?
  - 구입이 결정되면 품질계약서 교환이 필요해진다.
  - "변경사항"을 알려주는가?
  - 필요하면 방문감사와 서류감사를 수용할 수 있는가?
  ※ "공급자"는 제조원을 의미하며, 판매회사 등을 포함할 수 있다.

▶ 공급자 승인
- 공급자가 "요구 품질의 제품을 계속 공급할 수 있다"는 것을 확인하고 인정할 것
- 일반적으로는 품질보증부(or 구매부서)가 승인한다.
- "조사" + "감사" 결과로 승인한다.
- 조사 시 고려할 점
  - 과거의 실적 : 일탈의 유무, 서비스의 좋고 나쁨 등
  - 세간의 소문, 신뢰도
  - 제품이나 회사의 특이성

- 실시할 감사(Audit)
  - 방문감사
  - 서류감사(질문서로 실시)

입고된 원료와 포장재는 검사중, 적합, 부적합에 따라 각각의 구분된 공간에 별도로 보관되어야 한다. 필요한 경우 부적합 된 원료와 포장재를 보관하는 공간은 잠금장치를 추가하여야 한다. 다만, 자동화 창고와 같이 확실하게 구분하여 혼동을 방지할 수 있는 경우에는 해당 시스템을 통해 관리 할 수 있다.

## 시각적으로 확인할 수 있는 일반적인 라벨링 예시

원료입고라벨

원료적합라벨

시험중 라벨

시험중 라벨 위에 적합스티커

부자재 입고적합라벨

## 전산시스템으로 관리하는 라벨링 예시

원료 라벨

해당 원료라벨의 바코드 조회 시 적합여부, 재고량, 보관위치 등을 확인하는 PDA화면

※ 원료입고라벨에는 적합여부 상태 표시가 되어있지 않다.

외부로부터 반입되는 모든 원료와 포장재는 관리를 위해 표시를 하여야 하며, 필요한 경우 포장외부를 깨끗이 청소한다. 한 번에 입고된 원료와 포장재는 제조단위 별로 각각 구분하여 관리하여야 한다.

일단 적합판정이 내려지면, 원료와 포장재는 제조 장소로 이송된다. 품질이 부적합 되지 않도록 하기 위해 수취와 이송 중의 관리 등의 사전 관리를 해야 한다. 예를 들면 손상, 보관온도, 습도, 다른 제품과의 접근성과 공급업체 건물에서 주문 준비 시 혼동 가능성은 말할 것도 없다.

확인, 검체채취, 규정 기준에 대한 검사 및 시험 및 그에 따른 승인된 자에 의한 불출 전까지는 어떠한 물질도 사용되어서는 안 된다는 것을 명시하는 원료 수령에 대한 절차서를 수립하여야 한다.

구매요구서, 인도문서(납품서, 공급업체 성적서 등 포함), 인도물(현물)이 서로 일치해야 한다. 원료 및 포장재 선적 용기에 대하여 확실한 표기 오류, 용기 손상, 봉인 파손, 오염 등에 대해 육안으로 검사한다. 필요하다면, 운송 관련 자료에 대한 추가적인 검사를 수행하여야 한다. 재 선적 용기에 대하여 확실한 표기 오류, 용기 손상, 봉인 파손, 오염 등에 대해 육안으로 검사한다. 필요하다면, 운송 관련 자료에 대한 추가적인 검사를 수행하여야 한다.

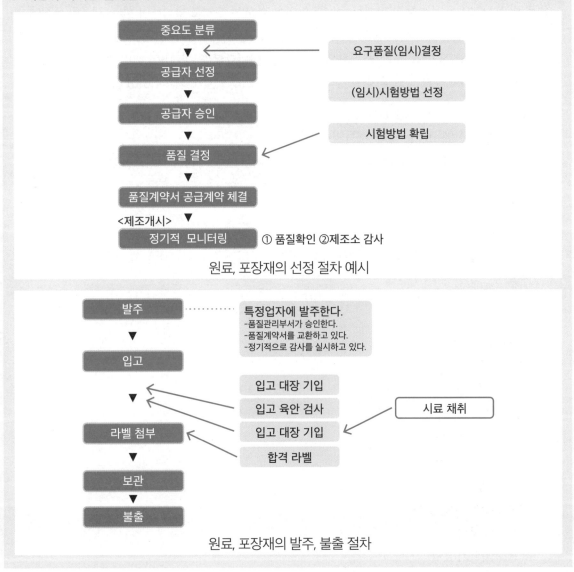

원료, 포장재의 선정 절차 예시

원료, 포장재의 발주, 불출 절차

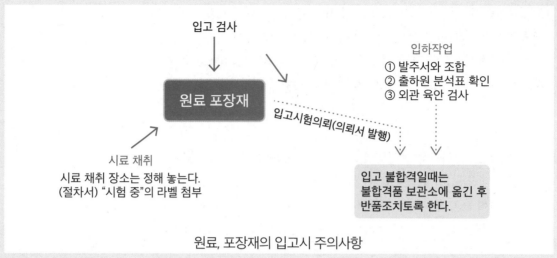

원료, 포장재의 입고시 주의사항

제품을 정확히 식별하고 혼동의 위험을 없애기 위해 라벨링을 해야 한다.

원료 및 포장재의 용기는 물질과 뱃치 정보를 확인할 수 있는 표시를 부착해야 한다. 제품의 품질에 영향을 줄 수 있는 결함을 보이는 원료와 포장재는 결정이 완료될 때까지 보류상태로 있어야 한다. 원료 및 포장재의 상태(즉, 합격, 불합격, 검사 중)는 적절한 방법으로 확인되어야 한다. 확인시스템(물리적 시스템 또는 전자시스템)은 혼동, 오류 또는 혼합을 방지할 수 있도록 설계되어야 한다.

원료 및 포장재의 확인은 다음 정보를 포함해야 한다.

- 인도문서와 포장에 표시된 품목·제품명
- 만약 공급자가 명명한 제품명과 다르다면, 제조 절차에 따른 품목·제품명 그리고/또는 해당 코드번호
- CAS번호(적용 가능한 경우)
- 적절한 경우, 수령 일자와 수령확인번호
- 공급자명
- 공급자가 부여한 뱃치 정보(batch reference), 만약 다르다면 수령 시 주어진 뱃치 정보
- 기록된 양

▶ 원료, 포장재의 검체채취

• 어디서, 누가, 방법, 표시

- "시험자가 실시한다"가 원칙
- 미리 정해진 장소에서 실시한다.
- 검체채취 절차를 정해 놓는다.
 ① 검체채취 방법
 ② 사용하는 설비
 ③ 검체채취 양
 ④ 필요한 검체 작게 나누기
 ⑤ 검체용기
 ⑥ 검체용기 표시
 ⑦ 보관조건
 ⑧ 검체채취 용기, 설비의 세척과 보관
- 검체채취 한 용기에는 "시험 중" 라벨을 부착한다.

⑦ 보관조건

⑧ 검체채취 용기, 설비의 세척과 보관

- 검체채취 한 용기에는 "시험 중" 라벨을 부착한다.

• 환경

- 적절한 환경에서 실시한다.

※ 원료 등에 대한 오염이 발생하지 않는 환경

• 검체채취 수

- 뱃치를 대표하는 부분에서 검체 채취를 한다.

- 원료의 중요도, 공급자의 이력 등을 고려하여 검체채취 수를 조정할 수 있다.

• 검체채취 양

## 제12조(출고관리)

원자재는 시험결과 적합판정된 것만을 선입선출방식으로 출고해야 하고 이를 확인할 수 있는 체계가 확립되어 있어야 한다.

▶ 해설

불출된 원료와 포장재만이 사용되고 있음을 확인하기 위한 적절한 시스템(물리적 시스템 또는 그의 대체시스템 즉 전자시스템 등)이 확립되어야 한다. 오직 승인된 자만이 원료 및 포장재의 불출 절차를 수행할 수 있다.

뱃치에서 취한 검체가 모든 합격 기준에 부합할 때 뱃치가 불출될 수 있다. 원료와 포장재는 불출되기 전까지 사용을 금지하는 격리를 위해 특별한 절차가 이행되어야 한다.

마지막으로, 모든 보관소에서는 선입선출의 절차가 사용되어야 한다.

특별한 환경을 제외하고, 재고품 순환은 오래된 것이 먼저 사용되도록 보증해야 한다. 모든 물품은 원칙적으로 선입선출 방법으로 출고 한다. 다만, 나중에 입고된 물품이 사용(유효)기한이 짧은 경우 먼저 입고된 물품보다 먼저 출고할 수 있다. 선입선출을 하지 못하는 특별한 사유가 있을 경우, 적절하게 문서화된 절차에 따라 나중에 입고된 물품을 먼저 출고할 수 있다.

원료의 사용기한(use by date)을 사례별로 결정하기 위해 적절한 시스템이 이행되어야 한다.

## 제13조(보관관리)

① 원자재, 반제품 및 벌크 제품은 품질에 나쁜 영향을 미치지 아니하는 조건에서 보관하여야 하며 보관기한을 설정하여야 한다.

② 원자재, 반제품 및 벌크 제품은 바닥과 벽에 닿지 아니하도록 보관하고, 선입선출에 의하여 출고할 수 있도록 보관하여야 한다.

③ 원자재, 시험 중인 제품 및 부적합품은 각각 구획된 장소에서 보관하여야 한다. 다만, 서로 혼동을 일으킬 우려가 없는 시스템에 의하여 보관되는 경우에는 그러하지 아니한다.

④ 설정된 보관기한이 지나면 사용의 적절성을 결정하기 위해 재평가시스템을 확립하여야 하며, 동 시스템을 통해 보관기한이 경과한 경우 사용하지 않도록 규정하여야 한다.

▶ 해설[4]

보관 조건은 각각의 원료와 포장재의 세부 요건에 따라 적절한 방식으로 정의되어야 한다(예 냉장, 냉동보관).

원료와 포장재가 재포장될 때, 새로운 용기에는 원래와 동일한 라벨링이 있어야 한다. 원료의 경우, 원래 용기와 같은 물질 혹은 적용할 수 있는 다른 대체 물질로 만들어진 용기를 사용하는 것이 중요하다. 적절한 보관을 위해 다음 사항을 고려하여야 한다.

- 보관 조건은 각각의 원료와 포장재에 적합하여야 하고, 과도한 열기, 추위, 햇빛 또는 습기에 노출되어 변질되는 것을 방지할 수 있어야 한다.
- 물질의 특징 및 특성에 맞도록 보관, 취급되어야 한다.
- 특수한 보관 조건은 적절하게 준수, 모니터링 되어야 한다.
- 원료와 포장재의 용기는 밀폐되어, 청소와 검사가 용이하도록 충분한 간격으로, 바닥과 떨어진 곳에 보관되어야 한다.
- 원료와 포장재가 재포장될 경우, 원래의 용기와 동일하게 표시되어야 한다.
- 원료 및 포장재의 관리는 허가되지 않거나, 불합격 판정을 받거나, 아니면 의심스러운 물질의 허가되지 않은 사용을 방지할 수 있어야 한다.(물리적 격리(quarantine)나 수동 컴퓨터 위치 제어 등의 방법)

재고의 회전을 보증하기 위한 방법이 확립되어 있어야 한다. 따라서 특별한 경우를 제외하고, 가장 오래된 재고가 제일 먼저 불출되도록 선입선출 한다.

- 재고의 신뢰성을 보증하고, 모든 중대한 모순을 조사하기 위해 주기적인 재고조사가 시행되어야 한다.
- 원료 및 포장재는 정기적으로 재고조사를 실시한다.
- 장기 재고품의 처분 및 선입선출 규칙의 확인이 목적
- 중대한 위반품이 발견되었을 때에는 일탈처리를 한다.

> ▶ 원료, 포장재의 보관 환경
> - 출입제한
>   - 원료 및 포장재 보관소의 출입제한
> - 오염방지
>   - 시설대응, 동선관리가 필요
> - 방충방서 대책
> - 온도, 습도
>   - 필요시 설정한다.

원료의 허용 가능한 보관 기한을 결정하기 위한 문서화된 시스템을 확립해야 한다. 보관기한이 규정되어 있지 않은 원료는 품질부문에서 적절한 보관기한을 정할 수 있다. 이러한 시스템은 물질의 정해진 보관 기한이 지나면, 해당 물질을 재평가하여 사용 적합성을 결정하는 단계들을 포함해야 한다.

그러나, 원칙적으로 원료공급처의 사용기한을 준수하여 보관기한을 설정하여야 하며, 사용기한 내에서 자체적인 재시험 기간과 최대 보관기한을 설정·준수해야 한다.

원료의 사용기한은 사용 시 확인이 가능하도록 라벨에 표시되어야 한다.

---

4  참고자료:Guidance for Industry-Cosmetic Good Manufacturing Practices[U.S. FDA]

원료와 포장재, 반제품 및 벌크 제품, 완제품, 부적합품 및 반품 등에 도난, 분실, 변질 등의 문제가 발생하지 않도록 작업자외에 보관소의 출입을 제한하고, 관리하여야 한다.

## 제14조(물의 품질)

① 물의 품질 적합기준은 사용 목적에 맞게 규정하여야 한다.

② 물의 품질은 정기적으로 검사해야 하고 필요시 미생물학적 검사를 실시하여야 한다.

③ 물 공급 설비는 다음 각 호의 기준을 충족해야 한다.

　1. 물의 정체와 오염을 피할 수 있도록 설치될 것

　2. 물의 품질에 영향이 없을 것

　3. 살균처리가 가능할 것

▶ 해설[5]

화장품 제조에 사용되는 물(탈이온화(deionization), 증류 또는 역삼투압 처리 유무에 상관없이)에 대한 절차서는 다음과 같은 사항들을 보장해야 한다.

－오염의 위험과 물의 정체(stagnation)를 예방할 수 있어야 한다.

－미생물의 오염을 방지하기 위해 고안되고 적절한 주기와 방법에 따라 청결과 위생관리가 이루어지는 시스템을 통해 물을 공급해야 한다.

－화학적, 물리적, 미생물학적 규격서에 대한 적합성 검증을 위한 적절한 모니터링과 시험이 필요하다.

－규정된 품질의 물을 공급해야 하고, 물 처리 설비에 사용된 물질들은 물의 품질에 영향을 미쳐서는 안 된다.

화장품 제조 공장에서는 제품에 사용하는 물 뿐만 아니라 설비 세척수, 시설 등을 청소하는 물, 손 씻는 물, 직원이 마시는 물 등 많은 종류의 물을 사용한다. 화장품 제조회사에서는 이들 용도에 맞는 품질의 물을 사용해야 한다.

정제수를 사용할 때에는 그 품질기준을 정해 놓고 사용할 때마다 품질을 측정해서 사용한다. 수돗물과 달리 정제수 중에는 염소이온 등의 살균성분이 들어 있지 않으므로 미생물이 번식하기 쉽다. 그러므로 한 번 사용한 정제수 용기의 물을 재사용하거나 장기간 보존한 정제수를 사용해서는 안 된다.

정제수는 사용할 때는 통상 자사에서 제조한다. 일반적으로는 정제수는 상수를 이온교환수지 통을 통과시키거나 증류하거나 역삼투(R/O) 처리를 해서 제조한다.

▶ 용수의 품질관리

　1. 화장품 제조 용수의 고려할 점

　• 사용하는 물의 품질을 목적별로 정해 놓는다.

　◉ 예시

　　① 제조설비 세척 : 정제수, 상수

　　② 손 씻기 : 상수

　　③ 제품 용수 : 화장품 제조시 적합한 정제수

　　　• 사용수의 품질을 주기별로 시험항목을 설정해서 시험한다.

　　　• 제조 용수 배관에는 정체방지와 오염방지 대책을 해 놓는다.

---

5　참고자료:Guidance for Industry-Cosmetic Good Manufacturing Practices[U.S. FDA]

2. 용수의 품질 관리

• 용수시스템 유지 관리

가. 소독(Sanitization) : 제조용수의 미생물 관리는 기본적으로 소독에 의존하게 된다. 자외선 조사,
열을 가하는 등의 방법으로 소독할 수 있다.

나. 용수시스템 유지 관리 : 제조용수시스템이 일정한 관리 범위 안에 있도록 하기 위해서는 예방 관
리 프로그램이 확립되어 있어야 한다.

(1) 작동절차

제조용수시스템의 작동 절차, 일상 점검 및 시정 조치절차 등을 문서로 규정하고 어떤 경우에 어떤
조치를 취해야 할지를 구체적으로 명시해 줘야 한다. 이런 문서는 정식 문서로 잘 관리해야 하며 각
직무의 기능을 구체적으로 기술하고, 그 직무를 수행할 책임자를 지명하고 그 직무를 수행하는 방법
까지를 기술해 줘야 한다.

(2) 모니터링 절차

중요 품질 관련 기준과 운전 설정치를 문서로 정해 놓고 그에 따라서 모니터링 해야 한다. 모니터링
방법에는 전도도 측정기록계 같이 시스템 자체에 장착한 감지기나 기록계를 이용하는 방법, carbon
filter의 차압이 떨어지는 것을 기록하는 것처럼 작동에 관련된 수치를 일일이 손으로 쓰는 방법, 일
반 세균시험처럼 시험실에서 시험하는 방법 등이 있다. 이 절차에는 검체 채취 빈도, 시험 결과 해석
요건 및 어떤 시정 조치가 필요한지 등을 포함해야 한다.

(3) 소독

각 단위 기계에 어떤 것을 써서 시스템을 어떻게 설계했느냐에 따라, 주기를 정해 놓고 일상적으로
소독함으로써 끊임없이 미생물을 관리하여야 한다. 소독에 관하여는 위에서 언급한 바 있다.

(4) 설비유지관리

제조용수시스템 각 단위설비(예 활성탄, 마이크로 필터, 이온교환 수지, ROmembrane, UV lamp등)
마다 점검주기, 교체주기를 설정하고 일상점검을 통하여 유지관리 한다.

(5) 예방 점검

효율적인 예방 점검 프로그램이 있어야 한다. 어떤 예방 점검을, 어떤 빈도로 해야 하며, 어떻게 기록
하여 관리해야 하느냐가 확립되어 있어야 한다.

(6) 변경 관리

기계적 구조를 바꾸거나 작업 조건을 바꿀 때는 철저히 관리되어야 한다. 변경 처리 절차는 어떤 공
정을 바꿀 때는 그것이 시스템 전체에 어떤 영향을 미칠 것인지를 평가 하고, 시스템을 재평가 할 필
요가 있는지 판단하며, 시스템 변경을 확정하면 그에 따라 도면, 작동 지침 및 절차 등 연관된 사항을
개정한다.

◉ 용수시스템 품질 관리

가. 정제수의 품질 관리

(1) 관리 목적

정제수의 시험항목 및 규격은 화장품의 원료로 사용하는 물로서, 위생적인 측면과 다른 원료들의 용
해도, 경시변화에 따른 침전, 탈색/변색에 대한 영향, 피부에 대한 작용 등을 고려할 때 필요한 정도
의 순도를 규정하기 위한 것이다. 대표적으로 Salt(염)이 함유된 정제수를 사용하면 제품의 향, 안정
성, 투명도에 결정적 영향을 미치게 됨으로 철저하게 관리하여야 한다.

## (2) 검체의 채취

검체 채취 전 밸브를 열고 정해진 배수시간 또는 배수량의 물을 배수하고 샘플링 병을 헹군 후 채취한다. 정제수 사용처에서 채취하는 경우, 제조 시 실제로 사용하는 방법과 같이 호스 등을 연결하여 채취한다. 반대로 제조 중 정제수 사용 시 검체 채취 방법과 동일하게 정제수를 사용한다. (사용 전 배수량 또는 배수시간, 호스 사용 등)

정제수의 품질관리용 검체채취 시에는 항상 정해진 채취 부위에서 정해진 시간에 채취하여야 한다. 이때 채취구는 아래쪽을 향하도록 설치하여 항상 배수가 쉽도록 하고, 오염방지를 위해 밀폐 관리하는 것이 중요하다.

## (3) 품질검사

정제수에 대한 품질검사는 원칙적으로 매일 제조 작업 실시 전에 실시하는 것이 좋다. 단, 시험 항목은 공정서, 화장품 원료규격 가이드라인의 정제수 항목 등을 참고로 하여, 각 사의 정제수 제조설비 운영 및 결과를 근거로 검사주기를 정하여 실시할 수 있다.

**항목별 시험주기 예시**

| 매일 제조 전 | 성상(외관, 향취), pH, 총유기체탄소, 전도도 등 |
|---|---|
| 주간 | 순도시험(염화물, 황산염, 질산성산소 등), 위치별 미생물 검사 |

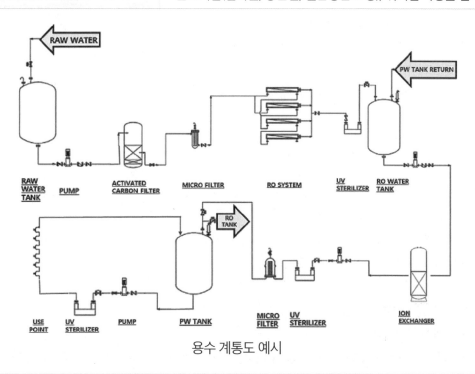

용수 계통도 예시

**제15조(기준서 등)**

① 제조 및 품질관리의 적합성을 보장하는 기본 요건들을 충족하고 있음을 보증하기 위하여 다음 각 항에 따른 제품표준서, 제조관리기준서, 품질관리기준서 및 제조위생관리기준서를 작성하고 보관하여야 한다.

② 제품표준서는 품목별로 다음 각 호의 사항이 포함되어야 한다.

  1. 제품명

  2. 작성연월일

  3. 효능·효과(기능성 화장품의 경우) 및 사용상의 주의사항

  4. 원료명, 분량 및 제조단위당 기준량

  5. 공정별 상세 작업내용 및 제조공정흐름도

  6. <삭제>

  7. 작업 중 주의사항

  8. 원자재 반제품 벌크 제품 완제품의 기준 및 시험방법

  9. 제조 및 품질관리에 필요한 시설 및 기기

  10. 보관조건

  11. 사용기한 또는 개봉 후 사용기간

  12. 변경이력

  13. <삭제>

  14. 그 밖에 필요한 사항

③ 제조관리기준서는 다음 각 호의 사항이 포함되어야 한다.

  1. 제조공정관리에 관한 사항

    가. 작업소의 출입제한

    나. 공정검사의 방법

    다. 사용하려는 원자재의 적합판정 여부를 확인하는 방법

    라. 재작업방법

  2. 시설 및 기구 관리에 관한 사항

    가. 시설 및 주요설비의 정기적인 점검방법

    나. <삭제>

    다. 장비의 교정 및 성능점검 방법

  3. 원자재 관리에 관한 사항

    가. 입고 시 품명, 규격, 수량 및 포장의 훼손 여부에 대한 확인방법과 훼손되었을 경우 그 처리방법

    나. 보관 장소 및 보관방법

    다. 시험결과 부적합품에 대한 처리방법

    라. 취급 시의 혼동 및 오염 방지대책

    마. 출고 시 선입선출 및 칭량된 용기의 표시사항

    바. 재고관리

  4. 완제품 관리에 관한 사항

    가. 입·출하 시 승인판정의 확인방법

    나. 보관 장소 및 보관방법

    다. 출하 시의 선입선출방법

5. 위탁제조에 관한 사항

    가. 원자재의 공급, 반제품, 벌크 제품 또는 완제품의 운송 및 보관 방법

    나. 수탁자 제조기록의 평가방법

④ 품질관리기준서는 다음 각 호의 사항이 포함되어야 한다.

1. <삭제>

2. 시험검체 채취방법 및 채취 시의 주의사항과 채취 시의 오염방지대책

3. 시험시설 및 시험기구의 점검(장비의 교정 및 성능점검 방법)

4. 안정성시험(해당하는 경우에 한함)

5. 완제품 등 보관용 검체의 관리

6. 표준품 및 시약의 관리

7. 위탁시험 또는 위탁 제조하는 경우 검체의 송부방법 및 시험결과의 판정방법

8. 그 밖에 필요한 사항

⑤ 제조위생관리기준서는 다음 각 호의 사항이 포함되어야 한다.

1. 작업원의 건강관리 및 건강상태의 파악·조치방법

2. 작업원의 수세, 소독방법 등 위생에 관한 사항

3. 작업복장의 규격, 세탁방법 및 착용규정

4. 작업실 등의 청소(필요한 경우 소독을 포함한다. 이하 같다) 방법 및 청소주기

5. 청소상태의 평가방법

6. 제조시설의 세척 및 평가

7. 곤충, 해충이나 쥐를 막는 방법 및 점검주기

8. 그 밖에 필요한 사항

▶ 해설

제조 공정의 모든 단계를 통하여, 추적성(traceability)을 제공함으로써, 완제품이 목표하는 품질 수준을 만족하고 규정된 모든 요건을 충족시킨다는 것을 보장하기 위한 문서화된 절차서, 작업 지시서 및 규격서와 함께 생산관리 방법이 확립되어야 한다.

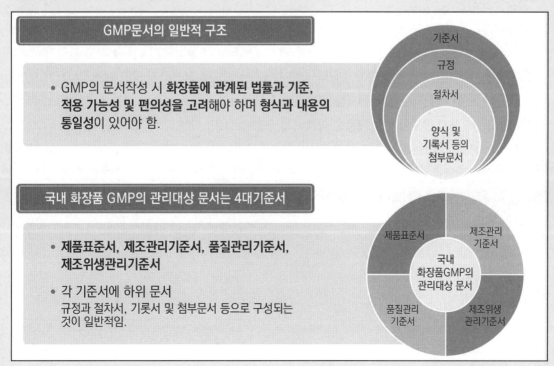

**GMP문서의 일반적 구조**

- GMP의 문서작성 시 **화장품에 관계된 법률과 기준, 적용 가능성 및 편의성을 고려해야** 하며 **형식과 내용의 통일성**이 있어야 함.

기준서 / 규정 / 절차서 / 양식 및 기록서 등의 첨부문서

**국내 화장품 GMP의 관리대상 문서는 4대기준서**

- **제품표준서, 제조관리기준서, 품질관리기준서, 제조위생관리기준서**

- 각 기준서에 하위 문서
  규정과 절차서, 기록서 및 첨부문서 등으로 구성되는 것이 일반적임.

국내 화장품GMP의 관리대상 문서 / 제품표준서 / 제조관리기준서 / 품질관리기준서 / 제조위생관리기준서

각 기준서는 일괄하여 작성할 수도 있고, 각 업무에 따르는 구체적이고 실직적인 규정으로 분할해도 좋다. 여러 가지 규정으로 세분하여 작성 할 경우 찾기가 편리하도록 해당 기준서에 그 문서의 번호를 목록으로 정리한다.

문서 또는 이들 4대 기준서 작성과 관리에 관한 규정, GMP 위원회 규정 등 GMP 운영 전반에 관한 사항 및 4대 기준서 어디에도 포함되지 않는 사항에 관한 규정은 별도로 작성한다.

기준서 작성 및 관리 : 기준서를 작성할 때는 다음 사항에 유의한다.

1) 문서 양식을 정하고 통일성 있게 작성하며 페이지 번호를 매긴다.

2) 작업원들이 이해하기 쉽도록 하고 구체적으로 기술한다.

3) 제조소 내 규정된 절차, 공정에 대하여 작성한다.

4) 문서마다 제정 또는 개정한 이력 등을 관리가 쉽게 따로 정리한다.

5) 기준서 개정 시 개정 전 기준서 사본은 혼란을 피하기 위하여 현장에서 회수 폐기하고 원본은 문서 관리 담당부서에서 "무효본"임을 표시하여 보관한다.

제품표준서는 제조품목마다 최초 생산 이전에 작성·비치하여야 한다. 제품표준서는 그 품목의 제조에 필요한 내용을 표준화함으로써 작업상 착오가 없도록 하고 항상 동일한 수준의 제품을 생산하도록 작성하며 제품의 이력사항을 유지·관리한다. 또 작업이 완료되면 그 작업이 규정대로 이루어졌는지를 확인하기 위해 제품표준서가 필요하다. 제품표준서에는 이 기준에서 정한 항목 이외에도 제조 및 품질관리에 필요한 사항을 기재하고 허가증 사본(허가품목에 한함)과 참고 자료(기술제휴사의 자료 및 관련 근거 자료 등)를 첨부해두는 것이 좋다.

화장품 제조공정은 제조번호 지정부터 시작하여, 제조지시서 발행, 원료불출, 제조설비 및 기구의 청소 상태 확인, 제조 작업 개시 등의 순서로 진행되고 사용한 원료를 재보관 하는 등 많은 작업공정이 조합되어 이루어진다. 일반적인 화장품의 제조공정은 아래와 같다. 이들 작업의 내용을 이해하고 자사 제품에 적합한 제조공정을 구축할 필요가 있다.

- 제조번호 지정          - 제조지시서 발행
- 제조기록서 발행        - 원료 불출
- 공정표                 - 작업시작 전 점검
- 공정관리 작업          - 제조기록서 완결
- 벌크제품               - 원료 재보관

제조지시서는 제조공정 중의 혼돈이나 착오를 방지하고 작업이 올바르게 이루어지도록 하기 위하여 제조단위(뱃치)별로 작성, 발행되어야 한다. 제조기록서는 별도로 작성하지 않고 제조지시서와 제조기록서를 통합하여 제조지시 및 기록서로 운영하여도 무방하다. 제조지시서는 제조 시 작업원의 주관적인 판단이 필요하지 않도록 작업 내용을 상세하게 공정별로 구분하여 작성하여야 한다.

공정 관리가 적절하다는 것을 보장하기 위하여, 관련 문서는 각각의 제조 작업 단계에서 이용 가능해야 하며, 제조 작업은 문서화된 공정 순서에 따라 수행되어야 한다. 다음은 제조 작업을 위한 문서관리의 예를 나타내었다. 이를 통해, 각 뱃치가 규정된 방식으로 제조되어 뱃치와 뱃치사이의 균일성이 보장 받게 된다.

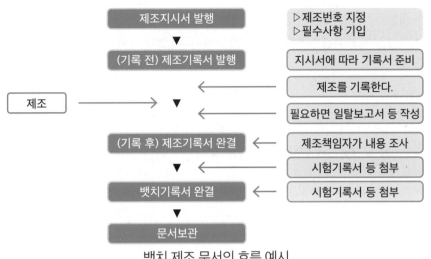

뱃치 제조 문서의 흐름 예시

화장품 제조는 제조지시서의 발행으로 시작하고 뱃치기록서의 보관으로 끝난다. 제조에 관한 문서의 흐름을 이해하고, 자사의 특징을 더해서 독자적인 제조문서체계를 구축할 것을 권장한다.

제조지시서에 따라 제조를 개시한다. 제조지시서는 일단 발행하면 내용을 변경해서는 안 된다. 부득이하게 재발행할 때에는 이전에 발행되어진 제조지시기록서는 폐기한다. 제조지시서는 제조 작업을 끝낼 때까지는 "가장 책임 있는 문서"이며, 제조지시서의 내용에 어긋나는 제조를 해서는 안 된다.

제조지시서에 제조 작업자가 제조를 시작하는데 있어서 필요한 정보를 기재한다. 책임 있는 지시를 하기 위해서는 상세한 내용의 지시서를 발행해야 한다. 기입이 끝나면 발행 제조부서책임자가 서명을 한다. 제조지시서는 제조기록서와 함께 뱃치기록서 내에 보관하는 것을 권장한다.

제조지시서에 따라 제조기록서를 발행한다. 제조에 관한 기록은 모두 제조기록서에 기재한다. 제조 개시 전에 제조설비 및 기구의 청소상태를 확인하고 제조설비 및 기구의 청소완료라벨을 기록서에 부착하거나 청소상태를 확인하는 기록란이 기록서에 있어야 한다. 설비 세척상태의 기록란을 마련해 둔다.

모든 제조 작업을 시작하기 전 작업시작 시 확인사항('start-up')점검을 수행하는 것이 일반적인 지침이다. 관련 문서가 제조 작업에 이용가능하고, 모든 원료가 사용 가능하다는 것을 보장하기 위해 이러한 점검은 필수적이다. 또한 이를 통해, 설비가 적절히 위생 처리되고 생산할 준비가 완료되었으며, 제조 작업에 불필요한 포장재 및 표시 라벨 등의 혼합을 제거하기 위해 작업 구역 및 제조라인 정리가 수행되었음을 확인한다.

제조된 벌크의 각 뱃치들에는 추적이 가능하도록 제조번호가 부여되어야 한다. 벌크에 부여된 특정 제조번호는 완제품에 대응하는 제조번호와 반드시 동일할 필요는 없다. 하지만 어떤 벌크 뱃치와 양이 완제품에 사용되었는지 정확히 추적할 수 있는 문서가 존재하여야 한다.

제조관리기준서는 제조관리에 관한 사항 외에도 기계 및 생산지원 또는 부속시설의 관리와 원자재, 반제품 및 완제품의 보관에 관한 사항 등을 포함하는 제조 전반에 관한 관리 기준서이다.

품질관리기준서는 품질관리를 효율적으로 할 수 있도록 검체채취 방법, 시험방법, 시험결과의 평가 및 전달, 시험자료의 기록 및 보존 등에 관한 절차를 표준화하여 문서화한 것이다. 따라서 여기에 명시된 각 항목은 최소한 필요한 사항이며 각 제조소에 따라 추가 작성하는 것이 바람직하다. 또 각 항목은 품질부서의 담당자가 쉽게 이해하고 시행할 수 있도록 구체적으로 기재한다.

제조위생관리기준서는 제조소마다 제조환경의 위생관리를 철저히 하고 제조하는 화장품의 오염을 방지하기 위해 작업소, 제조시설 및 작업원의 위생관리에 필요한 사항을 정한다. 제조위생관리기준서를 작성할 때는 제형별 특성을 충분히 검토하고 제품에 영향을 미치는 요인을 파악하여 그에 알맞은 청정도 및 관리기준을 정하고 작업원에 의해 제품이 오염되지 않도록 작업원의 위생관리 기준과 교육에 관한 사항도 정한다.

### 제16조(칭량)
① 원료는 품질에 영향을 미치지 않는 용기나 설비에 정확하게 칭량되어야 한다.
② 원료가 칭량되는 도중 교차오염을 피하기 위한 조치가 있어야 한다.

▶ 해설

처방에 표시된 대로, 각 원료는 적절한 용기(즉, 스테인리스 스틸 재질 드럼이나 플라스틱 용기)로 측정 및 칭량되거나 또는 직접 제조 설비(즉, 탱크 또는 호퍼)로 옮겨져야 한다. 용기가 적절하게 위생처리 되었음을 확인할 수 있어야 한다.

칭량, 계량할 때는 먼저 작업 주위와 칭량기구가 청결한 것을 육안으로 확인한다. 칭량중에는 오염이 발생하지 않는 환경에서 작업을 실시해야 한다. 그 다음 칭량한 원료를 넣는 용기가 청결한 것을 확인한다. 용기의 내부뿐만 아니라 외부도 청결한 것을 육안으로 확인한다. 칭량하기 전 사용되는 저울의 검교정 유효기간을 확인하고, 일일점검을 실시한 후에 칭량 작업을 수행한다.

칭량은 실수가 허용되지 않는 중요한 작업이다. 2명으로 작업하는 것이 권장된다. 단, 자동기록계가 붙어 있는 천칭 등을 사용했을 경우에는 작업자가 기재한 칭량 결과를 백업하는 자동기록치가 존재하므로 칭량을 한 사람이 작업할 수 있다.

또한 원료나 벌크제품을 담는데 사용하는 모든 설비나 용기도 내용물을 쉽게 확인할 수 있도록 분명히 표시하여야 한다. 적절한 표시는 최소한 다음 사항을 포함해야 한다.

- 품명 또는 확인 코드
- 칭량 양 또는 벌크 제조량
- 특별히 부여된 제조번호
- 특별한 정보(특수한 보관 조건, 보관기한(shelf life), 불출 날짜 등)

### ※ 교차오염을 피하기 위한 방법
- 원료칭량은 혼합 칭량이 아닌 개별로 칭량을 실시한다..
- 칭량 시 사용 도구는 각 원료별 사용한다.

▶ 원료 칭량 시, 교차오염 방지 방법 예시
- 원료 칭량 시 단일 방향 기류(라미나플로우)를 형성하는 칭량부스(weighing booth)를 사용할 수 있다.
- 파우더 원료 등의 경우, 칭량 시 분진 등으로 교차오염이 발생할 수 있으므로 칭량 시 후드를 가동하거나 하여 교차오염을 최소화할 수 있다.

<후드>

<칭량부스>

**제17조(공정관리)**

① 제조공정 단계별로 적절한 관리기준이 규정되어야 하며 그에 미치지 못한 모든 결과는 보고되고 조치가 이루어져야 한다.

② 벌크제품은 품질이 변하지 아니하도록 적당한 용기에 넣어 지정된 장소에서 보관해야 하며 용기에 다음 사항을 표시해야 한다.

1. 명칭 또는 확인코드
2. 제조번호
3. 완료된 공정명
4. 필요한 경우에는 보관조건

③ 벌크제품의 최대 보관기간은 설정하여야 하며, 최대 보관기간이 가까워진 벌크제품은 완제품 제조하기 전에 재평가해야 한다.

> **▶ 해설**
>
> 제조 중인 모든 벌크가 규정 요건을 만족함을 보장하기 위해 공정관리를 실시해야 한다. 또한 중요한 제품 속성들이 규격서에 명시된 요건들을 충족함을 검증하기 위해 평가 작업을 수행해야 한다.
>
> 규정 범위를 벗어난 모든 결과는 반드시 기록하여 적절한 시기 안에 조사하여야 하며 조사 결과는 기록되어야 한다. 공정관리 및 각종 작업은 모두 절차서에 따라 실시한다. 즉, 제조에 관련된 모든 작업에 절차서를 작성한다. 절차서를 변경하고자 할 경우에는 작성, 검토, 승인, 갱신, 배포 및 교육을 통해 개정할 수 있다. 즉 "작업"을 마음대로 바꾸어서는 안 된다. 그러나 화장품 제조에 있어서도 항상 개선을 실시해야 한다. 개선을 실행하기 위해서는 개선 내용이 화장품 품질에 영향을 주지 않는 것을 확인할 필요가 있다. 그리고 절차서를 개정하고 개선을 실행한다. 변경관리 내용은 변경관리 기준에 따라 작성하고 기록되어야 한다.
>
> > **▶ 공정관리 및 작업시 주의사항**
> > - 작업에 절차서를 작성하고 절차서에 따라 작업을 한다.
> > - 통상 발생하지 않는 작업과 처리에도 절차서를 작성한다.
> > - 실행하지 않는 작업에는 "실행하지 않는" 것을 기재한 절차서가 필요
> >   (**예** 재작업을 하지 않을 때는 절차서에 "재작업을 하지 않는다"고 명기)
> > - "작업"은 마음대로 바꾸지 않는다.
> > - 개선
> >   - 개선안을 제안한다.
> >   - 개선안이 제품 품질에 영향을 미치지 않을 것을 확인, 때로는 실험도 한다.
> >   - 절차서를 개정한다.
> >   - 개선을 실행한다.
>
> 공정관리는 관리기준을 설정해서 실시한다. 그 관리기준은 개발 단계에서의 기록 및 제조 실적데이터를 토대로 설정한다. 기준치에는 반드시 범위를 만든다. 그 범위를 벗어난 데이터가 나왔을 때는 일탈처리를 한다. 즉 범위를 벗어난(평상시와 다른 일이 일어난) 일이 제품 품질에 영향을 미치지 않았는지를 조사한다. 만약 품질에 영향을 미쳤을 때에는 제품 폐기도 포함하여 신중하게 검토한다. 일탈에 대한 처리가 종료되면 '일탈관리 보고서' 등의 형태로 처리내용과 재발방지 내용을 기록하여 관리한다.

▶ 공정내 관리

- 관리기준 설정
  - 관리기준을 설정한다.
  - 개발 및 제조 실적 데이터로 결정한다.
  - 범위를 만든다.
  - 범위를 벗어났을 때는 일탈처리를 한다.
- 공정 내 시험의 관리
  - 제품 품질에 영향을 주는 공정을 관리한다.
  - 시험의 판정기준을 설정한다.
  - 개발이나 제조 실적 데이터로 결정한다.
  - 범위를 만든다.
  - 검체채취 시의 오염방지를 한다(검체채취 환경, 검체채취 기구 등).
- 공정 검체채취 및 시험은 품질부서가 실시하는 것이 원칙
- 검체채취 방법과 시험방법을 품질부서가 승인하고 제조부원이 검체채취하고자 하는 경우 적절한 교육을 받고 지격이 인증되어야 한다.

제조된 벌크 제품은 보관되고 관리 절차에 따라 재보관(re-stock)되어야 한다. 모든 벌크를 보관 시에는 적합한 용기를 사용해야 한다. 또한 용기는 내용물을 분명히 확인할 수 있도록 표시되어야 한다. 모든 벌크의 허용 가능한 보관기한(Shelf life)을 확인할 수 있어야 하고, 보관기한의 만료일이 가까운 벌크부터 사용하도록 문서화된 절차가 있어야 한다. 벌크는 선입선출 되어야 한다. 충전 공정 후 벌크가 사용하지 않은 상태로 남아 있고 차후 다시 사용할 것이라면, 적절한 용기에 밀봉하여 식별 정보를 표시해야 한다.

남은 벌크를 재보관하고 재사용할 수 있다. 밀폐할 수 있는 용기에 들어 있는 벌크는 절차서에 따라 재보관 할 수 있으며, 재보관 시에는 내용을 명기하고 재보관임을 표시한 라벨 부착이 필수다.

그러나 일반적으로 말해서 재보관은 권장할 수 없다. 개봉마다 변질 및 오염이 발생할 가능성이 있기 때문이다. 여러 번 재보관과 재사용을 반복하는 것은 피한다. 뱃치마다의 사용이 소량이며 여러 번 사용하는 벌크는 구입 시에 소량씩 나누어서 보관하고 재보관의 횟수를 줄인다.

▶ 벌크의 재보관

- 남은 벌크를 재보관하고 재사용 할 수 있다.
- 절차
  - 밀폐한다.
  - 원래 보관 환경에서 보관한다.
  - 다음 제조 시에는 우선적으로 사용한다.
- 변질 및 오염의 우려가 있으므로 재보관은 신중하게 한다.
  - 변질되기 쉬운 벌크는 재사용하지 않는다.
  - 여러 번 재보관하는 벌크는 조금씩 나누어서 보관한다.

**제18조(포장작업)**

① 포장작업에 관한 문서화된 절차를 수립하고 유지하여야 한다.

② 포장작업은 다음 각 호의 사항을 포함하고 있는 포장지시서에 의해 수행되어야 한다.

　1. 제품명

　2. 포장 설비명

　3. 포장재 리스트

　4. 상세한 포장공정

　5. 포장생산수량

③ 포장작업을 시작하기 전에 포장작업 관련 문서의 완비여부, 포장설비의 청결 및 작동여부 등을 점검하여야 한다.

> **▶ 해설**
>
> 화장품 포장공정은 벌크제품을 용기에 충전하고 포장하는 공정이다. 화장품 포장공정은 제조번호 지정부터 시작하는 많은 작업으로 구성되어 있다.
>
> - 제조지시서 발행 → 포장지시서 발행
> - 제조기록서 발행 → 포장기록서 발행
> - 원료 갖추기 → 벌크제품, 포장재 준비
> - 벌크제품 보관 → 완제품 보관
> - 제품기록서 완결 → 포장기록서 완결
> - 원료 재보관 → 포장재 재보관
>
> 으로 바뀌어 있을 뿐이고 새로운 종류의 작업이 추가된 것은 아니다.
>
> 포장의 경우, 원칙은 제조와 동일하다. 완제품이 기존의 정의된 특성에 부합하는지를 보증하기 위한 조치가 이루어져야 한다.
>
> 포장을 시작하기 전에, 포장 지시가 이용가능하고 공간이 청소되었는지 확인하는 것이 필요하다. 이러한 포장 라인의 청소는 세심한 주의가 필요한 작업이다. 누락의 위험이 상당히 많이 존재한다. 예를 들면 병, 튜브, 캡이나 인쇄물 등을 빠뜨리기 쉽다. 결과적으로, 청소는 혼란과 오염을 피하기 위해 적절한 기술을 사용하여, 규칙적으로 실시되어야 한다.
>
> 작업 전 청소상태 및 포장재 등의 준비 상태를 점검하는 체크리스트를(line start-up) 작성하여 기록관리 한다. 제조번호는 각각의 완제품에 지정되어야 한다. 용량 관리, 기밀도, 인쇄 상태 등 공정 중 관리 (In-process control)는 포장하는 동안에 정기적으로 실시되어야 한다.
>
> 공정중의 공정검사 기록과 합격기준에 미치지 못한 경우의 처리 내용도 관리자에게 보고하고 기록하여 관리한다. 그리고 가능하다면, 시정 조치가 시행될 때가지 공정을 중지시켜야 하며, 이는 벌크제품과 포장재의 손실 위험을 방지하기 위함이다.
>
> 포장의 마지막 단계에서, 작업장 청소는 혼란과 오염을 피하기 위해 적절한 절차로 일관되게 실시되어야 한다.
>
> **가.** 화장품 포장재의 정의
>
> 　포장재에는 많은 재료가 포함된다. 일차포장재, 이차포장재, 각종 라벨, 봉함 라벨까지 포장재에 포함된다.

**나. 용기(병, 캔 등)의 청결성 확보**

포장재는 모두 중요하고 실수 방지가 필수이지만, 일차포장재는 청결성 확보가 더 필요하다.

용기(병, 캔 등)의 청결성 확보에는 자사에서 세척할 경우와 용기공급업자에 의존할 경우가 있다. 자사에서 세척할 경우는 사용 전 육안으로 용기를 재확인하여 적합한 것만을 제조에 사용한다. 용기의 청결성 확보를 용기공급업자(실제로 제조하고 있는 업자)에게 의존할 경우에는 그 용기 공급업자를 감사하고 용기 제조방법이 신뢰할 수 있다는 것을 확인하는 일부터 시작한다. 신뢰할 수 있으면 계약을 체결한다. 용기는 매 뱃치 입고 시에 무작위 추출하여 육안 검사를 실시하여 그 기록을 남긴다.

청결한 용기를 제공할 수 있는 공급업자로부터 구입하여야 한다. 기존의 공급업자 중에서 찾거나 현재 구입처에 개선을 요청해서 청결한 용기를 입수할 수 있게 한다. 일반적으로는 절차에 따라 구입한다.

**다. 포장 문서**

공정이 적절히 관리되는 것을 보장하기 위해, 관련 문서들은 포장작업의 모든 단계에서 이용할 수 있어야 한다. 포장작업은 문서화된 공정에 따라 수행되어야 한다. 문서화된 공정은 보통 절차서, 작업지시서 또는 규격서로 존재한다. 이를 통해, 주어진 제품의 각 뱃치가 규정된 방식으로 제조되어 각 포장직업마다 균일성을 확보하게 된다. 일반적인 포장 작업 문서는 보통 다음사항을 포함한다.

- 제품명 그리고/또는 확인 코드
- 검증되고 사용되는 설비
- 완제품 포장에 필요한 모든 포장재 및 벌크제품을 확인할 수 있는 개요나 체크리스트
- 라인 속도, 충전, 표시, 코딩, 상자주입(Cartoning), 케이스 패킹 및 팔레타이징(palletizing) 등의 작업들을 확인할 수 있는 상세 기술된 포장 생산 공정
- 벌크제품 및 완제품 규격서, 시험 방법 및 검체 채취 지시서
- 포장 공정에 적용 가능한 모든 특별 주의사항 및 예방조치(즉, 건강 및 안전 정보, 보관 조건)
- 완제품이 제조되는 각 단계 및 포장 라인의 날짜 및 생산단위
- 포장작업 완료 후, 제조부서책임자가 서명 및 날짜를 기입해야 한다.

포장작업 시작 전에 작업시작 시 확인사항('start-up') 점검을 실시하는 것이 일반적인 지침이다. 포장작업에 대한 모든 관련 서류가 이용가능하고, 모든 필수 포장재가 사용 가능하며, 설비가 적절히 위생처리 되어 사용할 준비가 완료되었음을 확인하는데 이러한 점검이 필수적이다. 포장 작업 전, 이전 작업의 재료들이 혼입될 위험을 제거하기 위하여 작업 구역/라인의 정리가 이루어져야 한다. 제조된 완제품의 각 단위/뱃치에는 추적이 가능하도록 특정한 제조번호가 부여되어야 한다. 완제품에 부여된 특정 제조번호는 벌크제품의 제조번호와 동일할 필요는 없지만, 완제품에 사용된 벌크 뱃치 및 양을 명확히 확인할 수 있는 문서가 존재해야 한다.

◎ **작업 동안, 모든 포장라인은 최소한 다음의 정보로 확인이 가능해야 한다.**

- 포장라인명 또는 확인 코드
- 완제품명 또는 확인 코드
- 완제품의 뱃치 또는 제조번호

모든 완제품이 규정 요건을 만족시킨다는 것을 확인하기 위한 공정 관리가 이루어져야 한다. 중요한 속성들이 규격서에서 확인할 수 있는 요건들을 충족시킨다는 것을 검증하기 위해 평가를 실시하여야 한다.(즉, 미생물 기준, 충전중량, 미관적 충전 수준, 뚜껑/마개의 토크, 호퍼(hopper) 온도 등). 규정요건은 제품 포장에 대한 허용 범위 및 한계치(최소값 - 최대값)를 확인해야 한다.

## 제19조(보관 및 출고)

① 완제품은 적절한 조건하의 정해진 장소에서 보관하여야 하며, 주기적으로 재고 점검을 수행해야 한다.

② 완제품은 시험결과 적합으로 판정되고 품질부서 책임자가 출고 승인한 것만을 출고하여야 한다.

③ 출고는 선입선출방식으로 하되, 타당한 사유가 있는 경우에는 그러지 아니할 수 있다.

④ 출고할 제품은 원자재, 부적합품 및 반품된 제품과 구획된 장소에서 보관하여야 한다. 다만 서로 혼동을 일으킬 우려가 없는 시스템에 의하여 보관되는 경우에는 그러하지 아니할 수 있다.

> ▶ 해설[6]
>
> 모든 완제품은 포장 및 유통을 위해 불출되기 전, 해당 제품이 규격서를 준수하고, 지정된 권한을 가진 자에 의해 승인된 것임을 확인하는 절차서가 수립되어야 한다. 또한 절차서는 보관, 출하, 회수 시, 완제품의 품질을 유지할 수 있도록 보장해야 한다.
>
> ◎ 완제품 관리 항목은 다음과 같다.
>
> - 보관              - 검체채취
> - 보관용 검체        - 제품 시험
> - 합격·출하 판정      - 출하
> - 재고 관리          - 반품
>
> 제품 관리를 충분히 실시하기 위해서는 제품에 관한 기초적인 검토 결과를 기재한 CGMP 문서, 작업에 관계되는 절차서, 각종 기록서, 관리 문서가 필요하다.
>
> 시장 출하 전에, 모든 완제품은 설정된 시험 방법에 따라 관리되어야 하고, 합격판정기준에 부합하여야 한다. 뱃치에서 취한 검체가 합격 기준에 부합했을 때만 완제품의 뱃치를 불출 할 수 있다.
>
> 완제품의 적절한 보관, 취급 및 유통을 보장하는 절차서가 수립되어야 한다. 이러한 절차서는 다음 사항을 포함해야 한다.
>
> - 적절한 보관 조건(예 적당한 조명, 온도, 습도, 정렬된 통로 및 보관 구역 등)
> - 불출된 완제품, 검사 중인 완제품, 불합격 판정을 받은 완제품은 각각의 상태에 따라 지정된 물리적 장소에 보관하거나 미리 정해진 자동 적재 위치에 저장되어야 한다.
>   - 수동 또는 전산화 시스템은 다음과 같은 특징을 가진다.
>   - 재질 및 제품의 관리와 보관은 쉽게 확인할 수 있는 방식으로 수행된다.
>   - 재질 및 제품의 수령과 철회는 적절히 허가되어야 한다.
>   - 유통되는 제품은 추적이 용이해야 한다.
>   - 달리 규정된 경우가 아니라면, 재고 회전은 선입선출 방식으로 사용 및 유통되어야 한다.
> - 파레트에 적재된 모든 재료(또는 기타 용기 형태)는 다음과 같이 표시되어야 한다.
>   - 명칭 또는 확인 코드
>   - 제조번호
>   - 제품의 품질을 유지하기 위해 필요할 경우, 보관 조건
>   - 불출 상태
>
> 완제품 재고의 정확성을 보증하고, 규정된 합격판정기준이 만족됨을 확인하기 위해 점검 작업이 실시되어야 한다. 제품의 검체채취란 제품 시험용 및 보관용 검체를 채취하는 일이며, 제품 규격에 따라 충분한 수량이어야 한다.

---

6  참고자료:Guidance for Industry-Cosmetic Good Manufacturing Practices[U.S. FDA]

가. 제품 검체채취는 품질관리부서가 실시하는 것이 일반적이다. 제품 시험 및 그 결과 판정은 품질관리부서의 업무다. 제품 시험을 책임지고 실시하기 위해서도 검체 채취를 품질관리부서 검체채취 담당자가 실시한다. 원재료 입고 시에 검체채취라면 다른 부서에 검체 채취를 위탁하는 것도 가능하나 제품 검체채취는 품질관리부서 검체채취 담당자가 실시한다. 불가피한 사정이 있으면 타 부서에 의뢰할 수는 있다. 검체 채취자에게는 검체 채취 절차 및 검체 채취 시의 주의사항을 교육, 훈련시켜야 한다.

나. 보관용 검체

보관용 검체를 보관하는 목적은 제품의 사용 중에 발생할지도 모르는 "재검토작업"에 대비하기 위해서다. 재검토작업은 품질 상에 문제가 발생하여 재시험이 필요할 때 또는 발생한 불만에 대처하기 위하여 품질 이외의 사항에 대한 검토가 필요하게 될 때 이다. 보관용 검체는 재시험이나 불만 사항의 해결을 위하여 사용한다.

▶ 완제품 보관 검체의 주요 사항
◎ 제품을 사용기한 중에 재검토(재시험 등)할 때에 대비 한다.
  - 제품을 그대로 보관한다.
  - 각 뱃치를 대표하는 검체를 보관한다.
  - 일반적으로는 각 뱃치별로 제품 시험을 2번 실시할 수 있는 양을 보관한다.
  - 제품이 가장 안정한 조건에서 보관한다.
  - 사용기한까지 또는 개봉 후 사용기간을 기재하는 경우에는 제조일로부터 3년간 보관한다.

다. 제품의 입고, 보관, 출하

제품의 입고, 보관, 출하의 일련의 흐름은 다음에 제시하였다

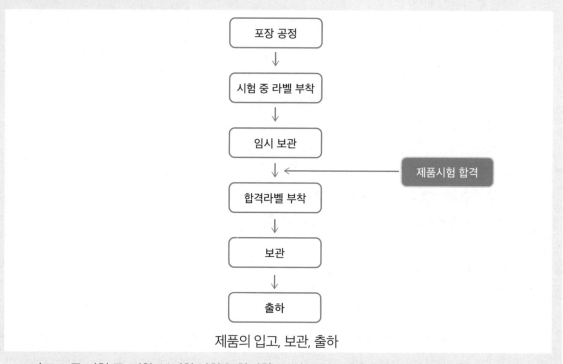

제품의 입고, 보관, 출하

※ 바코드 등 시험 중, 적합, 부적합 상황을 확인할 수 있는 시스템을 구축할 수도 있다.

라. 제품의 보관 환경

제품 보관시 필요한 환경 항목을 아래에 제시하였다. 보관 온도, 습도는 제품의 안정성 시험 결과를 참고로 해서 설정하며, 안정성 시험은 화장품의 보관 조건이나 사용기한과 밀접한 관계가 있다.

▶ 제품의 보관 환경
- 출입제한
- 오염방지
  - 시설대응, 동선 관리가 필요
- 방충·방서 대책
- 온도·습도·차광
  - 필요한 항목을 설정한다.
  - 안정성시험결과, 제품표준서 등을 토대로 제품마다 설정한다.

# 제4장 품질관리

## 제20조(시험관리)

① 품질관리를 위한 시험업무에 대해 문서화된 절차를 수립하고 유지하여야 한다.

② 원자재·반제품·벌크 제품·완제품에 대한 적합 기준을 마련하고 제조번호별로 시험 기록을 작성·유지하여야 한다.

③ 시험결과 적합 또는 부적합인지 분명히 기록하여야 한다.

④ 원자재·반제품·벌크 제품·완제품은 적합판정이 된 것만을 사용하거나 출고하여야 한다.

⑤ 정해진 보관기간이 경과된 원자재·반제품·벌크 제품은 재평가하여 품질기준에 적합한 경우 제조에 사용할 수 있다.

⑥ 모든 시험이 적절하게 이루어졌는지 시험기록은 검토한 후 적합, 부적합, 보류를 판정하여야 한다.

⑦ 기준일탈이 된 경우는 규정에 따라 책임자에게 보고한 후 조사하여야 한다. 조사결과는 책임자에 의해 일탈, 부적합, 보류를 명확히 판정하여야 한다.

⑧ 표준품과 주요시약의 용기에는 다음 사항을 기재하여야 한다.

    1. 명칭

    2. 개봉일

    3. 보관조건

    4. 사용기한

    5. 역가, 제조자의 성명 또는 서명(직접 제조한 경우에 한함)

> ▶ 해설[7]
>
> 품질관리는 화장품 품질보증에 있어서 중요한 역할을 한다. 원료의 다양화, 해외 원료의 증가, 안정성 시험의 증가 등으로 품질에 관한 논의가 증가하고 품질 확인 필요도 증가해 왔다. 따라서 화장품 제조업자는 품질관리 업무를 바르게 이해하는 것이 필요하다.
>
> 품질관리는 CGMP 과정에서 매우 중요하다. 적절한 품질관리는 소비자에게 안전한 화장품의 생산을 위해 필수적이다.
>
> 효과적인 품질관리 프로그램의 핵심은 제조공정의 각 단계에서 제품 품질을 보장하고, 공정에서 발생한 문제를 확인할 수 있도록 원자재, 반제품, 벌크제품 및 완제품에 대한 시험업무를 문서화된 종합적인 절차로 마련하고 준수하는 것이다.
>
> 품질관리는 원자재, 반제품, 벌크제품 및 완제품에 대한 적합 기준을 마련하고 제조 번호별로 시험기록을 작성하고 유지하여야 한다. 적합한 것을 확인하기 위하여 문서화되고 적절한 시험방법을 사용해야 한다. 화학적 또는 물리적 특성을 결정하기 위한 시험방법은 회사, 공급자에 의해 작성되거나 검증된 가장 최신본을 따라야 한다.
>
> 시험결과는 적합 또는 부적합인지 분명히 기록하여야 하며 데이터의 손쉬운 복구 및 추적이 가능한 방식으로 보관되어야 한다.
>
> 품질관리는 규정된 합격판정기준을 만족하는 제품을 확인하기 위한 필수적인 시험 방법이 모두 적용되어야 한다. 시험방법은 계획된 목적을 위해 규정되고, 적절하여야 하며 이용 가능해야 한다. 설정된 시험 결과는 시험 물질이 적합한지 부적합한지 아니면 추가적인 시험기간 동안 보류될 것인지를 결정하기 위해 평가되어야 한다.

---

7 참고자료:Guidance for Industry-Cosmetic Good Manufacturing Practices[U.S. FDA]

화장품 원료시험은 '원료공급자의 검사결과 신뢰 기준'(대한화장품협회 자율규약 참조)을 충족할 경우 원료공급자의 시험성적서로 갈음할 수 있다.

원자재, 반제품, 벌크제품 및 완제품은 품질이 규정된 합격판정기준을 만족할 때에만 물질의 사용을 위해 불출되고, 제품은 출고를 위해 불출된다는 것을 보장한다.

품질관리부서는 물질이 불출되기 전 문서화된 검체채취 및 시험 관리에 책임이 있다. 직원, 공장, 설비, 위탁계약, 내부감사 및 문서관리에 대한 원칙은 품질관리에도 역시 적용되어야 한다.

▶ 품질관리의 업무

⊙ 업무환경
- 독립적으로 사용할 수 있는 시험시설과 설비를 보유한다. (통상 제조구역에서 분리한다.)
- 시험의 실시 및 검체와 기록서를 보존할 수 있는 충분한 공간을 갖춘다.
- 업무를 실행할 수 있는 "교육훈련을 받은 직원"이 있다.
- 수행 업무 절차서가 마련되어 있어야 한다.
- 조직체계상 제조부문과 독립 운영되어야 한다.

⊙ 시험업무
- 제품 품질에 관련된 결정에 관여한다.
- 절차서에 따라 검체채취, 분석, 합격여부 판정을 한다.
- 시험성적서를 작성하고 보관한다.
- 일반데이터, 원자료(raw data)를 기록하고 보관한다.
- 시약, 시액, 표준품, 보관용 검체(Retain Sample)를 취급, 관리한다.
- 시험기기를 사용하고 관리한다.
- 필요시 분석방법을 개발한다.
- 시험에 관한 최신 정보를 입수하고 활용한다.
- 기준일탈 결과를 조사한다.
- 변경을 관리한다.
- 일탈을 처리한다.

각 시험의 결과는 시험성적서에 정리한다. 시험성적서는 아래와 같은 방법으로 작성할 것을 권장한다.

시험성적서에는 뱃치별로 원료, 포장재, 벌크제품, 완제품에 대한 시험의 모든 기록이 있어야 하며 그 결과를 판정할 수 있어야 한다.

시험성적서는 검체데이터, 분석법 관련 기록, 시험데이터와 시험 결과로 구성되어 있다.

시험의뢰서, 검체채취 기록, 시험근거자료(raw data), 계산 결과 등 그 뱃치의 제품 시험에 관계된 기록이 모두 기재되어 있거나 또는 기재되어 있는 문서와의 관계를 알 수 있게 되어 있어야 한다.

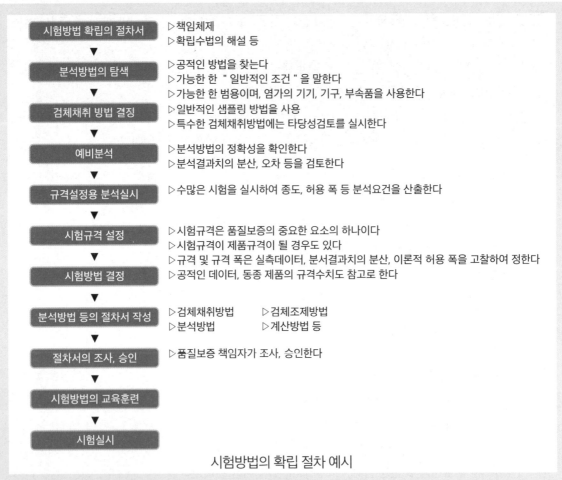

| | |
|---|---|
| 시험방법 확립의 절차서 | ▷책임체제<br>▷확립수법의 해설 등 |
| 분석방법의 탐색 | ▷공적인 방법을 찾는다<br>▷가능한 한 " 일반적인 조건 " 을 말한다<br>▷가능한 한 범용이며, 염가의 기기, 기구, 부속품을 사용한다 |
| 검체채취 빙법 결정 | ▷일반적인 샘플링 방법을 사용<br>▷특수한 검체채취방법에는 타당성검토를 실시한다 |
| 예비분석 | ▷분석방법의 정확성을 확인한다<br>▷분석결과치의 분산, 오차 등을 검토한다 |
| 규격설정용 분석실시 | ▷수많은 시험을 실시하여 종도, 허용 폭 등 분석요건을 산출한다 |
| 시험규격 설정 | ▷시험규격은 품질보증의 중요한 요소의 하나이다<br>▷시험규격이 제품규격이 될 경우도 있다 |
| 시험방법 결정 | ▷규격 및 규격 폭은 실측데이터, 분서결과치의 분산, 이론적 허용 폭을 고찰하여 정한다<br>▷공적인 데이터, 동종 제품의 규격수치도 참고로 한다 |
| 분석방법 등의 절차서 작성 | ▷검체채취방법   ▷검체조제방법<br>▷분석방법   ▷계산방법 등 |
| 절차서의 조사, 승인 | ▷품질보증 책임자가 조사, 승인한다 |
| 시험방법의 교육훈련 | |
| 시험실시 | |

시험방법의 확립 절차 예시

다시 말하면 시험에 관한 기록을 각 뱃치 단위로 정리하여 조사, 승인 작업을 손쉽게 하고 언제라도 재검토할 수 있는 기록 체계를 확립한 문서이어야 한다.

시험성적서에는 많은 항목을 기록해야 한다. 이들 항목의 기록이 각각 별도로 있는 것이 아니라 하나의 시험성적서에 기록되고 기재되어야 하며, 시험성적서에는 모든 시험이 적절하게 이루어졌는지 시험기록을 검토한 후 적합, 부적합, 보류를 판정하여야 한다.

▶ 시험성적서
  ※ 제조번호별로 작성한다.
  • 검체
    –명칭, 제조원, 제조번호, 식별코드번호, 채취일, 입고일 또는 제조일, 검체량 등
  • 시험방법
    –사용 시험방법 기재(또는 시험방법이 기재되어 있는 근거 기재)
  • 데이터
    –원자료(raw data)(기록 · 그래프 · 차트 · 스펙트럼 등)
  • 기준 및 판정
    –판정결과와 고찰
  • 날짜, 서명
    –담당자, 확인자의 서명 · 날인
    –책임자에 의한 검토 · 승인(기록의 정당성, 완전성, 적합성)

제품 시험에서 기준일탈이 발생한 경우에는 제품이 "기준일탈"이 될지도 모른다는 것, 심지어는 손해가 발생할지도 모른다는 것을 의미한다. 이 시점에서는 시험 결과에 잘못이 있을지도 모른다는 단계이며, 결정이 아니다. 많은 의문도 발생한다. 시험 문제인가, 제조 문제인가, 제품을 어떻게 처리하는가, 이 외에도 예상하지 못한 원인이 있는 것이 아닐까, 재발하는 것이 아닐까 등의 의문이다.

이상의 미확인 원인에 대하여 조사를 실시하고 시험 결과를 재확인해 두자는 것이 "기준일탈 조사"이다. 기준일탈인 경우에는 규정에 따라 책임자에게 보고한 후 조사하여야 한다. 조사 후에는 책임자에 의해 검체의 일탈(deviation), 부적합(rejection), 또는 이후의 평가를 위한 보류(pending)를 명확하게 결정해야 하며 재시험에 대해서는 충분한 정당성이나 근거자료가 있어야 한다.

기준일탈 결과가 발생하면 신속하게 대응해야 한다. 고객, 사내의 관련 부서 생산부, 물류부, 영업부 등에 대한 연락이 필요하다. 시험에 사용한 검체와 시약, 시액의 확보가 필요하다.

기준일탈 조사 결과, 시험 결과가 기준일탈이라는 것이 확실하다면 제품 품질이 "부적합"이다. 제품의 부적합이 확정되면 우선 해당 제품에 부적합 라벨을 부착(식별표시) 하고 부적합보관구역에 격리 보관한다. 그리고 부적합의 원인 조사를 시작한다. 제조, 원료, 오염, 설비 등 종합적인 원인을 조사한다. 그 조사 결과를 근거로 부적합품의 처리 방법(폐기처분, 재작업, 반품)을 결정하고 실행한다. 재작업해서 제품으로 되돌리기 위해서는 그 나름의 타당한 이유가 필요하다. 위탁 제조품이며, 특수한 경우에는 반품도 고려할 수 있다. 이들 일련의 작업의 결과는 기록에 남겨야 한다.

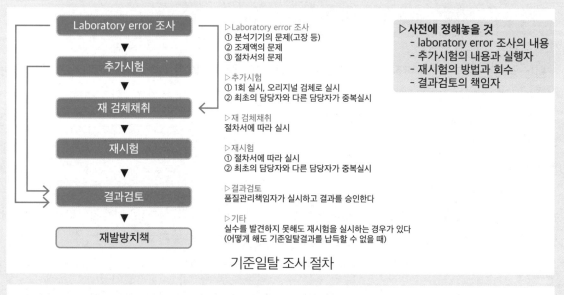

기준일탈 조사 절차

▶ 시약, 용액, 표준품, 배지

- **시약(reagents)**: 시험용으로 구입한 시약

  - 리스트 작성, 라벨 표시, 적절한 관리

  - 사용기한 설정과 표시 필요

- **시액(solutions)**: 시험용으로 조제한 시약액

  - 리스트 작성, 라벨표시, 적절한 관리

  - 사용기한 설정과 표시 필요

- **표준품(reference, standards)**: 시험에 사용하는 표준물질

  - 공식 공급원으로부터 입수할 경우와 자사에서 조제할 경우가 있다.

  - 사용기한 설정과 표시 필요

- 배지(culture media): 미생물이나 생물조직을 배양하는 것
  - 세균, 진균 등 많은 배지가 있다.
  - 적절한 환경에서 관리한다.

품질관리 시 시험업무에는 다양한 표준품, 시약, 용액, 배지 등이 구매, 조제, 사용되고 있으며 각각의 표준품, 시약, 용액, 배지 등은 구매, 조제, 사용 후의 이력이 라벨과 제조사 시험성적서(COA) 및 관리기록서 등의 문서로서 관리되어야 한다. 라벨은 병 또는 용기에 반드시 부착하여 관리해야 하며, 기재항목은 아래와 같다.
- 명칭
- 개봉일
- 적절한 보관조건
- 사용기한
- 역가 또는 농도
- 직접 조제한 경우, 제조자의 이름 그리고/또는 서명
- 제조날짜 또는 구매날짜

원료 및 포장재의 허용 가능한 사용 기한을 결정하기 위한 문서화된 시스템을 확립해야 한다. 사용 기한이 규정되어 있지 않은 원료와 포장재는 품질부문에서 통상의 유사한 성상과 물성, 형태의 원료, 자재와 유사하게 적절한 사용기한을 정할 수 있다.

**제21조(검체의 채취 및 보관)**

① 시험용 검체는 오염되거나 변질되지 아니하도록 채취하고, 채취한 후에는 원상태에 준하는 포장을 해야 하며, 검체가 채취되었음을 표시하여야 한다.

② 시험용 검체의 용기에는 다음 사항을 기재하여야 한다.
  1. 명칭 또는 확인코드
  2. 제조번호
  3. 검체채취 일자

③ 완제품의 보관용 검체는 적절한 보관조건 하에 지정된 구역 내에서 제조단위별로 사용기한까지 보관하여야 한다. 다만, 개봉 후 사용기간을 기재하는 경우에는 제조일로부터 3년간 보관하여야 한다.

▶ **해설**

검체 채취란 원료, 포장재, 벌크제품, 반제품, 완제품 등의 시험용 검체를 채취하는 것이다. 검체 채취는 품질관리 과정에서 핵심적인 요소이다. 따라서 검체 채취는 자격을 갖춘 담당자에 의해 특별한 장비를 사용하는 입증된 방법에 따라 수행되어야 한다. 또한, 검체 채취 후에는 혼란의 위험을 피하고 오염을 방지하기 위해 원상태에 준하는 포장을 해야 하며, 검체가 채취되었음을 표시하여야 한다.

검체 채취는 품질관리부서가 실시하는 것이 일반적이다. 제품시험 및 그 결과판정은 품질관리의 업무다. 제품 시험을 책임지고 실시하기 위해서도 검체 채취를 품질관리에서 실시한다.

검체 채취자에게는 검체채취 절차 및 검체채취 시의 주의사항을 교육, 훈련시켜야 한다. 검체는 제조단위(Batch)를 대표하는 검체를 채취해야 한다. 액체제품이라면 전체를 간단하게 균일하게 할 수 있어서 채취한 검체가 그 제조단위를 대표하고 있다고 할 수 있다. 그러나 분체, 고체, 점성 액체일 경우에

는 제조단위 전체가 균일하다고 할 수 없는 경우가 있다. 장소에 따라 품질의 차이가 있을 경우에는 균일하게 한 후에 검체채취를 실시한다.

검체채취를 실시할 때에는 주위를 정리하고 제품 및 검체에 오염이 발생하지 않도록 하는것이 필요하다. 검체채취 기구 및 검체용기는 시험결과에 영향을 주지 않아야 한다. 제품규격 중에 미생물에 관련된 항목이 포함되어 있으면 검체 용기를 미리 멸균 한다. 파손 및 내용물에 대한 악영향의 가능성이 없는 용기를 선택하여야 한다. 검체용기에는 용기가 바뀌는 것을 방지하기 위해서 검체채취 전에 라벨을 붙여 놓는 것이 바람직하다.

검체는 보존기간을 정해 놓는다. 일반적으로는 제품시험이 종료되고 그 시험결과가 승인되면 폐기한다. 시험 시에 여러 번 개봉된 검체는 각종 오염이 발생할 가능성이 있으므로 장기간 보존해도 의미가 없다.

검체채취 절차서에는 분석을 위한 설비, 기기, 기술, 계획, 양 및 품질관리 검사 목적을 위해 필요한 안전 예방조치, 검체 의뢰 절차를 규정해야 한다. 규정된 사항과 수립된 절차서에 따라, 검체채취는 숙련되고 승인된 직원에 의해 수행되어야 한다.

◎ 검체채취 절차서는 다음의 요소들은 포함해야 한다.

 - 오염과 변질을 방지하기 위해 필요한 예방조치를 포함한 검체채취 방법
 - 검체채취를 위해 사용될 설비·기구
 - 채취량
 - 검체확인 정보
 - 검체채취 시기 또는 빈도

◎ 시험용 검체의 용기에는 다음 사항을 기재하여야 한다.

 - 명칭 또는 확인 코드
 - 제조번호 또는 제조단위
 - 검체채취 날짜 또는 기타 적당한 날짜
 - 가능한 경우, 검체채취 지점(point)

▶ 검체채취

1. 어디서, 누가, 방법

• 미리 정해진 장소에서 실시한다.

• 품질관리부가 검체 채취를 실시한다.

• 검체채취 절차를 정해 놓는다.

 - 검체채취 시기, 검체채취 방법, 사용하는 설비, 검체채취 양, 검체용기, 검체용기로의 표시, 보관조건, 검체채취 용기, 설비의 세정과 보관

• 검체채취자는 아래의 교육, 훈련을 받아 둔다.

 - 검체채취 절차, 설비취급방법, 제품취급주의사항, 제품, 용기, 라벨의 육안 검사 방법

• 뱃치를 대표하는 검체를 채취한다.

 - 검체채취 위치에 따라 품질의 차이가 있을 때는 혼합 작업을 하고 나서 검체를 채취한다.

• 검체라벨을 첩부한 검체용기에 넣는다.

2. 검체 환경

• 주위를 정리하고 검체를 채취 한다.

### 3. 검체 용기

- 내용물 반응성이 없고, 깨끗한 검체 용기(PET or PE)에 미리라벨을 붙여 놓는다.
- 미생물항목이 있는 검체(원료 등)는 멸균주사기를 사용하여 멸균용기에 채취한다.
- 품질관리부 자체에서 준비한다.

### 4. 검체채취 양

- 일반적으로는 시험용 검체는 전 제품 시험 필요양을 채취한다.

### 5. 검체의 보존기간

- 일반적으로 시험 검체는 제품시험이 종료되고 그 시험결과가 승인 될 때까지 보존하고, 보관용 검체는 지정된 보존기간 동안 보존한다.

완제품의 경우에는 시험에 필요한 양을 제조단위별로 따로 보관하며 이것을 보관용 검체라고 한다. 보관용 검체는 적절한 보관조건 하에 지정된 구역 내에서 제조단위별로 사용기한까지 보관하여야 한다. 다만, 개봉 후 사용기한을 기재하는 경우에는 제조일로부터 3년간 보관하여야 한다.

이는 제품의 경시 변화를 추적하고 사고 등이 발생했을 때 제품을 시험하는 데 충분한 양을 확보하기 위한 것이다. 안정성이 확립되어 있지 않은 화장품은 장기적으로 경시 변화를 추적할 필요가 있으므로 이를 위한 시험 계획을 세우고 특정 제조단위에 대하여 충분한 양의 검체를 보존한다.

동일 제조단위에서 포장형태는 같으나 포장단위가 다른 경우에는 어느 포장단위라도 무방하나, 포장형태가 다른 경우에는 각각을 보관한다.

보관용 검체의 보관조건은 따로 규정된 것을 제외하고는 극단의 고온다습이나 저온저습을 피하고 제품 유통시의 환경조건에 준하는 조건(실온)으로 보관한다.

보관용 검체는 다음을 만족해야 한다.

- 제조단위를 대표해야 한다.
- 적절한 용기·마개로 포장하거나 또는 제조단위가 표시된 동일한 용기·마개의 완제품 용기에 포장한다.
- 제조단위·제조 번호(또는 코드) 그리고 날짜로 확인되어야 한다.

▶ 보관용 검체의 주요사항(완제품)

- **목적** : 제품을 사용기한 중에 재검토 할 때에 대비하기 위함이다.
- 시판용 제품의 포장형태와 동일하여야 한다.
- 각 제조단위를 대표하는 검체를 보관한다.
- 사용기한까지 보관한다. 다만 개봉 후 사용기한을 정하는 경우 제조일로부터 3년간 보관

화장품 제조 시 보관용 검체를 보관하는 것은 품질관리 프로그램에서 중요한 사항이다.

보관용 검체는 아래 사항을 위해 중요하다.

- 소비자 불만과 기타 소비자 질문 사항의 조사를 위한 중요한 도구
- 제품 및 그 포장의 특성을 검증하기 위한 방법
- 문의 가능한 질문에 대응을 위한 회사의 제품 라이브러리

## 제22조(폐기처리 등)

① 품질에 문제가 있거나 회수·반품된 제품의 폐기 또는 재작업 여부는 품질책임자에 의해 승인되어야 한다.

② 제1항에 따라 재작업을 하는 경우에는 재작업 절차에 따라야 한다.

③ 재작업을 할 수 없거나 폐기해야 하는 제품의 폐기처리규정을 작성하여야 하며 폐기 대상은 따로 보관하고 규정에 따라 신속하게 폐기하여야 한다.

▶ 해설

원료와 포장재, 반제품, 벌크제품과 완제품이 적합판정기준을 만족시키지 못 할 경우 "기준일탈 제품"으로 지칭한다.

기준일탈 제품이 발생했을 때는 미리 정한 절차를 따라 확실한 처리를 하고 실시한 내용을 모두 문서에 남긴다.

기준일탈이 된 반제품, 벌크제품 또는 완제품은 재작업 할 수 있다. 재작업이란 뱃치 전체 또는 일부에 추가 처리(한 공정 이상의 작업을 추가하는 일)를 하여 부적합품을 적합품으로 다시 가공하는 일이다.

기준일탈 제품은 폐기하는 것이 가장 바람직하다. 그러나 폐기하면 큰 손해가 되므로 재작업을 고려하게 된다. 그러나 일단 부적합 제품의 재작업을 쉽게 허락할 수는 없다. 먼저 권한 소유자에 의한 원인 조사가 필요하다. 권한 소유자는 부적합 제품의 제조 책임자라고 할 수 있다. 그 다음 재작업을 해도 제품 품질에 악영향을 미치지 않는 것을 예측해야 한다.

기준일탈 제품의 처리를 다음에 제시하였다.

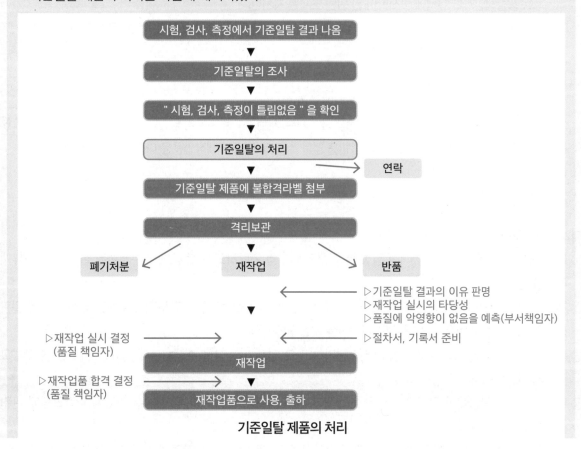

**기준일탈 제품의 처리**

재작업 처리의 실시는 품질책임자가 결정한다. 재작업 실시의 제안을 하는 것은 제조 책임자일 것이나, 실시 결정은 품질책임자가 한다. 그리고 품질책임자가 재작업의 결과에 책임을 진다.

재작업은 해당 재작업의 절차를 상세하게 작성한 절차서를 준비해서 실시한다. 재작업 실시 시에는 발생한 모든 일들을 재작업 제조기록서에 기록한다. 그리고 통상적인 제품 시험 시보다 많은 시험을 실시한다. 제품 분석뿐만 아니라, 제품 안정성 시험을 실시하는 것이 바람직하다. 제품 품질에 대한 좋지 않은 경시 안정성에 대한 악영향으로서 나타날 일이 많기 때문이다.

> ▶ 재작업의 정의 및 절차
>
> ⊙ **재작업(Reprocessing)의 정의**
> - 적합판정기준을 벗어난 완제품 또는 벌크제품을 재처리하여 품질이 적합한 범위에 들어오도록 하는 작업을 말한다.
>
> 〈재작업 예시〉
> - 충전 : 충진량이 기준에 미치지 못한 경우, 부족한 충전양만큼을 세팅하여, 다시 충전 공정을 반복한다.
> - 로트착인이 되지 않아 완제품 기준에 부적합한 경우, 로트착인공정을 다시 행함으로써 완제품 기준에 맞춘다.
>
> ⊙ **재작업의 절차**
> - 품질책임자가 규격에 부적합이 된 원인 조사를 지시한다.
> - 재작업 전의 품질이나 재작업 공정의 적절함 등을 고려하여 제품 품질에 악영향을 미치지 않는 것을 재작업 실시 전에 예측한다.
> - 재작업 처리 실시의 결정은 품질책임자가 실시한다.
> - 승인이 끝난 재작업 절차서 및 기록서에 따라 실시한다.
> - 재작업 한 최종 제품 또는 벌크제품의 제조기록, 시험기록을 충분히 남긴다.
> - 품질이 확인되고 품질책임자의 승인을 얻을 수 있을 때까지 재작업품은 다음 공정에 사용할 수 없고 출하할 수 없다.

**제23조(위탁계약)**

① 화장품 제조 및 품질관리에 있어 공정 또는 시험의 일부를 위탁하고자 할 때에는 문서화된 절차를 수립·유지하여야 한다.

② 제조 업무를 위탁하고자 하는 자는 제30조에 따라 식품의약품안전처장으로 부터 우수화장품 제조 및 품질관리기준 적합판정을 받은 업소에 위탁 제조하는 것을 권장한다.

③ 위탁업체는 수탁업체의 계약 수행능력을 평가하고 그 업체가 계약을 수행하는데 필요한 시설 등을 갖추고 있는지 확인해야 한다.

④ 위탁업체는 수탁업체와 문서로 계약을 체결해야 하며 정확한 작업이 이루어질 수 있도록 수탁업체에 관련 정보를 전달해야 한다.

⑤ 위탁업체는 수탁업체에 대해 계약에서 규정한 감사를 실시해야 하며 수탁업체는 이를 수용하여야 한다.

⑥ 수탁업체에서 생성한 위 수탁 관련 자료는 유지되어 위탁업체에서 이용 가능해야 한다.

위탁계약이라고 하는 업무의 형태는 가전제품, 전자기기, 공업용 기계, 식품 등 산업계의 각 분야에서 널리 행해지고 있다. 또한 국내뿐만 아니라 국제적인 위·수탁 업무가 왕성해지고 있으며 화장품 산업에서도 제조비용의 절감 요청, 제조 기술의 고도화, 국제 분업의 발전 등으로 인하여 위·수탁 업무는 앞으로도 증가할 것이다.

이에 따라 생산 공장의 거의 모든 과정에 대해 위탁계약이 이루어질 수 있다. 따라서 화장품의 제조, 포장에서부터 품질관리까지 위탁계약이 이루어질 수 있으며, 제조 및 품질관리에 있어 공정 또는 시험의 일부를 위탁하고자 할 때에는 위탁계약에 관한 문서화된 절차를 수립·유지하여야 한다.

제조 업무를 위탁하고자 하는 자는 제30조에 따라 식품의약품안전처장으로부터 우수화장품 제조 및 품질관리기준 적합판정을 받은 업소에 위탁 제조하는 것을 권장한다.

수탁업체의 공정이 CGMP를 따르는 것을 권장함으로 수탁업체가 계약을 이행하기 위해 적절한 자원을 소유함을 보증하는 문서에 양측이 서명하여 위탁자와 수탁업체간의 의무와 책임을 확실히 할 필요가 있다. 또한, 수탁업체가 처음에 보증한 사항이 여전히 유효한지를 관리하기 위한 주기적인 점검이 시행되어야 한다. 이들 작업을 위탁 할 때에는 계약서를 교환하고 위탁업체 역할과 수탁업체 역할을 바르게 알고 업무를 실행해야 한다. 모든 종류의 위·수탁제조에서 역할분담이 필요한 것은 아니나, 적어도 양자가 자신의 역할을 인식하여 위·수탁제조를 실시해야 할 필요성이 있다.

국내 실정에 맞는 위·수탁제조의 형태를 구축할 필요가 있다. 위·수탁제조의 형태는 나라마다 다르다. 한국기업 간에 위·수탁제조를 실시하는 것이라면 한국에 맞는 형태로, 외국기업과 위·수탁제조를 실시하는 것이라면 양사가 잘 의논해서 서로 납득할 수 있는 형태로 위·수탁제조를 실시할 필요가 있다. 위·수탁제조에서는 위탁업체와 수탁업체의 역할분담이 필수적이다. 위탁업체와 수탁업체는 상하 또는 대등한 관계가 아니라 다른 역할을 지닌 파트너다.

위탁업체는 위탁제조품의 품질을 보증해야 한다. 제조품의 품질보증을 수탁업체에게 추구하는 위탁업체가 있으나, 그것은 잘못된 것이다. 위탁할 제품의 품질을 보증하기 위해서는 위탁업체 스스로가 제조 공정을 확립하고 사용할 원료나 포장재의 품질규격 및 공급업자를 결정해야 한다. 제조 공정의 확립이나 원료공급업자의 결정을 수탁업체에게 위탁할 수는 있으나, 그 결정 책임까지 위탁할 수는 없다. 아울러, 위탁업체는 수탁업체의 능력평가, 기술이전, 감사를 실시해야 한다.

수탁업체는 위탁업체가 확립한 제조 공정의 실시를 보증해야 한다. 그러기 위해서 제조 실시에 필요한 인적자원을 확보해야 하며, 제조는 CGMP를 준수하여 실시해야 한다.

제조 및 CGMP준수의 상황에 관해서 위탁업체의 평가 및 감사를 받아들인다. 평가 및 감사를 위해서는 제조의 결과를 모두 문서로 남기고 수탁업체의 모든 데이터는 위탁업체에서 이용 가능해야 한다. 각각 제품에 적합한 CGMP 제조 체제는 위탁업체와 수탁업체가 공동으로 만든다.

▶ 위탁업체와 수탁업체의 역할

⦿ **위탁업체의 역할**

-제품의 품질을 보증한다.

-제조 공정을 확립한다. : 원료, 포장재의 결정을 포함한다.

-수탁업체를 평가한다.

- 수탁업체에게 기술이전을 한다.
- 수탁업체에게 필요한 정보를 제공한다.
- 수탁업체가 수행한 제조공정 또는 시험을 평가하고 감사한다.

◉ **수탁업체의 역할**
- 제조공정 또는 시험을 보증한다.
- 제조공정 또는 시험에 필요한 인적자원을 확보한다.
- CGMP에 준하는 적절한 관리를 한다.
- 제조공정 또는 시험의 결과를 제공해야 한다.
- 위탁업체의 평가 및 감사를 받아들인다.

※ 위탁업체와 수탁업체는 계약을 하여 양자의 "책임"과 "역할"을 분담한다.
※ 위탁업체-수탁업체 간의 신뢰관계 구축이 필수
※ 품질보증, 기술이전, 변경관리, 일탈처리에 관한 공통인식을 키운다.

위·수탁제조의 절차는 아래에 제시되어 있으며, 위·수탁제조는 수탁업체평가→기술 확립→계약 체결→기술이전→CGMP체제 확립→제조 또는 시험 개시→위타업체에 의한 수탁업체 평가 및 감사 순으로 진행해 가는 것이 일반적이다.

간단한 위·수탁제조라면 각 항목을 간단하게 끝낼 수 있으나, 신기술 또는 새로운 업무의 위·수탁 등에는 각 항목에 대한 책임체제를 명확히 해서 위·수탁제조를 해나가야 한다.

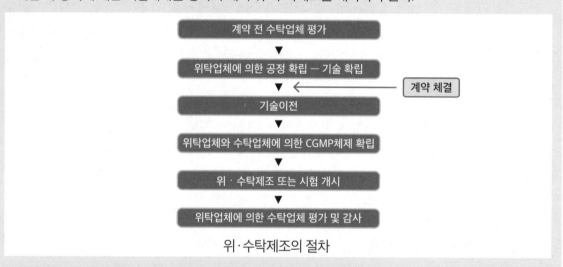

위·수탁제조의 절차

가. 계약 전 수탁업체평가

위탁업체는 수탁업체를 선정 할 때, 수탁업체가 해당 화장품을 수탁제조 하는데 적합한지 계약 수행 능력을 평가하고 그 업체가 계약을 수행하는데 필요한 시설 등을 갖추고 있는지 평가해야 한다. 현재 제조를 위탁할 때에는 위탁업체는 수탁업체를 다양한 방법으로 재평가하고 있다. 계약 전 평가 시에는 기준을 설정하여 평가결과 기준에 부합하는 경우에만 위탁이 가능하도록 기준을 설정하여 운영한다. 위 수탁제조 계약체결 전의 수탁업체 평가의 주요사항 및 수탁 기업의 평가 판정 항목의 예는 다음과 같다.

나. 제조개시 후의 수탁업체평가

위탁제조 개시 후, 위탁업체는 정기적으로 수탁업체의 평가를 실시한다. 개시 후에도 정기적으로 평가 또는 감사를 실시해야 한다.

위탁업체는 수탁업체를 평가한 기록을 남기고 그 기록을 수탁업체에게 피드백 하는 것이 바람직하다.

▶ 계약 전 수탁업체 평가

⊙ 화장품의 위탁제조 또는 시험을 시작할 때에는 먼저 수탁업체를 평가한다.
  - 절차를 설정해둔다.
  - 체크 항목을 설정해둔다.
  - CGMP준수 평가를 항목에 추가한다.
  - 평가기록을 남긴다.
  - 평가자의 양성이 중요하다.

다. 위·수탁계약서

위탁업체는 수탁업체와 문서로 계약을 체결해야 하며 위·수탁계약서에는 일반적인 계약서 요건(위·수탁사항, 가격, 매매방법, 배송방법, 비밀유지 등) 이외에 화장품의 제조 및 위·수탁에 특이적인 요건이 포함된다.

우선 계약 범위를 명확하게 해둔다. 어느 범위를 위·수탁 하는지가 결정되지 않으면 계약은 시작되지 않는다. 양사가 충분히 협의해야 하며, 책임 분담의 항목은 CGMP문서 작성, 절차서 작성, 표준품의 작성과 같은 제조개시 전의 항목부터 검정이나 유지관리와 같은 제조개시 전후의 요건까지 계약항목에 넣어 둔다.

"변경"을 실시할 때에는 계획 단계에서부터 수탁업체가 위탁업체에게 알릴 것, 일탈, 기준일탈 발생 시 신속한 연락 의무를 계약서에 기입해야 한다. 또한 위탁업체는 무단으로 업무를 제3자에게 위임할 수 없다.

위 수탁계약서에 있어서의 항목 및 내용에 대해서는 품질부서가 검토해야 하는 것이 필요하다.

## 제24조(일탈관리)

제조 또는 품질관리 중의 일탈에 대해 조사를 한 후 필요한 조치를 마련하고 일탈의 반복을 방지할 수 있는 조치가 이루어져야 한다.

▶ 해설
◎ 일탈의 정의

일탈(Deviations)은 규정된 제조 또는 품질관리활동 등의 기준(劕 기준서, 표준작업지침(Standard Operating Procedures) 등)을 벗어나 이루어진 행위이며, 기준일탈(Out of specification)이란 어떤 원인에 의해서든 시험결과가 정한 기준값 범위를 벗어난 경우이다. 기준일탈은 엄격한 절차를 마련하여 이에 따라 조사하고 문서화 하여여 한다.

일탈의 예는 아래와 같다.

가. "중대한 일탈"
(1) 생산 공정상의 일탈 예
  - 제품표준서, 제조작업절차서 및 포장작업절차서의 기재내용과 다른 방법으로 작업이 실시되었을 경우
  - 공정관리기준에서 두드러지게 벗어나 품질 결함이 예상될 경우
  - 관리 규정에 의한 관리 항목(생산 시의 관리 대상 파라미터의 설정치 등)에 있어서 두드러지게 설정치를 벗어났을 경우
  - 생산 작업 중에 설비·기기의 고장, 정전 등의 이상이 발생하였을 경우

- 벌크제품과 제품의 이동·보관에 있어서 보관 상태에 이상이 발생하고 품질에 영향을 미친다고 판단될 경우

(2) 품질검사에 있어서의 일탈 예
- 절차서 등의 기재된 방법과 다른 시험방법을 사용했을 경우

(3) 유틸리티에 관한 일탈 예
- 작업 환경이 생산 환경 관리에 관련된 문서에 제시하는 기준치를 벗어났을 경우

나. "중대하지 않은 일탈"

(1) 제조 공정상의 일탈 예
- 관리 규정에 의한 관리 항목(생산 시의 관리 대상 파라미터의 설정치 등)에 있어서 설정된 기준치로부터 벗어난 정도가 10% 이하이고 품질에 영향을 미치지 않는 것이 확인되어 있을 경우
- 관리 규정에 의한 관리 항목(제조 시의 관리 대상 파라미터의 설정치 등)보다도 상위 설정(범위를 좁힌)의 관리 기준에 의거하여 작업이 이루어진 경우
- 제조 공정에 있어서의 원료 투입에 있어서 동일 온도 설정 하에서의 투입 순서에서 벗어났을 경우
- 제조에 관한 시간제한을 벗어날 경우 : 필요에 따라 제품 품질을 보증하기 위하여 각 제조 공정 완료에는 시간 실정이 되어 있어야 하나, 그러한 설정된 시간제한에서의 일탈에 대하여 정당한 이유에 의거한 설명이 가능할 경우
- 합격 판정된 원료, 포장재의 사용 : 사용해도 된다고 합격 판정된 원료, 포장재에 대해서는 선입선출방식으로 사용해야 하나, 이 요건에서의 일탈이 일시적이고 타당하다고 인정될 경우
- 출하배송 절차 : 합격 판정된 오래된 제품 재고부터 차례대로 선입선출 되어야 하나, 이 요건에서의 일탈이 일시적이고 타당하다고 인정될 경우

(2) 품질검사에 있어서의 일탈 예
- 검정기한을 초과한 설비의 사용에 있어서 설비보증이 표준품 등에서 확인할 수 있는 경우

◎ **일탈의 조치**

일반적인 일탈 조치의 흐름을 아래에 정리하였다. 일탈의 정의, 순위 매기기, 제품의 처리 방법 등을 절차서에 정해둔다.

제품의 처리법 결정부터 재발방지대책의 실행까지는 발생 부서의 책임자가 책임을 지고 실행하면 된다. 그러나 품질관리부서에 의한 내용의 조사·승인이나 진척 상황의 확인이 필요하다. 필요하면 절차서 등의 문서 개정을 한다.

제품 처리와 병행하여 실시하는 일탈 원인 조사는 매우 중요하다. 원인을 모르면 재발방지대책의 입안·실행을 할 수 없고 다음 뱃치를 개시할 수도 없다.

일탈 원인이 아무리 해도 판명되지 않는 경우에는 다시 같은 일탈이 발생하기까지 원인 규명을 미루는 방법도 있다. 하지만 재발을 발견하는데 충분한 모니터링이 필요하다.

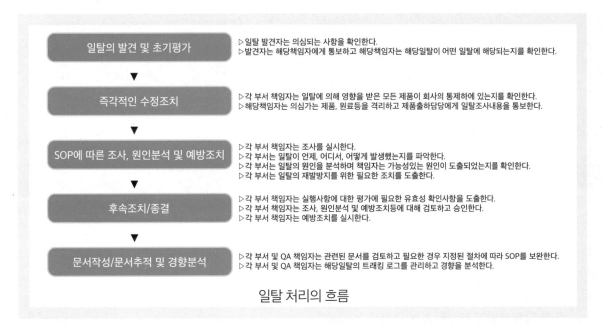

| 일탈의 발견 및 초기평가 | ▷일탈 발견자는 의심되는 사항을 확인한다.<br>▷발견자는 해당책임자에게 통보하고 해당책임자는 해당일탈이 어떤 일탈에 해당되는지를 확인한다. |
|---|---|
| 즉각적인 수정조치 | ▷각 부서 책임자는 일탈에 의해 영향을 받은 모든 제품이 회사의 통제하에 있는지를 확인한다.<br>▷해당책임자는 의심가는 제품, 원료등을 격리하고 제품출하담당에게 일탈조사내용을 통보한다. |
| SOP에 따른 조사, 원인분석 및 예방조치 | ▷각 부서 책임자는 조사를 실시한다.<br>▷각 부서는 일탈이 언제, 어디서, 어떻게 발생했는지를 파악한다.<br>▷각 부서는 일탈의 원인을 분석하며 책임자는 가능성있는 원인이 도출되었는지를 확인한다.<br>▷각 부서는 일탈의 재발방지를 위한 필요한 조치를 도출한다. |
| 후속조치/종결 | ▷각 부서 책임자는 실행사항에 대한 평가에 필요한 유효성 확인사항을 도출한다.<br>▷각 부서 책임자는 조사, 원인분석 및 예방조치등에 대해 검토하고 승인한다.<br>▷각 부서 책임자는 예방조치를 실시한다. |
| 문서작성/문서추적 및 경향분석 | ▷각 부서 및 QA 책임자는 관련된 문서를 검토하고 필요한 경우 지정된 절차에 따라 SOP를 보완한다.<br>▷각 부서 및 QA 책임자는 해당일탈의 트래킹 로그를 관리하고 경향을 분석한다. |

일탈 처리의 흐름

## 제25조(불만처리)

① 불만처리담당자는 제품에 대한 모든 불만을 취합하고, 제기된 불만에 대해 신속하게 조사하고 그에 대한 적절한 조치를 취하여야 하며, 다음 각 호의 사항을 기록·유지하여야 한다.

   1. 불만 접수연월일

   2. 불만 제기자의 이름과 연락처

   3. 제품명, 제조번호 등을 포함한 불만내용

   4. 불만조사 및 추적조사 내용, 처리결과 및 향후 대책

   5. 다른 제조번호의 제품에도 영향이 없는지 점검

② 불만은 제품 결함의 경향을 파악하기 위해 주기적으로 검토하여야 한다.

---

▶ 해설

소비자의 의견을 접수하고 처리하는 시스템은 품질관리 시스템의 중요한 요소이다.

이와 같은 시스템은 제품의 품질 및 안전성에 기여할 수 있다.

  -시장에서 소비자가 인지하는 제품 성능의 척도 제공

  -현재 제품에 대한 시정조치 관련 정보 제공 및 미래 제품 설계 개선에 도움 제공

  -제품 품질 및 안전성과 관련된 잠재적 문제점 발견

소비자 의견은 칭찬, 불만, 질문 등으로 분류되며 소비자의 의견 중 "불만"은 일상적으로 사용하는 용어이지만, 그 의미가 개인에 따라 또는 입장에 따라 차이가 있을 수 있다.

◎ 불만의 예시

  -이물, 이취, 변색 등의 상태 변화

  -포장, 표시의 결함

  -배송 시의 결함

  -안정성, 안전성의 문제 등

소비자로부터 문서화되거나 구두로 표현된 불만에 대한 접수, 처리, 검토, 응답, 조치에 대하여 그 절차가 확립되어야 하며 불만처리담당자는 제품에 대한 모든 불만을 취합하고, 제기된 불만에 대해 신속하게 조사하고 그에 대한 적절한 조치를 취하여야 한다.

CGMP 해설서

모든 기록이 포함되어 있는 불만 파일은 정해진 부서에서 정해진 기간 동안 보관하고 불만은 제품 결함의 경향을 파악하기 위해 주기적으로 검토하여야 한다.

화장품 제조업자의 불만 처리서에 필요한 항목은 아래와 같다. 이들 항목을 기록한 불만처리서 서식을 작성하고 열람할 수 있어야 한다.

◎ 불만 처리서 항목 예시
- 불만을 접수연월일
- 불만 제기자의 이름, 전화번호, e-mail 주소 등 연락처(가능한 경우)
- 제품의 명칭, 제조번호
- 불만의 내용
- 최초에 실시한 대응, 대응한 날짜, 담당자명
- 실시한 모든 추적 조사
- 불만 신청자에 대한 답변, 답변한 날짜
- 화장품 뱃치에 관련된 최종 결정

### 제26조(제품회수)

① 제조업자는 제조한 화장품에서 「화장품법」제9조, 제15조 또는 제16조제1항을 위반하여 위해 우려가 있다는 사실을 알게 되면 지체 없이 회수에 필요한 조치를 하여야 한다.

② 다음 사항을 이행하는 회수 책임자를 두어야 한다.

1. 전체 회수과정에 대한 제조판매업자와의 조정역할
2. 결함 제품의 회수 및 관련 기록 보존
3. 소비자 안전에 영향을 주는 회수의 경우 회수가 원활히 진행될 수 있도록 필요한 조치 수행
4. 회수된 제품은 확인 후 제조소 내 격리보관 조치(필요시에 한함)
5. 회수과정의 주기적인 평가(필요시에 한함)

▶ 해설[8]

화장품 회수는 화장품 영업자(화장품 제조업자, 화장품 책임판매업자, 맞춤형화장품 판매업자)의 주요한 의무이며, 제조 및 유통 판매한 화장품에 대한 회수 필요성이 인식될 경우 신속히 관련 화장품 영업자와 협의하여 필요한 조치를 취하여야 한다.

▶ 화장품법 제5조의2(위해화장품의 회수)

① 영업자는 제9조, 제15조 또는 제16조제1항에 위반되어 국민보건에 위해(危害)를 끼치거나 끼칠 우려가 있는 화장품이 유통 중인 사실을 알게 된 경우에는 지체 없이 해당 화장품을 회수하거나 회수하는 데에 필요한 조치를 하여야 한다.

② 제1항에 따라 해당 화장품을 회수하거나 회수하는 데에 필요한 조치를 하려는 영업자는 회수계획을 식품의약품안전처장에게 미리 보고하여야 한다.

③ 식품의약품안전처장은 제1항에 따른 회수 또는 회수에 필요한 조치를 성실하게 이행한 영업자가 해당 화장품으로 인하여 받게 되는 제24조에 따른 행정처분을 총리령으로 정하는 바에 따라 감경 또는 면제할 수 있다.

---

8  참고자료:Guidance for Industry-Cosmetic Good Manufacturing Practices[U.S. FDA]

④ 제1항 및 제2항에 따른 회수 대상 화장품, 해당 화장품의 회수에 필요한 위해성 등급 및 그 분류기준, 회수계획 보고 및 회수절차 등에 필요한 사항은 총리령으로 정한다.

▶ 화장품법 시행규칙 제14조의2(회수 대상 화장품의 기준 및 위해성 등급 등)

① 법 제5조의2제1항에 따른 회수 대상 화장품(이하 "회수대상화장품"이라 한다)은 유통 중인 화장품으로서 다음 각 호의 어느 하나에 해당하는 화장품으로 한다.

1. 법 제9조에 위반되는 화장품

2. 법 제15조에 위반되는 화장품으로서 다음 각 목의 어느 하나에 해당하는 화장품

　가. 법 제15조제2호 또는 제3호에 해당하는 화장품

　나. 법 제15조제4호에 해당하는 화장품 중 보건위생상 위해를 발생할 우려가 있는 화장품

　다. 법 제15조제5호에 해당하는 화장품 중 다음의 어느 하나에 해당하는 화장품 1) 법 제8조제1항 또는 제2항에 따른 화장품에 사용할 수 없는 원료를 사용한 화장품 2) 법 제8조제8항에 따른 유통화장품 안전관리 기준(내용량의 기준에 관한 부분은 제외한다)에 적합하지 아니한 화장품

　라. 법 제15조제9호에 해당하는 화장품

　마. 법 제15조제10호에 해당하는 화장품

　바. 그 밖에 영업자 스스로 국민보건에 위해를 끼칠 우려가 있어 회수가 필요하다고 판단한 화장품

3. 법 제16조제1항에 위반되는 화장품

② 법 제5조의2제4항에 따른 회수대상화장품의 위해성 등급은 그 위해성이 높은 순서에 따라 가등급, 나등급 및 다등급으로 구분하며, 해당 위해성 등급의 분류기준은 다음 각 호의 구분에 따른다.

1. 위해성 등급이 가등급인 화장품 : 제1항제2호다목1)에 해당하는 화장품

2. 위해성 등급이 나등급인 화장품 : 제1항제1호 또는 같은 항 제2호다목2)(기능성화장품의 기능성을 나타나게 하는 주원료 함량이 기준치에 부적합한 경우는 제외한다) · 마목에 해당하는 화장품

3. 위해성 등급이 다등급인 화장품 : 제1항제2호가목 · 나목 · 다목2)(기능성화장품의 기능성을 나타나게 하는 주원료 함량이 기준치에 부적합한 경우만 해당한다) · 라목 · 바목 또는 같은 항 제3호에 해당하는 화장품

▶ 화장품법 시행규칙 제14조의3(위해화장품의 회수계획 및 회수절차 등)

① 법 제5조의2제1항에 따라 화장품을 회수하거나 회수하는 데에 필요한 조치를 하려는 영업자(이하 "회수의무자"라 한다)는 해당 화장품에 대하여 즉시 판매중지 등의 필요한 조치를 하여야 하고, 회수대상화장품이라는 사실을 안 날부터 5일 이내에 별지 제10호의2서식의 회수계획서에 다음 각 호의 서류를 첨부하여 지방식품의약품안전청장에게 제출하여야 한다. 다만, 제출기한까지 회수계획서의 제출이 곤란하다고 판단되는 경우에는 지방식품의약품안전청장에게 그 사유를 밝히고 제출기한 연장을 요청하여야 한다.

1. 해당 품목의 제조 · 수입기록서 사본

2. 판매처별 판매량 · 판매일 등의 기록

3. 회수 사유를 적은 서류

② 회수의무자가 제1항 본문에 따라 회수계획서를 제출하는 경우에는 다음 각 호의 구분에 따른 범위에서 회수 기간을 기재해야 한다. 다만, 회수 기간 이내에 회수하기가 곤란하다고 판단되는 경우에는 지방식품의약품안전청장에게 그 사유를 밝히고 회수 기간 연장을 요청할 수 있다.

1. 위해성 등급이 가등급인 화장품 : 회수를 시작한 날부터 15일 이내

2. 위해성 등급이 나등급 또는 다등급인 화장품 : 회수를 시작한 날부터 30일 이내

③ 지방식품의약품안전청장은 제1항에 따라 제출된 회수계획이 미흡하다고 판단되는 경우에는 해당 회수의무자에게 그 회수계획의 보완을 명할 수 있다.

④ 회수의무자는 회수대상화장품의 판매자(법 제11조제1항에 따른 판매자를 말한다), 그 밖에 해당 화장품을 업무상 취급하는 자에게 방문, 우편, 전화, 전보, 전자우편, 팩스 또는 언론매체를 통한 공고 등을 통하여 회수계획을 통보하여야 하며, 통보 사실을 입증할 수 있는 자료를 회수종료일부터 2년간 보관하여야 한다.

⑤ 제4항에 따라 회수계획을 통보받은 자는 회수대상화장품을 회수의무자에게 반품하고, 별지 제10호의3서식의 회수확인서를 작성하여 회수의무자에게 송부하여야 한다.

⑥ 회수의무자는 회수한 화장품을 폐기하려는 경우에는 별지 제10호의4서식의 폐기신청서에 다음 각 호의 서류를 첨부하여 지방식품의약품안전청장에게 제출하고, 관계 공무원의 참관 하에 환경 관련 법령에서 정하는 바에 따라 폐기하여야 한다.

1. 별지 제10호의2서식의 회수계획서 사본

2. 별지 제10호의3서식의 회수확인서 사본

⑦ 제6항에 따라 폐기를 한 회수의무자는 별지 제10호의5서식의 폐기확인서를 작성하여 2년간 보관하여야 한다.

⑧ 회수의무자는 회수대상화장품의 회수를 완료한 경우에는 별지 제10호의6서식의 회수종료 신고서에 다음 각 호의 서류를 첨부하여 지방식품의약품안전청장에게 제출하여야 한다.

1. 별지 제10호의3서식의 회수확인서 사본

2. 별지 제10호의5서식의 폐기확인서 사본(폐기한 경우에만 해당한다)

3. 별지 제10호의7서식의 평가보고서 사본

⑨ 지방식품의약품안전청장은 제8항에 따라 회수종료신고서를 받으면 다음 각 호에서 정하는 바에 따라 조치하여야 한다.

1. 회수계획서에 따라 회수대상화장품의 회수를 적절하게 이행하였다고 판단되는 경우에는 회수가 종료되었음을 확인하고 회수의무자에게 이를 서면으로 통보할 것

2. 회수가 효과적으로 이루어지지 아니하였다고 판단되는 경우에는 회수의무자에게 회수에 필요한 추가 조치를 명할 것

**제27조(변경관리)**

제품의 품질에 영향을 미치는 원자재, 제조공정 등을 변경할 경우에는 이를 문서화하고 품질책임자에 의해 승인된 후 수행하여야 한다.

▶ 해설

◎ 변경관리의 정의

변경관리는 화장품 제조의 항상성을 유지하고 같은 품질의 제품을 계속 제조하기 위한 필수작업이며, 변경사항은 조직적이고 예측적 방식으로 생산 공정 활동을 변경하는 것을 말한다.

◎ 변경의 예시
- 제조용 교반장치를 전과 같은 것으로 갱신한다.
- 교반장치의 모터를 강력한 것으로 교환한다.
- 위탁자의 지시에 따라 포장기의 속도를 30개/min에서 60개/min으로 변경한다.
- 제조설비의 세정방법을 물 세정에서 증기 세정으로 변경한다.
- 주요 원료의 공급업자를 A사에서 B사로 변경한다.
- 배합 처방을 조금 변경한다.

어떠한 변경사항이든 적절한 수준에서 계획되고, 조직되며, 통제될 필요가 있다. 또한, 그 결정을 정당화하기 위해 충분한 데이터에 기반을 두고 승인을 받아야 한다. 그렇다고 해서 변경에 많은 문서 작성 및 복잡한 절차를 적용할 필요는 없으며, 변경관리의 의미를 충분히 이해한 다음에 가능한 한 간편한 절차로 실시하면 된다.

▶ 변경관리
- 변경이 있었을 때는 그 변경이 제품 품질이나 제조공정에 영향을 미치지 않는 것을 증명해 두어야 하며, 이 증명 작업이 변경관리다.
- 변경관리는 화장품 제조에 필수불가결한 증명 작업이다.
- 증명이 간단한 변경은 간결하게 실시하면 된다.
- 변경의 영향을 검토하는 대상은 제품 품질과 제조 공정의 품질에 하는 것이 타당하다.
- 변경이 제품 품질이나 제조 공정에 영향을 미친다면 그 변경에 의하여 다른 제품 또는 제조 공정이 되므로 규제 정부나 제조업자 등과 서로 논의해야 한다.

◎ 변경관리 절차
제품의 품질, 안전성 등에 영향을 줄 수 있는 중요한 문서, 공정, 설비 등을 변경할 경우에는 이를 문서화하고 이러한 변경은 품질책임자에 의해 적절한 시기 안에 정당화되고 승인되어 실행되어야 한다.
변경관리 절차는 변경사항 관리에 대한 프로세스를 기술 한다: 우수 화장품 제조 및 품질관리 기준(CGMP)에 따라 변경사항을 이행하기 위해, 변경 및 요구조건의 적절한 검토를 해야 한다. 이 절차는 기존의 허가된 시스템, 절차가 여전히 유효하고 변경을 지원하는 문서화된 증거를 제공함을 보장한다. 절차는 기존 공정, 처방, 설비 등에 대한 계획된 변경에 적용된다. 또한 이 절차는 직원의 환경이나 안전에 영향을 미칠 가능성이 있는 어떠한 변경에 대하여도 적용이 가능하다.
변경관리자, 품질책임자, 변경 허가자 등의 변경관리상의 역할에 대하여 책임 사항을 정의한다. 변경 절차를 지원하기 위해 분야별 전문가를 소집할 수 있다. 제조, 포장, 엔지니어링, 운영, 품질보증실험, 설비 유지관리, 제도, 마케팅, R&D, 환경적 건강영향 및 안전성, 재무부서 등의 부서들 또한 참여할 수 있다.

가. 변경관리의 기본 단계
① 변경 필요성 확인
② 소위원회 소집 변경 분야 전문가 소집(각 분야별 전문가를 소집하여 회의)
③ 변경을 정당화할 근거 수립
④ 착수 전 변경 승인
⑤ 변경 작업 실시
⑥ 변경에 영향을 받는 영역을 정비
⑦ 관련 작업을 수행

⑧ 변경 결과 확인 및 평가

⑨ 변경을 종료하고 추세 분석을 위해 데이터베이스 생성

나. 변경 기록

변경과정을 추적하기 위해 문서를 작성해야 한다. 보통의 경우, 그 형식은 전체 변경과정과 승인사항을 요약하여 한 장이나 두 장의 분량을 넘지 않는다. 다음의 세 가지 사항을 권장한다.

① 변경 제안 : 요청자나 프로세스 오너에 의해 완료된 변경 제안에 대한 이유 및 정당성을 제공한다.

② 승인 및 책임 : 변경으로 인해 영향을 받게 되는 각 부서의 승인을 확인하고 기록한다. 또한 이 부문은 각 부서에 대한 관련 임무의 목록을 포함해야 한다. 그리고 최종 승인 과정에는 품질부서가 포함되도록 권장된다.

③ 종료 : 변경작업이 승인된 대로 완료되고 관련 업무가 계획된 대로 수행되었음을 확인한다. 변경의 결과 및 효과가 달성되었음을 증명한다.

**제28조(내부감사)**

① 품질보증체계가 계획된 사항에 부합하는지를 주기적으로 검증하기 위하여 내부감사를 실시하여야 하고 내부감사 계획 및 실행에 관한 문서화된 절차를 수립하고 유지하여야 한다.

② 감사자는 감사대상과는 독립적이어야 하며, 자신의 업무에 대하여 감사를 실시하여서는 아니 된다.

③ 감사 결과는 기록되어 경영책임자 및 피감사 부서의 책임자에게 공유되어야 하고 감사 중에 발견된 결함에 대하여 시정조치 하여야 한다.

④ 감사자는 시정조치에 대한 후속 감사활동을 행하고 이를 기록하여야 한다.

▶ 해설[9]

내부감사의 목적은 회사의 품질보증체계가 계획된 사항에 부합하는지를 검증하기 위함이다. 감사는 품질 시스템의 효과를 측정하고, 개선을 필요로 하는 영역을 부각시키기 위한 수단으로 품질보증 프로그램에서 없어서는 안 될 부분으로 내부감사 계획 및 실행에 관한 문서화된 절차를 수립하고 내부 감사를 실시하여야 한다. 감사는 제품 품질에 영향을 미칠 수 있는 기능들에 대한 심사로써 인지되어야 한다. 그러므로 감사는 회사 내 많은 부서 즉, 품질부서, 연구 개발, 구매, 물류(유통), 인사, 기술, 제조 등의 부서들에 의한 검토를 필요로 할 수도 있다.

◎감사의 종류는 아래와 같다.

- 규정 준수 감사 : 판매자 요구사항, 회사 정책 및 관련 정부 규정의 준수에 대한 평가

- 제품 감사 : 무작위로 추출한 검체를 통한 생산 설비의 가동이나 제조공정의 품질 평가

- 시스템 감사 : 제품의 생산 및 유통에 이용되는 시스템의 유효성에 대한 종합적인 평가

◎상기 열거된 감사의 종류는 아래의 방법으로 좀 더 세분화될 수 있다.

- 내부 감사 : 조직의 직접적인 통제 하에 피 감사대상 부서에 대한 감사

- 외부 감사 : 도급계약자나 공급자와 같은 회사 외부의 피 감사 대상 부서나 조직에 대한 감사

- 사전 감사 : 계약 체결 전, 잠재적 공급업체나 도급업체에 대한 감사

- 사후 감사 : 발주 후, 제품 생산 전 또는 생산 중에 공급업체나 도급업체 대한 감사

---

9  참고자료:Guidance for Industry-Cosmetic Good Manufacturing Practices[U.S. FDA]

◎ 감사 절차

가. 감사 준비

개인이나 팀이 감사를 진행할 수 있다. 아래 영역에 대한 경험, 지식, 교육 및 능력은 감사자 선발 시 고려할 사항이다.

- 제품 지식
- 공정 지식
- 품질관리 방법론 및 품질보증 시스템
- 관련 표준
- 정부 규정
- 일반 제조 지식
- 구술 또는 서면의 의사소통 능력
- 회사의 정책 및 요구사항

감사자는 이러한 감사 대상 및 부서 조직으로부터 독립되어야 하며 자신의 업무에 대하여 감사를 실시하여서는 안 된다. 감사 결과에 대한 신뢰는 감사자의 숙련도, 전문성, 공정한 평가 및 직무윤리 등에 의하며, 감사자의 자격은 피감사 그룹 · 부서 · 회사와 감사를 수행하는 그룹 · 부서 양쪽 모두에서 수용할 수 있어야 한다.

감사를 성공적으로 수행하기 위한 사항들은 아래와 같다.

- 감사의 전반적인 개요, 체크리스트, 일정, 팀 리더의 확인 및 구체적인 감사 영역에 대한 설명을 적절하게 준비할 것
- 피감사 대상 조직에 대한 사전 통보(최소 2주전을 추천함)
- 감사 시에 피감사인이 이석하는 일이 없도록 감사 직전 감사 순서를 결정
- 감사의 마지막 최종 검토서를 작성

나. 감사 수행

감사는 면담, 운영 및 설비의 관찰, 문서 조사(정책, 절차서, 데이터 · 시험 기록 등)으로 이루어진다. 철저한 감사의 수행을 위하여 아래의 사항을 제안한다.

- 동일한 작업에 대하여 한 영역과 또 다른 영역의 결과를 교차 점검한다.
- 예를 들어 입고 검사와 자재관리처럼 두 영역이 상호 연관이 있는 경우, 자재의 확인, 보관 및 불출 방법에 대하여 두 부서가 합의하였는지를 점검한다. 합의가 없었다면, 시스템이 일관적으로 이행되지 않을 수도 있다.
- 규격서와 요구사항에 대하여 자료와 자료 분석기술의 검토
- 객관적인 근거자료(예 육안 자료 및 서면 증거)를 이용하여 피감사자(직원)의 진술을 선별적으로 검증
- 정확한 기록을 유지(감사자는 체크리스트를 이용하는 것이 일반적임)

다. 감사 보고서

특정 작업이나 품질수준에 대한 한계 또는 정부 규정의 준수를 필요로 하는 회사 표준 정책과 같이, 명확한 요구사항에 대하여 감사 결과를 평가하는 것은 "예" 또는 "아니오"로 객관적으로 수행된다. 경영 효율, 시스템 효율, 특정시스템의 적합성, 전체 생산시스템에 대한 품질관리의 기여도와 같은 특성을 평가하는 것은 주관적이다.

감사는 절대적인 점수라기보다 개선 정도를 측정하기 위한 척도로써 활용되는 것이 바람직하다. 그러므로 감사의 주요 결과물로는 다음과 같은 것들이 있다.

- 서면 감사보고서
- 시정조치 프로그램
- 개선 상황 모니터링

감사보고서는 감사 시 발견사항에 대한 확실한 전달 기능과 함께 담당자로 하여금 효과적인 시정조치를 하도록 도움을 준다. 보고서에는 최소한 다음 사항이 포함되어야 한다.

- 감사의 목적
- 감사의 유형, 날짜, 위치 등을 포함한 감사 세부사항
- 관찰 결과(강점 및 약점), 근거자료, 문서화, 의견 및 권고사항
- 추적 감사의 제안

추적감사는 시정조치 계획상 중요한 영역에 대해 검토하도록 일정을 조정하여야 한다. 감사 후 회의로부터 1개월 이내에 가능한 조속한 일자를 기입, 서명 후 보고서를 발행하여야 한다.

일부 정보는 기밀로 취급될 수도 있으므로 피감사자나 고객과 본건에 대해 먼저 협의하지 않은 경우, 감사 결과를 공개하지 않도록 하는 것이 바람직하다. 감사의 직업윤리 상 협의되지 않은 경우, 해당 정보에 대해서는 기밀로 유지하도록 한다.

감사 결과는 기록되어 경영책임자 및 피감사 부서의 책임자에게 공유되어야 하고 감사 중에 발견된 결함에 대하여 시정조치 하여야 한다.

그리고 감사자는 시정조치에 대한 후속 감사활동을 행하고 이를 기록하여야 한다.

내부감사는 고시의 평가표를 사용하거나 회사 자체별 특성에 맞게 체크리스트 등을 사용하여 조정할 수 있다.

## 제29조(문서관리)

① 제조업자는 우수화장품 제조 및 품질보증에 대한 목표와 의지를 포함한 관리방침을 문서화하며 전 작업원들이 실행하여야 한다.

② 모든 문서의 작성 및 개정·승인·배포·회수 또는 폐기 등 관리에 관한 사항이 포함된 문서관리규정을 작성하고 유지하여야 한다.

③ 문서는 작업자가 알아보기 쉽도록 작성하여야 하며 작성된 문서에는 권한을 가진 사람의 서명과 승인연월일이 있어야 한다.

④ 문서의 작성자·검토자 및 승인자는 서명을 등록한 후 사용하여야 한다.

⑤ 문서를 개정할 때는 개정사유 및 개정연월일 등을 기재하고 권한을 가진 사람의 승인을 받아야 하며 개정 번호를 지정해야 한다.

⑥ 원본 문서는 품질부서에서 보관하여야 하며, 사본은 작업자가 접근하기 쉬운 장소에 비치·사용하여야 한다.

⑦ 문서의 인쇄본 또는 전자매체를 이용하여 안전하게 보관해야 한다.

⑧ 작업자는 작업과 동시에 문서에 기록하여야 하며 지울 수 없는 잉크로 작성하여야 한다.

⑨ 기록 문서를 수정하는 경우에는 수정하려는 글자 또는 문장 위에 선을 그어 수정 전 내용을 알아볼 수 있도록 하고 수정된 문서에는 수정사유, 수정 연월일 및 수정자의 서명이 있어야 한다.

⑩ 모든 기록문서는 적절한 보존기간이 규정되어야 한다.

⑪ 기록의 훼손 또는 소실에 대비하기 위해 백업파일 등 자료를 유지하여야 한다.

▶ 해설[10]

문서는 무엇을 어떻게 해야 할지를 결정하고, 그 후에는 무엇을 하였는지를 기록하기 위해 필요하다.

각 회사는 회사의 조직 구조와 제품 종류에 적합한 고유의 문서관리 시스템을 제정, 설계, 구축, 유지관리 하여야 한다. 전자시스템은 문서를 작성하고 유지 관리하는데 도움이 된다.

문서관리는 우수화장품 제조 및 품질관리 기준(CGMP)의 필수적인 부분이다. 따라서 문서관리의 목적은 CGMP에서 규정된 활동들의 과거 이력을 설명하고, 구두로 전달되는 의사소통에 내재된 해석상의 위험과 정보 손실, 혼동 또는 오류를 방지하기 위하여, 해당 활동들을 기술하는 것이다. CGMP에 있어서 문서화가 중요하다는 것이 화장품 제조업자 및 직원에게 충분히 인식되어야 한다.

각 사의 독자적인 문서화 시스템의 확립이 필요하다. 우선 CGMP용 문서를 체계화 한다. "체계화 한다"는 것은 문서를 분류해서 CGMP 문서화 체계를 만들고 다른 문서 체계(사내 규정 문서체계, ISO 문서체계 등)와 연관시키는 것을 말한다. 문서 체계화 시에는 가능한 한 다른 문서체계의 규칙과 동일하게 하는 것이 바람직하다.

컴퓨터의 발달로 문서의 작성·관리 및 데이터의 보존을 전자화시스템(컴퓨터)으로 실시하는 경우가 많아졌다. 문서관리에 컴퓨터를 전혀 사용하지 않고 하는 것이 불가능한 시대가 되었다.

문서는 CGMP에서 적용하고 있는 활동들에 적합한 절차서, 지시서, 규격서, 프로토콜, 보고서, 방법 및 기록으로 구성되어야 한다. 문서는 출력물(hard-copy papers) 또는 전자문서(electronic data processing records)일 수 있다.

CGMP용 문서의 분류 예시를 아래에 제시하였다. CGMP문서, 절차서, 기록서, 관리문서의 4종으로 분류하면 편리하다.

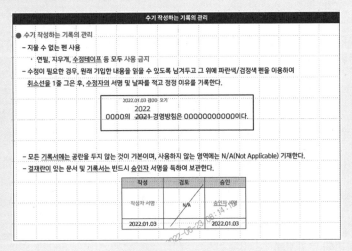

▶ CGMP와 문서

⊙ 문서

－절차서, 지시서, 기록서, 품질규격서, 프로토콜, 보고서, 시방서, 원자료 등

⊙ **CGMP에서는 화장품 제조의 모든 것을 문서에 남긴다.**

⊙ **CGMP에서는 문서화된 증거만 믿어야 한다.**

⊙ 문서화의 목적

－매사를 정확하게 하기 위함이다.

－화장품 제조의 CGMP활동을 모두 기재한다.

---

10 참고자료:Guidance for Industry-Cosmetic Good Manufacturing Practices[U.S. FDA]

⊙ **문서화 시스템이 필요**
- CGMP용 문서체계를 확립한다.
  - CGMP용 문서를 분류한다.
  - 다른 문서체계와 연관시킨다.
- 손으로 기입하는 규칙, 정정 규칙을 갖는다.
- 전자화 시스템(컴퓨터)의 관리 규칙을 갖는다.
- 문서보관 규칙을 갖는다.

CGMP문서란 CGMP에 관련된 보고서류를 말한다. 화장품 개발, 제조, 시험, 품질에 관한 각종 보고서류가 포함된다. 해당 화장품의 개발 경위 또는 화장품 기술을 기재한 개발 보고서나 기술보고서, 제품표준서, 각종 프로토콜과 보고서 등이다. 날마다 발생하는 사항(일탈, 기준일탈, 제품회수)에 관한 조사보고서, 변경관리보고서, 연차조사보고서도 CGMP문서. CGMP문서는 해당 제품이 존재하는 한 보관할 필요가 있다. 제품 제조가 계속 진행되어 있을 때에는 제품의 역사를 말살할 것 같은 폐기 처분을 해서는 안 된다.

절차서란 표준작업절차서(Standard Operating Procedures)의 관용어이며, 모든 작업에 작성한다. 제조나 시험과 같은 실제 작업뿐만 아니라 문서 작성, 일탈 처리방법, 내부감사 진행 방법, 위수탁 제조공정, 품질보증작업, 시험담당자 교육훈련절차와 같은 소프트웨어 작업에도 절차서를 작성한다. 정기적으로 재검토하고 최신 절차서를 작업 현장에 비치해야 한다.

기록서란 절차에 따라 실시한 기록이다. 기록서에는 제조기록서나 시험기록서와 같은 기록서 이외에 시약 등의 관리대장, 제품의 출하대장과 같은 대장류도 포함된다. 미리 정한 미기입 기록서에 기입하고, 확인, 조사, 승인 등의 문서작업을 거쳐 "정식기록서"가 된다. 종류에 따라 기록서의 중요도가 다르다. 제조기록서와 같이 관리부서가 정한 기간 중 보관할 필요가 있는 중요한 기록서도 있는가 하면, 설비의 검정 기록서처럼 각 부서가 독자적으로 관리하면 되는 기록서도 있다.

관리문서란 화장품 제조에 관련된 것, 사람, 부서를 관리하기 위한 문서다. "회사의 품질 선언"에 상당하는 품질매뉴얼, 제품 원료 포장재의 품질규격서, 시방서, 제조 스케줄표, 설비리스트, 설비의 취급설명서, 계약서 등 폭넓은 문서가 포함된다. 이들 관리문서는 CGMP 문서체계에 포함되어 있지 않는 것이 많다. 그러나 이들 문서도 화장품의 품질확보에 필요한 문서다. 분류한 문서는 체계화 해둔다.

▶ CGMP 문서의 분류 예시

⊙ **CGMP 문서**
- CGMP에 관련된 보고서류
- 해당 제품이 존재하는 한 보관한다.
  (例 개발보고서, 기술보고서, 제품표준서, 밸리데이션 프로토콜 및 보고서, 안정성시험 프로토콜 및 보고서, 안전성시험 프로토콜 및 보고서, 일탈, 기준일탈, 불만에 관한 조사보고서, 변경관리보고서)

⊙ **표준작업절차서**
- 모든 작업에 작성한다.
- 정기적으로 재검토한다.
- 최신 절차서를 작업 현장에 구비한다.

(ⓔ 원료, 포장재 취급절차서, 제조절차서, 시설·설비·기기 취급절차서, 검체채취 절차서, 분석절차서, 품질보증 절차서, 각종 관리절차서)

◉ **기록서**

- 절차서에 따라 실시한 기록
- 미리 정한 기록서에 기입한다.
- 정한 기간 보관한다.

    (ⓔ 제조기록서, 시험기록서, 교육훈련기록서, 시설·설비·기기의 정기점검기록서, 설비의 검정 기록서, 설비의 세정기록 및 사용대장, 원료·포장재의 입고·검사 보관대장, 시약·용액·표준품 관리대장, 제품의 라벨링·보관·출하대장, 각종 원자료(raw data)

◉ **관리문서**

- 제조에 관련된 것, 사람, 부서를 관리하기 위하여 작성한다.

    (ⓔ 품질매뉴얼(회사의 "품질선언"), 제품·원료·포장재의 품질규격서, 제품·원료·포장재의 시방서, 제조스케줄, 시험스케줄, 설비리스트, 비품리스트, 시험기기리스트, 문서리스트, 원료·포장재·시약리스트, 시설·설비·기기의 시방서, 취급설명서, 서비스업자·위탁회사와의 계약서 각서)

절차서는 "절차서에 따르면 화장품 제조 작업을 실수 없이 할 수 있다"는 문서로 작업을 실시할 때마다 보는 문서다. 작업 내용에 정통하는 사람이 작성하고 작업하는 사람이 사용한다. 화장품 제조업자는 작업마다 절차서를 준비해야 한다. 그리고 직원에게 그 준수를 의무화해야 한다.

▶ 절차서
- **무엇을 위하여** : 실수 없이 작업하기 위하여
- **무엇에** : 작업마다(하드웨어 및 소프트웨어)에
- **누가 만드나** : 작업 내용에 정통한 사람
- **어떻게**
  - 이해하기 쉽다.
  - 필요한 것을 모두 알 수 있다.
  - 작업마다 있다.
  - 최신이다.
- **누가 사용하나** : 작업하는 사람

문서는 CGMP와 연관된 모든 활동에서의 적절한 상세 사항의 기술, 수행되는 작업, 취해진 주의사항과 적용된 조치로 규정되어야 한다.

◎ **문서의 제목, 특징 및 목적이 언급되어야 한다. 문서는 다음의 사항을 만족하여야 한다.**
- 명료하고, 이해하기 쉽게 작성되어야 한다.
- 사용 전 승인된 자에 의해 승인되고, 서명과 날짜가 기재되어야 한다.
- 작성되고, 업데이트되고, 철회되고, 배포되고, 분류되어야 한다.
- 폐기된 문서가 사용되지 않는 것이 확인되는 근거가 있어야 한다.
- 유효기간이 만료된 경우, 작업 구역으로부터 회수하여 폐기하거나 다른 문서와 구분하여 보관할 수 있다.

- 관련 직원이 쉽게 이용할 수 있어야 한다.
- 수기로 기록하여야 하는 자료의 경우는 다음 사항을 만족하여야 한다.
  • 기입할 내용 표시한다.
  • 지워지지 않는 검정색 잉크로 읽기 쉽게 작성한다.
  • 서명 및 년, 월, 일순으로 날짜를 기입한다.
  • 필요한 경우 수정한다. 단, 원래의 기재사항을 확인할 수 있도록 남겨두어야 하고, 가능하다면, 수정의 이유를 기록해 두어야 한다.

문서에는 작성, 확인, 조사, 승인이라는 작업이 있다. 이들 작업을 규칙화하고 전원이 이 규칙을 인식하고 있지 않으면 동일 품질의 문서를 작성할 수 없다.

문서는 실제로 정보를 가지고 있는 사람이 작성한다. 내용에 정통하는 사람이 작성하는 것이 바람직하다. 화장품 제조에 관련된 문서이므로 정확하고 논리적으로, 이해하기 쉽게 쓴다. 사내의 서식 규칙(용지, 문자수와 행수, 폰트, 머리글과 바닥글, 페이지 번호 등)에 따라 쓴다.

"확인한다"는 것은 실행된 내용이 틀림없다는 것을 인정하는 것이므로 내용을 이해하고 있는 사람이 실시한다. 일반적으로는 작성자보다 선임자인 사람이 확인자가 된다.

"조사한다"는 것은 문서 내용의 책임자가 된다는 것이다. 문서 내용에 관하여 넓은 지식을 가지고 있으며, 책임을 질 수 있는 입장에 있는 사람이 조사를 한다. 독단적으로 결론을 인정해서는 안 된다. 관계자가 존재하는 문서라면 관계자의 입장을 고려해서 문서를 조사한다.

"승인한다"는 것은 문서의 정당성을 보증하는 일이다. 정당성을 보증하는 권한이 있는 사람이 실시하지 않으면 의미가 없다. 품질부서의 일원이나 조직의 권한 보유자가 실시한다. 해당 문서에 고쳐 쓰기 및 거짓이 없고 법령·계약·CGMP 등의 규칙을 위반하고 있지 않는 것을 보증한다.

"회람한다"는 작업이 문서에 추가되는 경우가 있다. 많은 경우 회람에는 역할이 수반 되지 않는다. 그러므로 본다고 해서 책임이 따르지 않는 경우가 많다. 직책상의 상사에게 회람했다고 해서 그 문서의 조사자의 책임이 가벼워지는 것은 아니다.

중요한 것은 이들 문서 작업의 의미를 사내에서 단순하게 정의해서 전원이 같은 의미로 이들 용어를 사용하는 것이다. 또한 문서는 복수의 관계자가 작성, 확인, 조사, 승인해서 비로소 신뢰할 수 있는 문서가 된다. 한 사람이 쓰고 같은 사람이 조사와 승인을 한 문서는 신뢰를 얻을 수 없다. 소기업에서 책임자가 직접 문서를 작성하고, 승인하는 예를 가끔 보지만, 이 문서에는 신뢰성이 없다. 그렇다고 해서 다른 사람이 작성한 것처럼 꾸며서 본인이 승인하는 거짓을 행해서는 안 된다. 복수의 사람이 역할을 분담해서 문서를 작성하는 것이 바람직하다.

문서의 작성, 확인, 조사, 승인의 작업을 실시하면 실시한 사람이 날짜가 있는 서명을 남긴다. 서명을 해서 날짜를 기입해도 된다. 이때에 사용하는 서명은 사내에서 등록한 서명을 사용한다. 그리고 서명 관리대장은 잠글 수 있는 책상 서랍 등에 보관하고 책상 위에 방치하지 않는다.

문서는 갱신되어야 하고, 필요한 경우, 개정번호를 표시한다. 각 개정에 관한 사유가 보존되어야 한다.

문서는 종이문서와 전자문서로 나눌 수 있다. 최근에는 전자문서 쪽이 많을 것이다. 어느 쪽 문서를 사용하여도 보관책임자를 정해둔다. 종이문서에서는 원본관리가 중요하다. 특히 제품 품질에 관련된 문서(CGMP문서, 절차서, 기록서)의 원본관리가 중요하며, 품질부서가 일괄하여 관리하는 것을 권장한다. 원본을 복사했을 때는 그 기록(언제, 누가, 날짜, 목적은)을 남긴다. 제조기록서와 시험기록서를 제외한 관리문서 및 원자료(raw data)는 제품 품질에 직접 관련되지 않아서 발생 부서의 관리로 될 것이다.

원본 문서만을 파일로 보관하고 관리되는 복사본만을 사용해야 한다. 원본문서의 보관 기간은 관련 법률 및 규정에 따라 규정되어야 한다.

원본의 보관은 적절히 보호되어야 한다. 문서는 전자문서 또는 출력물로 보관되어야 하며, 판독성이 보장되어야 한다. 백업데이터(backup data)는 일정한 간격을 두고 별도의 안전한 장소에 보관되어야 한다.

전자문서에서는 접근제한, 변경관리, 고쳐 쓰기방지, 백업이 필수다. 이들 대책이 안 되어 있을 때는 전자문서로 문서를 보관해서는 안 된다.

문서작성, 확인, 조사, 승인 규칙 예시

▶ 문서 보관

⊙ 종이문서(hard-copy papers)

　- 보관책임자와 보관 장소를 정해둔다.

　• CGMP문서, 절차서, 기록서의 원본은 품질관리부서가 바람직하다.

　• 필요하면 각 부서에 CGMP문서, 절차서, 기록서의 복사본을 배치한다.

　• 복사본을 충분히 관리한다.

　• 관리문서와 원자료(raw data)는 각 부서에서 관리한다.

　- 보관기간을 정해둔다.

⊙ 전자문서(electronic data processing records)

　- 보관책임자를 정해둔다.

　- 접근을 제한한다.

　- 변경을 관리한다.

　- 고쳐 쓰기를 방지한다.

　- 백업을 한다.

## 제30조(평가 및 판정)

① 우수화장품 제조 및 품질관리기준 적합판정을 받고자 하는 업소는 별지 제1호 서식에 따른 신청서(전자문서를 포함한다)에 다음 각 호의 서류를 첨부하여 식품의약품안전처장에게 제출하여야 한다. 다만, 일부 공정만을 행하는 업소는 별표 1에 따른 해당 공정을 별지 제1호 서식에 기재하여야 한다.

1. 삭제〈2012. 10. 16.〉
2. 우수화장품 제조 및 품질관리기준에 따라 3회 이상 적용·운영한 자체평가표
3. 화장품 제조 및 품질관리기준 운영조직
4. 제조소의 시설내역
5. 제조관리현황
6. 품질관리현황

② 삭제〈2012. 10. 16.〉

③ 삭제〈2012. 10. 16.〉

④ 식품의약품안전처장은 제출된 자료를 평가하고 별표 2에 따른 실태조사를 실시하여 우수화장품 제조 및 품질관리기준 적합 판정한 경우에는 별지 제3호 서식에 따른 우수화장품 제조 및 품질관리기준 적합업소 증명서를 발급하여야 한다. 다만, 일부 공정만을 행하는 업소는 해당 공정을 증명서 내에 기재하여야 한다.

> ▶ 해설
>
> ① 우수화장품 제조 및 품질관리기준 적합판정을 받고자 하는 업소는 별지 제1호 서식에 따른 신청서(전자문서를 포함한다)에 각 호의 서류를 첨부하여 식품의약품안전처장에게 제출하여야 한다.
>
> > ▶ 구비서류
> >
> > 1. 우수화장품 제조 및 품질관리기준에 따른 3회 이상 적용·운영한 자체평가표
> > 2. 화장품 제조 및 품질관리기준 운영조직
> >     1) 화장품 제조 및 품질관리기준 조직 및 운영현황
> >     2) 품질책임자의 이력서
> >     3) 화장품 제조 및 품질관리기준 교육규정과 실시 현황
> > 3. 제조소의 시설내역
> >     1) 제조소의 평면도(각 작업소, 시험실, 보관소, 그 밖에 제조공정에 필요한 부대시설의 명칭과 출입문 및 복도 등을 표시한 1/100실측 평면도면)
> >     2) 공조 또는 환기시설 계통도
> >     3) 용수처리계통도
> >     4) 제조시설 및 기구내역(시설 및 기구명, 규격, 수량 등의 표시)
> >     5) 시험시설 및 기구내역(시설 및 기구명, 규격, 수량 등의 표시)
> > 4. 제조관리현황
> >     1) 제조관리기준서 및 각종 규정목록
> >     2) 위·수탁제조 시 위·수탁 제조계약서 및 관리현황
> >     3) 작업소의 구분 및 출입에 관한 규정
> >     4) 작업소의 청소·소독방법과 관리현황

   5) 방충·방서관리 규정 및 실시현황

  5. 품질관리현황

   1) 품질관리 시설 및 기구에 대한 교정 등 관리규정과 실시현황

   2) 제조용수관리 규정 및 시험실시 사례

   3) 품질관리 기기 및 기구에 대한 점검규정 및 기기대장

   4) 위·수탁시험 시 위·수탁시험 계약서 및 관리현황

> ※ 각 항목에 해당하는 관련 규정서 및 실시현황을 첨부하며, 제조소의 평면도(1/100실측)는 대략적인 수치이며, 육안상 구분만 가능하면 된다.

## 제31조(우대조치)

① 삭제⟨2012. 10. 16.⟩

② 국제규격인증업체(CGMP, ISO9000) 또는 품질보증 능력이 있다고 인정되는 업체에서 제공된 원료·자재는 제공된 적합성에 대한 기록의 증거를 고려하여 검사의 방법과 시험항목을 조정할 수 있다.

③ 식품의약품안전처장은 제30조에 따라 우수화장품 제조 및 품질관리기준 적합판정을 받은 업소는 정기 수거 검정 및 정기 감시 대상에서 제외할 수 있다.

④ 제30조에 따라 우수화장품 제조 및 품질관리기준 적합판정을 받은 업소는 별표 3에 따른 로고를 해당 제조업소와 그 업소에서 제조한 화장품에 표시하거나 그 사실을 광고할 수 있다.

## 제32조(사후관리)

① 식품의약품안전처장은 제30조에 따라 우수화장품 제조 및 품질관리기준 적합판정을 받은 업소에 대해 별표 2의 우수화장품 제조 및 품질관리기준 실시상황평가표에 따라 3년에 1회 이상 실태조사를 실시하여야 한다.

② 식품의약품안전처장은 사후관리 결과 부적합 업소에 대하여 일정한 기간을 정하여 시정하도록 지시하거나, 우수화장품 제조 및 품질관리기준 적합업소 판정을 취소할 수 있다.

③ 식품의약품안전처장은 제1항에도 불구하고 제조 및 품질관리에 문제가 있다고 판단되는 업소에 대하여 수시로 우수화장품 제조 및 품질관리기준 운영 실태조사를 할 수 있다.

> ▶ 해설
>
> ① 화장품법 제3조제1항, 동법 시행규칙 제5조제1항제1호에 따라 변경등록을 하여야 하는 경우는 다음과 같다.

> ▶ 화장품법 제3조제1항(영업의 등록)
>
> ① 화장품제조업 또는 화장품책임판매업을 하려는 자는 각각 총리령으로 정하는 바에 따라 식품의약품안전처장에게 등록하여야 한다. 등록한 사항 중 총리령으로 정하는 중요한 사항을 변경할 때에도 또한 같다.

> ▶ 화장품법 시행규칙 제5조제1항제1호(화장품제조업 등의 변경등록)
>
> ① 법 제3조제1항 후단에 따라 화장품제조업자 또는 화장품책임판매업자가 변경등록을 하여야 하는 경우는 다음 각 호와 같다.
>
> 1. 화장품제조업자는 다음 각 목의 어느 하나에 해당하는 경우
>
>  가. 화장품제조업자의 변경(법인인 경우에는 대표자의 변경)
>
>  나. 화장품제조업자의 상호 변경(법인인 경우에는 법인의 명칭 변경)

다. 제조소의 소재지 변경
　　라. 제조 유형 변경

화장품법 시행규칙 제5조제1항제1호가목 및 나목에 따른 변경인 경우에는 「우수화장품 제조 및 품질관리기준 적합업소 증명서」의 이면기재로 변경신청을 한다.

그 외, 신청분류 및 제조소의 소재지 이전에 따른 변경인 경우 「우수화장품 제조 및 품질관리기준」에 따른 서류를 첨부하여 식품의약품안전처장에게 제출하여 평가를 받아야 한다.

제조소내 설비, 실 변경 등 내부적인 변경일 경우에는 사내변경관리 절차에 따른 자체적인 변경관리가 바람직하다.

기타물질

◎ **세라마이드**(ceramide) : 표피의 세포간 지질의 가장 많은 구성 성분으로 피부나 모발세포의 응집력을 강화시켜 피부장벽을 튼튼하게 해준다. 동물, 식물에서 추출된다.

◎ **구리펩타이드**(copper peptide, 쿠퍼펩타이드) : 일종의 사이토카인으로 작용하여 섬유아세포가 새로운 콜라겐을 생성하도록 유도한다.

◎ **사이토카인**(cytokine) : 세포와 세포 사이에서 상호간 신호전달(cell-cell communication)을 위해 세포가 만들어 내는 물질을 의미한다. 각질세포를 필링(peeling) 하면 사이토카인을 분비하게 하여 기저세포에 신호를 주고 다시 새로운 세포가 생성된다.

◎ **뮤신**(mucin) : 포유류의 상피세포와 점막 등에서 만들어져 분비된다. 보습효과가 있어 화장품에서 보습제로 사용된다.

◎ **키토산**(chitosan) : 게, 새우의 껍질에서 추출되는 물질로 보습제 및 피막형성제로 사용된다.

◎ **콘드로이친 황산염**(sodium chondroitin sulfate) : 달팽이 피부와 표유류의 연골에 함유된 무코-다당류로 고분자 보습제로 사용된다. 미백과 주름, 여드름 제품에 주로 사용된다.

◎ **히아루론산**(sodium hyaluronate, 소듐하이알루로네이트) : 포유동물의 진피층에 존재하는 무코-다당류(muco-polysaccha-ride)로 염의 형태로 존재하며 보습효과가 뛰어나다. 주로 닭벼슬 등에서 추출하였으며 현재는 미생물 발효에 의해 대량 생산되어 고분자 보습제로서 많이 사용되고 있다.

◎ **사포닌**(saponin) : 식물성 천연 계면활성제로 유화작용, 가용화작용, 항염증작용 등이 있다. 대부분의 식물에 조금씩 함유되어있고 대두사포닌, 인삼사포닌이 있다.

◎ **시코닌**(shikonin) : 자초(紫草)의 뿌리에서 얻은 붉은 색소로 항염증 효과가 있다.

◎ **글리시레티닉애씨드**(glycyrrhetinic acid) : 감초에서 얻은 물질로 소염, 항염증, 항알레르기에 사용된다.

◎ **루틴**(rutin) : 괴화(槐花)에서 추출한 물질로 비타민P라고도 한다. 모세혈관을 튼튼히 하고 수축시키는 작용이 있어 실핏줄이 잘 터지는 피부에 많이 사용한다.

◎ **비사볼롤**(bisabolol) : 카모마일저먼에서 얻은 물질로 미백기능성 성분이다. 일광화상에 의한 피부염, 여드름이나 피부염으로 인한 피부침착에 효과적이고 홍반을 감소시킨다.

◎ **아줄렌**(azulene) : 카모마일저먼에서 얻은 물질로 항염증, 항알레르기, 진정, 상처를 치유하는 효과가 있다. 여드름 치료에 많이 사용된다.

◎ **알란토인**(allantoin) : 밀의 배아, 오줌 등에 함유되어 있는 성분이다. 일반적으로 화장품에 사용되는 것은 요산을 산화시켜 합성한 것이다. 각질층을 감소시키고, 소염, 진정, 항염증, 항알레르기 기능 및 기능성물질에 대한 자극감소 작용이 있다.

◎ **감마-오리자놀**( -oryzanol) : 쌀겨에서 추출하여 얻은 물질로 혈액순환, 미백작용, 자외선차단 효과가 있다.

◎ **카페인**(caffeine) : 커피, 카카오, 녹차 등에 많이 함유된 성분으로 쓴맛이 있다. 의약품으로 흥분제, 강심제, 이뇨제로 사용된다. 각성제 성분으로 인해 수면을 방해하기도 한다. 피하지방 축적을 억제하고, 모공을 조여주는 아스트리젠트 기능이 있다.

◎ **히노키치올**(hinokitiol) : 노송나무의 히노키유를 분리 정제하여 얻어진 것으로 항균, 살균, 향취 제거효과가 있다.

◎ **멘톨**(menthol) : 박하에서 얻은 물질로 상쾌하고 청정한 느낌을 준다. 혈관을 수축하여 통증과 가려움을 완화시키는 용도로 사용된다. 방부 및 살균을 보조하기도 한다.